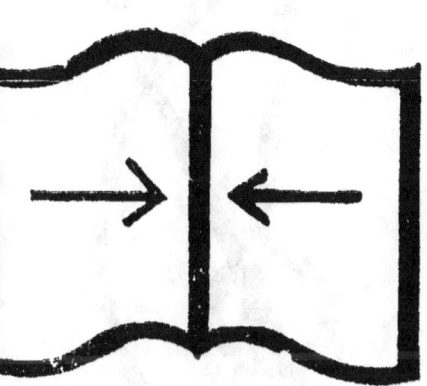

RELIURE SERRÉE
Absence de marges
intérieures

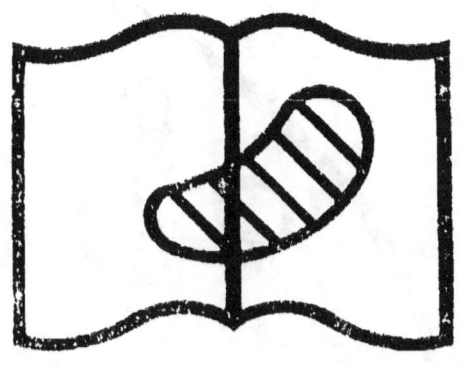

Illisibilité partielle

**VALABLE POUR TOUT OU PARTIE
DU DOCUMENT REPRODUIT**

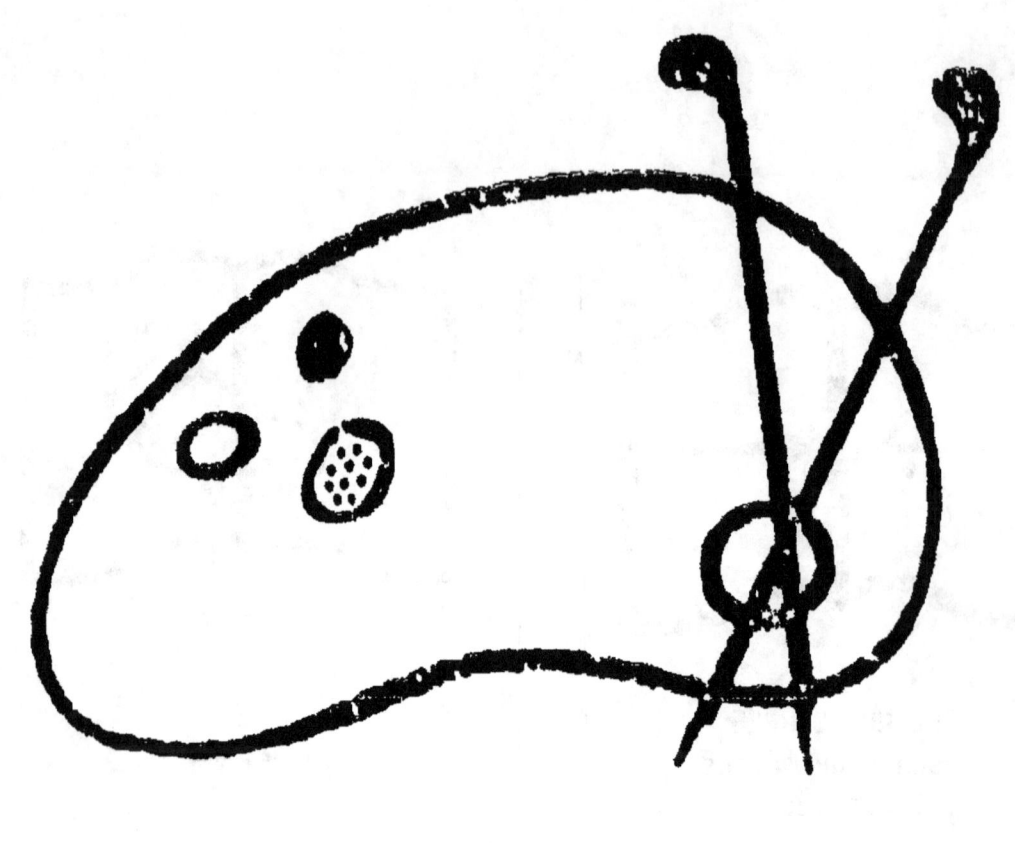

Couvertures supérieure et inférieure en couleur

G. CLEMENCEAU

LE GRAND PAN

PARIS
BIBLIOTHÈQUE-CHARPENTIER
G. CHARPENTIER et E. FASQUELLE, éditeurs
11, RUE DE GRENELLE, 11

1896

G. CHARPENTIER et E. FASQUELLE, Éditeurs
11, rue de Grenelle, Paris
Extrait du Catalogue de la BIBLIOTHÈQUE-CHARPENTIER
à 3 fr. 50 le volume

DERNIÈRES PUBLICATIONS

HENRI BARBUSSE
Pleureuses. . . . . 1 vol.
MAURICE BARRÈS
Sous l'Œil des Barbares. . . . . 1 vol.
HENRY BAUER
Mémoires d'un jeune homme. . . . . 1 vol.
JULES CLARETIE
La Vie à Paris (1895). . . . . 1 vol.
G. CLEMENCEAU
La Mêlée Sociale. . . . . 1 vol.
LEON-A. DAUDET
Le Voyage de Shakespeare. . . . . 1 vol.
ALFRED DUQUET
Paris (Les Batailles de la Marne). . . . . 1 vol.
EDMOND DE GONCOURT
Hokousaï. . . . . 1 vol.
EMILE GOUDEAU
Chansons de Paris et d'Ailleurs. . . . . 1 vol.
GEORGES LECOMTE
Espagne. . . . . 1 vol.
DOCTEUR G. LEGUE
Médecins et Empoisonneurs au XVIIe Siècle. 1 vol.
HENRI LEYRET
Pourquoi Aimer ?. . . . . 1 vol.
CATULLE MENDÈS
Gog. . . . . 2 vol.
OSCAR METENIER
Le 40e d'Artillerie. . . . . 1 vol.
EDOUARD NOEL
Rosie. . . . . 1 vol.
JEAN RICHEPIN
Grandes Amoureuses. . . . . 1 vol.
GEORGES RODENBACH
Les Vies encloses. . . . . 1 vol.
AURELIEN SCHOLL
Tableaux vivants. . . . . 1 vol.
ARMAND SILVESTRE
Les Aurores Lointaines (Poésies nouvelles). . . 1 vol.
ANDRE THEURIET
Flavie. . . . . 1 vol.
PAUL VERLAINE
Choix de Poésies. . . . . 1 vol.
EMILE ZOLA
Lourdes. . . . . 1 vol.

ENVOI FRANCO PAR POSTE CONTRE MANDAT

2365 — L.-Imprimeries réunies, rue Mignon, 2, Paris.

LE GRAND PAN

G. CHARPENTIER et E. FASQUELLE, Éditeurs

11, RUE DE GRENELLE

Extrait du catalogue de la **BIBLIOTHÈQUE-CHARPENTIER**
à 3 fr. 50 le volume.

DU MÊME AUTEUR

LA MÊLÉE SOCIALE . . . . 1 vol.

Pour paraître prochainement :

LA TRIBUNE ET LA PRESSE

Paris. — Imp. L. Maretheux, 1, rue Cassette. — 6720.

G. CLEMENCEAU

LE
GRAND PAN

TROISIÈME MILLE

PARIS
BIBLIOTHÈQUE-CHARPENTIER
G. CHARPENTIER ET E. FASQUELLE, ÉDITEURS
11, RUE DE GRENELLE, 11

1896

LE GRAND PAN

> La vie, c'est de donner sa fleur,
> puis son fruit : quoi de plus?
>
> (RENAN, *Saint Paul*.)

Au sortir du golfe de Corinthe, quand le vaisseau, doublant la pointe d'Etolie, oriente sa voile vers les golfes heureux de la mer Ionienne où les îles, frémissantes de lumière, se pâment dans la volupté du flot, une magie du ciel et de la mer nous emporte éblouis dans une extase aiguë de vivre. Le soir vient. Le soleil, dans une transparence d'or pâle, descend derrière le rocher bleu d'Ithaque soudainement assombri, rosit les pointes des Echinades, enflamme la mer de laves brûlantes, apaise l'horizon de mourantes couleurs, enchante l'air et l'eau du mystère des clartés.

Qui ne s'enivrerait de la jouissance d'être, de concentrer en soi tant de joies répandues? Et puis le paroxysme de plaisir, toujours montant, bientôt atteint jusqu'aux confins du spasme douloureux, inquiète l'âme oppressée, angoisse l'attente d'on ne sait quoi dans ce cadre de miracle.

Telles furent peut-être, les sensations confuses de certains Grecs sur le navire de commerce qui faisait route, il y a dix-neuf cents ans, du Péloponèse à la côte d'Italie. En vue des Echinades, avec la nuit le vent tomba. Un reste de brise porta lentement la lourde nef au delà de Leucade, à travers la morne solitude du champ de bataille d'Actium, jusqu'aux îles Paxos allongeant sur l'écume blanche l'échine rocailleuse de deux monstres affrontés en fantastique combat.

Comme un soleil bleu de la nuit, la lune, évocatrice des fantômes, baignait de limpide clarté les formes étranges des choses — baies enflammées de vapeurs sulfureuses, constructions chimériques des continents tourmentés — peuplait de féeries tout ce décor de rêve. L'œil stupéfait s'ouvrait aux merveilleux aspects, et, dans l'inquiétant silence de l'univers visible, l'âme anxieuse attendait de l'inconnu le coup d'éclat du prodige.

Non que l'esprit des matelots, sans doute, fût très vivement saisi de ces spectacles. Mais à bord, que de personnages divers, que d'âmes étrangement mêlées en des contacts d'où se pouvait dégager le mystère des contagions nerveuses. Grecs des îles ou des continents divers, Ioniens, Hellénisants d'Asie, Phéniciens, Syriens, émigrés de la Grande Grèce, Latins, Africains du Nil ou de la Libye, des mondes confondus sur quelques planches entre le ciel et l'eau, sans défense commune contre les illusions de la nuit, les hallucinations, les suggestions des cerveaux hantés de chimères.

Des ballots de marchandises, de nombreux passagers encombraient le pont, raconte Plutarque. Dans le désordre d'une promiscuité excitatrice d'émotions vives autant que passagères, le souper s'achevait. De rares matelots dormaient au hasard. La plupart buvaient depuis le tomber du soleil, et les vins capiteux de l'Hellade désarmaient d'avance les esprits contre les fantasmagories survenantes, les préparaient aux désordres de l'alcool.

Appuyé sur le bastingage, un certain Épithersès, grammairien, de qui nous tenons indirectement l'aventure, songeait. Quelles préoccupations assaillaient cet esprit vaguement informé? De « cette mer où s'étaient croisées depuis mille ans toutes les civilisations, toutes les idées[1]? » De l'empire du monde qui, un demi-siècle passé, se décidait tragiquement en ce lieu par la fuite de Cléopâtre entraînant Antoine affolé? D'Ulysse jeté par le flot sur le sablonneux rivage de la Schérie des Phéaciens, bleuissant à l'horizon? De Poséidôn irrité? D'Athéna protectrice? Des Dieux qui s'en allaient, de ceux qu'on attendait et qui paraissaient lents à venir?

(1) Renan. *Les Apôtres*.

Quel claquement de voile, quelle cognée de bûcheron sous la lune détermina soudain dans ces âmes de nocturnes buveurs, diversement remuées par l'inquiétude des temps, le phénomène de l'illusion collective ? On ne sait.

De Paxos, un coup sourd répercuté par l'écho semblait appeler quelqu'un. « J'entends mon nom » dit le pilote égyptien Thamous : et tous aussitôt l'entendirent avec lui. Trois fois interpellé, l'homme finalement répondit.

Alors : « *Quand tu seras à la hauteur de Palodès*, répliqua la voix — « devenue soudainement plus puissante » par la sensibilité surexcitée des auditeurs — *annonce que le Grand Pan est mort* ».

Thamous, du moins entendit ces paroles, ou quelque chose d'approchant. Il les eut à peine répétées, avec l'autorité d'une conviction qui s'impose, que chacun s'empressa d'interpréter de même les sons plus ou moins confusément perçus. Matelots et passagers, suggestionnés d'ensemble, se trouvèrent subitement avoir entendu même mots, même phrase.

La stupéfaction, l'effroi, paralysant toute critique, livraient toute pensée, sans recours, aux puissances de volonté surgies du hasard. On ne discutait pas. On admirait. Le fait, dans l'égarement commun, était tenu pour acquis.

Étrange mission du pilote Thamous ! Surprenant message d'un être surnaturel à d'autres, par l'entremise d'un homme bizarrement choisi. Fallait-il exécuter l'ordre des Puissances invisibles? Ou ne s'exposait-on pas, en y obéissant, à quelque affreux péril? On discuta fort là-dessus, tandis que le vaisseau lentement rangeait la côte déchirée de Corcyre, à jamais illustrée par le jeune sourire de la blanche Nausicaa.

Enfin, on atteignit l'anse de Palodès, à l'endroit de l'étroit passage où la pointe avancée de l'île repousse le flot dans le cirque de rochers du continent. Thamous, alors, du haut de la poupe, jeta la lamentable nouvelle : « *Le Grand Pan est mort* »! Et les échos des montagnes répercutèrent les paroles annonciatrices en voix multipliées, sinistrement confuses, terrifiant les âmes comme de gémissements, de lamentations, de cris de surprise et de douleur.

Innombrables sont les aventures de miracle depuis que l'homme a commencé de peupler le monde. Le plus grand prodige peut-être qu'il y ait en celle-ci, c'est qu'elle a traversé l'histoire. Epithersès avait un fils rhéteur à Rome qui, vraisemblablement, colporta la merveille, et l'affaire fit tant de bruit que Tibère César, qui n'avait pas encore quitté Rome pour Caprée (1), manda Thamous pour écouter son récit.

L'Égyptien raconta-t-il que son nom, porté

---

(1) An 26.

jadis par un roi de Thèbes aux cent portes, était le nom chananéen d'Adonis, Dieu solaire de la Syrie, de la Phénicie, dont les femmes de Byblos, de Jérusalem (1), de Chypre, d'Athènes, pleuraient la mort avec des chants funèbres? Dit-il en combien de lieux divers le cri : « *Thamous est mort* », l'avait frappé comme un sinistre présage, dont toute émotion violente évoquait en lui le souvenir? Parla-t-il de Pan (pour les Pélasges, Dieu solaire aussi) que son récent séjour dans le Péloponèse venait de lui révéler comme maître des cœurs aux montagnes d'Arcadie, honoré dans les antres comme Thamous qu'on pleurait, dit Saint Jérôme, dans la grotte même où naquit Jésus? Expliqua-t-il quel rapprochement se fit dans son esprit, et comment l'hallucination de Paxos, par inconsciente association, lui suggéra la clameur de mort au moment même où l'astre du jour — Pan ou Thamous — venait de s'abîmer dans les flots?

Non, sans doute, le pilote incapable d'une telle psychologie, ne dit rien de ces choses. Loin d'atténuer la merveille, il ne pouvait que l'amplifier en toute candeur d'âme, et l'événement se trouva bientôt admis au rang des faits historiques par le monde romain où le recueillit Plutarque.

L'état d'esprit de ce temps n'était peut-être pas,

---

(1) Il y avait là (à la porte du Temple), des femmes assises qui pleuraient Thammouz. (Ezéchiel, VIII, 14.)

à beaucoup d'égards, très différent du nôtre. L'hellénisme irréparablement atteint, comme le christianisme actuel, agonisait péniblement. Les jours d'angoisse étaient venus

> où la terre étonnée
> Portait comme un fardeau l'écroulement des cieux.

A travers les ruines des mythes effondrés, la haute philosophie, l'indifférence, les plus basses superstitions, d'une marche inégale envahissaient les âmes. Lucrèce avait parlé, Sénèque méditait, Thraséas agissait. Les stoïciens portaient la pensée aux plus hauts sommets d'où se découvre le monde. Tacite, Epictète allaient paraître. Apollonius de Tyane, Christ païen, entraînait les foules avides de miracles. Jésus de Nazareth grandissait en haillons sur les routes de Judée.

L'esprit public, trop faible pour l'aliment de forte vérité, se repaissait, comme toujours, de chimères. Aux nobles spéculations de l'élite répondait la dégradante crédulité de la foule. L'histoire a noté qu'une réaction religieuse éclata dès l'avènement de Tibère, en terreur de la liberté de penser des temps de César et d'Auguste — suprême flambée des croyances qui s'en vont. Le divin Tibère écoutait au Sénat les députés de onze villes d'Asie se disputant la gloire de lui élever un temple. Caligula, silencieux, attendait l'heure de proclamer sa propre divinité, et de faire entrer son cheval Incitatus dans le collège de ses prêtres. « Tout ne pliait pas, dit Renan, il y avait des sages ; mais, trop souvent, ils n'avaient d'autre ressource que de mourir ». Le cirque s'emplissait de cris et de sang, comme notre Paris moderne aux jours des grandes répressions de classe. « L'aristocratie romaine périra faute de pitié ». Une pensée finissait, une religion, une société se mouraient.

Pour l'imagination perdue dans l'étendue sans fin, l'affirmation menteuse d'une boussole affolée semble encore un recours. Cette illusion même manquait. Comme la terre des mythologies hindoues, portée sur la croupe d'un monstre reposant lui-même sur quelque autre bête sans support, l'esprit demeurait absurdement suspendu dans le vide. On était prêt à tout accepter, surtout l'invraisemblable, à tout croire, surtout l'impossible. De là le retentissement jusqu'à Rome de l'aventure prodigieuse de Thamous, et le rapport demandé par Tibère César — dieu vivant du temple de Smyrne — sur la mort du dieu d'Arcadie, le Grand Pan.

*
* *

Car c'était bien le divin Chèvre-pieds du Ménale et du Lycée dont les échos de Palodès avaient pleuré la mort en gémissements confus, au lugubre annoncement de Thamous.

On en douta d'abord dans le désarroi des hommes et des dieux. L'épithète inusitée de *grand* dérouta sans doute les esprits, car aucun voyageur ayant touché le Péloponèse ne pouvait ignorer le Dieu des bergers d'Arcadie. « Les hommes éclairés que Tibère avait en grand nombre autour de lui », dit Plutarque, eurent bientôt fait de reconnaître le fils d'Hermès, le Pan que Théocrite, que Virgile, qu'Ovide avaient chanté, dans l'être mystérieux dont la mort inattendue se révélait au monde avec tant d'éclat.

Oui, c'était Pan, lui-même, le dieu rustique des campagnes arcadiennes, l'ami velu des bergers, protecteur des troupeaux, lascif guetteur de nymphes, amant de la jeune Écho, poursuivant déçu de Syrinx, qui se console en faisant chanter ses roseaux : énigmatique forme, enjambant étrangement de la bête à la divinité, comme pour unir la simplicité de l'une à la bonté de l'autre sans passer par l'humaine traîtrise.

Pan, dieu des pâtres, à la superbe chevelure inculte, à qui sont échus les monts couverts de neige, et les cimes des montagnes, et les sentiers rocailleux.

Il marche çà et là parmi les halliers épais. Tantôt un paisible ruisseau l'attire, tantôt il remonte au milieu des âpres rochers, et, du haut d'un pic extrême, il contemple ses brebis.

Souvent il court sur les chaînes de montagnes chenues, souvent il côtoie le pied des collines, et tue les bêtes fauves que découvre sa vue perçante.

Quelquefois, seul, sur le soir, au retour de la chasse, excité par la douce Muse, il chante en jouant du chalumeau. Et l'oiseau qui, dans la saison fleurie du printemps, fait entendre les sons les plus doux, lorsque dans le feuillage il répand ses notes plaintives, ne le surpasserait pas en mélodie.

Alors, les nymphes Orestiades le suivent d'un pied furtif vers la fontaine profonde, et à sa voix mêlent leurs voix sonores. L'écho leur répond autour du sommet des montagnes, dans la molle prairie où le crocus et la jacinthe aux suaves parfums confondent leurs fleurs avec l'herbe touffue, tandis que le dieu, le dos couvert d'une rougeoyante peau de lynx, agitant les pieds, entre çà et là dans le chœur, fier en son âme de ces jeux retentissants (1).

Silence, grotte ombragée de chênes! Silence, fontaines qui jaillissez du rocher! Silence, brebis qui bêlez près de vos petits! Pan lui-même, sur sa flûte harmonieuse, chante, ayant mis ses lèvres humides à ses pipeaux assemblés. Autour de lui d'un pied léger, dansent en chœur les nymphes des eaux et les nymphes des bois (2).

Tel était Pan, dans l'heureuse Arcadie féconde en Divinités champêtres. Tel je l'ai voulu chercher, moi-même, en dépit de Thamous, près des antiques sources dolentes, ou dans les sentiers rocailleux des âpres collines de l'Alphée. Parfois un trépignement de pieds fourchus, au-dessus de ma tête, faisait dévaler jusqu'à moi, à grand bruit de pierres roulantes, la troupe des galets ocreux que l'étroit ravin renvoyait au fleuve dans un nuage de poussière. Une brise chuchotait dans les arbris-

(1) *Hymne Homérique.*
(2) Platon. *Anthologie.*

seaux fleuris, dans les touffes odorantes! Qui donc égrenait de rochers en rochers les notes grêles du chalumeau que la toujours fidèle Écho dispersait en sonores cascades, comme d'une lointaine harmonie d'eau tombante? Qui donc mettait la terre en joyeuse rumeur, sinon le pipeur hirsute, à la barbe terreuse, lèvres charnues, nez ouvert, yeux fauves, qui surgissait tout à coup d'une toison de chèvre, au détour du sentier, parmi son tumultueux troupeau?

Debout sur ses rochers, l'Ægipan à l'ironique sourire, défiant toute question vaine, égayé peut-être en son âme de la mystification de Paxos, semblait me prendre à témoin que l'impénétrable gardien des mystères d'Arcadie, le Grand Pan du Ciel et de la Terre, immuable, a vaincu le Destin, maître de Zeus.

Et vraiment, ce fut le sort de Pan de triompher, dans les siècles, de toutes les puissances de mort.

L'aventure est miraculeuse.

Pan voit remonter ses origines jusqu'aux sources mêmes de l'humanité religieuse. Suprême fierté pour un dieu de pouvoir mesurer son antiquité à celle des sociétés humaines. Nos dieux modernes, quoique nés de l'homme aussi, sont de divine roture en comparaison de la haute lignée des grands ancêtres sortis des cavernes primitives.

De l'antiquité la plus lointaine, Pan fut le dieu solaire des Pélasges préhelléniques. « A l'origine,

Pan, maître radieux de la lumière bienfaisante, était la divinité suprême(1). » Avec Sélènè, son amante lunaire, aussi loin que peut remonter le souvenir des hommes, il régnait sur l'Arcadie pélasgique — identifié avec son peuple jusqu'à faire dénommer *Panie* (*Hispanie*), la terre des Pélasges (2). Au pied du mont Lycée, Lycosoura est « la plus ancienne ville qu'il y ait au monde, *la première que le soleil ait vue* », dit Pausanias. Adoré dans les cavernes sombres, Pan exerçait un souverain empire. Tout comme les plus puissants dieux, il exauçait la prière des bons, faisait sentir sa colère aux méchants, rendait des oracles.

Détrôné par le Zeus phénicien du Mont Lycée, les deux enceintes sacrées demeurèrent côte à côte, et le dieu pélasgique, à Mégalopolis, garda sa statue dans le sanctuaire de l'usurpateur sémitique, où la vit Pausanias.

Enfin, quand le Zeus hellénique d'Olympie est vainqueur à la fois du Zeus pélasgique de Dodone et du Zeus lycéen venu d'Asie, Pan réclame sa place dans le Panthéon de l'Hellade, et s'y installe en intrus de marque, gardant éternellement en lui le reflet des splendeurs passées.

C'est que le dieu déchu avait merveilleusement

---

(1) M. Victor Bérard dans son excellent livre : *De l'origine des cultes des Arcadiens*, a accumulé à l'appui de cette thèse, un ensemble de faits qui paraissent constituer une preuve décisive.
(2) Plutarque, *Dénomination des fleuves et des montagnes*.

retrouvé sur la terre l'hospitalité disputée du ciel ingrat qu'il emplissait autrefois de sa gloire. Comment l'aurait-on pu chasser de ces hauts lieux où le pâtre, grimpant après ses chèvres, le rencontrait, l'invoquait, l'aimait pour tous les biens qu'épandaient aux vallées, les sources jaillissantes, propices aux bois ombreux, aux vignes, aux moissons, aux prairies, aux troupeaux, éternelle parure de la terre nourricière?

Recueilli par des pasteurs, le dieu se fit pasteur à son tour, veillant sur ses bergeries arcadiennes, comme l'hellénique Hélios sur ses gras troupeaux d'Italie dont les compagnons d'Ulysse follement osèrent se repaître. Berger divin, vêtu des dépouilles du bouc, cachant sous la fauve toison l'éclat du feu céleste qui ne s'éteindra pas. Mais l'Arcadien, pieux entre tous les peuples, ne s'y peut pas tromper. Ce dieu ami, ce dieu familier qu'une fatalité joyeusement acceptée a fait descendre jusqu'à lui, il continue de l'honorer, de l'aimer, de l'invoquer à l'égal des divinités les plus hautes.

Et le bon chèvre-pieds se plaît en ses campagnes de la verdoyante Arcadie. Il continue d'habiter ses plaisantes hauteurs avec leurs bois sacrés, pleins de mystères, au Lycée près du sanctuaire de Zeus où toute créature perdait son ombre (1), au Cyllène, la montagne d'Hermès, au

---

(1) Pausanias, *Voyage de l'Arcadie.* Voir l'explication laborieuse de Bérard.

Ménale où les pâtres l'entendaient jouer de la flûte, à l'Akakésion où une lampe, attestant le mythe solaire, brûlait perpétuellement en son honneur, non loin d'un autel commun à tous les Dieux, au Parthénion entre Argos et Tégée, aux sources de l'Erymanthe, aux portes de Mégalopolis et de Lycosoura.

Mais s'il voit d'un œil ami, ces autels, ces statues que l'Arcadie lui prodigue, il dédaigne, en philosophe, la magnificence des temples (1) et les pompeux sacrifices. « *A d'autres, les acropoles* », s'écrie-t-il fièrement dans une épigramme de Théétète. Le bois vaguement sculpté, la pierre à peine dégrossie, l'humble stèle à l'inscription rustique suffisent à sa joie.

Je suis une divinité des champs. Pourquoi me faites-vous des libations avec des coupes d'or? Comment m'offrez-vous des vins d'Italie? Pourquoi attacher à un autel de pierre de superbes taureaux? Abstenez-vous de tout cela. De tels sacrifices ne sont pas de mon goût. Je suis Pan, l'hôte des montagnes, dont on taille la statue dans un bloc de bois. Je me contente de la chair d'agneau et du vin doux de l'endroit (2).

Ainsi s'exprimait le bon Pan par la voix d'un

---

(1) « Sélénè, la déesse lunaire, était primitivement la compagne de Pan. Avec lui, elle était adorée dans les cavernes *alors que la dévotion n'avait point encore élevé de temples aux dieux* » (V. Bérard. *De l'origine des cultes arcadiens*). C'est sans doute à titre de Dieu primitif, demeuré toujours fidèle à ses origines, que Pan se contenta des antres et des pierres grossières, sans jamais se laisser séduire par la somptuosité des édifices religieux.

(2) Apollonidas de Smyrne, *Anthologie de Planude*.

contemporain de Thamous. Point d'orgueilleuses hécatombes. Les prémices du troupeau, du champ ou de la vigne (1), le rayon de miel, l'appareil de chasse et de pêche, les dépouilles pendant aux branches, voilà les offrandes qui plaisent à Pan.

En revanche le dieu veille sur les récoltes (2), protège les sources (3), fait accueil aux voyageurs (4), leur offrant la juste hospitalité de la terre fertile en fruits, qu'il voudrait commune à tous. Dieu de la fécondité généreuse, dieu des énergies

(1) « Des grappes de raisin mûr, des tranches de grenade, de la pulpe blonde de pommes de pin, des amandes qui craignent d'être mordues, un rayon de miel, douce ambroisie, une pile de gâteaux sacrés, des gousses d'ail parfumées, de grosses poires qui excitent la soif des buveurs, telles sont les humbles offrandes que, à Pan, fier de sa houlette... consacre Philoxénide. » (Crinagoras. *Anthologie*.)

(2) « Moi, Pan, du haut de la vigie où l'on m'a placé, je surveille cette vigne aux beaux pampres verts. Que si, passant, tu désires une grappe pourprée, prends-la, je ne la reproche pas à ton estomac satisfait. Mais si seulement tu me touches d'une main cupide et voleuse, aussitôt tu recevras sur ta nuque un violent coup de mon bâton noueux. ». (Maccius. *Anthologie*.)

(3) « Sur le bord de cette belle source, à côté des nymphes, Simon m'a placé, moi, Pan, aux pieds de chèvre — Pourquoi ? — Je le dirai. Autant que tu désires, bois à cette source, et puises-y pour y remplir ton urne. Mais n'y lave pas tes pieds, souillant le cristal des eaux, et bravant ma colère... » (Nicarque. *Anthologie*.)

(4) « Ici, étendu sur l'herbe verte de la prairie, voyageur, repose tes membres épuisés par une marche rude. Le zéphir qui agite les pins te rafraîchira de son haleine, la cigale te charmera par ses chants, et aussi le berger qui, sur la montagne, près d'une source, module sur la flûte son air de midi, s'étant dérobé sous un épais platane aux chaleurs du Sirius dévorant. Et demain, tu passeras la forêt. Crois-en le bon conseil que Pan te donne. » (Anonyme. *Anthologie*.)

vitales de la nature, dieu simple, immodeste et charmant, dieu plein de rires et de chansons, que les tranquilles joies des prairies, des bois, des monts, semblaient protéger à jamais contre ces révolutions du ciel qui jonchent de dieux morts la route de l'Humanité changeante.

Mais sous ses boucles emmêlées, le dieu rieur, ami des nymphes, cachait une humeur batailleuse, un cœur de soldat. Dès les temps des premières légendes, Pan s'était signalé par sa vaillance, en maintes rencontres fameuses. Il avait aidé Zeus dans sa guerre contre les Titans, et secouru cet Olympe qui ne lui fut jamais hospitalier. Quand les dieux, en leur fureur, se combattaient à coups de montagnes, Pan, de son terrible cri, fit tressaillir le cœur indompté des Géants. Pan, encore, accompagna Dionysos dans l'Inde, semant en tous lieux l'effroi par ses clameurs sauvages, fier, plus tard, de son titre d'ancien soldat de l'expédition légendaire.

Comment fût-il demeuré paisible pasteur de chèvres, quand le Perse accouru du fond de l'Asie rangea son innombrable armée dans la plaine de Marathon, où se jouait le sort d'Athènes, et, par la cité d'Athéna, de l'Hellade? L'hémérodome Phidippidès, envoyé à Sparte pour solliciter du secours, en avait rapporté une réponse favorable, mais vaine par la superstition lacédémonienne qui ne permettait pas au renfort de se mettre en marche avant la pleine lune. Athènes, aidée d'une troupe de Platée, supporta le choc. Mais Pan fut de la bataille.

Hérodote rapporte que Phidippidès, revenant de son inutile voyage, s'entendit subitement appeler à haute voix par son nom (comme Thamous à Paxos), près du mont Parthénion, non loin de Tégée. C'était Pan, qui l'avisa d'annoncer aux Athéniens qu'il serait prochainement avec eux. Et quelques jours après, il se jetait dans la mêlée, soufflant *la terreur panique* aux Barbares (1), comme le montre encore un masque de terre cuite du musée d'Athènes.

Le dieu philosophe qui, sur le mont Lycée, s'était laissé traîtreusement pousser du coude par le Zeus sémitique, n'avait pu supporter l'idée de livrer son Hellade aux hommes de l'Asie (2). Peut-être savait-il le grand mystère, ce défenseur obstiné des cultes helléniques de la vie en ses multiples formes? Peut-être pressentait-il l'éclatante revanche de la destinée?

---

(1) Comparez avec l'intervention des divinités d'Éleusis, dix ans plus tard, à la bataille de Salamine (Plutarque, *Vie de Thémistocle*, et Hérodote VIII-65). Les dieux, depuis Homère, n'en étaient pas encore venus à se désintéresser des batailles de l'Hellade.

(2) Deux cents ans après Marathon, Pan accourait encore au secours de la Grèce, menacée cette fois dans Delphes par les hommes du Nord. Les Gaulois sacrilèges, frappés des éclats de la foudre, n'échappèrent aux rochers croulants du Parnasse que pour se disperser affolés sous les cris terrifiants du bon soldat de l'Hellade.

※※

La revanche vint de l'Hellade, en effet, et par quel détour imprévu ! Athènes reconnaissante consacra au dieu Pan, ami des antres, une grotte de l'Acropole, aujourd'hui dévastée de ses images. Une course annuelle de porteurs de flambeaux fut instituée en son honneur, semblable à celle par laquelle l'Arcadie pélasgique fêtait son dieu solaire. Pan accueillit ces honneurs avec l'orgueilleuse modestie du soldat victorieux : « Le champ de Marathon inondé du sang des Mèdes, nous a été attribué en partage, s'écrie-t-il fièrement. Aussi Miltiade m'a élevé cette statue comme à son compagnon de guerre, comme au vainqueur des Perses, en récompense d'une assistance spontanée (1). »

Le droit de cité dans Athènes fut une gloire sans doute, mais une de ces gloires qui ne vont pas sans quelque déformation de la personnalité primitive. Dépaysé dans l'Agora railleuse, le dieu que l'Arcadie mettait au premier rang, ne fut plus qu'un de ces rustiques égarés aux carrefours des villes, guignés de cent yeux goguenards, un de ces modestes compagnons qu'on aime, mais dont on n'a pas l'idée de s'enorgueillir au dehors.

Relégué dans la grotte obscure de l'éblouissante Acropole qu'Athéna Poliade emplissait de son triomphe, le dieu d'aspect rude et de cœur bon,

---

(1) Théétète. *Anthologie de Planude.*

n'en conquit pas moins rapidement le monde hellénique par sa bonhomie, sa familiarité avec les humbles de la terre, et le plaisant franc parler dont il s'attribua le privilège. Aux sources, aux champs, parmi les rochers et les bois, le divin paysan fut partout abondant en joyeux propos, en gestes obscènes, trop bon compagnon pour inspirer la crainte ou même imposer le respect. Aristophane, qui ne ménageait pas Athéna, Théocrite lui-même (1), prirent avec lui de ces libertés extrêmes dont les dieux, en ces heureux temps, ne s'offensaient point.

Doucement porté par la mer amie — vraie patrie des Grecs, selon Louis Ménard — Pan gagna les îles, aborda aux rivages d'Asie, marchant à la rencontre des divinités jalouses. L'Égypte, la Trinacrie, le virent arriver partout où le voyageur hellénique apportait, avec la limpide harmonie de sa langue, le sourire humain de ses dieux.

L'Italie pélasgique, attendant le mot d'ordre de la Grèce, connaissait le dieu Pan d'une antiquité lointaine. La transcription du *Pan Lycéen* en *Pan Lupercus* (*Lupus*, loup) révèle le dieu latin bien postérieur au temps où le Lycée, *montagne de*

---

(1) « ... Si tu m'exauces, cher Pan, puissent les enfants d'Arcadie ne point te fustiger, avec des scilles, les flancs et les épaules, quand les viandes du sacrifice sont insuffisantes. Mais si tu refuses, puisses-tu déchirer de tes propres ongles ton corps entamé par les scilles. Puisses-tu dormir sur des orties, etc. » (Théocrite. *Les Thalysies*, Idylle VII.)

la *lumière* (*Lukè*), devint *la montagne du loup* (*Lukos*), par l'inconscient calembour des pasteurs. *Les Lupercales*, fêtes primitives de Pan, tombées en désuétude, rétablies par Auguste, faisaient encore la joie de Rome trois ou quatre siècles après Thamous. Tibère ne pouvait ignorer *l'antre Lupercal* du Palatin où se voyait, parmi des débris pélasgiques, la statue de Pan vêtu d'une peau de bouc. L'enquête impériale, nécessairement ne porta donc, que sur l'identification du *Grand Pan* avec le *Pan Lupercal*.

A vrai dire, *les hommes éclairés qui entouraient César*, comme dit Plutarque, ne se mirent pas en frais d'imagination pour rechercher la généalogie du dieu mort. Ils ne firent d'autre effort que de consulter Hérodote qui disait Pan fils d'Hermès et de Pénélope.

L'hymne homérique, que j'ai déjà cité, adopte une autre légende :

Le bienveillant Hermès vint dans l'Arcadie aux nombreuses sources, où est son bois sacré du Cyllène.

La langueur du désir, étant survenue, abondait en son âme pour qu'il s'unît à la nymphe Dryopé (1). Et il accomplit cette union florissante.

La nymphe enfanta dans sa demeure le fils chéri d'Hermès, au premier aspect, prodigieux, dieu aux pieds de chèvre, à deux cornes, épris des danses bruyantes, et riant doucement. Elle fit un bond et s'enfuit, la nourrice

---

(1) Fille de Dryops (*l'homme des bois*) dont Hermès gardait les troupeaux.

abandonna l'enfant, car elle fut saisie de crainte, en voyant ce visage rude et barbu.

Aussitôt le bienveillant Hermès le recueillit dans ses mains, et, en son âme, il fut comblé de joie. Il se hâta de se rendre au séjour des Immortels, ayant enveloppé l'enfant dans la peau velue d'un lièvre de montagne.

Il s'assit auprès de Zeus et des autres Immortels, et il leur montra son fils. Tous les dieux en leur âme furent charmés, et surtout Dionysos. Ils lui donnèrent le nom de PAN (*TOUT*), parce qu'il les avait *tous* réjouis.

Que dire de cette folle étymologie? Elle accuse l'embarras que l'étrange nom ne cessa de causer aux Grecs. D'Athènes, le culte du divin rustique avait gagné le continent, les îles et l'Asie, faisant retentir tout le monde hellénique de ce mot *Pan*, dont l'explication piquait vainement la curiosité des philosophes. Les Grecs, dont les recherches étymologiques n'allaient pas au delà des laborieuses fantaisies du *Cratyle* (1), ne pouvaient voir dans le nom du dieu autre chose que le mot *Tout* qui s'imposait comme identique, à l'accentuation près.

Cette ambitieuse appellation d'une divinité si modeste était faite pour surprendre. On en rit. De faire dériver le nom du dieu des pasteurs du radical qui signifie *paître*, l'idée n'en vint à personne. De savoir si le dieu venait des Pélasges, s'il était une personnification primitive du soleil,

---

(1) Voyez notamment la ridicule étymologie de Pan.

ou si le sanscrit dénonce Pan jouant de la syrinx comme le vent dans les roseaux (1), la question ne pouvait pas même se poser. On accepta donc sans conteste la seule signification qui s'offrit.

Mais s'il fut universellement admis que Pan s'appelait *Tout*, l'idée ne s'ensuivit en aucune façon qu'il fût le dieu représentatif de l'ensemble du monde. Rien ne le prouve mieux que la bizarre interprétation de l'hymne homérique. Une autre version, confirmée par une épigramme de l'anthologie, faisait de Pan le fils de Pénélope (2) et de *tous* les prétendants festoyant au palais d'Ulysse. La commune paternité s'attestait par le nom de l'enfant. Que d'ingéniosité dépensée pour trouver la clef du mot mystérieux, et comme on est loin de l'idée d'en faire la divinisation de l'univers des choses.

Le pas fut franchi pourtant, mais combien de siècles plus tard (3). Après les fantaisistes étymologies de la légende, les philosophes, aidés des poètes — divins menteurs — auront finalement la gloire de la métamorphose du chèvre-pieds

---

(1) Max Müller, *Essai sur la mythologie comparée*.
(2) Certains ont supposé la confusion d'une nymphe arcadienne du même nom (Pénélope, *celle qui tisse*) avec la mère de Télémaque. Voir Preller, *Griechische Mythologie*.
(3) Platon, dans le *Timée*, parlant du *Grand Tout*, le désigne par le mot courant, sans qu'il y ait de confusion possible avec Pan, car la phrase amène le génitif, ce qui ne permet pas la méprise. Aristote appelle le *Grand Tout*, l'Entier (*Holon*). Rien de Pan. Voir Alfred Maury, *Histoire des religions de la Grèce antique*, t. III, p. 312.

d'Arcadie en l'universelle Puissance de tout ce qui vit, de tout ce qui est. Par la magique vertu de son nom inexpliqué, le dieu familier de la terre vivante va se magnifier jusqu'aux proportions de l'Univers, éclater en force souveraine du monde, embrasser tout, animer tout, être tout.

C'est un jeu de mots qui lui fera cette fortune, une méprise, un de ces inconscients calembours (1) où le mirage du verbe nous peut abuser jusqu'à réaliser l'illusion de l'esprit. Le phénomène humain, par le mot transfiguré, vivifié, aboutit au divin, dans toutes les mythologies (2).

---

(1) Ainsi le mythe de Deucalion et de Pyrrha transformant des *pierres* en *hommes* est né d'un calembour sur les deux mots *Laos* et *Laas*. (Max Müller. *Mythologie comparée*, p. 16.)

Ainsi *Kronos* (Saturne) dont le radical a le sens de *faire*, a fini par s'identifier avec *Chronos*, le Temps, qui signifie celui qui ravit toutes choses.

Ainsi l'*Agni* des *Védas* (*Ignis*, le feu.) s'est trouvé confondu avec l'*Agneau* mystique du christianisme, resplendissant de rayons d'or sur la chasuble du prêtre. « La Cité sainte n'a pas besoin du soleil ni de la lune. C'est l'*agneau qui est son flambeau* (Apocalypse, 21, 23). » Voir Émile Burnouf. *Science des religions*, pp. 257 et suivantes.

« Lorsque Jésus-Christ montait le calvaire, une femme essuya son visage couvert de sueur et de sang. Les traits du Sauveur marquèrent leur empreinte sur le linge qui fut exposé plus tard à la vénération des fidèles sous le nom de *Vera Icon*, le vrai portrait. Le peuple, par une transposition de lettres appela ce portrait *Veronica*, et on donna le nom de *Véronique* à la femme qui avait recueilli cette précieuse relique. » (René Ménard, *Histoire des Beaux-Arts, moyen âge*, p. 37.)

Sur le calembour dans les étymologies populaires, voir Max Müller et Victor Bérard.

(2) Toutes les fois qu'un mot quelconque, après avoir été d'abord employé métaphoriquement, est employé sans que l'on ait une conception claire des degrés par lesquels il a passé de la signification originelle à son sens métaphorique, *il y a dan-*

Voilà Pan dieu total, sinon unique. En lui va se formuler le panthéisme primitif des Orphiques. Car c'est dans l'hymne orphique, de date comparativement récente (1), que Pan nous apparaît enfin comme « l'ensemble du monde... principe universel, générateur de toutes choses ». En voici une belle traduction que je dois à l'obligeance de mon ami le philosophe Louis Ménard, païen mystique et fin lettré :

Parfums de Pan

J'appelle le puissant Pan, l'ensemble du monde, le ciel, la mer, la terre, reine universelle, et le feu immortel, car ce sont là les membres de Pan.

Viens, bienheureux danseur, courant en cercle, trônant

---

ger de mythologie. Toutes les fois que ces degrés sont oubliés et remplacés par des degrés artificiels nous avons *de la mythologie* ou, si je puis m'exprimer ainsi, nous avons *une maladie du langage*, que ce langage traite d'intérêts religieux ou d'intérêts profanes. (Max Müller. *Nouvelles leçons sur la science du langage*, p. 79). *La mythologie étant une maladie ou un désordre du langage*, peut affecter toutes les parties de la vie intellectuelle de l'homme. Il est vrai que les idées religieuses sont les plus sujettes de toutes à l'affection mythologique, parce qu'elles s'élèvent au-dessus des régions de notre expérience et que, par conséquent, il est de leur nature même d'avoir à se contenter d'expressions métaphoriques. (*Id.*, p. 147-148). L'histoire de la religion est, en un sens, une histoire du langage. (*Id.*, p. 161.)

(1) Les écrits cycliques de l'Orphisme colligés, arrangés, et au besoin fabriqués par le poète Onomacrite d'Athènes, sous les Pisistratides, ne présentent aucune garantie d'authenticité dans la forme sinon dans le fond. Quelques fragments originaux s'y trouvent sans doute mêlés, mais comment les découvrir? Les hymnes sont d'une époque bien postérieure encore, quelques-uns de deux ou trois siècles peut-être après Jésus-Christ. Il faut y voir une œuvre alexandrine, suprême effort du génie grec sur les antiques conceptions de l'Asie.

avec les heures, pasteur des chèvres (tempêtes) (1) frénétique, inspiré, modérateur des astres, qui règles l'harmonie du monde au son de ta musique joyeuse, qui amènes les visions et frappes de terreur les mortels, qui te plais près des sources où paissent les chèvres et les bœufs, vigilant chasseur, ami d'Echo, dansant avec les nymphes, principe universel, générateur de toutes choses, démon aux mille noms, prince du monde, nourricier, porte-lumière, *Paian* fertile en fruits, ami des cavernes, aux lourdes colères, vrai Zeus armé de cornes.

Car sur toi s'appuie la plaine infinie de la terre, à toi sont soumis les courants profonds de la mer infatigable, et l'océan qui enveloppe la terre de ses eaux, et l'élément de l'air qui nourrit et anime les vivants, et, dans les hauteurs, l'éclat du feu léger.

Ces divines choses marchent sous tes lois, tu transformes toutes les natures selon tes providences, tu pais la race humaine dans le monde sans bornes.

Donc, bienheureux, frénétique, inspiré, descends vers nos saintes libations, donne-nous l'heureuse initiation de la vie, et envoie l'aiguillon panique aux limites de la terre.

L'inouïe métamorphose est maintenant accomplie. En ce Pan transfiguré, une nouvelle conception du monde se précise. Tous les phénomènes planétaires enchaînés d'une harmonie vivante, émanations diverses d'une identique énergie, se résument en une existence totale, le Pan universel qui contient toute vie.

Les dieux de l'Hellade, primitivement conçus —

---

(1) Du commun radical *bondir*. Le mot : *les bondissantes*, peut également s'entendre des chèvres et des tempêtes. Les nuées des Védas sont des troupeaux de vaches. Métaphores de peuples pasteurs.

ainsi que les dieux Védiques — chacun comme souverain (1), avaient fini par s'ordonner dans la hiérarchie de l'Olympe. Zeus, le ciel brillant, embrassant, comprenant toutes choses, parut d'abord comme l'incarnation suprême du monde. Ainsi le chantait un poète orphique :

Zeus a été le premier, Zeus est le dernier, Zeus est le maître de la foudre ;
Zeus est la tête, Zeus est le centre, c'est de Zeus que toutes choses sont faites ;
...Tout gît dans le grand corps de Zeus.

Mais tant de grandeur est éphémère. Déjà Zeus a trop vécu. L'homme, sous ses dieux, les use de son âme inquiète.

Sur Zeus et sur toutes les divinités de l'Hellade, Pan, si complètement dégagé des vanités célestes, n'a qu'un avantage, mais décisif : le jeu de mots commandé par son nom. De là sa suprématie finale, qui fera de lui l'incarnation du Paganisme grec au regard du Christianisme naissant.

Par le miracle humain d'une voix, d'un son mal interprété, le mot qui sembla désigner l'ensemble

(1) « Toute une doctrine correspondant au panthéisme orphique s'attache à chacune des divinités grecques. Les différents dieux invoqués, Apollon, Hadès, Poseidôn, Kronos, Héraclès, Pan, Héphaistos, Adonis, Eros, Némésis, les Nymphes, les Euménides, les Moires, etc., ne sont que des formes de la Divinité universelle. » (Alfred Maury. *Histoire des religions de la Grèce antique*, t. III, p. 329-330). Max Müller fait la même remarque pour les dieux des Védas (*Science du langage*, p. 146).

du monde finit par le représenter en effet. Frappé du clair regard du monstrueux Satyre dont Victor Hugo a chanté la métamorphose, le grand Olympien s'évanouit en transparente vapeur, laissant la trace fugitive d'un nom dans les fastes des Dieux morts.

Zeus n'est plus. C'est Pan qui est maintenant. L'antique dieu solaire, source première de vie universelle, réduit à l'obscurité des cavernes d'Arcadie, apparaît tout à coup — sa Passion subie — plus grand, plus radieux, plus complètement divin que ne l'avait connu le monde. L'homme qui l'oublia le rappelle maintenant, et lui fait de sa propre inconscience un triomphe.

Le cycle parcouru, Pan revient à son origine de générateur, de dispensateur de toute existence. Mais combien changé pour avoir touché la terre ! La gloire de l'astre radieux qui nous verse l'être n'est que l'éclair d'une étincelle dans la fureur des monstrueux incendies qui embrasent l'espace de leurs éternelles clartés. Ce n'est plus seulement un soleil, c'est tous les soleils du ciel, avec l'universel déchaînement de vie qui leur fait cortège, que Pan se trouve incarner désormais. La phonétique humaine a fait de lui le *Grand Tout*, tout ce qui est, et tout ce qui sera. Non le Dieu extérieur au monde, l'agitant de sa volonté. Le Dieu total, identique aux éléments qui en manifestent l'apparence, l'Être Infini, le *Grand Pan* sans forme et sans mesure, en qui sont, avec la Terre mère des Hommes et des Dieux, les cieux après les cieux partout fleuris de champs d'étoiles.

Mais ce Pan prodigieux, *Seigneur de la Matière*, à peine est-il conçu, proclamé, célébré en des poèmes où l'esprit grec a clarifié l'antique pensée de l'Asie, à peine apparaît-il comme l'aboutissant du paganisme heureux qui fit communier les hommes et les dieux dans les joies de la Terre, que l'écho de Palodès a retenti des gémissements de l'Hellade au lamentable annoncement de sa mort.

L'exilé des montagnes d'Arcadie n'a pas plus tôt surgi, de miracle, dans la splendeur du panthéisme rajeunissant de l'Asie, qu'un autre dieu, asiatique aussi — Jahvé farouche et Christ rédempteur — va s'emparer de l'Occident pour y faire triompher, dans des siècles de désespérance, le rêve stupéfiant du Ciel sur la vivante réalité de la terre, honnie, condamnée, vouée aux anathèmes du conquérant sémite de l'esprit aryen (1).

(1) « Hérodote ramenait toute l'histoire à une lutte éternelle de l'Europe contre l'Asie, de l'Hellène contre le Barbare. C'est bien ainsi qu'il faut nous représenter l'histoire religieuse des Grecs. C'est une lutte éternelle entre le Barbare religieux et l'Hellène philosophe, entre l'Asie crédule et l'Europe raisonneuse. L'Asie jette sans trêve sur la Grèce de nouvelles religions. Comme les vagues de la marée montante, nous les voyons de siècle en siècle survenir les unes derrière les autres en gagnant toujours du terrain malgré la résistance de l'esprit hellénique. Hérodote n'avait pas prévu que le dernier mot, pour longtemps du moins, resterait à l'Asie. » (V. Bérard. *De l'origine des cultes arcadiens*, p. 364.)

Le paganisme va mourir. Le *Grand Pan* est mort. C'est que Jésus est né!

*_**

Les nouveaux temps sont venus. L'Olympe s'écroule. Les grands Dieux que Pan défendit aux premiers jours, avec Pan mort, succombent, et ce que n'avaient pu faire les Géants, fils du Ciel et de la Terre, un vagabond de Galilée, un rêveur à l'extatique sourire, d'un mot, d'un geste, l'accomplit.

L'Hellade, par qui nous fûmes enfantés, succombe dans l'effrayant désastre. L'Asie victorieuse enfin de la raison humaine nous donne son Christ qui va nous posséder, nous modeler, nous faire. Paul s'embarque à Séleucie pour la conquête des âmes, prêchant le mépris de la terre, annonçant le royaume de Dieu qui va venir.

Loin du monde périssable, le regard des chrétiens. *Ces malheureux qui se croient immortels,* comme dit Lucien, ne peuvent pas comprendre la leçon des dieux qu'ils voient mourir. Répudiant la terre et ses joies, ses luttes, ses nobles souffrances pour l'avenir humain, ils vont, perdus dans leur rêve d'égoïste *au delà*, à la compression de toute faculté de vivre, à l'arrêt de tout effort de devenir. C'est le contraire aspect des choses. A la vie pour vivre, va succéder la vie pour mourir, à la pleine floraison de l'être, l'anéantissement de l'homme d'ici-bas au profit d'une *paradisation* future.

Le Juif schismatique ose porter son dieu rêveur jusqu'au foyer de l'antique raison. Un fabricant de paillassons surgi du grouillement d'en bas, un de ces fanatiques débordants qui, de la foule obscure, décident souverainement des destinées humaines, aborde, en messager d'une parole nouvelle, aux rivages sacrés de l'Hellade épuisée de siècles de pensée. Philippes, Amphipolis, Thessalonique, Athènes, Corinthe, le verront, l'entendront, non comprenant, non compris.

Renan, suivant les traces de l'apôtre, nous a laissé de l'arrivée à Philippes un tableau enchanteur. Hélas! ce paysage de verdoyantes cultures dominées du Pangée, où se complut notre chrétien déchristianisé, c'est ce qu'il a vu — lui — non l'apôtre. Ne cherchons pas quelque chose de Paul dans ce qui lui fut précisément un livre fermé. Tous ces aspects de la terre heureuse, ces eaux vives, ces bois, ces fleurs caressées des abeilles, ces buffles dans les roseaux, que faisaient-ils sinon de plaider pour l'homme et pour la terre, de dire les joies de l'effort humain, de les faire éclater en magnifique apothéose? Ce sont *tes membres*, ô Pan, comme dit le chanteur orphique, dont tu tentais vainement la vue de l'insensible! Qu'importe la Nature perfidement tentatrice? Qu'importent ces plaines fertiles, ces montagnes lumineuses, témoins tragiques de Brutus expirant ?

Si le messager du Christ eût été frappé de ces spectacles, il n'eût pu qu'en exprimer son dégoût, son horreur. Pourquoi s'acharner sur le sol rebelle ? « Les oiseaux de l'air ne sèment ni ne moissonnent, ni n'amassent rien dans les greniers ; le Père céleste les nourrit... Les lis des champs ne travaillent ni ne filent, ils éclipsent Salomon dans sa gloire. *Car ce sont les païens qui recherchent toutes ces choses... Cherchez le royaume de Dieu*, et tout vous sera donné par surcroît. » Pourquoi s'attarder aux joies de la terre, quand le mépris de ce qui est d'un jour assure l'éternelle félicité dans le ciel ?

Quelques semaines plus tard, au sortir d'Amphipolis, Paul et Silas rencontraient le tombeau d'Euripide. Ignorant sans doute jusqu'au nom même du mort, ils passaient sans détourner la tête, insoucieux de la pensée contre laquelle ils s'acharnaient sans la connaître.

Enfin, l'Attique vit débarquer l'apôtre. La Grèce, vivante encore dans son blanc peuple de marbre, étincelait en vain de lumière divine aux yeux du Juif halluciné. Les Romains pillards, dévastateurs de Corinthe, commençaient de dépeupler Delphes, Olympie, déjà souillées de statues impériales. Le temple de la déesse Rome, le temple d'Auguste, une cohue de figures romaines, profanaient le Parthénon d'un voisinage sacrilège. Athènes avait fleuri, comme cité sans doute ne fleurira jamais (1). La grande mort était sur elle. Pourtant, sur l'Acropole d'or flambant dans le ciel bleu, Athéna Poliade, parée, pour le supplice, d'un cortège de dieux comme le génie humain n'en a, depuis ces temps, ni conçu, ni créé, attendait immobile, dans sa beauté sereine, le bourreau qui venait.

Qu'est-ce que le sombre Sémite pouvait comprendre d'une telle floraison d'âme, lui, dont le *Livre* proscrit toute image des choses (2). L'Hellade, divinisant la nature, lui était aussi étrangère, aussi ennemie que la nature elle-même.

Tant de merveilles, dit Renan, touchèrent peu l'apôtre. Il vit les seules choses parfaites qui aient jamais existé, qui

---

(1) « Athènes n'a pas eu une gloire, ni même un plaisir, qui n'ait été pour l'avenir un bienfait, et qui ne nous demeure comme un immortel héritage. » Ernest Havel (*Le Christianisme et ses origines*, t. I, p. 50.)

(2) Tu ne te feras point d'image taillée, ni aucune ressemblance des *choses* qui *sont* là-haut dans les cieux, ni ici-bas sur la terre, ni dans les eaux sous la terre: tu ne te prosterneras point devant elles et tu ne les serviras point. (Exode XX, 4, 5.) Vous ne vous ferez point d'idoles, et vous ne dresserez point d'image taillée, ni de statue, et vous ne mettrez point d'image figurée dans votre pays, pour vous prosterner devant elle ; car je *suis* l'Eternel, votre Dieu. (Lévitique XXVI. 1.)

Hérodote observe que les Perses, adorateurs des astres, n'ayant ni temples, ni autels, ni images, prenaient en pitié la religion des Grecs. C'est, en effet, l'anthropomorphisme qui fut vainqueur à Marathon et à Platée.

« Xerxès, dit un historien des Parsis, avait une telle haine de l'*idolâtrie* qu'il détruisait tous les temples des Dieux de la Grèce. » (Dosabhai Framji Karaka. *History of Parsis*.) On sait quel fut le sort de l'Acropole après la prise d'Athènes.

existeront jamais, les Propylées, ce chef-d'œuvre de noblesse, le Parthénon, qui écrase toute autre grandeur que la sienne, le temple de la Victoire sans ailes, digne des batailles qu'il consacra, l'Erechtéion, prodige d'élégance et de finesse, les Errhéphores, ces divines jeunes filles, au port si plein de grâce.

Il vit tout cela, et sa foi ne fut pas ébranlée ; il ne tressaillit pas. Les préjugés du Juif iconoclaste, insensible aux beautés plastiques, l'aveuglèrent ; il prit ces incomparables images pour des idoles : « Son esprit, dit son biographe, s'aigrissait en lui-même, quand il voyait la ville remplie d'idoles. » Ah ! belles et chastes images, vrais dieux et vraies déesses, tremblez, voici celui qui lèvera contre vous le marteau. Le mot fatal est prononcé : vous êtes des idoles ; l'erreur de ce laid petit Juif sera votre arrêt de mort.

Le voilà devant le rocher de l'Aréopage, au pied de la colline sainte, couronnée de la suprême citadelle des dieux. Il va parler. Ce sont des Grecs qui l'écoutent. Mais en quel état d'âme ? Quelles croyances ? Quelles pensées ? Un désordre agité, bourdonnant dans le vide, une confusion des cultes de tous pays (1), le doute universel en forme d'adorations de hasard, le désenchantement expiatoire du génie, dans l'irréparable défaite des hommes et des dieux.

Le mal venait de loin. Aristophane avait égayé la Grèce de l'Olympe, et l'impunité du railleur dénonçait l'impuissance d'en haut. Lacharès avait pu voler l'or de la statue d'Athéna. Démétrius

(1) « De tout l'Orient ouvert, les dieux se jetaient sur la Grèce. » — V. Bérard.

Poliorcète installait ses courtisanes dans l'opisthodome du Parthénon. Aristion laissait éteindre la lampe immortelle, et bafouait la prêtresse de la Déesse protectrice.

Que croire, où se reprendre en cet effondrement de tout ? L'Hellénisme, sans dogmes ni livres sacrés, sans traditions sacerdotales, n'avait de vertu que par l'âme vivante, et l'âme n'était plus. Ainsi que de nos jours, la foi, ruinée, se mimait encore en des gestes appris d'où le sentiment, la pensée avaient disparu. Moins l'homme se donnait vraiment, plus il se répandait en manifestations bruyantes de duperie pour lui-même autant que pour autrui.

La mutuelle tolérance qui fut des Grecs, accrue de l'obscur sentiment d'un monde qui finissait, d'un inconnu qui s'élaborait, accordait provisoirement tous les contraires. Athènes demeurée païenne par ses traditions de vie et de gloire, mais minée dans tous les fondements de sa pensée, chancelait sous le flot toujours montant des nouveaux mythes de l'Asie.

Plusieurs siècles avant le Christ, le Bouddhisme avait tenté la conquête de la Grèce (1). Des rois de Bactriane, hellènes de race, comme Agathoclès et Ménandre, s'étaient convertis à la religion d'amour et d'universelle charité. Jusqu'au pied

---

(1) Voir l'article de M. Sylvain Lévi : *Le Bouddhisme et les Grecs*, dans la *Revue de l'histoire des religions*, tome XXIII.

de l'Acropole une lente infiltration amena la parole de Çakya-Mouni. Peu de temps avant la naissance du Christ, Athènes vit un *Sarmane* (1) rassasié des joies de l'existence, monter sur un bûcher pour y finir sa vie « *suivant la coutume de sa patrie* », dit l'épitaphe que copièrent Strabon et Plutarque.

« Si le Bouddhisme n'arriva point à triompher, dit M. Sylvain Lévi, s'il disparut de l'Occident sans y laisser presque aucun souvenir, la politique et la géographie seules sont responsables de son insuccès. » La raison ne paraît pas déterminante quand on lit le récit du voyage du Chinois Hiouen-Thsang dans l'Inde — six cents ans après Jésus-Christ — à la recherche des livres sacrés du Bouddhisme. Si le monde grec avait produit, en temps opportun, un esprit de cette trempe, les obstacles de la politique et de la géographie eussent compté pour bien peu de chose. L'Occident peut-être eût rejoint l'Orient dans l'acceptation de la grande doctrine altruiste, et l'inévitable révolution de cet âge se fût accomplie dans d'autres conditions de sentiments et de pensée.

Mais l'événement n'eut pas lieu, et ce fut Paul, porteur de la parole de Judée — pénétrée elle-même des prédications de Çakya — qui vint léfier l'hellénisme au pied du rocher d'Athéna.

(1) Moine bouddhiste.

Il parla, le Juif redoutable. Il dit la résurrection des morts, et comment la vie n'avait plus d'autre but que de mourir. L'idée cent cinquante ans plus tard excitait encore la verve de Lucien. C'était, en dépit des boutades de quelques philosophes, le renversement des idées de la Grèce, le bouleversement de toutes choses. La vie devenait comme une mort passagère, la mort était l'entrée dans la vie éternelle.

Que pouvaient penser des Grecs de ce paradoxe de déraison, eux les fils de la grande lignée qui conçut et réalisa, dans la plus belle ampleur, la pensée de la vie pour vivre? « Nous t'écouterons une autre fois », dirent les plus polis.

Un monde qui meurt, un monde qui va naître. Une prédication — à ce point dédaignée que Plutarque, dans la première moitié du IIe siècle, ignora Jésus — appelée pourtant à conquérir les hommes, mais pour un résultat combien différent des rêves du prédicateur.

Accueilli par l'indifférence ou le sarcasme, l'apôtre jeta la graine au vent qui prit charge de la moisson. Une folie passe, avait pensé l'Aréopage. Le monde depuis deux mille ans regarde passer cette folie.

La recherche du royaume de Dieu, le mépris de la terre, de ses beautés, de ses joies, de sa puissance sur elle-même par l'homme sorti de son sein, la haine d'un idéal de vie vivante, le dégoût de l'action *d'ici-bas*, de l'enfantement douloureux de formes meilleures, voilà ce qui triomphe, voilà ce que l'Occident appellera la vie désormais. On ne va plus vivre qu'en vue de la mort.

La voix de Paxos a dit vrai. *Le Grand Pan est mort ;* et l'homme de l'Hellade avec lui.

* *

La grande nuit se fait. Avec la conversion de Constantin, malgré la suprême résistance de Julien, le christianisme, devenu pouvoir politique, s'empare des civilisations helléniques, les submerge d'un renouveau d'Asie, déchaîne l'exécrable fureur d'un fanatisme de sauvages contre les Olympiens de marbre, impassibles, souriant au destin. Une frénésie de dévastation précipite la barbare cohue contre l'auguste peuple des dieux, candidement confiants dans la force immuable de l'éternelle beauté. Sûrs d'eux-mêmes, fiers en leur âme de l'idéal réalisé, les divins Immortels opposent à la stupide barbarie qui monte, le front pur et serein d'une destinée supérieure.

Vainement. L'arrêt fatal est prononcé. Le grand Julien,

> Assez haut sur son trône et sur sa volonté
> Pour arrêter du doigt tout un siècle au passage,

parle de tolérance et de liberté. Pensées et paroles perdues! Dans son obstination, il imposa pour toute contrainte aux chrétiens, comme dit Gibbon, de les empêcher de tourmenter ceux qu'ils qualifiaient d'idolâtres. Ce régime de commune liberté, proclamé par l'édit d'*universelle tolérance*, ne fut pour les sectaires qu'un sujet de scandale et d'horreur.

Les iconoclastes continuèrent de se livrer aux actes de violence autorisés par le précédent règne. Antioche bafoua l'empereur. L'autel de Cybèle à Pessinunte fut renversé, presque sous les yeux de Julien. A Césarée, le temple de la Fortune, *le seul qu'on y eut laissé aux païens*, fut détruit par une émeute populaire. Le clergé, dépouillé des privilèges accordés par Constantin, poussait aux pires violences. George, primat d'Egypte, présidant au pillage des temples, s'écriait d'une voix tonnante : « *Jusques à quand laissera-t-on subsister ces sépulcres?* » Le merveilleux temple de Daphné près d'Antioche fut brûlé, avec la statue d'Apollon, *par l'intercession de Saint Babylas*. Et Julien vit honorer comme martyrs les fanatiques punis comme incendiaires.

L'entraînement de la lutte, il est vrai, l'égara jusqu'à lui faire interdire aux chrétiens l'enseignement des arts de la grammaire et de la rhétorique. A ceux qui protestent, il jette ce cri de bataille où se peint toute son âme : « Votre Saint

Paul qui vous défend de toucher aux viandes immolées, ne vous a-t-il pas défendu aussi de goûter des lettres grecques, ne fût-ce que pour éviter de scandaliser la conscience du prochain?... « C'est à nous qu'appartient l'art de la rhétorique, c'est à *nous seuls, qui adorons les Dieux de l'Hellade, qu'il appartient d'helléniser*. Pour vous qui n'avez que la rusticité en partage, et dont toute la sagesse consiste à dire : *croyez*, qu'avez-vous à faire de nos sciences et de nos arts (1)? » Ce fut la dernière protestation de la Grèce expirante.

Le bourreau Théodose va porter le coup suprême aux vaincus. Le massacreur infâme, à qui Ambroise fut obligé de refuser l'entrée du lieu saint, ne pouvait se laisser fléchir par d'immo-

---

(1) Tertullien n'avait-il pas dit : « Nous n'avons plus besoin de curiosité après Jésus-Christ, ni d'investigations après l'évangile? » N'était-ce pas la même idée que soutenait Julien écrivant : « Puisque les chrétiens prétendent ne trouver dans nos auteurs qu'impiété et folie, qu'ils se bornent à expliquer dans leurs églises leur Saint Mathieu et leur Saint Luc. »
Cependant il s'efforçait de maintenir, à tous autres égards, son régime de tolérance :
« J'ai ordonné dans mon humanité et ma clémence, qu'on n'exerçât aucune violence contre les Galiléens, qu'on ne les traînât point de force dans les temples et qu'on ne les contraignît d'aucune manière à agir contre leur persuasion. C'est par les discours, par les exhortations, par la compassion, no par les supplices et les mauvais traitements, qu'il faut ramener les hommes égarés. »
Combien vite furent oubliées, par les successeurs chrétiens de l'empereur philosophe, cette noble réponse à l'édit de son prédécesseur Constance (Milan, 19 février 356), portant *la peine de mort* contre quiconque serait convaincu *d'avoir participé à des sacrifices ou adoré des idoles*.

biles statues. « Après la réaction païenne de Julien, les chrétiens, dit Gibbon, regardèrent leur victoire comme précaire et peu sûre, tant que leurs adversaires auraient la permission de subsister... Ils enflammèrent le zèle des empereurs, et *tous les temples du monde romain furent détruits soixante ans après la conversion de Constantin* (1). »

(1) Théodose chargea, par une commission spéciale, d'abord Cynégius, préfet du prétoire d'Orient, et ensuite les comtes Jovius et Gaudentius, deux officiers d'un rang distingué dans l'empire d'Occident, de fermer les temples, de s'emparer de tous les instruments de l'idolâtrie, et de les détruire, d'abolir les privilèges des prêtres et de confisquer les terres consacrées au profit de l'empereur, de l'Église catholique ou de l'armée.

... On récompensa par des privilèges municipaux et par des dons considérables les villes qui signalaient leur zèle *par la destruction volontaire de leurs temples*. (Gibbon, *Chute de l'Empire romain*.)

L'an 398, *Jean, évêque de Constantinople*, ayant appris qu'il y avait des habitants de Phénicie, qui étaient encore adonnés au culte des idoles, assembla des Solitaires tout remplis de zèle pour la gloire de Dieu, et les envoya démolir les temples en vertu des lettres de l'empereur qu'il leur avait mises entre les mains, pour autoriser leur action. Il ne tira point du trésor public les deniers nécessaires pour payer les ouvriers ; mais il persuada à des dames de piété de fournir libéralement à cette dépense. (Théodoret, *Hist. ecclés.*)

Sans cesse on surprenait les païens dans les temples, offrant furtivement des sacrifices. Dans leurs jours de fêtes, où ils étaient plus exactement surveillés, ils ne laissaient pas de se réunir auprès des sanctuaires ou à l'ombre des arbres consacrés. Là, ils égorgeaient un bœuf, ou un agneau, en faisaient rôtir la chair, et, couchés sur le gazon, la mangeaient ensemble, tout en brûlant des parfums et chantant des hymnes en l'honneur des Dieux. Il n'y avait là, disaient-ils aux agents de l'empereur, ni libation, ni offrandes, ni gâteaux de farine et de sel, ni autel pour recevoir le sang des victimes, rien en un mot de ce qui constituait les véritables sacrifices. Or, tout ce que l'empereur n'avait pas défendu devait demeurer permis.

Mais les évêques ne se payaient pas de semblables raisons. Partout où ils jugeaient que la loi avait été violée, sous pré-

Jupiter mis aux voix dans le Sénat de Rome, sur la proposition de l'empereur, y fut désastreusement battu, et Théodose, « *traîna publiquement les Dieux de l'antiquité attachés aux roues de son char* ». Son fils, le lâche Honorius, renouvelant pour la quatrième fois l'édit qui ordonne de briser les statues, est obligé d'ajouter : « *S'il en reste dans les temples* ».

texte de prévenir des infractions nouvelles, et sans attendre le signal, sans même demander le consentement de l'autorité, ils faisaient démolir les édifices dans l'intérieur ou le voisinage desquels ces réunions sacrilèges avaient eu lieu; ils soutenaient qu'il n'y avait que ce moyen de faire cesser les rites prohibés; qu'aussi longtemps que les temples resteraient debout, les païens seraient tentés d'y entrer pour offrir des sacrifices.

Mais les plus acharnés à cette *guerre des Titans*, comme l'appelait Eunape, c'étaient les moines, dont les noirs essaims parcouraient les provinces, toujours prêts à se mettre à la tête des expéditions pieuses et au service des évêques les plus entreprenants. Suivis de la populace, soutenus par des bandes de gladiateurs, et au besoin par des corps de troupes que les proconsuls mettaient à leur disposition, ils allaient, armés de pierres, de leviers et de marteaux, renverser les statues, démolir les autels, raser les sanctuaires, maltraitant les prêtres qui osaient en prendre la défense, et s'emparant des trésors et des objets précieux qui y étaient renfermés.

Quelquefois même, si nous en croyons Libanius et Zosime, sous prétexte de ravir à l'idolâtrie toutes ses ressources, ils étendaient leur rapacité sur les terrains contigus aux temples, pillaient les récoltes dont ils étaient couverts, « dérobant ainsi le bien et détruisant l'espérance des cultivateurs ». (E. Chastel, *Histoire de la destruction du paganisme*.)

« Martin, évêque de Tours, parcourait la Gaule à la tête de ses moines, et détruisait les idoles, les temples et les arbres consacrés dans toute l'étendue de son vaste diocèse; et le lecteur de sa vie peut juger s'il dut ses succès à la puissance des miracles ou à celle du glaive temporel. En Syrie, l'évêque Marcellus que Théodoret surnomme le pieux et le divin, résolut de raser tous les temples du diocèse d'Apamée. Celui de Jupiter

Qui racontera ce grand désastre? Qui dira l'épopée de mort? A peine les gémissements des vaincus, perdus dans les clameurs de triomphe, sont-ils arrivés jusqu'à nous. Julien, pour avoir tenté l'effort d'une suprême bataille, nous est venu chargé de l'exécration des vainqueurs, flétri d'un nom odieux.

était si solidement construit qu'il résista d'abord à toutes les attaques. Ce temple, situé sur une éminence, avait quatre façades, soutenues chacune par des colonnes massives de quinze pieds de circonférence, et toutes les pierres qui les composaient étaient fortement engrenées ensemble avec du fer et du plomb. On le fit miner et ce superbe édifice s'écroula dès que le feu eut consumé les étançons au moyen desquels on avait creusé sous ses fondements. Les difficultés de cette entreprise sont décrites sous l'allégorie d'un démon qui, ne pouvant pas en empêcher le succès, tâchait du moins de le retarder. Fier de cette victoire, Marcellus se mit lui-même en campagne pour triompher des démons, suivi d'une foule nombreuse de soldats et de gladiateurs sous l'étendard de l'évêque, et il attaqua successivement les villages et les temples répandus dans l'étendue du diocèse d'Apamée.

« ..... Les moines qui sortaient en foule du désert secondaient puissamment ces pieuses entreprises et leur zèle ressemblait beaucoup à la fureur ou plutôt à la férocité..... Le goût, la prudence ou peut-être la vénalité de quelque gouverneur de province sauva un petit nombre de temples. Celui de Vénus à Carthage formait une enceinte d'environ deux milles de circonférence. On en fit une église, et une consécration semblable a conservé le magnifique Panthéon de Rome. » (Gibbon, *Chute de l'Empire romain.*)

« Le temple d'Édesse... paraît avoir été un des premiers exposé aux dévastations des moines. C'est ce beau temple, sur les frontières de la Perse, dont Libanius déplora surtout la ruine. Pendant que Théodose était éloigné de l'Orient, un nouveau gouverneur d'Osroène, dont l'épouse était dévouée à Eulogius, et qui lui-même espérait avoir part aux dépouilles du temple, se munit, à ce qu'on assure, d'un faux rescrit de l'empereur, et, à la tête d'une troupe confuse de moines et de soldats, détruisit de fond en comble ce superbe édifice, qui n'avait d'égal en richesse que le temple de Sérapis à Alexandrie. » (E. Chastel, *Histoire de la destruction du paganisme.*)

Jamais si vaste tragédie ne couvrit ainsi d'ensemble tout un monde de son horreur. Dans l'empire démesuré de Rome, du Capitole aux confins des terres civilisées, masses, haches d'armes, épieux, marteaux, tout est bon pour l'immense massacre qui va joncher le sol de colonnes brisées, de corps meurtris, déchirés, de membres épars, de formes mutilées. Ce qui sera sauvé du fer, périra dans l'incendie. Ce qu'aura épargné le feu, le tremblement de terre l'achèvera, comme les temples de Delphes et d'Olympie, ou la guerre, comme le Parthénon.

« Hélas ! écrivait Libanius, voici qu'on se précipite sur les monuments de notre piété. On mine leurs fondements, on sape leurs murailles, on défonce leurs toits, il ne reste plus aux prêtres qu'à se taire ou à mourir. Les bandes noires sillonnent la contrée, bondissent contre les maisons des Dieux ; la campagne sans temples est comme le printemps sans fleurs. »

Dans le chaos des ruines fumantes, parmi les débris des autels, les Grands Dieux qui osaient se survivre, maintenant affreux de blessures béantes, gisent dans l'insolente splendeur de ce ciel qui rayonna de leur vie. D'autres, ignominieux captifs dans la ville asiatique de Constantin (1), dépouillés de leurs attributs souverains,

---

(1) « Constantin envoya de tous côtés des agents qui faisaient la visite des temples, saisissaient les offrandes et les

orneront aux carrefours, au cirque, sous les huées de la tourbe, le triomphe du vainqueur. Le Zeus de Phidias (1), l'Apollon de Delphes, Pan lui-même, le Pan vainqueur du Mède, traînés en esclavage, souillés, bafoués d'une plèbe stupide (2) !

Et puis quand la paix de la mort s'étendra sur la plaine, les barbares, accourus comme vautours à l'odeur des batailles, s'acharneront en brutes

---

revenus des uns, dépouillaient les autres de leurs ornements, ôtaient à ceux-ci leurs colonnades, à ceux-là leurs statues les plus renommées, enlevaient, pour les convertir en monnaie, les plaques d'or et d'argent dont les idoles étaient recouvertes, et envoyaient toutes ces dépouilles à Constantinople. » (Eusèbe, *Vie de Constantin.*)

« Les statues d'or et d'argent furent fondues pour être converties en monnaies. Celles qui n'étaient que de cuivre, mais qui étaient bien travaillées, furent portées à Constantinople, où elles servent encore d'ornement dans les places publiques, dans l'hippodrome, et dans le palais. Ce fut là le sort de la statue d'Apollon par laquelle la prêtresse rendait ses oracles, de celles des Muses qui furent tirées de l'Hélicon, des trépieds de Delphes, de la statue si fameuse de Pan que Pausanias, lacédémonien, et les villes de Grèce consacrèrent après la victoire remportée sur les Mèdes. On ôta les portes et la couverture des temples, qui, étant négligés de la sorte, tombèrent pour la plupart en ruines. On démolit entièrement celui d'Esculape qui était à Egide, ville de Cilicie, et celui de Vénus qui était à Aphaca, proche du mont Liban et du fleuve Adonis. Ces deux temples étaient très fameux et fort fréquentés par les anciens. » (Sozomène, *Hist. ecclés.*)

(1) En 394, Théodose supprima les Jeux Olympiques, et fit transporter le Zeus de Phidias à Constantinople où il périt quatre-vingts ans plus tard dans un incendie.

(2) Théophile, évêque d'Alexandrie, bâtissant une église sur les ruines d'un temple de Dionysos, trouva, dans les caveaux, des statues d'autres dieux, et les fit promener par dérision dans les rues de la ville sous les insultes de la populace. Ce fut cet événement qui provoqua l'émeute d'où sortit la destruction du Sérapéum, et de la bibliothèque contenue dans les annexes du Temple.

sur les lamentables vestiges de l'Olympe. Pour un peu de chaux, dont se cimentera l'informe abri de pierre, les plus précieux legs du génie, divins fragments de la plus belle vie disparue, seront calcinés aux brasiers où, dans un triomphant holocauste de barbarie, s'abîmeront les faces radieuses que voulait l'éternité.

L'homme qui créa ces vies surhumaines les reprend en haine de la pensée dont se fera sa gloire. Plus humaine aux divins morts que l'humanité même, la Terre, mère des hommes et des dieux, lentement couvre de son linceul ami, garde en ses pieuses sépultures, de vagues restes d'immortalité pour les résurrections de l'avenir.

Dans cet universel désastre du Ciel et de la Terre, la destruction du Sérapéum d'Alexandrie par l'évêque Théophile eut jusqu'aux confins du monde romain le retentissement de l'irréparable. Evagrius, préfet de la province, n'osant obéir aux injonctions de l'ardent évêque, demanda des ordres à l'empereur. Théodose, en réponse, ordonna de détruire tous les temples d'Alexandrie, dernier foyer de l'Hellénisme, et chargea Théophile lui-même de l'exécution de la sentence, en commandant au préfet de lui prêter l'appui de ses soldats.

Aussitôt l'évêque se précipite dans le Sérapéum à la tête d'une troupe en armes, et, sous sa direction, parmi les cris et les gémissements des païens, l'œuvre de dévastation s'accomplit (1). L'ordre est donné d'abattre le colosse, qui de ses deux bras atteignait les murs opposés du temple. Les chrétiens eux-mêmes en frémirent d'effroi, car c'était une opinion répandue, que si quelqu'un osait porter la main sur Sérapis, la terre s'ouvrirait, le monde retournerait au chaos (2).

(1) Voir Socrate, *Histoire de l'Église*, liv. V, chap. XVI; Sozomène, *Histoire de l'Église*, liv. VII, chap. XV; Théodoret, *Histoire de l'Église*, liv. V, chap. XXII.

Le temple, bâti sur un assemblage de voûtes, dominait la ville. La plate-forme était bordée d'édifices magnifiques parmi lesquels la célèbre bibliothèque.

« Après avoir traversé l'enceinte on trouvait un vaste portique qui régnait autour d'une place carrée, au milieu de laquelle s'élevait le bâtiment du temple soutenu sur des colonnes du marbre le plus précieux. Il était spacieux et magnifique. Les murailles étaient revêtues en dedans, de lames d'or, d'argent et de cuivre. Ammien Marcellin ne trouve dans l'univers, que le temple de Jupiter Capitolin qui pût égaler en splendeur et en majesté ce superbe édifice. » (Lebeau, *Histoire du Bas-Empire*.)

Après son expédition contre le Sérapéum, Théophile fit immédiatement raser tous les temples de Canope près d'Alexandrie.

(2) Les Romains, pillant admirativement la Grèce, ou saccageant, pour un motif de lucre, les temples des pays où les conduisaient leurs victoires, n'avaient que trop souvent donné l'exemple de ces attentats. Partout de pieuses légendes protégeaient les divines images, menaçaient de mille maux le sacrilège. En vain !

Au cours de l'expédition de Marc-Antoine contre les Parthes, la statue d'or massif de la déesse Anaïtis fut enlevée d'un temple d'Arménie. Pline raconte (*Hist. natur.*, XXXIII, 24) qu'Auguste, soupant chez un vétéran de Bologne, lui demanda « s'il était vrai que le premier qui avait mis la main sur la statue de la divinité avait expiré, frappé de cécité et de paralysie. Le vétéran répondit qu'Auguste soupait justement de la jambe de la déesse; qu'il avait, lui, porté le premier coup, et que toute sa fortune venait de ce butin ».

Ainsi Rome, portant une main impie sur les divinités étrangères, préparait les voies aux destructeurs de ses Dieux.

Cependant un soldat, gravissant une échelle, frappe le dieu de sa hache d'armes. Un grand cri s'élève de la foule, étonnée que la terre et le ciel demeurent. Le soldat redouble ses coups, met en pièces le bois de la statue, d'où s'échappent des troupes de rats. La tête du dieu roule sur le pavé. Le tronc, les membres sont triomphalement traînés par la ville au milieu des huées, brûlés dans l'amphithéâtre. Cendres et fumée, c'est un Dieu qui a vécu.

Sur les ruines du temple une église s'éleva, dédiée à Saint Jean-Baptiste, en attendant l'écroulement futur de cette nouvelle éternité d'un jour.

Hélas! ce n'était pas assez de l'anéantissement du temple de Sérapis. La fureur dévastatrice de l'évêque Théophile devait entraîner l'une des pires catastrophes de l'histoire humaine, la destruction de la bibliothèque merveilleuse où s'accumulait le magnifique effort de la pensée antique.

Pour reconstituer l'ancienne bibliothèque des Ptolémées, consumée lorsque César s'empara d'Alexandrie, Antoine avait donné la collection entière de Pergame à Cléopâtre : 200,000 volumes environ. C'est contre ce trésor que s'acharna la rage des chrétiens de Théophile. « Vingt ans après, dit Gibbon, les casiers vides excitaient encore les regrets et l'indignation des spectateurs dont les préjugés n'obscurcissaient pas tout à fait le bon sens. Quoique bigot et amateur de controverse, Orose en paraît un peu honteux (1). » Rien ne peut prévaloir contre le témoignage de l'ami de Saint Augustin, qui a *vu*. L'incendie, attribué à Amrou, lieutenant du calife Omar, à 250 ans de là — s'il est authentique en dépit des contestations — n'a pu détruire qu'une bibliothèque chrétienne, instituée on ne sait comment ni par qui. C'est donc en vain qu'on a tenté de détourner sur les Arabes le crime des chrétiens.

L'anéantissement de la pensée n'était d'ailleurs que la fin logique de la destruction des formes d'art. L'absolu est inexorable. Il veut tout l'homme, et, par l'homme conquis, l'humanité tout entière. Quand il surgit de toute sa puissance, l'énorme

---

(1) Voici le passage en question : «... Aujourd'hui encore, il existe dans certains temples des armoires à livres que nous avons vues de nos yeux, et qui, lors du pillage de ces temples, ont été vidées par des hommes de notre parti et de notre temps, à ce que l'on rapporte — et c'est la vérité ».

Le distingué professeur à qui je dois cette très scrupuleuse traduction, a bien voulu accompagner son envoi d'un savant commentaire, d'où je détache le passage suivant : « *Erinanita* doit signifier *vidées*, et non pas *détruites*, si Orose les a vues l'an 415 après Jésus-Christ, c'est-à-dire environ vingt-cinq ans après la destruction du Sérapéum et le pillage des temples par les chrétiens. Les *armaria librorum* devaient provenir de la bibliothèque du Sérapéum. Ces temples conservés étaient-ils convertis en églises ? Que faisaient-là ces *armaria* ? Questions sans réponses. *Nostris hominibus* signifie-t-il *les chrétiens* ? La chose étant de notoriété publique, Orose a dû risquer l'aveu, avec ce sous-entendu que les chrétiens ont pris les livres, mais ne les ont pas détruits (?) ».

L'événement n'a que trop montré la valeur des sous-entendus d'Orose.

faucheur de libre vie mentale ne pouvait que déchaîner la mort dans le champ d'exubérante floraison où s'épanouit, sans révélation d'en haut, l'humanité divinisée de l'Hellade.

Comment tuer les dieux nés de l'homme, si l'on ne détruisait la pensée même qui les avait conçus? Il fallait que les morts fussent anéantis dans ce qu'ils avaient laissé de leur âme aux générations survenues. C'était l'esprit qu'on poursuivait dans ces marbres inanimés. Toute manifestation d'humanité, condamnée, doit s'abîmer en l'unique Dieu qui absorbe toute énergie, qui veut toute volonté de sa créature.

Car il ne faut pas s'y tromper. Ces dieux révérés de l'antiquité ne sont autres que des démons [1] conjurés pour perdre l'homme en le dé-

---

[1] **Toutes les professions**, dit Gibbon, tous les métiers qui contribuaient à former ou à dévorer les idoles, étaient déclarés infectés du poison de l'idolâtrie, sentence sévère, puisqu'elle dévouait aux tourments éternels cette portion si considérable de la société qui exerce les arts libéraux et mécaniques.

Si nous jetons les yeux sur les restes innombrables de l'antiquité, outre les images des dieux et les instruments sacrés de leur culte, nous voyons que les maisons, les habits et les meubles des païens devaient leurs plus riches ornements aux formes élégantes et aux fictions agréables consacrées par l'imagination des Grecs.

C'était aussi, dans cette source impure, que la musique, la peinture, l'éloquence et la poésie avaient puisé leur plus grande beauté. Dans le langage des pères de l'Église, Apollon et les Muses sont les organes de l'esprit infernal, Homère et Virgile en sont les principaux ministres; et cette mythologie brillante qui anime, qui remplit les productions de leur génie est destinée à célébrer la gloire des démons.

L'exaltation de la foi, le mépris de tout art, la haine de toute pensée, voilà l'homme nouveau.

tournant de Celui qui réclame ses hommages. Ces esprits infernaux prennent le nom de Jupiter, de Vénus, d'Apollon, d'Esculape. Ils le confessent eux mêmes, allègue Tertullien, quand ils sont tourmentés par des exorcistes chrétiens. Avec les philosophes, ces *animaux glorieux*, ils sont voués aux flammes éternelles, par la bonté du Dieu des pères de l'Église.

Écoutez l'homme, qui proscrit une tragédie d'Euripide au même titre qu'un combat de gladiateurs :

O, combien j'admirerai, combien je rirai, combien je me réjouirai, combien je triompherai lorsque je contemplerai tant de superbes monarques et de *dieux imaginaires* poussant d'affreux gémissements dans le plus profond de l'abîme..... tant de *sages philosophes* rugissant au milieu des flammes, avec les disciples qu'ils ont séduits, tant de *poètes célèbres*, tremblant devant le tribunal non de Minos, mais de Jésus-Christ (1), etc., etc...

Quel Grec eût jamais pu proférer de telles paroles de folie, ressentir cette fureur de haine où s'annonce le meurtrier délire de l'Inquisition? Oui, c'est bien un monde nouveau qui commence, un monde judéo-chrétien, haïsseur des représentations de l'esprit, trop éperdument briseur d'*idoles*, pour jamais pardonner à toute œuvre où l'homme a cherché l'expression des mouve-

(1) Tertullien. *De spectaculis.*

ments de son âme. Par l'implacable destruction de la pensée hellénique, réputée démoniaque en ses multiples formes, l'Église préludait logiquement aux bûchers qui devaient consumer tant de penseurs, tant de livres, sans réussir à tuer l'homme pensant.

***

C'est que l'esprit des dieux morts leur survit. Dans la lutte acharnée du Sémite, contempteur d'images, contre l'Hellénisme évocateur de beauté, fabricateur de dieux, à travers des fortunes diverses, l'art de la forme tangible doit finalement triompher de l'idéalisme subtilisé jusqu'à ne pouvoir se formuler aux yeux.

Le monde antique, à bout de forces, se laissa persuader d'abandonner ses dieux. Mais, pénétré jusqu'aux moelles de l'anthropomorphisme de l'Hellade, épris de nature divinisée, jamais il n'accepta de renoncer aux figures d'idéale réalité où son rêve se manifestait dans la joie de l'action à l'émerveillement humain. Plus d'Olympe, plus de jouissances de la terre. Soit. Puisque les Immortels ont accepté la mort, on les oubliera, on les reniera, on les achèvera par le fer et le feu. Mais si l'on accepte une mythologie nouvelle, si la souffrance est maintenant divinisée, si la terreur de la mort succède à la félicité de vivre, quelque chose demeure au plus profond de l'homme qui, l'idéal changé, se veut représenter encore, en dépit de la vie maudite, par des formes de vie.

C'est d'abord la plus étrange confusion des dieux en bataille, ainsi que des héros qui, des deux parts, leur font cortège. Des chrétiens cultivés admirent aux honneurs d'un culte intime telle de ces divinités proscrites, contre qui se déchaînait la rage des iconoclastes. Des païens virent dans le Christ un sujet de statue. Le désordre des temps brouillait, confondait tout dans les âmes troublées (1).

Le gnosticisme, mi-païen, mi-chrétien, fut tout

---

(1) Constantin, qui se faisait accompagner dans ses expéditions par une chapelle mobile, souffrait qu'on lui donnât le titre de Souverain Pontife, qu'on lui dédiât le temple de la Concorde, au nom du peuple et du Sénat. Au revers de ses médailles frappées à Rome on lit encore : *à Jupiter* ou *à Mars conservateur, à Hercule vainqueur, au Soleil invincible, au Génie du peuple romain.*
Sous Jovien, Valentinien, Valens, Gratien, d'anciens coins de Julien encore utilisés montrent au revers de l'effigie de ces empereurs chrétiens une Isis, un Harpocrate. Théodose fit détruire toutes les monnaies antérieurement frappées. Mais pendant près de quatre cents ans, combien les destructeurs d'idoles ne durent-ils pas souffrir du contact odieux des empreintes païennes sur les monnaies. « Les scrupules des chrétiens, dit plaisamment Gibbon, étaient ici balancés par une passion plus forte. »
Les devoirs de la bienséance à l'occasion du mariage et de la mort, les fêtes publiques depuis longtemps célébrées, comme aujourd'hui, sans trop de souci de leur signification primitive, étaient autant d'occasions où les chrétiens ne pouvaient que difficilement se soustraire à la fréquentation des dieux païens. Encore n'était-ce là que des compromissions imposées par les circonstances. Plus significatif était le cas des hommages indistinctement rendus à la pensée païenne et au dogme nouveau.

naturellement le véhicule de ce bizarre mélange. M. Raoul Rochette, dans un discours sur l'art du christianisme (1), attribue aux Gnostiques, avec les premières images du Christ, la renaissance d'Hellénisme — à peine les Grands Dieux morts — dans l'anthropomorphisme chrétien :

> C'est pour l'usage des Gnostiques, et par la main de ces sectaires qui avaient entrepris, à diverses époques et sous mille formes différentes, d'opérer une combinaison monstrueuse de quelques-uns des dogmes du christianisme et des superstitions païennes, que furent fabriquées d'abord de petites figures du Christ, dont ils rapportaient le premier modèle à Pilate lui-même par une supposition qui ne pouvait tromper que les plus ignorants de leurs adeptes. Ces statuettes se faisaient d'or ou d'argent ou d'autres matières à l'instar de celles de Pythagore, de Platon, d'Aristote et des autres sages de l'antiquité que les sectaires exposaient couronnées de fleurs, dans leurs conciliabules, et qu'ils honoraient toutes d'un même culte. Telle est, en effet, l'assertion positive de Saint Irénée confirmée ou du moins reproduite par Saint Epiphane.
>
> Cette superstition, qui admettait pareillement les images du Christ, était surtout en vogue chez les Gnostiques de la secte de Carpocrate ; et l'histoire a conservé le nom d'une femme, Marcellina, affiliée à cette secte, pour la propagation de laquelle, elle s'était rendue du fond de l'Orient à Rome, et qui, dans l'espèce de petite église gnostique qu'elle y dirigeait, exposait à l'adoration de ses fidèles des images de Jésus, de Saint Paul, d'Homère et de Pythagore. Ce fait, qui repose sur le témoignage grave de Saint Augustin se trouve d'ailleurs parfaitement d'accord avec le trait si célèbre de l'empereur Alexandre Sévère, qui avait placé dans son laraire, entre les images des philosophes et des

---

(1) Voir l'*Histoire des Beaux-Arts*, de René Ménard.

v.

princes les plus révérés, les portraits du Christ et d'Abraham, avec ceux d'Orphée et d'Apollonius de Tyane, et qui leur rendait indistinctement un culte divin.

En sorte qu'on ne saurait douter que cette association bizarre n'ait eu lieu dans le sein de certaines écoles néoplatoniciennes comme de plusieurs sectes gnostiques, et de là on peut conclure que c'est par le fait de ces images fabriquées de mains gnostiques, que les chrétiens se laissèrent induire à les adopter pour leur propre usage à mesure que l'opinion de l'Eglise se relâcha de son ancienne aversion pour les monuments de l'idolâtrie.

En dehors de l'action des Gnostiques, les exemples ne sont pas rares des représentations de divinités païennes étrangement mêlées à celles du culte nouveau. Bas-reliefs ou tableaux chrétiens se voient profaner de figures mythologiques, Ne trouve-t-on pas parmi les peintures des catacombes de Rome, dont un grand nombre est antérieur à Constantin, une fresque qui représente Mercure amenant devant le Christ les âmes pour être jugées?

L'Église, dès l'abord, expliqua, transforma ce qu'elle put des anciennes légendes, au profit des croyances nouvelles. C'est ainsi que les mythes de Psyché, d'Orphée, d'Aristée, apparaissent sur des monuments du christianisme primitif, établissant la transition de l'ancien Panthéon à la mythologie nouvelle. C'est ainsi que les peintures des catacombes, les bas-reliefs des sarcophages nous montrent l'image de Psyché comme le symbole de l'âme. De même pour Orphée que nous trouvons charmant les animaux dans deux fresques des catacombes, au centre de compositions de l'Ancien et du Nouveau Testament (1). Un bas-relief du Louvre, qui remonte peut-être au iie siècle de notre ère, a été interprété tour à tour, par les meilleurs juges, comme un Aristée portant un mouton sur ses épaules, ou comme un *Bon Pasteur*. Clarac a successivement défendu les deux opinions avec une égale abondance d'arguments et de preuves. Il ne serait pas très surprenant qu'il eût raison dans les deux cas, et que païens et chrétiens eussent tour à tour revendiqué, comme leur, la traditionnelle représentation du Criophore.

Les païens eux-mêmes, d'ailleurs, n'étaient point en reste avec les chrétiens. Eusèbe raconte la curieuse histoire d'une statue du Christ élevée à Césarée de Philippe par une femme que Jésus guérit d'un *flux de sang* (2), et qui sans se laisser toucher par la prédication de l'évangile, ne s'en crut pas moins tenue de témoigner sa reconnaissance du service rendu.

Puisque j'ai eu l'occasion de parler de cette ville, je ne crois pas devoir omettre une chose fort remarquable qui

---

(1) L'une d'elles remonterait au règne de Néron. Saint Augustin considérait Orphée, au même titre que les Sibylles, comme ayant prédit l'avènement du Dieu chrétien. Clément d'Alexandrie voyait dans le mythe d'Orphée charmant les bêtes féroces de sa lyre, l'image symbolique de l'Homme-Dieu attirant à lui tous les cœurs par la seule vertu de sa parole.

(2) Évangile selon S. Marc, v. 25-34.

s'y voit. La femme que le Sauveur guérit autrefois du flux de sang, en était. On y montre encore sa maison, et devant la porte un monument de sa guérison et de sa reconnaissance. C'est une colonne de pierre qui soutient deux statues de bronze. L'une est d'une femme qui prie à genoux et les mains étendues. L'autre est du Sauveur qui est debout, vêtu d'une longue robe, et qui tend la main à cette femme. A ses pieds croît une plante inconnue, qui s'élève jusques à la frange de sa robe et qui guérit de toute sorte de maladies. J'ai vu moi-même cette statue. Et il ne faut pas s'étonner, *que les païens aient ainsi conservé la mémoire des bienfaits qu'ils avaient reçus du Sauveur.* C'était leur coutume de laisser à la postérité ces marques de leur gratitude envers ceux qui les avaient obligés, et *j'ai vu quantité de portraits du Sauveur, de Pierre et de Paul,* qui se sont conservés de la sorte jusques en notre temps (1).

Sous Julien, cette statue païenne, christianisée, fut l'occasion d'un miracle, en protestation précisément contre le paganisme renaissant (2).

Mais bientôt ce ne furent pas seulement les statues qui firent des miracles. Sous Théodose le culte des saints, des reliques, prit un développement merveilleux, et ramena, sous des apparences nouvelles, le fétichisme et le polythéisme qu'on avait prétendu détruire. « La monarchie du ciel, conclut Gibbon, fut totalement défigurée par l'introduction d'une mythologie populaire qui tendait à rétablir le règne du polythéisme!... (3) »

(1) *Histoire de l'Église*, écrite par Eusèbe, évêque de Césarée, traduite par Cousin, président de la cour des Monnoyes, MDCLXXV.
(2) Voir Sozomène. *Hist. Ecclés.*
(3) Gibbon, chap. XXVIII.

Les païens christianisés demeurèrent païens, en effet, et, pour des légendes nouvelles, pour des noms nouveaux de divinités ne purent modifier l'impérieux besoin de représentations anthropomorphiques des puissances bienfaisantes. En vain les premiers chrétiens s'étaient répandus en déclamations contre « les idolâtres qui se prosternaient devant l'ouvrage de leurs mains », remarquant qu' « il eût été plus naturel pour les statues de marbre ou d'airain de s'élancer de leur piédestal pour adorer la puissance de l'artiste ». En vain Lactance, qui parlait ainsi, s'écriera : « *Images et religion sont deux termes incompatibles* ». Le paganisme chrétien, dès l'origine, refait à son usage l'idole condamnée, détruite par les premières fureurs de la nouvelle foi, et le culte d'Asie, de plus en plus détourné de sa voie judaïque, conquérant le monde hellénique, se trouve conquis par sa conquête.

Par la résistance de l'âme, immuable jusque dans la tourmente d'une des plus grandes révolutions de l'homme, l'adoration de l'*image* marcha de pair avec le mépris de l'idole. Aujourd'hui encore, le païen de l'Église, baisant dévotement ses fétiches, abonde en subtiles distinctions pour prouver qu'il n'est pas idolâtre. On excusait le culte des images sur ce qu'il était nécessaire « pour instruire les ignorants, pour exciter les dévots peu fervents, et se conformer aux préjugés des païens qui avaient embrassé ou désiraient embrasser le Christianisme ».

Avant la fin du vi⁰ siècle, le culte des images était devenu, en dépit des protestations et des querelles, la règle du monde chrétien. Seulement, en haine de la sculpture grecque, l'effort esthétique s'était plus volontiers porté vers les arts du dessin et de la peinture. Naïve protestation de l'*image* contre l'*idole*.

Au viii⁰ siècle enfin, un renouveau d'esprit biblique déchaîna contre les images, la fureur des chrétiens d'Orient irrités de s'entendre qualifier d'*idolâtres* par les juifs et les musulmans (1). Un berger des montagnes de l'Isaurie, devenu l'empereur Léon III, entreprit de réformer l'Eglise suivant les idées qu'il avait puisées dans son commerce avec les peuples de la Bible et du Coran. Les images furent proscrites par édit impérial. L'empereur chrétien fit briser par ses agents les statues du Christ et des apôtres répandues dans Constantinople. De nombreuses séditions s'en-

---

(1) « La servitude des Juifs affaiblissait leur zèle et donnait peu d'importance à leurs accusations. Mais les musulmans, qui régnaient à Damas et menaçaient Constantinople, avaient tout le poids qui est la suite des victoires. Les villes de la Syrie, de la Palestine et de l'Egypte, étaient munies des images de Jésus-Christ, de sa mère et des saints, et chacune de ces places avait l'espoir ou comptait avoir la promesse d'être défendue d'une manière miraculeuse. Les Arabes subjuguèrent en dix années ces villes et leurs images, et, selon leur opinion, le Dieu des armées prononça un jugement décisif sur le mépris que devaient inspirer ces idoles muettes et inanimées. » (Gibbon, ch. xlix.)

suivirent. Dans une de ces émeutes, le peuple massacra les agents de Léon III au moment où ils tentaient d'arracher l'image du Christ placée au-dessus de la porte du palais dite porte d'airain.

Exaspéré, Grégoire II, parlant au nom de Rome hellénisée, proteste en faveur de l'anthropomorphisme chrétien, dans maintes épîtres à l'empereur iconoclaste (1). Le pape y fait soigneusement la distinction des images chrétiennes d'avec les *idoles* antiques. Ces *idoles* étaient des *représentations imaginaires*, des *fantômes*, des *démons*, à une époque où le vrai Dieu ne s'était pas encore manifesté sous sa forme visible, tandis que les images chrétiennes sont les véritables formes de Jésus-Christ, de sa mère et des saints qui, par d'innombrables miracles, *ont approuvé l'innocence et le mérite de ce culte relatif.* En conséquence, un concile de trente-trois évêques se réunit à Rome pour excommunier tous ceux qui attaqueront le culte des images.

Constantin V, fils de l'Isaurien, assemble alors le concile de Byzance qui prend le titre et le pouvoir de VII° concile général. Après une délibération de six mois, 338 évêques déclarent et signent à l'unanimité que tous les symboles visibles de

---

(1). « Tyran, vous nous attaquez d'une main charnelle et militaire. Désarmés et nus comme nous le sommes, nous ne pouvons qu'implorer Jésus-Christ, le prince de l'armée céleste, et le supplier de vous envoyer un diable qui détruise votre corps et vous détermine à sauver votre âme. »

Jésus-Christ, excepté dans l'Eucharistie, sont blasphématoires et hérétiques, que le culte des images corrompt la foi chrétienne et rétablit un usage du paganisme, qu'il faut, en conséquence, anéantir ces nouveaux monuments de l'idolâtrie.

Dernier effort du christianisme sémitisant. Irène (1) et Théodora, chargées de crimes et de débauches, auront la gloire de sauver le culte des images. Le ixe siècle verra la fin des *Iconoclastes*, et le catholicisme paganisé triomphera jusqu'à Luther.

⁂

L'anthropomorphisme hellénique s'est définitivement emparé du christianisme, et, malgré l'effort des *Réformateurs*, ne le lâchera plus. La forme tant maudite, productrice de sensations heureuses, puisque le Dieu abstrait n'a pu en détruire la joie dans notre âme affolée, va recréer pour nous l'idéal d'humaine beauté vivante, et faire surgir l'homme puissant, de la négation même d'humanité.

Par l'interprétation plus ou moins consciente de la nature, l'esprit humain arrive progressive à la compréhension, à la pénétration de ce monde extérieur avec lequel toute communion fut mau-

---

(1) Aujourd'hui Sainte-Irène.

dite par l'inhumaine divinité qui fit de sa création un piège. Ainsi l'art, né des spectacles de la vie et du besoin d'en manifester l'émotion, devient l'introduction aux mouvements de vie supérieure dont il éclaire les voies. Ainsi l'explosion de vitalité de la Renaissance, aboutissant logique des parties d'hellénisme demeurées dans la religion judéo-chrétienne, atteste, à travers le moyen âge, l'effort permanent de l'homme en voie d'empiétement sur son Dieu qui décroît.

Moyen âge, Renaissance, ces mots, commodes pour les classifications de l'histoire, n'ont, à vrai dire, aucun sens objectif. Michelet remarque que le coup d'éclat de la Renaissance était prêt dès le XIVᵉ siècle avec Dante, dès le XIIIᵉ siècle, avec l'*Évangile éternel* de Joachim de Flore, dès le XIIᵉ siècle avec Abailard. Combien il serait aisé de le montrer en puissance jusque dans la plus mortelle période du moyen âge, cherchant ses voies, s'essayant aux tâtonnements de l'art chrétien, préparateurs des libérations futures.

Après la grande invasion des Doriens, au XIIᵉ siècle avant notre ère, l'art Mycénien (1) disparut de ce qui devait être l'Hellade. Mais la

---

(1) Je n'ignore pas combien ce mot est encore vague. Un savant étranger vient précisément de publier un mémoire pour faire honneur à l'Asie des plus belles pièces *mycéniennes* du musée d'Athènes. Quoi qu'il doive résulter des discussions ultérieures, il demeure certain que l'invasion dorienne a subitement arrêté une floraison d'art commençante.

barbarie ne fut pas plus tôt victorieuse, que l'art hellénique, sollicité des dieux, miraculeusement revécut en images divines. Art simple, ignorant et naïf, tout de sincérité, d'application inexpérimentée, d'effort gauche, étrange après les précisions raffinées de Mycènes et de Vaphio. C'est l'interprétation de la vie qui recommence — après les grandes traditions perdues — par la primitive observation de la nature, par le candide étonnement d'un œil épris de beauté devant le miracle des formes de vie.

Combien de fois l'art fut-il perdu et retrouvé depuis l'ours prodigieux qu'avec un éclat de silex un préhistorique bégayant grava d'admiration sur un os (1). Toujours le besoin de pénétrer la vie, de l'exprimer, d'en accroître l'émotion par un contact plus direct avec le mouvement des choses, conduit l'homme aux mêmes recommencements d'art. Jusqu'à ce que, du dieu où il s'adore, l'homme finalement reprenne ce qu'il y avait mis d'humanité.

(1) Ce lointain ancêtre avait-il des Dieux? Il ne nous en a pas laissé de traces. Le fétichisme initial, sans doute, ne comporte pas l'image d'objets informes. Tout l'art de l'homme naissant fut, semble-t-il, de polir des pierres, diversement colorées en vue de ses usages, de les proportionner, de les arrondir en courbes élégantes, et plus tard de reproduire des animaux, des formes humaines. Ainsi, son premier effort — parfois remarquablement heureux — fut, d'instinct, vers la nature dont l'éloignera l'interprétation primitive des phénomènes du ciel, et des astres, et du feu, jusqu'au définitif retour de la connaissance!

L'art mycénien tué, l'art hellénique s'affirme en primitifs essais, taille le bois, puis la pierre, coule le bronze, fait vivre des dieux rudimentaires, Athéna emprisonnée dans sa gaine, Apollon, Héraclès, grossièrement taillés, de qui doit naître un peuple de dieux comme la terre n'en a vu qu'une fois et n'en reverra plus. Taureaux, béliers des hécatombes, sacrificateurs et prêtresses, guerriers des combats légendaires, tumultueuse multitude en action, à la suite des dieux, s'empressent vers la vie.

Même cycle, quand, l'art hellénique détruit par la folie dévastatrice des chrétiens, l'art chrétien tout aussitôt s'essaye en incertaines ébauches. Le Dieu des Juifs, qui ne veut pas de représentations des choses, qui répudie toute figuration d'humanité, ne se fait accepter du monde hellénique qu'après s'être incarné dans le Fils de l'Homme, dont les images, d'abord sorties des mains païennes, vont partout répandre, en dépit de l'idée d'Asie, le culte de la forme humaine.

Et voilà que les légendes de la Bible et de l'Évangile, les héros du christianisme béatifiés, apportent à la foi même des traductions d'art par où le culte de la nature sera, dans les siècles, victorieux de la foi. La sainte famille, les martyrs, les saints de tous les temps débordent le monothéisme primitif. Le polythéisme renaît de l'art ressuscité multipliant aux yeux toutes ces formes humaines d'action divine, les gestes de Dieu par ses élus. L'humanité, perdue en Dieu, se retrouve.

Avec les premières figures de l'hellénisme, succédant à la dévastation dorienne, les primitives formes de l'art chrétien présenteront de remarquables analogies. La commune sincérité de l'effort pour dire la vie, la naïve gaucherie des semblables attitudes où passe et repasse l'humanité en ses évolutions successives, attestent que l'homme croit en des recommencements de toujours.

M. Maxime Collignon parlant d'un buste de Héra de l'École samienne trouvé entre l'Érecthéion et le mur extérieur de l'Acropole, observe très justement que cette figure *rigide et morne*, qui appartenait certainement au même type que la Héra samienne du Louvre — bien que d'une exécution probablement très antérieure — ne serait pas déplacée au portail de la cathédrale de Chartres ou de Reims (1). Le musée de l'Acropole fournit nombre d'autres pièces capables de suggérer des rapprochements analogues, depuis

---

(1) « Cette tête peut compter parmi les œuvres les plus imprévues de cet art primitif dont nous commençons seulement à entrevoir les aspects si multiples. Un visage d'un ovale trop allongé, encadré par des bandeaux plats, des yeux petits à fleur de tête, un nez qui, suivant la juste expression de M. Lechat, « affecte la forme d'une pyramide triangulaire dont on aurait abattu d'un rapide coup de lame l'angle extérieur », une bouche aux lèvres minces dont la coupure est arrêtée net de chaque côté par un sillon oblique, voilà les traits qui composent cette

l'archaïsme primitif jusqu'aux grands morceaux de l'Acropole de Pisistrate. A côté des dieux figés, se déroule une procession d'adorateurs, d'ex-voto, d'animaux des légendes, lions, taureaux et serpents, où s'expriment tous les aspects de vie dont la manifestation apparaît aux portails de nos cathédrales gothiques.

« Nous donnons aux Dieux la forme humaine, disait Phidias, parce que nous n'en connaissons pas de plus belle. » L'art chrétien a beau condamner cette adoration de la forme, son Christ, ses apôtres, ses saints — étant hommes — sont en dépit d'eux-mêmes des déifications humaines. Ce Dieu supplicié, pleurant le sang, effondré, ces saints émaciés, hâves, décharnés, implorant la mort en haine de la vie, « ces vieilles statues dans les cathédrales du xe et du xie siècles, maigres, muettes et grimaçantes dans leur raideur contractée (1) », par l'étude obligatoire de la vie conduiront l'art, d'étape en étape, aux Mona Lisa, aux Laura de Dianti, aux Saskia, aussi sûrement que fleurira le primitif *Xoanon* en la *Victoire déliant ses sandales*.

Jusqu'à nos jours, les tableaux de sainteté se

---

figure rigide et morne que n'éclaire même pas la vague ébauche d'un sourire. Par son caractère étrange ce marbre éveille invinciblement le souvenir des œuvres de notre vieil art français de la fin du xiie siècle, et, avec son visage froid, sa coiffure de sainte gothique, la tête de l'Acropole ne serait pas trop déplacée au portail de la cathédrale de Chartres et de Reims. » (Maxime Collignon. *Histoire de la sculpture grecque.*

(1) Michelet. *Moyen âge.*

perpétueront, mais, depuis combien de siècles, n'ayant plus de la religion que le titre. Émancipés par l'effort des primitifs, qui, en naïveté, *paganisèrent*, les artistes de la Renaissance n'eurent plus pour objectif que les spectacles qui se présentaient à leurs yeux. Le Royaume de Dieu que les apôtres croyaient voir de leur vivant, plus tard ajourné à l'an 1000, se trouve, dans l'universelle déception, renvoyé finalement à des temps indéterminés.

On ne peut plus vivre dans l'éternelle attente de la mort, et si la tragédie chrétienne continue de fournir les sujets, le franc anachronisme du Dieu et de ses compagnons fait des noces de Cana une fête d'humanité au point que l'Inquisition devra réprimander, menacer le peintre. Le portrait contemporain passe, du simple rang de donateur, aux personnages du premier plan. C'en est fait de la sincérité de la légende. L'homme, qui se sent vivre, envahit le domaine sacré du Dieu mort. Les grands massacres religieux s'achèvent. Les derniers bûchers vont s'éteindre. L'homme libéré, veut vivre, vivre toute sa vie.

Non pas l'homme seulement, mais, avec lui, par lui, toute la nature animée qui lui fait cortège. Après l'homme, premier objet de l'attention de l'homme, la bête et la plante se découvrent. A côté de l'artisan, ses auxiliaires, son labeur, les actes de sa vie, sculptés dans la pierre gothique, montrent l'universelle observation en éveil.

A Notre-Dame de Paris, la décoration de la porte de la Vierge, au pied de la tour du Nord, comprend les signes du zodiaque, dont chacun s'accompagne de bas-reliefs où figurent les travaux populaires correspondant à chaque période de temps. La terre et la mer, et l'humanité, et la faune, et la flore, tous les modes de l'être y défilent, témoignant de l'émotion ressentie jusqu'au point de provoquer l'expression d'art.

Quelques mètres carrés sur l'immense page de pierre, voilà tout ce que l'âme du moyen âge a pu sauver de la divinité jalouse qui revendiquait tout acte, toute pensée. C'est peu, sans doute, et pourtant, c'est assez. Car ce germe d'humanité va grandir, ces bêtes vont pulluler, devenir troupeaux, ces moissons, ces bois vont envahir la terre, et le Dieu créateur, absent des cathédrales gothiques (1) où l'éclipse le Fils de l'Homme, devra se contenter d'un hommage de style, tandis que la nature, toute la nature retrouvée, ciel et terre, universelle vie des choses, couronnée de l'âme humaine tendue vers l'ordre terrestre de justice et de beauté, conquiert en l'homme pensant tout le domaine perdu par l'expirante divinité.

C'est ce qu'on a nommé la Renaissance, car l'homme, qu'on avait cru mort avec les dieux de

---

(1) La remarque est de Michelet

l'Hellade, sembla renaître tout à coup. Mais l'homme, malgré l'apparence, pas plus que la nature, ne procède par bonds. Tout phénomène fatalement résulte d'une suite de phénomènes antérieurs qui le déterminent et l'expliquent. La grande floraison du XVIe siècle n'est que l'aboutissant d'un long enchaînement d'actes libérateurs, surgis des premières angoisses de l'écrasement divin. La Renaissance fut surtout conscience de la liberté reconquise — reconquise par l'effort prolongé des ancêtres. Si l'homme apparut nouveau, c'est que les derniers voiles déchirés, toute la connaissance humaine enfin se montra renouvelée.

Par la fragmentation de la force universelle que l'homme n'ose encore synthétiser qu'en la personnalisant, par l'impérieuse demande des représentations divines, l'Hellénisme a paganisé, humanisé la légende sémitique, et, son cycle accompli, semé le germe fécond d'une évolution décisive. Par les transitions insensibles de l'attention détournée du royaume de Dieu sur la nature en action, la conception des choses s'allège des *à priori* de la métaphysique, pour devenir d'observation, d'expérience; et l'art, interprétant l'univers (1), l'art devançant la science qui le pénètre,

---

(1) « Lorsque l'art, dit Viollet Le Duc, franchit les limites du cloître pour entrer dans l'atelier du laïque, celui-ci s'en saisit comme d'un moyen d'exprimer ses aspirations longtemps con-

va d'abord à l'antique pensée qui traduisit le monde en manifestations d'idéal.

C'est pourquoi, le premier effort de la liberté reconquise, c'est le retour aux dieux libérateurs. Une folie les a détruits, la raison retrouvée les rappelle. Ils sont la tradition perdue, la représentation supérieure de l'idéal humain, en dehors duquel la vie n'est qu'un contresens, qu'une aberration, qu'un mensonge.

En vain le hiératisme byzantin cherche à réduire les images divines au rang des immobiles symboles de l'Asie. L'Hellénisme de Rome, sauveur des images, vibre d'une émotion humaine, et veut invinciblement l'exprimer. L'Occident brise le moule où l'homme s'agite au plus profond de son Dieu. L'esprit délivré revient aux sources de joie de l'Hellade, préservatrice de vie humaine par l'humanité divinisée.

C'est la grande résurrection des dieux en qui vont renaître tous les mouvements humains de la vie. La terre ouvre ses entrailles bénies. Des troncs mutilés, des membres épars échappés aux fureurs de l'Évangile et du Coran, se rejoignent par miracle. Les Immortels échappés au massacre

---

tenues, ses désirs et ses espérances. L'art, dans la société des villes, devint, au milieu d'un état politique très imparfait, une sorte de liberté de la presse pour les intelligences toujours prêtes à réagir contre les abus de l'état féodal. La société vit dans l'art un registre ouvert où elle pouvait jeter hardiment ses pensées sous le manteau de la religion. »

soudainement revivent. Des hypogées protecteurs la pensée antique surgit. Et, jusque dans les blessures affreuses qui seront l'éternelle honte de la barbarie vaincue, resplendit à nouveau sur la terre rajeunie l'humanité divine de l'Hellade ressuscitée.

Le Grand Pan est mort, avaient gémi, plus de mille ans passés, de Paxos à Palodès, les échos de la mer d'Ionie. Mensonge ! Qu'est-ce qu'un passager sommeil d'un millier de révolutions solaires pour qui porte en soi l'universelle force des choses, à travers l'espace de partout et le temps de toujours ? Que ne peux-tu revivre, à ton tour, ô Thamous, pour maudire la voix d'illusion décevante qui te fit jeter la parole d'erreur aux flots épouvantés, aux terres gémissantes de l'antique patrie des dieux qui ne peuvent mourir. Regarde autour de toi, et dis qui donc est mort maintenant. La voix de Paxos se tait quand sa révélation démentie la dénonce comme trompeuse. Il triomphait trop tôt l'éphémère dieu d'un jour, qui fit clamer aux carrefours du ciel la désolante mort du *Grand Pan* de l'Hellade.

Le *Grand Pan* revit. Il marche devant nous, dans sa puissance et dans sa beauté. Au contraire, de ce qui fut annoncé, ce sont les dieux du ciel, qui ressuscitent maintenant, pour s'entendre juger par les enfants de la terre. L'homme qui les avait proscrits, n'ayant pu les tuer, leur fait fête.

L'ancien culte renaît, épuré des rites grossiers. L'amour des formes divines de la vie triomphe de l'adoration de la mort, et l'art, sauvé par eux, reprend possession de ses dieux.

Alors, c'est un furieux tumulte d'art vers l'antiquité renaissante. Nicolas de Pise s'inspire des sarcophages païens; Dante mêle audacieusement les mythologies de la Grèce et de la Judée; Giotto fait cabrer des centaures dans l'*Apothéose de Saint François d'Assise;* Orcagna figure Minos et Cerbère dans l'*Enfer* de Sainte-Marie-Nouvelle; Mantegna peint *le Parnasse*; le Pérugin se plaît aux œuvres païennes, comme *le Combat de l'Amour et de la Chasteté*, où s'ébattent des ægipans sous le regard de Mercure. Le paganisme est vainqueur. Il ne reste plus qu'à attendre le résultat de son triomphe, et l'on n'attendra pas longtemps, car déjà Botticelli, le païen du *Printemps*, Raphaël, le Corrège, Titien, Michel-Ange développent le culte de la forme humaine, passent des dieux humains à l'homme étonné de lui-même, et le grand Léonard, génie d'art et de science, découvrant l'âme elle-même, l'exprime en ses subtilités, achève l'humanité retrouvée.

Le charme est rompu pour jamais. Le monde, voilé de divinité, surgit aux lumières de l'observation, de l'analyse. Roger Bacon, Gutenberg, Colomb, Copernic et Galilée, Vésale et Servet ont révolutionné le ciel et la terre. « *L'esprit hu-*

main peut tout en se servant de la nature », écrit Roger Bacon. Et Ramus : « *C'est devant nos yeux surtout que nous trouvons une matière physique, abondante et certaine.* »

Le Royaume de Dieu recule dans les brumes du rêve. Sous la lourde cognée du paysan saxon, l'Église elle-même se déchire. La sensation de la terre recommence, et parmi tous les mouvements de l'univers, le plus grand : la vie et sa pensée.

Vivez, a crié Rabelais. *Fay ce que vouldras*, dit la règle de Thélème. L'homme veut connaître, et l'Inquisition, dernier roidissement de l'Église, usera ses tortures, usera ses bourreaux contre l'esprit invaincu.

* *

L'esprit c'est *Pan*, *l'ensemble du monde*, comme dit l'hymne orphique, la force omniprésente, infinie, aux effets éternellement changeants, mode perceptible des choses, par qui l'univers agit sur nous et en nous.

Le Dieu solaire en parut aux hommes de jadis la manifestation créatrice, et l'étonnement humain, voyant en lui le Père, le saluait de son hommage ébloui dans les cieux. Plus tard l'énergie fécondante, identifiée avec la terre génératrice qui s'en est imprégnée, se manifeste en ces mille dieux humains, expressions multipliées des aspects mouvants de l'univers. Et puis la vertu des divinités fragmentaires épuisée, la puissance totale se reconstitue en une abstraction personnifiée de l'univers, étrangement séparée de l'univers même, jusqu'à ce que l'humain fabricateur, remettant son Dieu sur le chantier, l'achève, le complète, le fonde — force et substance, — délivré de personnalité limitative, dans le Tout universel. *Grand Pan* définitif — si ce mot peut être de l'homme — énergie incommensurable des choses, qui se reflète et se formule en l'esprit humain jugeant et vivant les lois du monde.

Ainsi se trouve agrandie la conception du poëte orphique qui se flattait d'avoir déterminé l'*ensemble du monde* quand il énumérait *« et le ciel et la mer, et la terre, reine universelle, et le feu immortel : car ce sont là tes membres, ô Pan »*, et qui n'oublia dans l'univers que l'homme et sa pensée.

La science a porté le regard humain aux deux extrémités du monde. Le même œil qui découvre l'infiniment petit dans l'obscure intimité des corps, pénètre au delà des espaces aperçus des ancêtres, pour y signaler des terres, des soleils évoluant suivant la loi prévue. Ce n'est rien encore. Car où le regard s'arrête, l'esprit passe, et, de son vol hardi conquiert l'infinité du temps et du lieu. Quelques surprises que nous préparent les âges futurs, la pensée déjà les devance, jetant son arche immense d'hypothèse de l'atome inconnu aux astres invisibles d'un univers sans fin.

Quelle simplicité de croire que l'homme, déplacé du centre du monde, apparaîtrait moins grand. Plus l'univers immense le fait infime, plus cette infinité compréhensive, domine de mentalité conquérante toute la morne étendue de l'inconscience universelle. Qu'il soit le dernier terme de la fragmentaire conscience des choses, rien ne le prouve. Si reculée qu'elle nous paraisse, la limite de notre observation laisse un inconnu sans mesure par delà le plus puissant génie de la terre. Tous les dieux de tous les cultes et de toutes les philosophies auraient pu être, au même titre que ce qui est. Peut-être quelques-uns sont-ils, au delà des *au delà* — êtres prodigieux que nous ne saurions comprendre. Tout ce qu'il nous est permis de dire, c'est que la conscience totale apparait comme contradictoire avec le fragment du Tout soumis à notre observation. Le *Grand Pan* ne se sait pas, ou plutôt il ne se sait qu'en nous.

Et nous, qui sommes de lui, nous, jadis stupéfiés devant la mystique personnification des fatalités éternelles, dégagés maintenant des folles terreurs, nous le sentons se mouvoir en nous, évoluer, s'accroître, s'exprimer d'une formule toujours plus vaste, toujours plus belle, toujours meilleure. C'est le *Grand Pan* qui, par nous, se fait, et *grandit*.

La conception totale dont l'homme est l'habitacle, avec l'homme croît et monte vers une mentalité plus haute, éternelle aspirante à l'accroissement de toute vie : l'accroissement de vie individuelle en l'homme plus compréhensif, l'accroissement de vie associée en l'homme devenu fonction de l'évolution sociale. En ce sens, qu'est-ce que le *Grand Pan* qui s'agite en nous, sinon l'expression grandissante de l'énergie totale, la vie et ses évolutions, l'esprit lui-même, forme supérieure de vie, où se résume l'ordre harmonique du monde.

L'émotion du monde est l'introduction à la connaissance. Pour s'enquérir du mystère, d'abord il faut l'avoir senti. Plongés dans la nature, la pénétrant des racines emmêlées de notre être, nous la sentons vivre en nous, et, de la commune impulsion ressentie, nous vient le désir d'une communion plus profonde.

Depuis les furieux grouillements des organismes rudimentaires jusqu'aux plus hautes manifestations de l'esprit, toute vie, épanouissement de la matière inanimée, nous est cause de sensations admiratives, éveille en nous la passion d'une participation plus complète à l'action universelle, dont notre effort nous paraît l'achèvement sublime. L'immobile voûte bleue sillonnée de ses astres voyageurs, notre planète créatrice avec ses rocs, ses eaux, et la plante et la bête enlacées en harmonie vivante, suscitent, par l'heureux frémissement sous les caresses de lumière, un correspondant accord de nos vibrations sensitives, génératrices des joies de beauté. Comme l'inerte cristal, soudainement éveillé par une sonorité amie, s'émeut et vibre à l'unisson, manifestant l'intime sympathie des choses, ainsi exprimons-nous par des formes d'identique harmonie l'émotion du monde physique et moral qui nous pousse à l'action, en quête d'émotions plus hautes.

C'est la philosophie des notes qui vont suivre, prises au hasard du jour. Une même pensée va de la contemplation du ciel et de la terre à l'observation des multiples actes de vie, embrasse les spectacles de l'herbe et les manifestations de l'homme divers, dans l'obstiné labeur de l'évolution grandissante. Vue totale du monde, dans laquelle l'art et la science, confondus en des modes de connaître et de dire, nous offrent le spectacle de l'unité, de la continuité de l'univers (1), depuis la nébuleuse originaire jusqu'au

(1) « Les lois qui régissent les mouvements des étoiles de l'univers sidéral, dit fortement Jules Soury, sont les mêmes que manifestent ceux des dernières particules des corps organisés, des atomes et des molécules, du protoplasma des plantes et des animaux. Car il n'y a pas deux mécaniques, une mécanique céleste et une mécanique cérébrale ; deux chimies, une chimie organique et une chimie inorganique; deux physiologies, non plus que deux psychologies, l'une pour les hommes, l'autre pour les animaux. Partout éclate avec l'infinité de la causalité, la continuité des phénomènes naturels... L'unité suprême de la nature a sa plus haute expression dans l'unité de la science. » (*Discours au banquet Berthelot.*)

phénomène mental par lequel le *Grand Tout* prend conscience de lui-même.

Telle est ton œuvre, ô Pan, en qui tu es, en qui tu te dis, d'une éternelle loi, toujours un, toujours changeant, toujours montant vers les âpres et mystérieux sommets dans les brumes de l'infini. A travers l'éternelle nuit de l'espace, les mondes fécondés de l'éternelle lumière, enfanteurs de vie et de pensée, promènent ta clameur *panique* dans le tumulte ordonné des révolutions sidérales. C'est la voix des choses en leurs accents divers, la parole de l'homme qui te bégaye, formulant l'identique énergie en ses mouvements continus, de l'atome planétaire aux soleils, dans le champ rétréci de notre vue comme dans les univers sans mesure qui se succèdent sans nombre, éternellement.

Telle est notre révélation de l'ordre souverain qu'un enchaînement d'universelle harmonie fait de joie pour l'esprit, frémissant au contact du monde qui se sent et s'exprime en lui. Sensations, expressions toujours mouvantes, dont chacune marque un moment de l'univers, dans l'évolution de pensée vers la vie toujours plus vivante par la beauté toujours plus belle, par la bonté toujours meilleure.

Le besoin de dire l'émotion de l'heure fugitive, suscite l'analyse du monde, la science des conditions, des rapports, et la connaissance, agrandie, fraye la voie aux mouvements supérieurs. Ainsi l'ambition de beauté, qui fit les premiers rêves, voit son effort bientôt dépassé par les réalités d'une poésie de vérité plus belle que la plus miraculeuse fiction. Quel rêve religieux fut plus grand, plus beau, plus secourable que la sensation, que la compréhension du monde, dans l'âme imparfaite et sublime?

Cependant nous voyons que les ataviques visionnaires des paradis de l'humanité primitive, accusent de désespérance la noble réalité du monde. Quoi, nous aspirons à vivre, au point de n'exiger rien moins de l'ordre universel que la vie éternelle, et le pessimisme de la connaissance ose nous montrer la vie comme aboutissant à la mort.

Optimisme, pessimisme, quel sens peuvent avoir ces mots qui supposent le monde fait en vue de notre fantaisie, et prétendent le juger suivant qu'il s'y adapte ou s'y oppose? Est-ce que tout l'effort de la raison cultivée n'est pas de substituer aux caprices de l'imagination ces deux termes : loi vérifiée ou contredite?

Le monde est. Nous découvrons sa règle si nous pouvons. Pourquoi? sinon pour nous accommoder à lui, sur son refus de s'accommoder à nous.

Sans doute, nous pouvons combattre une loi par d'autres, — c'est même tout l'effort de notre vie — mais que faisons-nous sinon d'affirmer ainsi notre dépendance? Il n'y a ni optimisme ni pessimisme à constater le fait inéluctable. « O univers, tout ce qui te convient me convient », s'écrie Marc-Aurèle. Et Spinosa : « Rien ne se doit nommer parfait ou imparfait : tout se produit conformément à un ordre éternel de la nature. » Telle est la parole de raison. Le reste n'est que lamentation d'inconnaissance, atavisme d'incompréhension primitive.

Quel argument est-ce donc contre la constatation expérimentale du monde, de dire : le monde a tort, je l'aurais préféré d'autre sorte. N'est-ce pas plutôt l'homme qui erre en rapportant l'univers à l'individu au lieu de rapporter l'individu à l'univers? N'est-ce pas désordre organique, cas de pathologie, de s'user en lamentations sur les misères de la vie, et, pour mieux s'accrocher à l'espoir de félicités de rêve, de tuer en soi la plus réelle joie, la joie d'être, et de vivre, et d'agir?

L'homme sain accepte le monde avec ses conditions d'existence, auxquelles nul ne peut se soustraire, et, dépensant toutes ses énergies dans l'action, au lieu de médire de la vie, la fait meilleure et plus belle en prodiguant autour de lui tout ce qu'il peut de lui-même. La lutte pour l'évolution de l'être, c'est la loi dure qu'il adoucit par la loi compensatrice du secours à la faiblesse. Douleurs et joies qui se pénètrent et ne se peuvent déprendre. Douleur ennoblissante par la fierté du sacrifice, joie d'agir, joie de lutter pour soi, et, par le plein développement de soi, pour autrui, voilà ce qui rend la vie digne d'être vécue, voilà ce qui fait la beauté de l'effort de vie, payé de la douleur qui fait la beauté de la mort.

Vivre pour se garder, c'est bien. Vivre pour se donner, c'est mieux. Toute jouissance parfaite est de répandre de soi, de rentrer, par des communions de toute heure, dans le Pan universel dont l'évolution ne nous a séparés que pour le faire, par nous, plus grand et meilleur. L'homme ainsi prend en mains les destinées de sa terre, et cédant à l'éternel désir de vibrer à l'unisson d'autrui, cherchant perpétuellement le bonheur en de nouveaux contacts de son *moi* plus complet avec l'univers agrandi, couronne le *Grand Pan* d'un organisme social de justice et d'amour, que son rêve lui montre d'idéale beauté.

Dès lors quel autre emploi de nous-mêmes que d'organiser les félicités supérieures de l'être, de les multiplier, de les accroître par un développement toujours plus grand des énergies humaines au profit de l'harmonieuse évolution où s'accomplit l'univers? Vivre c'est espérer, c'est vouloir, c'est agir. Nous sommes, par l'action. Par l'action, nous continuerons d'être, au delà de la mort. Le besoin de l'action, de la vie pour l'action, voilà ce qui éclaire notre voie obscure, ce qui nous pousse, le cœur ardent, aux réalisations d'avenir, ce qui nous meut dans la joie de faire, ce qui nous conduit noblement à la paix reposante, dans la victoire ou la défaite, sans regrets de la vie vécue.

Pan nous commande. Il faut agir. L'action est le principe, l'action est le moyen, l'action est le but. L'action obstinée de tout l'homme au profit de tous, l'action désintéressée, supérieure aux puériles glorioles, aux rémunérations des rêves d'éternité, comme aux désespérances des batailles perdues ou de l'inéluctable mort, l'action en évolution d'idéal, unique force et totale vertu.

L'action de l'artiste, recevant le choc du monde en émotion de beauté; vibrant de volupté féconde avec tout ce qui vit, avec tout ce qui est; anxieux de nous rendre ses joies, de nous traduire l'harmonie de l'homme et du monde pour une plus profonde pénétration des choses, d'où jaillira l'action continuée vers des jouissances accrues.

L'action du penseur, en voie de connaître; peseur de vérités et de mensonges; aux prises avec l'univers qu'il interroge en de subtiles analyses et reconstitue en de hasardeuses synthèses; tout frémissant de l'enivrante ascension vers des mentalités toujours plus hautes; isolé sur ses sommets, mais semeur d'idées pour l'élaboration lente des foules confuses; lointain suggestionneur de l'émotivité populaire; dominateur des choses; vrai maître de l'homme et de ses dieux.

L'action du conducteur d'hommes, poussé par le tumulte humain; tout-puissant pour les évocations d'atavisme meurtrier qui jettent les peuples aux tueries de la guerre ; débile et vacillant pour les réalisations de liberté, de justice mal appropriées aux trop faibles, et redoutées des trop forts; alimentant, non sans péril, d'infimes parcelles de vérité, les multitudes avides de mensonges; orientant, avec la grâce des hasards, les nations inquiètes vers des destinées meilleures ; vaincu parfois dans les cris de triomphe, ou vainqueur en dépit des huées; écrasé sous sa victoire, ou bafoué dans l'horreur des déroutes ; mais ayant tenté du moins, et fier de ses misères ou même de ses fautes pour le désintéressement de l'effort.

L'action du dompteur de matière, calculateur, artisan, laboureur, fouillant, fécondant le sol, adaptant aux besoins des hommes ce qu'il peut de la nature; entretenant, accroissant la vie; ennoblissant l'obscur labeur de souffrances diminuées, de joies suscitées; enfantant en d'inévitables douleurs une humanité plus puissante, plus douce et plus belle.

L'action de l'homme enfin, dont la vie, si douloureuse qu'on la suppose, s'est un jour embellie du don de soi dans l'amitié, dans l'amour, et qui, sur les champs de bataille, donne sa vie d'espérance, de devoir, sa vie d'amitié et d'amour, pour une cause jugée par lui supérieure à lui-même; l'action de l'homme qui veut se survivre à tout prix et se survit vraiment dans autrui, soit par l'acte direct imprimé sur le monde, soit par l'évolution de sa descendance — retentissement de son effort.

L'action, même abêtie, de l'être humain de somme, ayant vaguement conscience de l'œuvre bonne de sa patience obstinée, des sacrifices, des dévouements ignorés, qui fleuriront en l'épanouissement de vie venu des inconscientes profondeurs où la bête et l'herbe elles-mêmes, en des transmutations de miracle, préparent la pensée d'Homère, de Marc Aurèle, ou de Shakespeare.

L'action décisive de la goutte d'eau redoutable qui, avec l'autre et l'autre goutte d'eau, fait la mer; la manifestation d'énergie de l'atome qui, par l'atome associé, développe l'univers.

Le concours énorme de tout ce qui est, pour préparer tout ce qui sera; la carrière d'une chose démesurée qui s'accomplit par nous, — artisans du Pan prodigieux, construit de joies et de douleurs, de crimes et de dévouements, compensés en la magnificence du sacrifice de nous-mêmes qui nous fait plus grands que les dieux.

Pauvres dieux parfaits, incapables des sublimes douleurs, qui ne pouvez pas mourir, vous donner, sacrifier votre vie pour le bien de ce qui n'est pas vous! Celui de vous qui se grandit jusqu'à concevoir une telle pensée dut, pour la réaliser, se faire homme, et tirer de son imperfection supérieure le moyen de dépasser les mornes dieux, condamnés à ne jamais tout rapporter qu'à eux-mêmes.

Quelle lumière a jailli de cet aveu de l'infériorité divine ! Le plus grand Dieu qui soit a besoin de l'Homme infime pour l'achèvement de son univers. La vie, dit un poète, c'est de *donner* sa fleur, puis son fruit. Quoi de plus ?

Il n'y a rien de plus vraiment, sinon de vouloir, sinon de faire la vie plus grande, pour donner la fleur plus belle, et le fruit meilleur.

Quelle plus noble destinée pour le néant d'hier ? Surgir à la lumière, pour accroître, du sacrifice de soi, l'esprit en voie de réaliser l'équation du monde, c'est l'acte le plus haut, envié des dieux mêmes, privilège de l'Humain.

LE GRAND PAN

LES CHAMPS

LE CIEL

I

LA STATUE DE NEWTON

Deux de nos conseillers municipaux, MM. Vorbe et Pierre Baudin, proposent d'élever une statue à Isaac Newton sur l'une des places de Paris.

Notre ville s'honorerait grandement et donnerait une consécration matérielle à la faculté d'universelle généralisation qui caractérise l'esprit français, en offrant aux grands hommes de partout et de toujours l'hospitalité de la France. La Grèce, bienveillante et large, ne croyait point déplaire aux habitants de l'Olympe en faisant accueil aux divinités étrangères. Pausanias, débarquant dans l'Attique, y signale d'abord des autels *aux dieux inconnus*. On ne peut pas pousser plus loin la compréhension hospitalière.

Les seize siècles qui se sont écoulés depuis ce

temps, ont, en dépit des *gouvernants* de l'humanité abouti à replacer dans l'homme les attributs de volonté dirigeante qu'il n'avait aperçus dans le ciel que par la réflexion de son image sur le miroir changeant de l'immense voûte bleue. C'est donc aux hommes jadis divinisés, aujourd'hui retrempés dans le noble limon de la terre, aux hommes dont l'action fut de bienfaisance sur leurs compatriotes planétaires, que doivent s'adresser aujourd'hui les hommages qui si longtemps se sont perdus et se perdent encore dans le vide infini des cieux.

Quelles formes pourront prendre plus tard ces manifestations de gratitude, je ne sais. La Grèce avait ses temples, ses statues, ses images, ses inscriptions sur le marbre ou le roc informe. La noire tempête qui souffla de Judée coucha sur le sol une telle moisson d'art que la terre jamais n'en a porté d'égale! Miracle! pourtant. Le souvenir des grands hommes qui furent, survit à leurs statues mutilées, et l'Hellade trahie par le marbre et l'airain, où elle avait mis sa pensée, se voit sauvée par de poudreuses feuilles méthodiquement noircies qui porteront sa gloire jusqu'aux limites des temps de la terre.

Ressaisissant l'antique tradition, nous taillons la pierre et nous fondons le bronze à notre tour. Fixons-y de la vie fugitive, s'il est en notre pouvoir. Instituons, pour l'édification de tous, cette sorte de survivance matérielle qui n'est que l'emblème du souvenir héréditaire. Mais sachons que c'est pour nous-mêmes, cette œuvre de gratitude égoïste, et n'oublions pas, avant d'entailler le marbre en l'honneur de Newton, que l'homme de Cambridge s'est d'abord élevé à lui-même la plus belle et la plus durable statue.

C'est donc pour notre France, prompte à l'expression la plus haute des plus hauts sentiments de l'homme, pour notre Paris anxieux de se dire et de se faire l'orateur de l'humanité, que je souhaiterais de voir aux carrefours où se mêle et se fond l'aimable diversité de notre race, nos pierres clamer la gloire des héros de tout l'esprit humain.

Shakespeare, l'un des plus grands cerveaux qui furent, a déjà déjà droit de cité. Voici venir Newton. Accueillons-le en Souverain de la pensée.

L'homme qui, par la loi de l'attraction universelle et de la gravitation des mondes, a formulé la généralisation la plus puissante de l'esprit humain, est l'honneur de sa race, et peut revendiquer le droit à l'hospitalité des peuples de la terre. Paris, en l'invitant à prendre place à son foyer, ne le grandit pas, mais se magnifie lui-même jusqu'à se constituer résidence olympienne des hommes divins qui dominent l'humanité vulgaire. L'idée d'inaugurer par Newton cette grande assemblée de marbre, me parait heureuse.

C'est par des raisons profondes, inutiles à reproduire ici, qu'Auguste Comte avait inscrit l'astronomie au premier degré de son échelle des sciences positives. Pour nous bien rappeler l'aboutissement utile de tout effort de connaissance, — fût-il de pure théorie — le grand penseur aimait à citer cette phrase de Condorcet : « Le matelot qu'une exacte observation de la longitude préserve du naufrage, doit la vie à une théorie conçue deux mille ans auparavant par des hommes de génie (Archimède, Apollonius), qui avaient en vue de simples spéculations géométriques. »

S'il est vrai que les découvertes des plus grands génies se composent d'abord des efforts de savoir de tous ceux qui, avant eux, ont préparé l'idée pour l'éclosion parfaite, si la connaissance supérieure ne se peut extraire que de l'amas confus de vérités et d'erreurs accumulé par l'incohérent labeur d'une multitude inconnue, si la gloire des grands esprits apparaît comme la synthèse triomphante des défaillances du passé, nous n'en éprouvons qu'une joie plus grande à honorer en eux toute l'humanité travaillante, base obscure mais nécessaire de ces hauts sommets lumineux.

Pour Newton, sans faire présentement état des travaux antérieurs qui lui permirent d'accomplir son œuvre, sans parler du Hollandais Huyghens et de l'Allemand Kepler dont souvent les noms se trouvent associés au sien, sans essayer de reconstituer ici le groupe des nobles chercheurs qui pourraient, qui devraient lui être adjoints, il faut dire que sa loi d'universelle gravitation, accroissant prodigieusement dans l'infini la portée de l'esprit humain, a fait rayonner dans l'espace cosmique quelque chose de nous, jusqu'à des limites inconnues. Hipparque, Ptolémée lui-même, malgré son erreur fondamentale, Copernic, plus grand, Galilée, Newton, Laplace, voilà les principaux de ceux grâce à qui nous pouvons ébaucher un commencement de réponse à cette première question de l'homme étonné sous le ciel : « Où suis-je ? »

Comment, dans son émerveillement d'être, de recevoir la sensation du monde, l'esprit naissant pouvait-il échapper à la fatalité de se croire le centre de l'univers ? Toutes les légendes non écrites de l'homme le lui ont dit tout d'abord. Rêves de réalités déformées, personnifications des phénomènes, hymnes de joie ou de douleur, prières pour détourner de sa faiblesse les éternelles menaces des énergies ambiantes, récits merveilleux attestant la vérité des fantasmagories d'où découlent les règles de conduite décrétées d'en haut : de toutes ces sensations, de toutes ces émotions, de toutes ces conceptions, l'être humain commençant tisse en dépit de lui-même la trame de ses bibles qui s'accordent à faire de lui le centre des choses, l'unique point de mire des dieux.

Purement subjectif, il ressent fortement en lui toute perception du monde. Toutes ses sensations convergent en un énorme *moi*, tressaillant, vibrant à toute chose — puisque toute chose est inconnue — emplissant les espaces de ses tourments, de ses appels, de ses objurgations, et recevant, par miracle, du jeu des éléments, les réponses attendues. L'univers ne peut lui apparaître autrement que comme le cadre de ses destinées. Comment, sous l'action des volontés dont il est le point de rencontre, ne serait-il pas, lui, Homme, le but unique et la raison d'être du monde, réduit à l'état de support? Pour quel autre, ce soleil, et cet astre des nuits, et ces étoiles palpitantes qui lui versent la vie et l'inondent de la joie d'être? Pour qui ces mers, ces fleuves et ces montagnes, ces fertiles vallées, ces forêts, ces proies qui s'offrent, bêtes sans défense ou fruits mûrs?

Réglant inconsciemment sa vie sur ce qui est, comment n'en arriverait-il pas à croire que ce qui est fut prémédité pour lui? Ainsi fait l'innocente bête, de la baleine au puceron, s'il lui est donné de se rendre compte de son univers. Le cétacé dit : « Le monde est une grande plaine mobile caressée d'une brise douce ou furibonde, tantôt noire et tantôt lumineuse, établie pour les délices de mon être. » « L'univers, pense le puceron fixé sur son rosier, est un mouvant cylindre de verdure où fut tout exprès rassemblé pour ma gourmandise un suc exquis que j'accumule au profit

d'un monstre noir, appelé fourmi, expert à me traire. »
Telles seraient les rudimentaires pensées propres à
ces âmes obscures. Telles devaient être, et telles furent
les primitives conceptions des hommes, consignées en
des livres divins, dont le fétichisme du passé impose
encore le respect aux âmes attristées de remplacer
l'engourdissante sérénité de la foi par le pénible
labeur de connaître.

Mais la loi de l'humanité est d'apprendre. A mesure
que les énergies divines s'émoussent et se brisent par
la longue épreuve des siècles, la jeune volonté de
l'homme, lentement faite de ces débris, se trempe et
s'affine au cours du temps qui passe. De la substance
des *Surhumains* qui meurent se façonne l'âme de
l'*Humain* qui *devient*. Celui-ci veut *connaître*. Méthodiquement les questions se posent, et l'imagination
douloureuse voit — avec quelle horreur — critiquer,
discuter ses rêves des premiers jours. Par l'analyse,
l'observation, l'expérience, un nouvel esprit de
l'homme se constitue, coexistant avec les anciennes
formes de pensée qui, venues des siècles, ne seront
usées que par les siècles.

Mais déjà l'homme a pu s'objectiver, et promenant
son esprit dans l'espace, se regarder lui-même d'en
haut. Comme il est petit, ce maître du monde, et sur
quelle minuscule goutte de boue promène-t-il sa
familiarité ridicule avec la force démesurée qu'il
fragmente en mouvements misérables pour en faire
un dieu digne de son infirmité !

Cependant, le cours des astres se révèle, leur
distance, leur volume, leur poids, plus tard jusqu'à
leur composition. Leurs révolutions se déroulent,
leur histoire se fait. Copernic, déplace la Terre de son
trône central, et, bouleversant audacieusement les

cieux, fait le Soleil souverain d'un peuple planétaire. Bon gré, mal gré, il faut que notre petit globe s'ordonne, et que déchu de la primitive splendeur qu'avait rêvée pour lui l'ingénuité de ses enfants, il se place à son rang entre Vénus et Mars, évoluant suivant la loi reçue de l'astre dominateur qui, de Mercure à Neptune, régit des mondes séparés par un abîme de plus de onze cent millions de lieues.

Galilée tressaillant a senti la terre tourner sous ses pieds, et le phénomène dont nous sommes affectés tout d'abord est précisément celui qui, nous ayant si longtemps échappé se trouve le plus violemment contesté par les sectaires dont la simplicité s'obstine à vouloir accommoder l'univers à l'enfantine cosmographie de Jahveh.

Tout le monde solaire, enfin, se met en marche vers d'autres cieux. Mais si loin qu'il s'élance, les lois de mécanique universelle déterminées par le génie de Newton le devancent, et nous apparaissent comme régissant au delà de notre petite assemblée planétaire cet immense univers visible qui n'est pas même une valeur appréciable dans notre conception de l'infini.

Qu'est-ce que l'existence humaine dans cette tragique vie des mondes dont Laplace, nous disant la naissance, nous permet d'entrevoir la mort comme une source universelle de vie sans fin? Rien et tout à la fois. Rien, si nous nous comparons. Tout, si l'être chétif qui ne peut qu'affronter les cieux de son regard promène superbement en lui une conception même incomplètement vérifiée de l'ensemble des choses.

L'homme ayant ainsi pris la juste mesure de sa faiblesse et de sa puissance, l'homme en voie de se connaître, comme la sagesse antique lui en faisait la loi, peut avec sérénité désormais se retourner vers sa Terre, pour y parcourir, à son tour, la trajectoire d'évolution marquée par sa loi.

Progressivement libéré des terreurs primitives, affranchi de l'erreur, qu'il poursuive sa route, dans sa liberté d'impérieuse raison, vers la plénitude idéale de son être en éternel enfantement d'une destinée meilleure.

Jalonner cette voie triomphale de stèles attestant le souvenir des bons ouvriers qui l'ont glorieusement ouverte, déblayée, préparée pour les percées futures, n'est qu'un élémentaire devoir de gratitude et de justice. Isaac Newton nous honore plus qu'il n'est en notre pouvoir de l'honorer.

II

MARS

Imagine-t-on l'émotion de l'astronome, seul dans la nuit silencieuse, l'œil braqué sur un monde dont le séparent des millions de lieues, qui, tout à coup, découvre là-bas quelque signe fugitif d'un phénomène inattendu? Est-ce illusion? Est-ce réalité? Et s'il est vrai que sur un petit globe perdu quelque chose se passe qui n'était pas prévu, qu'est-ce que ce peut être? Comment arrêter l'imagination qui veut franchir l'espace, pénétrer les apparences, et trouver d'abord la clef du mystère?

Grande fut la surprise de M. Javelle, de l'Observatoire de Nice, quand, le 28 juillet 1894, il aperçut une sorte de projection lumineuse sur le bord inférieur du disque de Mars. Quelques jours plus tard, l'observatoire de Kiel confirmait la découverte, et depuis ce temps, tous les astronomes, l'œil fixé sur l'inquiétante planète, interrogent la tache lumineuse qui se maintient et grandit.

Mars est la planète la plus connue. Nous y suivons le cours des saisons, nous y voyons fondre les glaces des pôles : certaines taches sombres, dont la nuance se modifie de l'hiver à l'été, ont même paru d'immenses forêts, qui changeraient d'aspect à la chute des feuilles. Des continents ocreux, des mers verdâtres, des îles, que n'y découvre-t-on pas?

On n'y a pas encore aperçu des hommes. Mais puisque les conditions de la vie dans Mars ne sont pas très différentes de ce que nous les voyons chez nous, il ne faut pas désespérer d'y apercevoir bientôt quelque grouillante petite chose qui sera l'analogue de notre humanité s'agitant désespérément sans résultat appréciable, jouissant par éclairs, souffrant sans relâche.

Si on ne les a pas vus, ces *Martiens*, si lents à répondre à l'appel de nos yeux, on a peut-être aperçu du moins trace de leur action, de leurs travaux. C'est ce qu'on se dit lorsque le professeur Schiaparelli, de Milan, découvrit sur la surface de la planète des stries parallèles ou croisées dont l'imagination fit de gigantesques canaux. Quel étrange système d'irrigation ou de navigation pourrait nécessiter de tels travaux? nous l'ignorons. Si je ne me trompe, on a signalé récemment des changements dans ces rayures. Je parierais qu'ils auront renversé là-haut quelque ministère, et que le nouveau ministre des travaux publics a voulu se signaler par quelque réforme — suggestif exemple qui ne sera pas suivi.

Mais s'il n'y a pas de canaux, qu'est-ce que ces lignes où semble se manifester une volonté de géomètre? Un signal peut-être? Si nous y répondions? N'a-t-on pas proposé de construire, en pierres de taille, d'immenses figures de géométrie dans le Sahara ou dans les plaines sibériennes pour amorcer la conversation par un théorème d'Euclide. La même idée est peut-être venue aux habitants de Mars et il se peut qu'ils nous interrogent, à leur façon sur la question toute simple des lignes parallèles qu'ils supposent à la hauteur de notre intelligence. Cette manière de se faire passer un examen, à des millions de lieues de distance entre le *colleur* et le *collé*, est tout à fait réjouissante.

Et la projection lumineuse de M. Javelle? N'y-a-t-il pas plus de chance encore, pour que ce soit un signal de télégraphie optique à l'adresse des *Terriens*. Les incendies, les éruptions volcaniques, si prodigieuses qu'on les suppose, ne produiraient rien de pareil. Si c'était une flamme *voulue*, produit de quelque ingénieuse découverte qui nous aurait échappé jusqu'ici? Si bientôt des intervalles réguliers d'ombre et de lumière lançaient, à travers l'espace conquis, une projection de volonté humaine tellement claire que l'évidence s'imposât? Si l'astronome dans la solitude de sa coupole, attendant le rayon du phare planétaire, devait comme le guetteur du palais des Atrides, dans l'*Orestie*, voir éclater tout à coup dans la nuit le feu qui dit la prodigieuse nouvelle?

Seulement ce n'est plus de l'Ida, de Lemnos, du mont Athos, des bords de l'Euripe, et du Cithéron que la flamme va se propager de poste en poste pour annoncer à Argos la misérable chute de Troie. Non, c'est de Mars et de Vénus, de Jupiter, de Saturne et jusqu'aux confins de Neptune peut-être, que le faisceau de la lumière, répercuté de globe en globe, doit faire fulgurer le prodige de la pensée humaine jetant une arche de flamme entre les mondes. Et qui sait? Peut-être, par-delà notre province planétaire, des yeux puissants braqués dans l'infini, saisiront des lueurs au passage, et des êtres étonnés diront : « On se parle là-bas. »

C'est un rêve. Mais nous en avons réalisé de plus surprenants.

Aux anciens jours de la primitive nébuleuse, les parcelles qui forment ces mondes épars, étaient réunies, confondues. Elles ont eu des fortunes diverses. Brûlantes ou glacées, stériles ou fécondes, elles emportent à travers l'espace indifférent, dans l'inconscience souveraine de l'immuable, la conscience souffrante d'un éclair de vie. Et en attendant l'heure fixée pour la réunion nouvelle des éléments dispersés de la nébuleuse future, voici que cet embryon éphémère, impuissant, sans hier comme sans lendemain, rassemble assez de force pour envoyer à travers les champs de l'espace, des vibrations de conscience qui en éveillent d'autres, proclamant à tous les carrefours du ciel une grande communion de vie planétaire, faisant de l'homme fugitif, le conquérant, pour une heure, du monde inexorable qui le possède et le tient dans le passé, dans l'avenir, pour l'éternité, à jamais.

Voilà les horizons que nous ouvre la petite lueur tremblante sur le bord du disque de Mars. Cela paraît extravagant. Et cependant il y a moins loin de la découverte de M. Javelle à la réalisation de cette folle hypothèse, que des mornes ancêtres de l'anthropoïde muet qui engendra nos parents velus des cavernes à

Newton, Laplace, Rabelais, Shakespeare, Molière, Victor Hugo, Renan.

Nous nous obstinons bêtement à chercher le miracle absurde, qui n'est pas et ne peut pas être, et nous fermons les yeux à l'éclatant prodige dans lequel nous vivons. Vraiment la pauvre imagination des croyants m'afflige et me désespère. Qu'est-ce que les merveilles du Ciel hindou, de l'Olympe grec, du Paradis de Mahomet ou du Christ, en comparaison du miracle affolant qui, sous nos yeux, déroule le tableau sans fin d'un prodige plus grand que le rêve.

Ne nous hâtons donc pas de rire et de nous moquer. Nous traçons le cours des astres et nous les voyons arriver à l'heure dite au point précis où nous les attendons. Nous les mesurons, nous les pesons. Par le rayon qu'ils nous envoient, nous analysons leur substance. Nous calculons leurs saisons, et nous pouvons raisonner des manifestations cosmiques dont ils sont le théâtre. Tout le système planétaire est soumis aux mêmes règles de mécanique céleste. Les lois de cette partie de la mécanique que nous dénommons physique et chimie, communes à des amas de matière autrefois réunis, produisent sans doute des résultats variables avec la température et les proportions des éléments. Mais tout concourt à confirmer l'hypothèse qu'elles aboutissent au développement de vie qui a produit sur notre globe, pendant de longs siècles, les essais attestés par les empreintes géologiques dans l'ordre végétal et animal. Sous une forme qui peut varier avec les milieux, la conscience, l'intelligence à ses différents degrés, font partie de l'évolution physiologiques des êtres, dont pour aujourd'hui le terme est, sur la Terre, l'homme actuel avec sa puissance de devenir, et sur d'autres planètes, d'autres modalités de conscience et d'intelligence de résultats analogues.

Si la lumière sert de véhicule à la pensée de l'homme d'un point de son globe à l'autre, pourquoi ne pourrait-elle relier les sphères qui promènent dans une route inflexible, une pensée impatiente de l'au delà? C'est un rapide messager qui fait ses 75,000 lieues à la seconde. Qui donc osera prophétiser que nous n'en saurons jamais profiter?

Astronomes guettez, épiez, cherchez et si jamais le jour vient où vous nous apportez la certitude du miracle, vous aurez la gloire d'avoir fixé pour l'Humanité, en quête d'elle-même, une date inoubliable dans l'histoire du monde.

PLANÈTE HABITÉE

I

L'APPROPRIATION DU GLOBE

M. Henri Bousquet a publié dans le *Journal des Débats* une série d'articles *vécus* sur les merveilles du *Pays de l'or*. Je n'ai pas l'intention de reprendre sa thèse et de pousser les Gascons de la Gascogne fleurie à se ruer aux champs aurifères du Transvaal. Encore moins voudrais-je engager qui que ce soit à risquer la valeur d'un timbre-poste sur ces actions de prix modique dont tous les marchés de l'Europe sont actuellement inondés. Même en tenant pour exacts les récits des voyageurs désintéressés, comme M. Bousquet, il est permis de penser que la spéculation a suscité, comme toujours, des plus-values artificielles qui ne peuvent manquer d'être pour beaucoup l'occasion de notables mécomptes.

Je n'essaierai point de prédire un avenir nécessairement gros de surprises. Je trouve plus ample matière à philosopher dans ce phénomène du *rush* qui tout à coup précipite, à certaines heures, des flots tumultueux d'humanité sur des plaines où tant de siècles passant n'avaient laissé que le silence du désert.

Comment la race humaine s'est-elle progressivement emparée de sa terre depuis les primitives apparitions de la préhistoire? C'est ce que nous pouvons d'autant moins conjecturer que les phénomènes géologiques persistants, comme aussi les obstacles changeants de la faune et de la flore, compliqués des succès divers des rencontres guerrières, ont dû modifier à l'infini, pendant une durée qui ne se peut déterminer, les phénomènes d'expansion de peuplades dont nous ne pouvons rien savoir.

Faute de vestiges certains de l'anthropoïde ancestral, nous sommes même privés des éléments primordiaux d'une hypothèse scientifique sur les lieux d'origine. Nous induisons, et combien vaguement! Quand nous avons dit que l'homme blanc vient des plateaux de la haute Asie — où Elisée Reclus voit, lui, des centres de répulsion au lieu de foyers de création — nous n'avons vraiment rien fait que de déplacer assez arbitrairement vers l'est l'Eden biblique du Tigre et de l'Euphrate, notable par cette eau *où l'on trouve de l'or*.

Paradis terrestre relativement moderne! Car il est d'hier au regard de l'humanité ce Jahveh, gardien jaloux de l'arbre de la science du bien et du mal, qui déjà suppose l'homme capable de manipuler *la gomme odorante, l'or* et *l'onyx*. Il y a évidemment, dans le LIVRE, transposition des termes de créateur et de créature, entre ce nouveau venu, trouble-fête bourru, obsédant de ses questions inutiles l'homme antique depuis longtemps attentif à sa Terre. Quelle infinie multitude de divinités mortes avec les hommes qui les créèrent, avant l'apparition de ce farouche Jahveh dont la colère nous ouvrit l'accès des vallées et des plaines! Combien plus ancien l'homme dont il procède, qui avant de pouvoir s'entretenir avec lui, dans les termes que la tradition nous révèle, a dû pendant des siècles traîner de caverne en caverne son obscure misère de cris, de vagissements, de bégaiements stupides!

Déplacer plus ou moins vers l'un des points cardinaux le lieu de ce colloque entre l'homme déjà vieux et le maître qu'il lui plut alors de se donner est une œuvre d'intérêt secondaire. Les lieux où apparurent les premiers qui méritent vaguement le nom d'Humains dorment peut-être, présentement oubliés, dans les noires profondeurs des océans. Qu'en savons-nous? Nous ignorons tout de l'Amérique rouge, de l'Afrique noire et de l'Asie jaune. Et quand, dans les brumes de la légende, nous apercevons vaguement les premières formes blanches, l'Aryen d'*Agni* comme le sémite de Jahveh sont en possession déjà d'un tel outil de pensée forgé par l'effort obstiné des ancêtres sans histoire, qu'il est ridicule de nous présenter comme une origine cet achèvement laborieux.

Nous sommes, dès cette heure, en présence de continents diversement peuplés, de mers sillonnées par de hardis esquifs avec ou sans boussole, et la grande œuvre de l'appropriation du globe aux besoins de son fils, devenu son maître, est désormais commencée. Sans doute, les peuples pourront se ruer les uns sur les autres, s'exterminer avec ou sans méthode, mais ces phénomènes seront moins de prise de possession que de déplacements d'humanité. En Afrique, en Amérique, en Australie, dans les îles minuscules de l'Océanie, sous l'équateur comme aux pôles, l'homme rencontrera l'homme. Et celui des deux qui sera le plus apte à approprier le roc ou la plaine à la satisfaction des besoins toujours grandissants d'un nombre toujours croissant d'êtres avides de jouir devra céder la place à l'autre. C'est la conquête du globe, adapté, façonné pour l'usage des plus forts.

Ici, l'influence de la race pourra finalement paraître prépondérante. Mais le milieu géographique n'en aura pas moins eu d'abord sur le développement des peuples l'effet le plus décisif. « Ce sont, dit Elisée Reclus, les heureuses conditions du sol, du climat, de la forme et de la situation du continent, qui ont valu aux Européens l'honneur d'être arrivés les premiers à la connaissance de la Terre dans son ensemble, et d'être restés longtemps à la tête de l'humanité. » D'ailleurs, dans l'œuvre infinie d'adaptation du globe aux besoins de l'homme tels que les fait son industrie du moment, un rapport changeant s'établit entre la matière et l'ouvrier qui accroît ou diminue, suivant les temps, l'effet utile ou fâcheux des dispositions de la surface terrestre. « Tel fleuve, dit Reclus, qui, pour une peuplade ignorante de la civilisation, était une barrière infranchissable, se transforme en chemin de commerce pour une tribu plus policée, et, plus tard, sera peut-être changé en un simple canal d'irrigation dont l'homme réglera la marche à son gré. Telle montagne que parcouraient seulement les pâtres et les chasseurs et qui barrait le passage aux nations, attirera, dans une époque plus civilisée, les mineurs et les industriels, puis cessera même d'être un obstacle grâce aux chemins qui la traversent. Telle crique de la mer où se réunissaient les petites barques de nos ancêtres est délaissée maintenant, tandis que la profonde baie jadis redoutée des navires et protégée désormais par un énorme brise-lames construit avec des fragments de montagnes est devenu le refuge des grands vaisseaux. »

Comme le fait remarquer le savant, tous les changements de l'industrie humaine aboutissent à diminuer la valeur des configurations naturelles du globe, à mesure que la volonté accrue de l'homme dompte la résistance des choses et canalise à son usage les forces qui lui faisaient obstacle. C'est ainsi que les privilèges que l'Europe devait à la disposition de ses continents ont perdu leur importance relative depuis que l'outillage industriel commence à suppléer plus ou moins heureusement aux ressources de la nature.

Il faut suivre avec notre grand géographe le bref exposé de ce que nous pouvons savoir des premiers mouvements de l'Europe, pour comprendre combien est rudimentaire encore l'histoire des premiers temps de la période humaine des continents qui nous sont le plus familiers. « Sans parler des changements qui ont dû s'opérer dans la configuration de l'Europe pendant les périodes géologiques antérieures, il est certain que, *durant l'époque moderne*, la forme du continent s'est grandement modifiée. Si l'Europe était autrefois séparée de l'Asie occidentale par un large bras de mer, en revanche il fut un temps où elle tenait à l'Anatolie par une langue de terre où s'est ouvert depuis le détroit de Constantinople. De même l'Espagne se reliait à l'Afrique avant que les eaux de l'Océan eussent fait irruption dans la Méditerranée, et probablement aussi la Sicile se rattachait à la Maurétanie. Enfin, les Iles-Britanniques faisaient partie du tronc continental. Les érosions de la mer en même temps que les exhaussements et les dépressions des terrains n'ont cessé et ne cessent encore de modifier les contours du littoral. Les nombreux sondages opérés dans les mers qui baignent l'Europe occidentale ont révélé l'existence d'un plateau sous-marin qui, au point de vue géologique, doit être considéré comme partie intégrante du continent. Entouré d'abîmes de plusieurs milliers de mètres de profondeur, et recouvert en moyenne de 50 à 200 mètres d'eau, ce piédestal de la France et des Iles-Britanniques n'est autre chose que la base des terres anciennes démolies par le travail continu des vagues : *c'est la fondation ruinée d'un édifice continental disparu.*

Comparez ces quelques lignes d'un savant très réservé dans ses affirmations avec les hypothèses sans nombre, dont la plupart s'excluent, auxquelles a donné lieu chez les chercheurs — de compétence plus ou moins discutable — la fameuse Atlantide de Platon. Vous vous ferez alors quelque idée de l'immense accumulation de phénomènes planétaires modernes insoupçonnés de nous. Si nous savons si peu de notre continent, fouillé, retourné, interrogé de cent façons, que savons-nous des autres ?

Nous observons péniblement depuis trois mille ans à peine la lente croissance de notre Europe, *fille de l'Asie,* **et c'est tout. Nous voyons la Grèce,** *la plus belle individualité de l'ancien monde,* **transmettre de proche en proche le flambeau de civilisation qui suit la course du Soleil, et nous disons : « C'est l'antiquité. » Quelle folie ! Ce n'est pas même hier, c'était ce matin. Suivez avec Elisée Reclus la marche des courants humains, les variations des voies de communication et d'échange, et rendez-vous compte vaguement des principales données de ce grand problème : le peuplement et l'appropriation de la terre.**

En dehors du bas Nil entraîné dans le circuit méditerranéen, que savons-nous de l'Afrique il y a quelques années ? L'immense continent, le plus proche de nous, nous était fermé. Tout ce que nous pouvons dire encore de son histoire, c'est qu'il s'y est probablement commis plus de crimes contre l'homme et versé plus de sang que sur tout autre espace équivalent du globe. Interrogeons-nous dans notre conscience, et demandons-nous si nous y avons apporté la charité, la bonté, la justice et la paix. Demandez à Cortès, demandez à Pizarre ce qu'ils ont fait de l'Amérique. Un homme vit encore, un compagnon de Stanley, qui fut convaincu d'avoir acheté une petite négresse pour l'amusement de la faire cuire et manger devant lui par ses compagnons noirs.

Ce qui affola les conquérants de l'Amérique, ce fut l'or, d'une attraction si puissante sur l'homme sauvage ou civilisé. Plus tard, quand le grand *rush* se produisit vers la Californie, les mœurs s'étaient singulièrement adoucies. On se disputa seulement les pépites le revolver au poing. Maintenant, c'est le sud de l'Afrique qui attire la convoitise des hommes. Nouvelles conditions d'action. Roches beaucoup plus pauvres qu'aux mines californiennes, mais l'eau, le charbon et le *travail* en abondance. Le miracle de cette marchandise merveilleuse, c'est qu'aussitôt extraite elle est vendue, puisque la frappe est libre, et qu'il est loisible à chacun de monnayer l'or en pièces trébuchantes. Tout le monde accourt, blancs en quête de spéculations, Cafres honteusement trompés sur la valeur de leur travail, et tout ce monde se met à l'œuvre, chacun suivant ses moyens, pour accroître indéfiniment le stock de cette marchandise singulière qui n'a guère de fonction que comme signe représentatif des autres, office que remplit tout aussi bien, sinon mieux, le moindre chiffon de papier.

C'est ici que j'ai le plaisir de retrouver M. Bousquet loin de qui je me suis laissé si vite entraîner. D'immenses couches de houille forment le sous-sol de toute une partie de la République du Transvaal. D'abondants minerais suscitant l'espérance de voir bientôt succéder à l'âge d'or l'âge de fer et l'âge de bronze, « d'immenses plaines largement arrosées où l'*humus* atteint parfois une profondeur de 10 mètres », et qui n'attendent que la charrue, voilà qui sera plus profitable à l'humanité que le stérile *placer*. Allons! vous verrez que le gogo qui confie ses économies à tous ces fouetteurs de Cafres se trouvera en fin de compte avoir préparé les voies aux semeurs de moissons.

Maître et fécondateur des continents, hâte-toi, bon laboureur.

II

EN CHEMIN DE FER

Quelle joie de retrouver la terre au sortir des tristes faubourgs! La terre, avec ses plaines brûlées, ses moissons fauves, ses eaux courantes, sa houle verte d'herbe ou de frondaison!

La banlieue de plâtras, peuplée de débris, tachée de fausses verdures, cède la place aux champs. Le wagon court et, par une illusion charmante, semble immobile dans une trépidation d'autan. Imaginez quelque construction aérienne, soustraite à la rotation planétaire, et regardez passer la quotidienne révolution du globe qui s'accomplit sous vos yeux. La Terre fuit d'une course rapide à vos pieds, d'un pas plus lent à l'horizon. Elle déroule ses spectacles, décors de montagnes changeants, fleuves capricieux, plages battues du flot, forêts sévères et riants pâturages, troupeaux tondant l'herbe rare ou drue, le sol retourné, les semailles, et toutes les cultures et toutes les récoltes, pampres, blés ou fruits mûrs, le paysan terré dans son hameau, les villages endormis, les villes turbulentes où sévissent toutes les passions de l'homme.

Ainsi, sans mouvement, vous passez l'inspection de la planète. Toute la nature accourt, défile et s'enfuit. Partout l'homme, acharné sur le support terrestre où le fixe sa loi, s'efforçant pour accroître toujours son action aux dépens d'autrui comme aux dépens de lui-même, s'enclosant, se muraillant, embusqué derrière ses meurtrières, menaçant, menacé, usant sa courte vie dans d'inutiles tourments et ne craignant rien tant, après les convulsions douloureuses, que l'éternelle paix de la mort. Mais partout aussi, dès les villes disparues, l'homme moindre devant son globe plus grand.

Les campagnes succèdent aux campagnes. Ce ruisseau est frontière, ce poteau, planté là par le sort des batailles, atteste la haine des races. C'est la revue des peuples, maintenant. Ils passent muets, haletants, sous le fouet ou dans le rêve, essayant de conquérir la terre, qui ne s'ouvre sous leur main fiévreuse que pour se refermer sur eux. Ainsi, l'homme qui, pendant tant de siècles, rampa misérablement autour de sa tanière, arrêté par le fleuve ou la montagne, contenu par les climats, refoulé par la terre ennemie, après avoir lentement parcouru de pénibles étapes, s'imposant à des auxiliaires asservis ou se confiant à des planches poussées du vent, en est arrivé à pouvoir contempler dans la tranquillité d'une méditation sereine le globe tournant qui lui offre complaisamment, en une brève succession de spectacles, la simultanéité de ses phénomènes.

Pour quel enseignement? Confinés dans les villes noires où nous forgeons à grand bruit les armes de victoire que la mort brise en nos mains, absorbés dans l'effort douloureux de connaître, affolés par le besoin de la sensation hâtive et violente, pour perfectionner la vie nous oublions de vivre, et l'affreuse bâtisse où nous nous acharnons sur les problèmes de la terre, d'abord nous dérobe la Terre, objet de nos labeurs. Il faut qu'un incident nous chasse, par fortune, de l'ergastule noire où nous veut la terrible meule, pour que, surpris et charmés, nous découvrions soudain la Terre oubliée.

Alors, tout à coup, au contact vivant de la planète amie, nous retrouvons le sentiment des réalités de notre vie terrestre obscurcies, en dépit de nous-mêmes, par les spéculations où nous nous perdons. Elle est là, sous notre regard, accomplissant, dans sa divine inconscience, sa révolution fatale, la minuscule boule, tantôt sombre et tantôt lumineuse, où vogue notre infinité. Une mer infinie qui n'est au regard de l'univers qu'une inappréciable goutte d'eau, d'imperceptibles continents qui émergent en arides plaines de sable, en vallées de verdure, en bois, en monts sublimes, qui, tous accumulés, se haussent à peine à la valeur d'un atome dans l'ensemble des choses : voilà notre domaine tour à tour arrosé, vivifié, stérilisé, brûlé, nous entraînant dans le mystère d'obscures lois, dont nous ne saisissons qu'un moment, à des mystères infinis interdits à notre inquiétude.

Eh bien! de tout cela, nous faisons notre joie en

même temps que notre tourment. Depuis combien de temps ce globe et cette humanité, et pour combien de temps encore? Nous ne savons : nous construisons des hypothèses. En vertu de quelles lois sont-ils là? Où s'en vont-ils monotonement ballottés dans l'espace? Nous avons la faculté de supposer et, en effet, nous supposons.

Nous supposons diversement. Mais, l'esprit apaisé par des inductions plus ou moins méthodiques, nous agissons, en général, avec l'uniformité commandée par l'identité de nature. Nous faisons effort pour développer et prolonger la vie que nous avons reçue et que nous donnons. C'est notre loi : nous ne saurions fournir, quant à présent, d'autre explication des actes communs où notre illusion présomptueuse voit l'effet d'une volonté libre.

Pour accomplir notre loi, nous nous répandons en masses tumultueuses sur toutes les parties de terre ou de mer que notre industrie peut contraindre à nous recevoir. Nous creusons des montagnes, nous jetons des chemins sur les fleuves, nous coupons les continents, nous prétendons passer sous les mers, nous remanions le globe, fautif de ne s'être pas trouvé approprié à nos besoins. Sur le roc étonné, l'homme refaçonnant son support, taille superbement ses fastes de violence. Aux phases de la terre, les phases de l'homme s'ajoutent, et l'empreinte du dominateur d'un jour couvre la trace du conflit des éléments éternels présomptueusement dénommé par nous création.

La race humaine s'étend et gagne, stérilisant le sol de ses pierres pour la maison, l'usine ou le temple, faisant reculer la moisson et compensant la perte par une machination supérieure de sa planète.

Jusqu'où sommes-nous capables de pousser l'aventure? Nul ne le pourrait dire. Un devenir mystérieux est en nous, qui nous fait les agents de miracles que nous ne verrons pas. Bien ou mal, en hâte ou lentement, il faut marcher vers un but ignoré.

Est-il vrai que notre labeur de progrès aboutisse surtout à dépoétiser notre Terre? Je le crains. Quand toutes les forces planétaires seront organisées suivant une règle prévue, quand le flot des marées et la tempête elle-même seront apaisés, asservis pour notre plus grande aise, l'humanité, captive de sa conquête, sera, comme son globe, machinée, mais tristement frustrée des gestes imprévus de la vie. Heureux vivants qui ne verrez pas ce jour! Je sais qu'il restera le ciel, où de tout temps nous avons mis ce qui nous manquait. Mais nous avons déjà si cruellement abusé de cette suprême ressource que l'espace déjà fait défaut à nos rêves divins.

Par bonheur, nous n'avons pas même encore, après des milliers d'années d'existence, achevé d'explorer notre infiniment petit habitacle. « Il est impossible de prévoir quand la Terre nous sera définitivement connue », écrivait Élisée Reclus, il y a dix ans à peine. Et, parlant des espaces polaires — mers ou continents — il ajoutait : « Dans la zone boréale, il est vrai, de hardis marins ont graduellement rétréci l'espace mystérieux, et, de nos jours, le fragment de rondeur terrestre qui reste à découvrir dans ces parages ne dépasse pas la centième partie de la superficie du globe; mais, de l'autre côté de la terre, les explorations des navigateurs laissent encore un énorme vide d'un diamètre tel que la lune pourrait y tomber sans toucher aux régions de la planète déjà visitées. »

Allons, me voilà rassuré. Les obstacles de la nature, l'intérêt égoïste, les haines, les passions et leurs conflits retarderont assez longtemps encore la marche de l'humanité pour que nous ayons le temps de nous accommoder aux nouvelles formes de bonheur, que nous préparons par nos périodiques tueries.

Qui donc a rêvé de communiquer avec les planètes-sœurs? Si l'alphabet cherché nous était révélé tout à coup, que pourrions-nous bien dire aux habitants de Mars que nous ne voyons pas et que, suivant toute apparence, nous ne verrons jamais? Quel premier télégramme envoyer, sinon celui-ci : « Frères, nous sommes trop loin les uns des autres pour nous entre-tuer. Aimons-nous donc d'autant plus sincèrement qu'il n'existe entre nous aucun point de rencontre. Puisqu'il est impossible de franchir l'espace, il faut que nous, Terriens, nous nous bornions à traverser les mers pour aller tuer des hommes noirs ou jaunes, qui n'ont commis d'autre crime que d'exister. Nous avons découvert le moyen d'échanger des pensées avec vous, qui êtes si loin. Mais nous n'avons pas encore trouvé l'art de nous entendre avec ceux qui sont tout près. C'est donc par le massacre que nous civilisons notre planète. Sans doute, vous n'avez pas trouvé mieux pour la vôtre. Bonne chance à vous tous qui êtes hors de notre atteinte. Il n'y a un Dieu pour les plus forts. »

— Monsieur, me dit le conducteur, qui me surveillait depuis la gare Saint-Lazare, il faut descendre. Le train s'arrête à Saint-Germain.

LA MER

I

LA TRANCHE-SUR-MER

Je suis apparemment au bout du monde, puisque, marchant tout droit devant moi, la terre vient à me manquer tout à coup. En vérité, c'est l'océan qui m'arrête, le grand flot vert, frangé de mousse blanche, que le courant chaud nous envoie des Antilles pour se pâmer tout écumant de plaisir sur le sable d'or d'une grève sans fin.

Au delà de la mer tranquille, dont la grondante caresse de bête heureuse vient jusqu'aux vignes du jardin sous ma fenêtre, une ligne bleue dentelée m'indique l'île de Ré fermant le *pertuis Breton*. Des voiles immobiles de pêcheurs, empourprées du soleil levant, blanches sur le flot sombre, noires sur le lait bleuissant de la mer lumineuse, incertaines formes grises d'horizon embrumé, attestent l'homme sur l'immense étendue. Des vols de mouettes, de courlis, de macreuses ou de petites hirondelles de mer emportent de la vie dans la vapeur moutonneuse où transparaît la voûte bleue. La troupe des marsouins qui s'ébat dans les claires profondeurs, voyant en son plafond mouvant scintiller les milliards d'étoiles que le soleil allume aux petites vagues dansantes, s'élance en fusées d'argent dans la lumière d'or, et ne retombe en courbes joyeuses que pour s'élancer encore dans l'enivrement du ciel. Et vraiment les silencieuses vagues blanches de la voûte céleste se confondent si merveilleusement parfois, en d'étranges jeux de lumière, avec la vapeur bleue qui monte de la plaine bruissante où elles se mirent, que la voile de l'horizon paraît flotter dans l'air, et les grands goëlands noirs rayer l'opale de la mer. Deux voûtes de cristal fantastiquement se confondent dans la brume, l'une de l'immobile espace illuminé de ses astres flambants du jour et de la nuit, l'autre de ce peu de planète liquide dont le mouvant miroir reçoit l'image de la profondeur infinie, et donne à notre émerveillement l'illusion de la sphère du monde. C'est l'enchantement de cette terre agitée qui a nom l'océan, pour les êtres d'un jour naufragés de l'océan figé qui fait les continents.

Comme elle est riante l'aimable épave où m'a jeté le hasard d'une courte vacance. Une étendue de sable doré fleurie de pommiers blancs, de pêchers roses, et de tendre verdure, où du haut du ciel bleu l'alouette gauloise laisse tomber sa cascade joyeuse, où, sous la lune amie, le rossignol éperdu dit sa folie d'amour aux bons grondements de la mer indulgente. Du sable, toujours du sable, mais du sable en fleurs, du sable verdoyant. Sauf le blé, toutes les cultures de la plaine. Des vignes, des fusains, des grands peupliers blancs, des pins qui descendent jusqu'à la mer. Point de rochers. Des montagnes de sable aux grandes croupes molles dominant les vastes cirques de lumière ocreuse où vient mourir dans un bouillonnement de volupté la grande lame verte qu'on voit arriver du large depuis l'extrême horizon.

Des dunes, encore des dunes, vallonnantes ou montant en crêtes, comme d'une tempête furieuse qui, tout à coup, se serait figée. Et, de fait, c'est bien la tempête de l'air qui a fixé ces formes maintenant immobiles. Avant les plantations de pins qui retiennent le sol, le *cinglage*, sans la foi, transportait les montagnes; et, sur les ailes du vent, la plus haute dune faisait en une nuit d'incroyables voyages. Aujourd'hui même encore, d'imprévus déplacements se produisent, mais l'humeur errante de la fine poussière de sable ne présente plus les dangers d'autrefois. Cimes ou vallées, la forêt de pins monte ses parasols de sombre verdure sur de longs fûts violets écaillés de plaques brunes. Au travers des longues aiguilles de rouille faisant natte sur le sable clair, toute une flore a surgi, mêlant la senteur exquise du petit œillet rose, ou l'arome pénétrant de l'immortelle, aux parfums vivifiants de la sève résineuse. Parmi les grands cônes roux qui jonchent le sol, sur des tapis de lichen, de mousse ou de géranium, le genêt, l'ajonc, le pourpier sont accourus. Avec la flore, la faune : la perdrix rouge, les troupes de ramiers, la bécasse de passage, le lièvre, le lapin, le renard, suivis du chien et du chasseur.

Dans l'intérieur de la dune, des *jardins* verdoient, abrités des bastions de sable. Des cultures de vignes, de pommes de terre roses, d'oignons qui s'entassent en pyramides d'or. Et puis de grandes failles dans la montagne sablonneuse, des *casses*, comme on dit ici, plaines fertiles qui s'avancent vers la mer. Chacune a son nom : *la Casse à la bonne femme, la Casse du navire méchant*, etc. Au travers de tout cela, un dédale de sentiers où circule un peuple de bourriques grises, hirsute, portant le varech pour la fumure ou la récolte, suivant la saison, piétinant bravement dans le sable, sous la conduite d'enfants rôtis, grillés, cuits et recuits.

La race est vigoureuse. Hommes et femmes, jambes nues dans le sable brûlant, montrent le muscle sec et dur de l'Arabe dont ils ont la patine de bronze, rehaussée de la blancheur immaculée de la coiffe ou de la chemise. Adossés aux pins des hautes dunes, les villages entassent leurs maisons blanches aux tuiles pâles dans les lilas, les tamarins et les roses. Une étroite bande de dune étalée s'étend en plaine jusqu'à la bordure du *grand marais*, jadis conquis sur la mer, prairie hollandaise de jeune verdure où jusqu'à l'horizon les troupeaux, parqués entre les canaux, mettent des taches fauves. Ce ruban de sable, qui marque la fin des dunes et relie les grandes *casses* entre elles, c'est la fortune du pays. Le varech épandu, on retourne le sol à la bêche, après quoi, hommes et femmes à genoux, grattant le sable de leurs doigts, piquent l'ail et le haricot, double récolte, ou la petite pomme de terre d'une qualité singulière. Les Anglais, les Allemands viennent chercher ces denrées dans les petits ports de la côte. Certains de ces terrains, que vous diriez stériles, se sont vendus sur le pied de trente mille francs l'hectare. Il n'y a point de pauvres en ce pays. L'âne lui-même, broutant sa luzerne, se répand en éclats grinçants de joie, et le paysan, qui pique sa vigne, silencieusement se rit du phylloxera.

Après les moissons fécondes que le bon sable livre généreusement à qui le fouille de ses ongles, voici maintenant les récoltes de la mer. Avec son flux et son reflux, la mer, en grande coquette, ne feint de fuir que pour attirer l'homme et se donner plus complètement à lui. Le flot qui se retire laisse à nu de grandes plages vertes de varech semées de lacs pierreux où milles choses grouillantes invitent le pêcheur. Il accourt avec son filet, et la plaine luisante se peuple de silhouettes noires qui semblent autant d'échassiers. Point de port pourtant, point de barque. Une jetée à demi écroulée dit la violence du flot rageur qui déferle obliquement de l'entrée du pertuis Breton. Les bateaux pêcheurs qui animent la mer viennent du petit port de l'Aiguillon, à l'embouchure du Lay, le fleuve vendéen. Les Sables, la Rochelle sont les deux grands marchés de la côte. Le poisson de notre plage n'arrive point jusque-là, et c'est tant mieux pour nous.

Sans parler des coups de seine qui jettent sur le sable toute une marée frétillante, nous avons nos *écluses*, enclos de murailles ouvert seulement du côté de la terre, où la mer en se retirant abandonne une dîme généreuse. Le bon pêcheur de son pied nu dans la flaque d'eau sent la sole ou la *loubine* qui se dérobent sous le sable, et triomphalement les pique de sa pointe ferrée. Parfois de grandes pièces s'attardent en *l'écluse* traîtresse. Quelle aventure et que de commentaires! Aux grandes marées quand arrive le flot poissonneux, le *Tranchais*, armé d'une manière de colichemarde, marche au-devant de la haute lame verte qui se dresse pour se crêter d'écume et dans la transparence de la muraille liquide dague le poisson comme le *torero* sa bête. Ainsi j'ai vu jouer du trident le pêcheur au flambeau dans le golfe de Saint-Tropez.

A d'autres jours, marqués par les saisons et les vents, la mer prévoyante apporte on ne sait d'où des flots de varech noir que toute la population s'empresse à recueillir, car c'est la fécondité de la terre. Qu'est-ce que nos gens pourraient demander de plus? La terre et la mer sont bonnes pour eux. Le percepteur lui-même est clément, puisque le sable fertile n'est pas encore cadastré. On est heureux en ce coin oublié de civilisation presque autant qu'en pays sauvage.

Et de fait, avec sa face morose de brique pilée où deux trous ardents mettent une énergie singulière, le *Tranchais* semble un vestige oublié des races primitives. L'homme est doux cependant, silencieux et grave. Comme tous les riverains du flot salé, sa faculté d'observation est curieusement cultivée. Sur le sable humide, l'empreinte du talon, la disposition des orteils, l'obliquité de la trace, lui disent le nom du passant. On se connaît ici par la plante du pied comme ailleurs par le visage. « Tiens, un tel a passé là. Où allait-il? Pourquoi avec tel autre qui aurait dû être ailleurs? etc., etc. »

Ainsi devisaient hier soir les hommes au retour de la pêche. Les courlis invisibles au-dessus de nos têtes s'appelaient de leur sifflets interrogateurs, et, se répondant de tous les coins de l'horizon, se dirigeaient vers les hautes dunes d'abri. La nuit tomba, une nuit sans lune et sans étoiles. Nous marchions dans l'obscurité profonde secoués du mugissement de l'abîme noir qui s'éparpillait à nos pieds, en écume lumineuse.

— La mer est belle ainsi, fis-je sottement, sans penser.

— Oh! non, monsieur, répondit le pêcheur, les vents sont mauvais, il n'y aura pas de poisson demain.

II

« LA JEUNE ESPÉRANCE »

C'est le joli nom de la petite goëlette ronde que je voyais depuis l'aube, louvoyer devant ma fenêtre. Le rendez-vous était pris de l'avant-veille, et, depuis le soleil levé, j'interrogeais l'étendue pour voir d'où viendrait la *Jeune Espérance*. Les premières flèches de lumière rasant en ricochets de feu la sombre mer, me montrèrent un peuple de voiles incertaines fêtées des mille crêtes sautantes qui s'allument aux incendies de l'horizon. Pêcheurs, caboteurs, s'éveillaient dans le *pertuis Breton*, toute une flotte de petites voiles penchées, sur le flot, nonchalantes dans la brume assoupie du matin.

Bientôt l'une d'elles lentement se détache, grossit, et courant de petites bordées tranquilles, s'approche de terre autant que le permet la marée basse. Enfin la voile bat le mât, l'ancre tombe, une embarcation se détache. Qui refuserait l'invitation de la *Jeune Espérance?* Ce n'est pas moi vraiment, et dès que le canot est prêt d'atterrir, je suis sur le dos de Girard, qui entre bravement dans l'eau pour me déposer à bord. Il n'y a pas d'autre moyen de s'embarquer à la *Tranche-sur-Mer*. Quand nous aurons un port, nous ferons mieux.

Je m'installe non sans difficulté, avec mes compagnons, dans la frêle coquille vivement secouée des grandes lames qui déferlent des rochers de l'*Aunis*. Arcboutés l'un contre l'autre, joyeusement douchés d'embrun, nous nous abandonnons au bercement impérieux de la vague, et nous surgissons et nous plongeons comme autant de gais marsouins. L'*Aunis* ne veut pas nous lâcher, et sa longue vague bouillonnante s'obstine à nous garder au rivage avec la marée montante. Enfin nous franchissons la barre et la *Jeune Espérance*, qui trouve maintenant plus de fond, vient à nous voiles tendues. Quel poëte déçu a maudit la *fuyante espérance*? Cela est de la terre, aède à courte vue. Comment oubliais-tu que la mer, la grande mer dansante est féconde en surprises. Regarde accourir vers nous la verte carène de la *Jeune Espérance*, au plein vol de ses grandes ailes blanches. Elle nous veut. Elle vient nous ravir à la lourde terre, pour nous emporter, sur la mobile mer où les souffles se déchaînent, à notre rêve réalisé.

Notre rêve est simplement d'aller coucher ce soir à Saint-Martin-de-Ré. Mais je n'ai pas plutôt mis le pied sur le pont de la *Jeune Espérance* que j'oublie tout, hormis la goëlette et la mer. Cinquante-cinq tonneaux, bout-dehors, misaine, artimon, cale, couchettes, treuil, barre, tout un monde enclos dans les solides nervures de chêne où se brise l'effort du flot. Et l'équipage? Trois Clémenceau..... Des parents inconnus peut-être. Un vieux loup de mer aux jambes torses, qui de l'Inde à l'Australie a fouillé tous les coins d'océan, et puis ses deux fils, deux beaux gars qui font honneur à la famille : l'un, grand gaillard bien découplé, à l'allure tranquille et résolue; l'autre, jeune éphèbe grec de peau blanche et d'œil noir, front bas, lignes pures encore empâtées de jeunesse, deux fiers *cousins* que j'ai là. Dès les premiers mots, nous affirmons la parenté, et nous voilà soudainement *oncle*, *neveu*, *cousins* rassemblés pour un jour sur les flots où court maintenant la goëlette familiale.

Quelle joie ! Le vent saute et nous chasse de Ré. La traversée qui devait être de trois heures sera de six au moins. Six heures, six belles heures ensoleillées entre le ciel et la mer, avec pas de nouvelles du monde, rien des hommes que le silence des trois Clémenceau à leurs voiles, courant d'interminables bordées, mettant le cap tour à tour sur vingt points différents, sauf celui où ils vont..... comme dans la vie. C'est une belle journée, arrachée à l'absurde agitation de vivre. Rien à faire, rien à dire, s'abandonner aux éléments, regarder, rêver.

Je regarde et je ne vois rien qu'une plaine infinie de lumière d'argent, d'or et de plomb bleu, d'acier bruni avec des myriades d'étoiles, des rayons jaillissant en bouquets d'étincelles, d'aveuglantes gerbes de flammes comme venues de fusées qui seraient lancées des profondeurs. Et puis, parce que nous avons viré de bord et que notre éclairage est changé, voilà qu'un grand apaisement se fait, et nous voguons comme dans un ciel vert semé de clairs flocons tremblants. Ciel et mer confondus, nous passons dans une lumière mouvante, et nos yeux voient ce que nous n'eussions pas rêvé. Ainsi tout le jour, toute heure, toute minute, un changement de féerie, des hallucinations réalisées, un inextricable mélange de visions et de vérité.

Comment jouir de ces délices qui vous enlèvent à la pesante vie des mortels, quand deux assassins sont à bord, trouvant leur unique joie dans le sang. Je vous ai vues, mouettes blanches aux ailes affilées d'aronde battre la mer de vos ailes sanglantes, je vous ai vus plongeons ardoisés que ballotte la vague disparaître en vain sous le flot vert et remonter pour mourir, je vous ai vus bons marsouins noirs fuir en grands bonds rythmés sous le plomb qui rougissait l'écume, et je n'ai pas maudit les meurtriers stupides, moi coupable au moins d'avoir engendré l'un d'eux.

Les trois Clémenceau eux aussi regardaient sans rien dire, faisant griller une couenne de seiche, et s'en délectant après l'avoir réduite à l'état de semelle brûlée. C'est avec ces repas-là que ces gaillards se font de si beaux muscles, sans beefsteaks, ni fer, ni coca.

A quatre heures, nous donnons dans la passe et, bientôt, nous sommes amarrés au quai. Un petit bassin carré bordé de minuscules maisons blanches ou jaunes, fraîchement badigeonnées. Une belle dame en carreaux écossais nous vante son hôtel où nous nous arrêtons au hasard « Bien curieuse, l'île, à cause du pénitencier où sont les forçats. Nous avons vu Mᵐᵉ Dreyfus. On a fait partir son mari sans la prévenir. Ce soir, si vous dînez à table d'hôte, vous pourrez voir le gardien-chef. » Tout cela dit avec des mines précieuses. J'éprouve une furieuse envie de reprendre la mer.

On me calme en me promettant d'éviter la table d'hôte, et je pars à la découverte. Toute la ville semble badigeonnée de frais. Maisons blanches, maisons jaunes, qu'on dirait astiquées du matin. C'est le luxe du pays. Badigeon sur badigeon. Toute la ville est propre et luisante: habitudes de marins. Silencieux logis où vivent sans bruit des êtres de calme et de paix. Une grande place bien plantée, avec un bâtiment Louis XIII, brique et pierre, en imposante façade; un étrange théâtre dans un reste d'église; une grille où flambe cette inscription : « *Hôtel de Ville* », et, derrière, rien qu'une remise de pompiers; les grands murs d'une jésuitière; une église en ruines aux clochetons blancs et noirs pour servir de repère aux navigateurs. Nous pénétrons dans la grande nef déserte. Une plaque tombale nous apprend qu'ici repose Celse Bénigne de Rabutin, baron de Chantal, père de Mᵐᵉ de Sévigné, lequel trouva la mort en 1626, défendant l'île de Ré contre les Anglais.

Nous enfilons d'humides rues moussues, pour aboutir aux ouvrages classiques de Vauban. Des blés, des vignes, une riche campagne verte, dont la végétation est remarquablement en avance sur celle du continent. De grands moulins entourés de bâtiments à respectueuse distance pour le libre jeu des ailes, le tout resplendissant de chaux blanche.

La ville, où nous rentrons, s'assoupit lentement dans le soir. De petits quinquets s'allument. Des ombres passent. Les lourdes portes des vieux hôtels du siècle dernier se ferment sans bruit. Où sommes-nous? En quel temps? En quel pays? Il me semble que je suis mon propre bisaïeul, et que, si j'attends assez longtemps, le roi Louis XVI finira par monter sur le trône.

Le lendemain matin, dès l'aurore, nous roulons au grand trot vers Ars et la *pointe des Baleines*. Ars est un grand village blanc, avec une église gothique qui paraît rentrer sous terre. On y *descend* par cinq ou six marches. C'est là que sont enterrés les morts des grandes batailles du protestant Soubise contre Sa Majesté Louis XIII. Un escalier extérieur grimpe bizarrement au clocher noir, comme goudronné. De là-haut vous découvrez la grande mer intérieure, dite *mer du Fief*, avec ses marais salants.

Toute la côte du *Grand large* est battue de la *Mer sauvage* qui gronde furieusement. La *Mer du Fief*, n'en est séparée que par une étroite langue de terre, l'isthme du Martray que protège une longue digue servant de contrefort à la dune. La marée basse a découvert l'immense plage de sable où les débris d'une grande carène disjointe attestent un récent naufrage. Toute la plaine miroitante grouille d'un peuple noir de ramasseurs du précieux varech, engrais de la terre. Armés de longues fourches, hommes et femmes empilent dans de petites charrettes toute cette chevelure visqueuse. Près de nous deux femmes en costume de travail, sarrau bleu, pantalon bleu, horribles à voir.

Le village franchi nous sommes aux *Phares des baleines*. L'un à la pointe de l'île au milieu d'un petit bois coquet, l'autre en pleine mer sur la pointe d'un roc où les gardiens de service font tour à tour une villégiature d'un mois. Ces bons fanaux croisent leurs feux à vingt-deux milles en mer avec le phare des Barges devant les Sables-d'Olonne. La lumière ne pourrait s'éteindre sans qu'une sonnerie éveillât les dormeurs. Le *terrien* veille pour le hasardeux matelot. Du haut de la tour c'est la magique vision de l'île verte battue du flot, et puis la mer infinie sillonnée de voiles qui se perdent dans la lumière.

Quelques heures plus tard, la *Jeune Espérance* livrait sa toile au vent et nous cinglions vers la côte vendéenne. Brise arrière. Quel dommage ! Une courte traversée. La mer devenue forte ne nous permettait pas d'aborder la Tranche. Nous mettons le cap sur le port de l'Aiguillon, à l'embouchure du Lay, patrie des Clémenceau marins de la République.

Une houle joyeuse nous bouscule vivement jusqu'au large estuaire où s'apaise le flot. Des bandes de petites mouettes égayant le ciel bleu de leurs vives plumes blanches viennent saluer la *Jeune Espérance* qui, traîtresse, répond à cette bienvenue par une fusillade scélérate. Hélas ! la mer nous rend à la terre, et c'est par la trahison et le meurtre que nous reprenons contact avec la vie du continent.

Par nous, ton nom est devenu mensonge, *Jeune Espérance* des Clémenceau de la mer. Nous avons rougi ton pont du sang innocent. Ce ne sont point là de tes jeux, ô bonne barque dansante qui porte le blé dans les îles. Chasse-nous. Abandonne-nous à la terre méchante qui bientôt aura raison de nous. Nous l'avons mérité. Adieu, *oncle*, *cousins*, que je ne connaissais pas hier, que j'oublierai demain. Retournez à vos grandes lames vertes qui bercent la vie monotone dans un grondement ami. Moi, je reprends le chemin de la ville, plus tumultueuse, plus perfide, plus fertile en naufrages que votre mer en sa fureur.

Allons, ferme à la barre, citadins ou marins, et que l'aveugle providence des éléments règle, suivant ses hasards, le douloureux cours de nos destinées.

SUR LES ROUTES

I

SUR LES ROUTES

Si je visitais l'Italie, l'Allemagne ou l'Angleterre, je serais admis sans difficulté à raconter la moindre excursion, la plus insignifiante promenade. Je décrirais des paysages merveilleux, des bois fantastiques, des ruines de rêves, et comme tous les noms par moi cités seraient de désinence étrangère, tout le monde s'extasierait sur la nouveauté, sur l'imprévu des spectacles que je rencontre. Cependant les Italiens, les Allemands, les Anglais viennent chez nous, et font tout aussitôt de semblables récits pour leurs compatriotes. Quand un Français s'avisera-t-il de voyager en France et de raconter ce qui s'y voit pour l'émerveillement de ses concitoyens?

Ainsi je pensais hier matin, aux premiers rayons du soleil, emporté par une folle bicyclette sur la route de Rambouillet à Clairefontaine. La rosée remontait au ciel en une claire buée bleuissante, traversée de rayons d'or. Tout le ciel brillant fêtait la venue du soleil, et la terre, caressée d'une brise matinale, se préparait aux baisers du midi. Cependant la machine courait, dévalant les longues pentes, et le coureur inconscient de tout effort, insensible au contact du sol, comme un oiseau rasant la terre, affolé de vitesse, s'enivrait de l'espace, et du ciel, et du vent. Le paysage défilait dans un vertige, et bientôt les senteurs mouillées de l'automne apportaient la bienvenue de la forêt. Sur la route, à cent pas, des lapins sautaient d'un mouvement mécanique, agitant la houpette blanche d'un organe insolent gaillardement retroussé vers le ciel, des faisans picoraient avant de rentrer au fourré, un chevreuil en deux sauts franchissait la route; tous les retardataires des courses de la nuit regagnaient le coin de feuillée qui leur donne la paix du jour.

Quel joli temps de repos, en plein bois, à une heure de Paris. C'est un étourdissement de plaisir. On n'analyse pas cette joie. Le revirement est si brusque. La détente est infinie. On se souvient vaguement de Paris. C'est de la vraie terre qu'on a sous les pieds, et de la mousse qui ne vient pas de chez le teinturier, et des feuilles naturelles, et des arbres qui ne sont pas dans des pots. Voilà le soleil qui met des lumières tremblantes aux clairières, et, sous les transparentes fougères à l'arome inconvenant, les feuilles jaunies d'un tapis de muguets allument les tons d'or d'un incendie flambant.

Nous courons entre deux rubans de bruyère rose qui bordent les fossés velus. Les arbres passent et se succèdent interminablement. Toute la forêt accourt, défile et nous salue de ses premières feuilles tombantes sous la musique de la brise. Quelle pauvre imitation, le défilé militaire de Longchamps. Nous allons toujours, fouettés de vent, joyeux, tour à tour piqués de soleil ou rafraîchis d'ombre, insouciants du but,

4.

jouissant d'aller, de courir, de passer. La course, c'est de la vie multipliée.

Clairefontaine. La première eau du monde, après l'eau merveilleuse que Luchon va chercher au loin dans la montagne pour la joie de ceux qui n'aiment pas le soufre. Un demi-kilomètre de maisons blanches sur un coteau qui domine de belles prairies bordées de bois où j'ai souvent pris part à de terribles fusillades. Un souvenir à l'ami disparu qui nous faisait si grande fête, et les maisons nous quittent comme faisaient les arbres tout à l'heure.

Le terrain est dénudé maintenant. De grandes plaines sablonneuses piquées de bouleaux tremblants, des bois misérables, une terre ingrate qui couvre superbement sa misère d'un grand manteau rose de bruyère diapré des gris soutenus du velours. L'horizon s'ouvre. Un grand rocher surmonté de ruines barre la route. C'est Rochefort-en-Yvelines, berceau des Rohan-Rochefort. Des arbres, des fleurs, des jardins, des constructions qui grimpent pour rejoindre le donjon de l'an 1000, une petite rivière tranquille qui n'a rien d'une enragée quoiqu'elle s'appelle *la Rabette*, de grands arbres qui couronnent la hauteur, voilà la petite ville où nous venons surprendre nos amis.

Dès notre arrivée, grand meeting : point d'élection. C'est d'une émigration en masse qu'il s'agit. Les fils de fer du télégraphe présentent une longue brochette de petites boules noires emplumées, surmontées d'une tache violente d'un rouge de sang, et balançant à l'autre bout l'élégante penne bifide dite *queue d'aronde*. C'est le départ des hirondelles. Elles sont là, immobiles, écoutant des courriers affairés qui volettent de groupe en groupe avec de petits cris donnant sans doute aux jeunes les indications, les recommandations suprêmes pour le grand voyage. La campagne est toute de silence. La gent voyageuse des bois nous a déjà quittés. Celles-ci partent les dernières. Combien qui sont là, brouettant, chargeant le fumier, harnachant les chevaux ne les verront pas revenir. Partez, amies de l'homme, puisque c'est votre destin. Regardez du haut de l'air passer les plaines, les montagnes, les fleuves, la grande mer bleue, hâtez-vous de jouir de l'espace avant que l'homme ne s'en soit rendu maître sur les ailes de l'aéroplane Maxim. Et surtout gardez-vous de la Provence, évitez Marignane, fatale à votre race, et si vous apercevez la barbe flambante de mon ami *Le Terrible*, un grand coup d'aile au plus tôt. Hélas! encore un meeting où j'aurai parlé en vain!

Rochefort sera tôt visité. Le vieux bailliage des seigneurs est devenu mairie par le malheur des temps. Il porte encore son inscription : *Frænum malis, bonis præsidium*. C'est une massive construction de beau grès piqué, flanqué de quatre petites tourelles carrées. Cela ne remonte pas au delà du xvii° siècle. Mais l'aspect en est redoutable et de nature à effrayer les bons comme les méchants. A l'intérieur, derrière des murailles d'un mètre d'épaisseur, quatre cachots noirs, tout juste assez grands pour qu'un homme s'y puisse étendre, rappellent les oubliettes du palais des doges. Les Rohan-Rochefort ne badinaient pas.

Le parc subsiste encore. Deux cents hectares, dont soixante entourés de murs. Il est infiniment pittoresque, abandonné à la bonne nature qui l'offre aux ébats des écureuils, des lapins, des chevreuils. Il ne subsiste du château Louis XIII que des communs, brique et pierre, aménagés en rendez-vous de chasse. Dominant tout, le donjon primitif, perché sur son roc, dont des quartiers éboulés défendent l'approche. Du haut des pans de murailles s'étale le tapis sombre de la forêt égayé des fusées claires du bouleau et des grandes plaques rosissantes de bruyères. Au pied de la roche, la route de Chartres à Paris, où passaient les blés de la Beauce qui devaient payer le droit au seigneur. Cela, jusqu'au jour où Louis le Gros, guerroyant contre les barons, démolit les manoirs qui se rebâtirent pour que Richelieu plus tard y mît la mine. O révolutionnaires, destructeurs de châteaux, que de glorieux prédécesseurs!

Aujourd'hui, toute la forêt insurgée contre la pierre, envoie sa semence sur les ailes du vent à l'assaut de la ruine. C'est un fourré de lilas, de sureaux, de chênes rabougris, de pins tordus, de merisiers, d'érables triomphants de la défaite du passé. Redescendant, nous chassons devant nous une mince couleuvre rouge que nous sauvons du garde qui voulait la tuer, bien qu'inoffensive. L'homme nous parle des vipères qui sont rares dans le pays. « Voilà des bêtes bien nommées, dit-il. La mère meurt après avoir donné naissance aux petits. Il n'y a que le *père* qui *vit*. Alors, on les appelle *vit-père* ». Il m'a semblé que cette étymologie rustique, contredite, hélas! par le dictionnaire, valait d'être notée au passage. La chasse est louée à M. Boucicaut, du *Bon Marché*. Un La Rochefoucauld louant les tirés de son parc à un marchand de futaine. O misères des temps!

Nous voilà de nouveau sur les routes au soleil couchant pour rejoindre la ligne de Sceaux. Les machines filent tout d'un trait sur la pente qui descend jusqu'à Bonnelles, la terre de Mme la duchesse d'Uzès. Les travailleurs rentrent du champ ou de la forêt. Les vaches regagnent l'étable. Une bonne odeur de trèfle coupé se répand dans la campagne. Dans les bas-fonds des prairies s'accumule en grandes nappes blanches une moutonneuse vapeur d'où jaillissent les collines rousses comme dans un paysage japonais. Une chouette traverse la route nous cinglant de son cri aigre. Des perdrix chantent. Un piqueur sonne une fanfare d'adieu au soleil. Les lueurs verdissantes du ciel font les arbres tout noirs. Tout à coup le voile s'abat : c'est la nuit.

Un vieux gros pavé à la traversée de Bonnelles, souvenir des fastueuses monarchies, indifférentes au pneumatique Dunlop. Nous nous lançons en avant sans rien voir, gravissant péniblement de rudes côtes, nous retenant aux descentes par crainte de l'inconnu, brûlant les lanternes vénitiennes qui nous mettaient en règle avec la gendarmerie sévère, mais juste. Une énorme lune rouge de sang surgit du brouillard, puis y rentre pour nous narguer. Le sifflet du chemin de fer. La contravention menaçante nous attend à la gare. Pas de gendarmes! Sauvés! Si le gouvernement le savait...

II

DANS LES MONTAGNES

Pourquoi l'idée me vient-elle de vous raconter l'une de mes promenades électorales dans le Var? Je ne sais trop. Une vieille lettre qui m'est tombée sous la main a brusquement réveillé des souvenirs dormants. J'ai revu des scènes passées, et le désir m'a pris d'en revivre quelque chose en votre compagnie, bon lecteur.

Avec ses golfes bleus couronnés des Maures ou de l'Estérel, dominés des Alpes, avec ses promontoires de porphyre ou de grès rouge dont l'ardent reflet enflamme la mer, avec ses montagnes pelées ou moutonnantes des pins noirs et des lièges convulsés sous la blessure saignante de la hache, avec ses villages de hautes murailles calcinées qui s'accrochent aux pentes, avec ses claires rivières bouillonnant de roche en roche sous les branches mouillées, avec ses vallées de verdure, ses hautes futaies, ses plaines d'oliviers gris, son mistral, son ciel de limpide lumière, le département du Var est un des purs joyaux de notre France. Je ne me risque point à le décrire. Je veux seulement vous conter une gaie promenade dans les montagnes de l'Estérel.

Aux élections de 1889, j'avais rencontré sur la grande place de Draguignan un grand gaillard bien découplé, qui me fut présenté comme le maire de Tanneron. Où ça, Tanneron? Quelque part, dans l'Estérel, entre les Alpes et la mer, sur un pic qui domine Grasse. Après quelques mots de vague politique, l'homme me parla de son étrange pays, des habitants dispersés dans les solitudes de la montagne, bûcherons, pasteurs, cultivateurs de fleurs pour les distilleries de Grasse. Il me dit la difficulté des communications, rappela les promesses officielles, toujours renouvelées, jamais tenues. Et comme j'annonçais une visite prochaine :

— Non, vous ne viendrez pas nous voir. Personne n'est jamais venu, fit mélancoliquement le montagnard.

— J'irai, répliquai-je.

— Eh bien! si vous me donnez votre parole, vous aurez toutes les voix de Tanneron.

— Je vous donne ma parole.
— C'est bien, au revoir !

Quelques jours après, sur 128 électeurs inscrits, j'avais 128 voix, y compris celle du curé. Dès l'automne suivant, j'annonçais ma visite sans qu'il fût besoin de me rappeler ma promesse.

Par une belle matinée de septembre, nous voilà roulant sur les belles routes sonores parmi les oliviers, les figuiers et les pampres jusqu'à Fayence, Callian, Montauroux. De ces hauteurs, nous dominons l'immense plaine jusqu'aux montagnes bleues qui barrent la mer. Des eaux vives, des cascades bruyantes éclaboussent les pentes de verdure. Cordialement accueillis, nous déjeunons chez le maire de Callian, l'aimable docteur Segond, professeur agrégé à la Faculté de médecine de Paris, père du distingué chirurgien des hôpitaux que tout le monde connaît. Un grand parc traversé d'eau courante, de beaux ombrages, des fleurs, toute une ménagerie, un horizon sans fin.

Personne qui soit jamais allé à Tanneron. Notre entreprise paraît étrange à tous.

Nous traversons Montauroux, où c'est le jour de *bravade*. La ville est sillonnée de guerriers bizarres, emplumés, casqués, cuirassés, armés jusqu'aux dents, lançant à tout venant des regards farouches, et se préparant aux furieuses pétarades accompagnées de clairons et de tambours qui donneront à tout le pays la forte sensation de la guerre sans lui en procurer les ennuis. Quels regrets de ne pouvoir prendre notre part de *bravade* !

Mais déjà nous descendons par la vallée du Biançon jusqu'à la Siagne, rivière torrentueuse, hérissée de roches, qui va, tout écumante, se jeter dans le golfe de la Napoule. Plus d'habitations : des bois, la route déserte, quelquefois un mulet et son muletier, tous deux étonnés d'une voiture en cet endroit sauvage. A un tournant, brusquement se découvre une auberge de drame, incrustée dans le flanc de la Montagne. C'est *la Colle-Noire* (*Collis-Nigra*), célèbre par ses histoires de brigands. Nous ne sommes pas très loin des *Adrets de Montauroux*, patrie de Robert Macaire.

Tout à coup, la voiture s'arrête. Nous voilà subitement entourés d'une bande criante, surgie je ne sais d'où. Les uns se jettent à la tête des chevaux, les autres ouvrent violemment les portières et projettent jusqu'à nous des bras, des mains, des têtes qui s'agitent de cent façons dans d'incompréhensibles clameurs. Je me prépare à défendre héroïquement ma vie, quand tout à coup je rencontre le visage ami du maire de Tanneron. Nos brigands sont des frères. C'est Tanneron qui est descendu jusqu'à *la Colle-Noire*. Vous pensez quel accueil. Tout le monde parle à la fois. On détèle les chevaux, on remise la voiture, on se passe le député de main en main, et, après l'avoir dûment considéré, palpé, retourné, on le hisse sur un grand diable de mulet, surmonté d'un bât confortable. Il n'y a pas d'autre moyen de locomotion.

Mes compagnons me suivent en même équipage. Les Tanneronnais à pied nous font cortège. Nous suivons la Siagne verte encombrée de grands fûts de pins que les bûcherons lui confient, et qu'elle transporte bénévolement jusqu'à la mer. Les roches jalouses arrêtent au passage ce bois flottant. De grands gaillards armés de longues perches ont pour mission de les ramener dans le courant. Dix francs pour conduire mille arbres jusqu'à Cannes. On ne doit pas amasser de rentes dans ce métier.

Nous traversons un vieux pont de pierre, et nous commençons l'ascension de la montagne. Trois heures durant, nous gravissons péniblement la pente rocheuse dans un tumulte de cris, de récits et de chansons. L'un nous raconte comment pêchant des truites, la nuit, il fut surpris par les gendarmes, et, sautant avec son sac de poissons dans la rivière, gagna l'autre rive sans perdre son butin. « Ici, nous dit un autre, j'ai été *arrêté*, l'année dernière, en plein jour. Je revenais de la foire. J'avais quatre cents francs sur moi. Un homme inconnu était assis sur un tas de cailloux. Il se leva tout d'un coup, quand je fus à cinq mètres, et me demanda l'heure. Je ne m'y trompai pas. Je suis assez vigoureux. Je rassemblai mes forces et je lui lançai... *un regard*... qui le terrassa. »

Nous croisons un mulet dont le collier se termine en une formidable pointe. C'est le spectacle ordinaire des équipages d'Avignon à Nice. Je demande l'usage de cet extravagant appendice. « *C'est de l'orgueil* », me répond philosophiquement mon ami.

Ainsi devisant, causant, criant, chantant, nous faisons l'ascension de l'Estérel à travers les sombres futaies ou les clairières embaumées de cultures de jonquilles. Enfin, nous débouchons, à la nuit tombante, sur un plateau où de nouveaux amis nous attendent. Le curé est en tête, un grand gars vigoureux, bien planté, face rougeaude et cheveux drus, l'air *brave*, la poigne du rustique. Il débite un petit compliment aimablement tourné. Je réponds de mon mieux et nous voilà bons amis.

Nous sommes au terme du voyage. Sous la lune j'aperçois la modeste maison d'école, mairie et presbytère. En face, une humble bâtisse avec cette enseigne : *Café*, un hangar et c'est tout. L'église est sur un pic voisin. Les maigres ressources de ce pauvre pays ne permettent pas même une agglomération de deux fermes. L'adjoint demeure à dix-sept kilomètres du maire. Ce n'est pas une petite entreprise que de réunir le conseil municipal. Ce plateau nu avec ses deux bâtiments au ras du sol, c'est Tanneron ; le reste, c'est la banlieue dans la forêt.

Sous le hangar une longue table est somptueusement servie. Nos amis ont rapporté de Grasse à dos de mulet un extravagant amas de victuailles. L'Estérel ce jour-là vit un festin sans pareil, truffes et champagne, gâteaux fins, toasts et discours, que sais-je ? Après une petite station de trois heures à table, une courte conférence politique dans la salle d'école servit d'intermède. Après quoi chacun reprit sa place autour de la nappe, et les chansons commencèrent. Chansons patriotiques, chansons gaies, chansons grivoises, tout y passa. Le bon curé, la face illuminée, écoutait avec des yeux clignotants.

— Si vous lui demandez de chanter, me dit mon voisin, il chantera.

— Monsieur le curé, fis-je aussitôt, on me dit que vous avez une belle voix...

— Monsieur le député, mon habit ne me permet de chanter que des cantiques.

— Qu'à cela ne tienne, monsieur le curé.

Je n'avais pas fini, que l'excellent homme était debout, et gravement entonnait son plus beau cantique que toute l'assistance reprit en chœur à pleins poumons. Les applaudissements ne furent pas ménagés.

— Maintenant que j'ai obéi, dit le curé se rasseyant, je voudrais que quelqu'un nous dît cette jolie chanson : *Ernest, pas de bruit, Maman dort !*

Et la chanson fut dite et elle était, en effet, fort émoustillante, même pour des laïques.

Vers une heure du matin, on m'emmena coucher dans une grange voisine. Un lit se trouvait là. La difficulté fut de s'y introduire sans se heurter aux stalactites de jambons et de saucissons qui pendaient de la voûte. Toute ma nuit en fut étrangement parfumée, et le matin, à mon réveil, je donnai follement de la tête contre cette dansante saucissonnerie. La troupe époumonnée dormait à la belle étoile. J'eus le plaisir de surprendre tout Tanneron le nez dans l'herbe, au soleil levant.

La matinée se passa dans l'admiration du paysage inoubliable. L'immense muraille des Alpes dénudées, ravinées, tourmentées, incrustées de rares villages fumeux, les puissantes croupes verdoyantes de l'Estérel, Grasse à nos pieds, et par-dessus les montagnes de l'horizon le bleu violent de la mer infinie.

Il fallait partir. Juchés sur le mulet ami, nous suivîmes un autre versant. Chemin faisant nos compagnons nous disaient leur vie. Pas d'exploitation forestière possible faute de routes. Ah! si le député voulait, on les aurait, ces routes... Le député promettait. Le plus étrange c'est qu'il n'a pas promis vainement. En attendant les routes, que faire? Couper les arbres et les jeter dans la Siagne qui les emmenait à Cannes. Cultiver les fleurs. Il n'y avait pas besoin d'être propriétaire. Faisait une clairière qui voulait pour la culture. Ce régime primitif avait son bon côté pourtant. Les routes tant souhaitées amèneront le forestier redoutable, l'administration, les règlements, la tyrannie du papier officiel. Qui sait si Tanneron ne maudira pas un jour le député pour avoir tenu ses promesses?

Ainsi je songeais, dodelinant sur mon mulet qui faillit me jeter aux truites, au passage d'un torrent. Une troupe d'enfants sautait de pierre en pierre. C'étaient des écoliers de huit à douze ans, qui montaient à Tanneron où les attendait l'instituteur. Ils avaient déjà fait huit ou dix kilomètres. L'hiver, quand le torrent grossit subitement, ils se dispersent dans les granges au lieu de rentrer chez eux.

A la Colle-Noire, il fallut se dire adieu. Comme je montais en voiture, un brave Tanneronnais qui m'avait montré beaucoup d'amitié, s'approcha de moi tristement et tout bas me confia sa pensée : « Je voudrais bien être facteur », dit-il. Ce fut le dernier mot du voyage. C'en est peut-être la philosophie.

III

DE DIEPPE A ATHÈNES

Dans l'isolement des champs une simple et massive construction de briques normandes. De ma fenêtre une grande pelouse flambante sous le soleil froid des matins d'automne. Un ciel de lumière laiteuse comme de l'orient bleu d'une perle, Un vaste cadre de haute futaie où les pins, les hêtres, les chênes, les platanes mêlent les tons variés d'un grand paravent de verdure, tout assombri de l'éclat du tapis vert. La forêt s'ouvre, et par de là le champ que retourne le laboureur, la mer ! La mer changeante, tantôt d'un bleu sombre adouci de brume, et cernée d'une ligne blanche d'horizon, tantôt d'un gris ocreux strié de grandes nappes vert pâle : calme, mouvante, ou déchaînée. La mer puissante qui gonfle comme de plaisir sa poitrine caressée de brise, ou qui, de sa puissante croupe onduleuse, donne l'impression d'une force démesurée venue des profondeurs. La mer vivante, sillonnée des voiles blanches des pêcheurs ou du souffle noir des grands courriers de l'océan.

Je me retourne, et d'une autre fenêtre voici les plantureux vergers de Normandie, les pommiers pliants sous la masse des fruits fauves, ou de pourpre, ou d'or vert, la prairie drue coupant de raies de lumière les grandes taches d'ombre. A l'horizon les champs, les bois. Et puis la paix, la paix de l'herbe, la paix de l'arbre, la paix de la terre s'efforçant au silence, la paix de l'homme acharné sur elle, tous deux muets. Une petite brise marine, qui met du sel aux lèvres, cueille amicalement d'un peuplier quelques feuilles jaunies, lestées d'un grand pétiole en queue de cerf-volant, les éparpille, les laisse choir et les reprend comme des papillons incertains du ciel ou de la terre. Des geais se querellent pour un gland. Des corbeaux rayent le ciel appelant l'hiver. Et c'est tout. Au dedans l'hospitalité la plus aimable. Que dites-vous de ma retraite, et que rêvez-vous de plus?

Grèges est un petit village perdu dans les pommiers et dans les fleurs entre Dieppe et Puys, sur un de ces grands plateaux verts de la côte normande qui s'avancent jusqu'à la mer et livrent leurs dernières touffes d'herbe aux éboulements de la falaise dressant à pic son mur de craie contre l'envahissement du flot. Le grand rempart blanc couronné de verdure, étrangement coupé, taillardé, déchiqueté, de mouvement brusque, impérieux, violent, dit l'antique déchirure de la mer qu'il endigue, comme la toute semblable muraille blanche aux sommets verts qui lui fait face sur la rive anglaise.

Frappante, l'identité de paysage et de race. Même gazon velouté, même végétation de force, mêmes chemins creux sous les racines des grands arbres, même terre mollement ondulante, mêmes maisons trapues de brique dure et froide, rebelle à l'ornement. Comment ne pas reconnaître l'étroite parenté dans ces gars blonds ou fauves de charpente solide, de muscles saillants, dont les yeux gris semblent fixer obstinément un but qu'on ne voit pas? La femme au regard dur, piochant la terre, est une batailleuse comme l'autre. Quand l'irruption de la mer eut séparé ces frères, le regret s'empara des Normands et par-dessus les vagues ils rejoignirent, derrière Guillaume, leurs voisins d'autrefois. Qu'est-ce que l'Angleterre? Une colonie française qui a mal tourné.

De notre côté le parler traînant, la face bizarrement bossuée, la mâchoire contractée, un petit œil d'acier qui se ferme comme pour mieux concentrer l'impression dans l'autre et masquer la résolution, sont peut-être des traits de l'antique souche. Les autres, ceux qui suivirent Guillaume, plus aventureux, sont demeurés de tempérament plus franchement brutal. Les fils, à leur tour, se laissèrent tenter plus tard par les anses des falaises d'où étaient partis les aïeux. Calais les a vus. Mais la mer a décidément repris, comme aux anciens jours, sa fonction de grande frontière.

Par petites troupes, maintenant, les gens de la grande île continuent d'accourir, encombrant d'horribles chalets *vieux style normand*, les abords des criques et des plages. A une demi-heure d'ici, lord Salisbury entasse d'étranges pignons sur un amas confus de briques et de bois que de jeunes pins nous feront la joie de cacher quelque jour. Mais les premiers froids de l'automne ont déjà dispersé les baigneurs. J'ai trouvé, comme dernière épave, Gervex à Dieppe, en arrêt devant les délicates flexions de la rosace gothique de Saint-Jacques.

Le pays est désert, c'est le moment d'en jouir. Enfourchons la bicyclette, inconnue de Guillaume, et lançons-nous à la conquête des champs, des prairies, des bois, des rustiques églises ceintes des vieilles pierres tombales, des chaumes moussus que couronne l'épi dansant des frêles graminées ou de la houppe plumeuse du séneçon, des villages accrochés aux pentes qui les protègent du vent de la mer.

La route descendante nous entraîne roulants à la vallée de la rivière d'Arques. Des collines boisées, les bandes brunes du labour, de grands trèfles piqués des chaumes d'or de la dernière moisson, des terres grises qui attendent la charrue, des ormeaux rouillés, de grands chênes sombres, des hêtres soyeux, la forêt sur la hauteur. Nous arrivons aux grasses prairies normandes, sillonnées de la claire rivière courante où la truite met l'éclair argenté de sa fuite et la poule d'eau le remous de son plongeon bruyant.

De bonnes vaches paisibles, fauves, zébrées de noir, éclaboussées de taches blanches, plongeant un gros mufle humide dans l'herbe, avec le plaisir d'un enfant qui se barbouille de soupe. Elles nous regardent de ce grand œil interrogateur qui m'a toujours frappé. Athèné *aux yeux de génisse*, dit Homère pour caractériser la beauté de la vierge *aux paroles ailées*. Il y a vraiment dans ces yeux des choses que nous ne savons pas. Si ces bêtes ont quelque sens de philosophie, elles doivent trouver le monde parfait puisqu'elles ne manquent de rien, l'homme exquis puisqu'il s'empresse de pourvoir à tous leurs besoins, sans rien leur demander en échange que la grâce de soulager leur pendante mamelle. Elles ne savent pas la fin. Une faveur divine, sans doute.

Devant nous, une longue chaîne de collines barre la vallée. A mi-hauteur, un grand village grimpant, Arques-la-Bataille. C'est ici qu'Henri IV, il y a trois cents ans, canonna Mayenne, et, tout joyeux, écrivit au brave Crillon son joli billet de boulevardier parisien.

Tout au sommet, au milieu des ruines croulantes du château, se dresse encore le donjon primitif qui remonte à l'an 1000. Bien en face, de l'autre côté de la vallée, sur les croupes molles du coteau, la forêt d'Arques fait moutonner ses frondaisons jaunies.

C'est de là que Mayenne, débouchant au matin dans la brume, commença son attaque, tandis que le Béarnais s'élançait de ses murailles pour charger l'ennemi. La tradition veut que la plume blanche trop hardie se fût trouvée mal en point si le brouillard, en se dissipant, n'avait permis aux canons du château de faire leur œuvre. Ce n'est pas moi qui contredirai l'aventure. J'ai fouillé les ruines, en compagnie du vieux soldat de Borny qui y traîne la jambe, sans découvrir aucune relique de l'ami de la belle Gabrielle. Il n'a laissé que les pierres qui, tout comme lui, ont leur éloquence. Maudit soit Louis-Philippe qui gâta cette belle ruine de silex d'un ignoble bas-relief où l'on voit le roi gascon, haut empanaché, chargeant sur un cheval de bois un jeune homme tout nu qui lui présente une couronne. Ce n'est pas un si grand fait d'armes.

Nous revoyons les prairies avec les belles laitières encornées, et puis nous gravissons les pentes de la forêt d'Arques qu'il faut traverser de part en part. Du hêtre et puis du hêtre. De grands fûts blancs lustrés, un tapis de faînes, de petites feuilles vernies, toutes raides, touchées des premières blessures de l'automne. La lumière tamisée du *sous-bois*. Le silence inquiet de la forêt. Alors nous débouchons sur le plateau, et voici le joli village de Saint-Nicolas-d'Aliermont tout occupé à fabriquer des montres et des pendules. Une rue de deux kilomètres. Chaque petite maison au milieu de son jardinet de fleurs et de fruits. Partout le modeste atelier avec de grandes vitres derrière lesquelles on aperçoit l'ouvrier attentif au milieu de sa menue ferraille et de ses cuivres brillants. Par une fenêtre ouverte, j'interroge une grande pendule. Justement, elle ne marche pas. Les horloges ne se seraient-elles qu'un prétexte pour la joie du voyageur?

Enfin, je retrouve ma pelouse familière avec ses grands pins tout noirs à l'approche de la nuit. Un joli feu flambe derrière les vitres. Et voilà que, furetant dans la bibliothèque, je trouve Pausanias traduit du grec par l'abbé Gedoyn, de l'Académie française, (Paris, Debarle, 1797). Quel joli voyage de l'Attique je vais faire après dîner!

IV

CAMPAGNE NORMANDE

J'arrive des champs de Normandie. J'ai vu, dans la somptueuse maturité de l'automne, le beau pays des prairies mouillées où pâturent les rousses laitières, le pays des chaumes verts sous les hautes futaies, des moissons vigoureuses, des pommiers chargés d'un tumulte de papillons blancs sous le ciel rose d'avril, aujourd'hui lapidés par octobre d'un grêle de fruits d'or bruni.

Le grand atelier de la nature ne chôme pas. Sur les routes, la grande carriole emporte à son négoce le rustique aux traits durs, à l'œil chargé de volonté. Les longues caravanes de chariots à six chevaux s'avancent lentement vers les pressoirs à cidre ou les gares, laissant aux haies un joli parfum de reinette fraîche. Cependant, parmi les meules dorées, le laboureur passe et repasse suivant le bon sillon de terre brune qu'il retourne fumant pour les gerbes futures. De grands vols de corbeaux tournent, s'éparpillent et se rejoignent dans des cris rauques, en quête, comme l'homme de la charrue, du repas quotidien. La bergeronnette, battant de petits coups de sa longue penne grise, suit l'attelage gravement, d'un pas de sénateur, picorant, affairée, amie du laboureur. L'alouette fuse du sillon, s'enfuit dans la fantaisie de ses saccades ailées. Immobile à son piquet dans le trèfle, la bonne vache repue regarde et trouve sans doute que l'univers ne manque de rien.

Et puis les collines succèdent aux collines, les vergers, la forêt de hêtres, les prés verts argentés d'eau courante, les hauts talus boisés qui protègent le champ et la maison, tout défile sous les yeux du promeneur. Et par molles ondulations le grand plateau verdoyant s'avance jusqu'à la mer, où soudainement la falaise rompue l'arrête de son mur blanc qui croule sous le flot.

Alors c'est la lourde mer embrumée du Nord, grise, ou bleu de plomb, éclairée de champs verdâtres, crêtée de vagues blanches, triste et pourtant lumineuse encore sous le ciel gris. Combien différentes les grandes plages claires de Vendée, où, dans une coupe immense de sable fin, vient joyeusement danser une grande lame verte bouillonnant d'eau blanche, donnant ses varechs, ses coquillages, les reprenant pour les lancer plus loin et s'efforcer de les reprendre encore. Combien différente la roche sauvage de Bretagne où se brise avec fracas la haute lame venue du large qui retombe en franges d'écume, en pluie d'embrun qu'emporte la brise pour mettre de fins cristaux de sel aux lèvres du passant.

La mer est toujours belle, et les brumes de l'Océan ne le déparent point. La Méditerranée, qui montre impudiquement toutes ses beautés, ne laisse rien au rêve. Turquoise ou saphir, elle heurte violemment l'œil de son insolente splendeur. Le ciel n'a point de mystère, la ligne d'horizon tranche crûment, les montagnes aux vives arêtes, roses ou bleues, dessinent nettement leurs découpures. Il n'y a point de *par delà*.

La lentille de diamant dont se fait l'œil de Monet a prodigieusement rendu cette fête de la couleur. Mais quand on est ébloui, on est au bout de sa sensation. La brume du Nord estompe, adoucit tout, invite l'œil et le retient, berce l'imagination dans ses lentes volutes. On a le sentiment d'être aux confins de la planète, et l'on attend le coup de vent qui, soulevant la gaze vaporeuse, ferait soudainement apparaître l'infini. C'est ce qui met cette pointe aiguë de mystère au regard des hommes de la mer normande ou armoricaine, tandis que la Méditerranée, à qui rien ne se refuse, pétille de chansons.

Sur le grand plateau vert de la falaise de Dieppe au Tréport, une fine brise balance les dernières fleurettes malingres, et ne s'arrête qu'aux grands bois qui masquent l'horizon. On vous dit : celui-ci c'est Grèges, celui-là Belleville-sur-Mer, cet autre Bracquemont, au loin Berneval : car chaque bois est un village. Vous approchez : pas une maison. Vous entrez par des chemins bordés de grands talus couronnés de haute futaie, et ce sont des vergers, et ce sont des maisons de chaume envahies d'une flore de mousses, de lycopodes, de graminées, et ce sont de vieilles tours et des jardins fleuris. Tout cela dans une ceinture de forêt cachant jusqu'au clocher trapu de l'église toute basse dans son champ de tombes. Point de rue de cité. Chaque maison au milieu de son jardin, de son verger, sous les grands arbres, dans l'herbe et dans les fleurs. Plus loin la falaise subitement déboisée jusqu'à la prochaine futaie cachant le village voisin.

Les maisons sont petites et propres. Partout grouillent autour des mares, en compagnie des oies, des canards et des chiens, des troupes d'enfants blonds aux yeux clairs. Les jardinets mêlent l'agréable à l'utile, le poireau glauque à la rose, l'odorant feuillage déchiqueté de la carotte aux œillets de Chine, la claire laitue aux grands soleils, aux marguerites-reines, et partout des arbres fruitiers grimpent aux murs, chargés de fruits jaunissants.

Il a son grain de poésie le potager du paysan. Toujours quelque coin s'y rencontre, réservé pour le plaisir de l'œil. Les étroites allées s'en vont tout droit pour ménager le terrain précieux, bordées de violettes, ou envahies des *gourmands* du fraisier. On n'y passe point deux de front, mais l'homme de la terre, tout seul avec sa pensée, prend un plaisir extrême à caresser de l'œil en passant ses beaux carrés de verdure saine, de frais parfums, d'aspect varié, de tons changeants, éveillant l'impression anticipée de la belle soupe fumante après la journée de dur labeur. On n'a qu'un reproche à faire au potager, c'est d'être utile. Et pourtant, quel plus beau décor au printemps, quand, sur le bois sec et noir de l'hiver éclatent sans transition le bouton rose et la fine corolle blanche qui nous enchanteraient, s'ils n'avaient le défaut de se compléter du fruit savoureux de l'automne!

Le paysan jouit de tout, de la fleur, de la feuille et du fruit qu'il surveille amoureusement à chaque heure, attentif à l'unique pensée où se confondent pour lui et l'utile et le beau. C'est pour la joie de ses yeux et de son corps qu'il défend l'arbre et la plante contre tous les ennemis de la racine et de l'écorce, de la sève et de la feuille, de la fleur et du fruit. N'est-ce pas reconnaissance légitime si la plante, un jour, le paye de sa peine? Ils vont ainsi, côte à côte, s'aidant, s'aimant, se dévorant, car après s'être repu de la terre, l'homme y retourne, et la plante sans bruit reprend ses droits sur lui.

Voilà ce que j'ai vu aux champs, en tête à tête avec la bonne terre nourricière, loin de la pierre ingrate des villes. Et puis, comme je revenais, je tombe sur un mot terrible du plus vieux paysan paysannant, Hésiode, qui, il y a près de trois mille ans, reçut la plus forte impression du sol rural et la rendit avec une belle simplicité : « *Pleine de maux, la terre; pleine la mer aussi.* »

Eh bien! oui, c'est l'autre aspect du problème, c'est l'homme geignant et souffrant qui se dresse en face de cette nature impassible, qu'il dompte, qu'il violente, mais qui le domine. Aussi bien, chacun d'eux suit sa voie, et n'en peut dévier. Dans l'éternelle lutte de l'homme contre le brin d'herbe toujours vaincu, toujours renaissant, c'est le brin d'herbe qui doit provisoirement triompher, quand la révolution sidérale qui mettra le dernier sceau sur nous aura raison de la bête avant la plante. Enfin le minéral placide, miséricordieux de toute souffrance, les reprendra tous deux et les réconciliera dans le grand bercement des choses d'où doit sortir cette répétition du passé que nous appelons l'avenir.

Bénissons la bonne planète qui nous a sortis de son sein pour nous donner la brève vision du monde, et nous console de la rançon de souffrance que le destin veut de nous, par la délicieuse inconscience où elle endort la fatigue des vies tourmentées. Bénissons-la, car, si nous la maudissions, cela ne changerait rien.

A TRAVERS CHAMPS

I

AUX PETITS OISEAUX

Le décret relatif à l'ouverture de la chasse vient d'être publié dans le département de la Seine. Une innovation : on interdit la destruction des petits oiseaux dont la taille est inférieure au merle. En revanche, on autorise le meurtre de l'ortolan, du bec-figue et de l'alouette-lulu. S'il vient des ortolans ou seulement une alouette-lulu dans les pétunias de mon balcon, je ne les manquerai pas. Quant au funeste pierrot qui détruit mes pois-fleurs, il faut que je lui tire ma révérence, sous peine d'être appréhendé au collet par le garde champêtre, qui fait sa ronde sur les toits. Qu'on se réjouisse au *Couvent des Oiseaux*.

J'en étais là de mes réflexions quand une pensée surgit tout à coup. Et le midi? Et la Provence? Et mes amis du Var? C'est une révolution chez eux. Heureusement je connais quelqu'un qui émarge aux fonds secrets. La chance voulut qu'il me rendît visite par hasard pour me demander ce que je pensais de la politique. Je le questionnai tout aussitôt sur les petits oiseaux de la Provence, et me voilà rassuré ! Il est interdit de tuer les *grassets* et les *mûriers* de Paris, mais pour toutes les petites bêtes emplumées de la vallée du Rhône, ainsi que de l'Estérel, on peut s'en donner à cœur-joie. Ainsi le veut la protection, bien entendue, des petits oiseaux. J'en félicite les chasseurs provençaux.

On a fait mille contes sur les chasses du Midi provençal. Je les ai vues, je les ai pratiquées. Ce n'est pas du tout ce que l'on croit. Il y a du gibier authentique en Provence, du lièvre, du lapin, du perdreau, et la caille, sans parler des sangliers et de la Tarasque. J'ai vu un jour une perdrix sur un tas de pierres. J'en ai entendu chanter deux. Seulement, que voulez-vous, c'est du gibier du Nord. Et, passé Avignon, le patriotisme du chasseur s'exerce aux dépens d'une moindre volaille.

Entre le rouge-gorge et *lou Provençao*, c'est une lutte à mort. En passant dans les villages du Var, vous verrez à toutes les portes de rutilantes grappes des bestioles plumeuses qui attendent les bons soins de la ménagère. Il faut bien le dire, la ménagère en tire un excellent parti. Mais, si mon palais est flatté, mes yeux d'hommes du Nord ne sont pas moins blessés de ce spectacle. Le rouge-gorge est l'ami de nos fermiers qui, en Vendée, l'appellent *bousique*. Il couche dans les trous des murailles. J'en ai vu rêver, pendant des heures tout en boule sur des fagots, sur des brouettes, à la porte des maisons. Et, dès que vient février, la petite chose s'émoustille, lisse les plumes défrisées par l'autan, et de petits coups de queue saccadés expriment ce qui lui monte au cœur. Alors, dans le silence du matin, longtemps avant que les troupes d'émigrants ne nous reviennent pour les nids, éclate une petite chanson finement perlée qui égrène des trilles amoureux. C'est l'invitation à la valse à l'adresse des petites *bousiques* qui auraient besoin d'aimer. Et, si vous regardez, vous verrez un bec démesuré qui s'ouvre pour la joie de la chanson, une gorge de pourpre, qui palpite et se pâme dans un délire d'amour.

De cette menue chose vibrante, le Provençal fait d'excellents pâtés. Seulement, il ne connaîtra jamais mon heureuse *bousique* de Vendée. On voit une plume grise qui se dérobe dans le fourré, les chasseurs s'élancent, la fusillade éclate : c'est tout un autre point de vue.

D'ailleurs notre méridional est impartial. Il tue tout. Connaissez-vous le *fouti-fouti*, c'est la bergeronnette qui, de son perpétuel battement de queue, semble dire je m'en... moque. Elle ne s'en moque pas longtemps dans le Midi.

> Et la bergeronnette, en attendant l'aurore,
> Aux premiers buissons verts commence à se poser.

Ainsi chantait Alfred de Musset qui, ayant étudié les mœurs des oiseaux au café de la Régence, ignorait que les bergeronnettes ne perchent pas. En Provence, il ne les aurait vues que dans son assiette, et n'en aurait pas su davantage.

Que dirai-je du *Pimparin*, chanteur exquis, fin gibier, du *Minge-Menu*, du *Pétavaque*, ami des génisses, dans l'ombre de qui il attend pour déjeuner la chose qu'indique son nom. Il faut entendre le chasseur raconter sa journée et conclure : « Nous vîmes quelques *bécasses de buisson*. » C'est des roitelets qu'il s'agit. Je n'ose pas parler de l'hirondelle, notre amie, dont, dans sa fureur avicide, l'Arlésien fait un régal de choix. Si je n'en ai pas tué, j'en ai mangé. C'est le contraire qui m'est arrivé pour les chauve-souris. Entraînés par l'ardeur de la chasse, nous nous mîmes quatre, un jour, pour en tuer une en Camargue. Mais c'était uniquement parce que nos carniers étaient vides. Nous ne la mangeâmes pas.

Le triomphe de la tactique méridionale, c'est le *poste à feu*. Une cahute sous terre, couverte de branchages, percée d'une meurtrière en face d'un arbre isolé, entouré d'*appelants*. C'est une terrible mitraillade où vient succomber, avec la grive qui passe, tout ce qui vole et tout ce qui chante sous l'implacable ciel bleu. L'homme du Nord, incapable de comprendre les joies du Midi, trouverait odieux de s'embusquer derrière une muraille avec dix cages et trois chiens pour canarder un pinson. Le Provençal, ami de ses aises, tout en lisant son journal et dégustant son absinthe, se prépare un merveilleux dîner.

D'ailleurs, on ne chasse pas que la petite plume au-dessous d'Avignon. Un gros gibier, la caille de passage, a de terribles comptes à rendre aux plaines de Provence. Partout des *appelants* aveuglés, qui, dans les champs et jusque sur le toit des *mas*, font accourir, d'une traîtrise inconsciente, de malheureuses victimes. J'ai vu des filets qui recouvraient d'un coup toute une pièce de luzerne. Et l'on m'a fait chasser des cailles que l'on sortait d'un grand sac et qu'on jetait en l'air. J'en atteste un sénateur qui fut ministre un jour, comme le roitelet, regardé sous un certain angle, devient *bécasse de buisson*.

J'ai fait jusqu'à trois chasses dans le Midi : *la caille de Marignane, le lapin de Roquefavour, et la chauve-souris de la Camargue.* Dans toutes ces rencontres, je jouai le rôle le plus ridicule du monde. Tandis que nous faisons des livres pour railler les chasses du Midi, les méridionaux subtils se moquent agréablement de nous. Je vous dirai seulement aujourd'hui *la caille de Marignane.*

Marignane est un joli village du canton des Martigues, près de l'étang de Berre. On y voit les restes du château du marquis de Marignane, dont la fille Emilie épousa Honoré Riquetti de Mirabeau. Une magnifique chambre toute d'or et de peintures est encore dans un état passable de conservation. On dit que c'est là que se passa la première nuit de noces du futur orateur de la Constituante. En allant faire campagne pour Camille Pelletan, je m'étais fait des amis dans ce coin de soleil.

L'un d'eux, qui vit encore, j'espère bien, s'appelait Dupin, dit le *Terrible.* Ce *Terrible,* homme excellent qui cachait sa douceur au plus épais d'une barbe enflammée, avait un gendre armurier à Marseille, homme de sport. Nous causons fusil, et me voilà invité à venir chasser dans *la caillère* vaste étendue d'herbages piquée de poteaux au sommet desquels, dans une petite cage, une caille aveugle invite ses camarades à une périlleuse causerie.

— Combien faut-il de cartouches? demandai-je.

— Trois cents, fit l'homme du Midi, d'un ton tranquille.

Au jour dit, j'arrive de Paris avec mes trois cents cartouches et mon chien.

Dès le petit jour, nous sommes en route. On cause le long du chemin.

— Ainsi, je vais tirer mes trois cents cartouches.

— Je ne dis pas cela, fit l'autre, mais nous tuerions cent cailles que je n'en serais pas surpris.

Nous étions douze. Je me mis à calculer combien cela m'en ferait pour ma part.

Survint un autre chasseur.

— Le vent n'est pas bon... Enfin, une cinquantaine, ce n'est pas beaucoup.

Assez déconfit, je recommençai mon calcul.

— Qui sait, fit une autre voix, nous en trouverons, peut-être...

Il fallait voir ma figure.

Nous arrivions à la porte de la *caillère*. Pendant qu'on ouvrait la barrière, un cri : « Tirez ! Tirez ! Tirez donc ! » C'est à moi qu'on s'adresse. J'ai mon fusil en main, je regarde partout, je ne vois rien. Tout le monde me crie de tirer. J'écarquille les yeux. Vains efforts. Dix coups de fusil éclatent en même temps. Sur le fil de fer du télégraphe une hirondelle était perchée. Vous devinez son destin.

Enfin la chasse commence... Au bout de quatre heures, je n'avais pas vu un papillon.

Tout à coup, à l'entrée d'un bosquet, une table merveilleusement servie. Tous les fruits du Midi, la plus belle eau des fontaines, de la glace, du gibier enfin... mais cuit... Il faudrait toute une chronique pour dire cette étonnante lippée.

Le dessert finissait. On allumait les cigares. Un coup de fusil. Je me retourne. Une assiette lancée par un chasseur, volait en éclat au-dessus de ma tête. Une autre suivit, puis une bouteille, puis un verre, puis dix. Tout ce qui se trouvait sur la table y passa. Je n'ai pas souvenir d'une aussi belle pétarade.

Etendu sur l'herbe, au frais, je jouissais du ciel bleu. Quand il ne resta plus rien, on vint me dire qu'on se remettait en chasse. Mais je me trouvais bien. Je déclarai que je ne bougeais plus. Voilà mes gens partis, puis revenus au bout d'un quart d'heure. Ils ont trouvé une caille. Il faut que je la tue. Je vais à l'endroit indiqué. Mon chien tombe à l'arrêt, et, le coup parti, va chercher la bête. Ce fut un triomphe, un délire, une fête de tout le jour.

Le lendemain, les journaux de Marseille annonçaient que j'avais fait un massacre de cailles, et célébraient hyperboliquement mon adresse. Il en était de moi comme de M. Casimir-Périer, dans les beaux temps de l'Élysée : seulement, pour devenir *Œil-de-Faucon*, M. Casimir-Périer avait dû se faire élire président de la République. Moi, il m'avait suffi d'aller dans le Midi.

Mais je n'ai pas fini mon histoire.

Deux ans après, l'armurier de Marseille, le gendre de *Terrible*, m'apprit confidentiellement que la caille de Marignane, dont j'étais si fier, était un *appelant* aveugle qu'on avait ôté de sa cage pour m'empêcher de rentrer bredouille.

Midi ! Midi ! voilà de tes coups !

II

LE LAPIN ET LA CHAUVE-SOURIS

J'ai essayé de détruire, dans la mesure de mes moyens, les absurdes légendes qui courent sur les chasseurs de Provence. L'abondance du gibier de passage ne peut pas être niée. De la palombe et de la grive au *fouti-fouti*, c'est toute une volière. Le rouge-gorge n'émigre pas : il a tort. La caille voyageuse s'arrête aux environs de l'étang de Berre avant de franchir la Méditerranée d'un vol éperdu. C'est là que l'attend *le Terrible* de Marignane. Seulement ce n'est pas ce jour-là qu'il me promène dans sa caillère. Voilà la ruse du Midi. Quand l'homme du Nord est là, le Provençal tire des assiettes. L'autre n'a pas le dos tourné qu'il massacre tout. Les deux chasses que je fis en Provence, après l'aventure de Marignane, achevèrent de fixer ma conviction sur ce point.

J'avais donné à mon ami Vaussan certain chien d'une race rare. Vaussan était propriétaire du *café du Commerce* sur la Cannebière, et chaque fois que je passais à Marseille, je retrouvais mon chien quêtant les morceaux de sucre sous les tables du café. J'en faisais des plaisanteries d'homme du Nord, prétendant que la bête était incapable de chasser autre chose. Vaussan s'impatienta un jour et m'offrit une chasse à sa propriété des *Mille*.

La bastide se trouvait aux environs d'Aix, en un site dénudé. Une terre brûlée, un grand éclat de lumière : voilà le pays. Au débotté, je dis un mot de la chasse du lendemain. Il n'était plus du tout question de mon chien. Il s'agissait de bien autre chose. Une chasse au chien courant ! une meute ! Les bois de Roquefavour fourmillaient de lapins. « Mon cher, vous aurez une journée grandiose », telle fut la conclusion du discours du propriétaire des *Mille*. Qui ne se serait laissé tenter ? J'en oubliai les prouesses promises du *pointer* du *café* de la Cannebière.

Le lendemain avant l'aube, nous nous mettons en route. Au petit jour, nous sommes à Roquefavour, au pied de l'aqueduc. Le ciel s'éclaire d'une douce lumière nacrée. Un ruban de route poudreuse, une eau qui chante, des collines boisées qui s'éveillent avec un petit bruit de feuilles pressées de s'offrir aux premiers rayons du jour. Montant au ciel, les arches prodigieuses, reliant les montagnes, fermaient l'horizon ! Assis sur un roc, je regardais, j'écoutais, j'attendais sans savoir quoi. Je le sus bientôt.

D'une proche colline dévale un ouragan. Il fond sur nous et bientôt la route nous montre, dans un nuage de poussière, dix chasseurs résolus, suivis de vingt chiens gaillards. C'était un beau spectacle. Dix hommes, bien découplés, guêtrés jusqu'à mi-cuisse, bardés de cuir, ceinturés de rouge, avec des fusils partout, et la plume d'aigle très fière sur un chapeau menaçant. Gais d'ailleurs et riants, et criant aux chiens qui n'y prennent pas garde. La meute est bizarre. Il y a des griffons grands et petits, des bassets, d'étranges métis. Mais ce qui attire le regard, c'est le *charnigue*, un lévrier jaune des Baléares avec de rares poils longs, incohérents, comme d'une brosse hors d'usage. Le charnigue est dominateur. Là où il est, il n'y en a que pour lui. Nous en avions six, d'étrange figure. Je n'en pouvais détacher mon regard. L'un d'eux surtout m'inquiétait, avec une jambe de bois faite d'un roseau dont il se servait d'une habileté singulière. Vaussan m'expliqua que ces chiens n'avaient pas leur pareil, et que *la jambe de bois* notamment aurait fait surgir une nichée de lapins d'une pierre de taille. Déjà je m'amusais bien.

Trois quarts d'heure d'ascension et nous sommes en plein bois. De jeunes pousses de chêne qui viennent à la ceinture. De grandes éclaircies qui favorisent le tir. Il n'y a pas de meilleur terrain. Devant nous, derrière nous, de tous côtés, des collines dominantes. Ce sera plaisir tout à l'heure d'entendre aboyer la meute sur les hauteurs. Et, de fait, voilà l'invalide à la jambe de bois qui donne immédiatement de la voix. Toute la meute accourt, toutes les voix répondent et le peloton s'élance. L'écho répond de partout. On dirait l'endroit choisi pour cela. C'est un beau vacarme : mais court, car, soudainement, les chiens se taisent. Un défaut. On essaie de reprendre la piste. On va, on vient, on quête, on jure. Rien.

A recommencer. On recommence. Nouveau lancé. Cette fois, c'est la bonne. Au bout de cinq minutes, les chiens sont dispersés de nouveau, quêtant de-ci de-là, aboyant sans conviction. Qu'est-ce qu'il y a donc ? Peut-être qu'il n'y a rien.

Les chasseurs sont partout. Ils remplissent le bois, cassant les branches, s'appelant, criant, encourageant les chiens de mille vociférations furieuses. L'un d'eux, passant, me crie : « *L'attaque est chaude !* » Le fait est qu'ils font un grand bruit. Toutes les ceintures rouges sont lancées dans le fourré. De tous côtés, je n'aperçois que chapeaux à plumes d'aigle. Tout à l'heure ils étaient dix, maintenant ils sont cent. Les chiens, plus modestes, risquent un jappement discret, et passent affairés. Le charnigue à la jambe de bois se multiplie. On ne voit que lui. On n'entend que lui aussi, car, en signe de confiance dans l'avenir, il ne cesse de donner de la voix. On m'avait bien dit que ce n'était pas un chien ordinaire. Quel malheur qu'il n'y ait pas de lapin !

Car, au bout de deux heures du plus beau tapage, nous n'avons encore rien vu. Pour tout dire, j'ai entendu distinctement chanter deux perdrix que je crois naturelles. Mais c'est le poil que nous chassons. Les chiens commencent à faiblir, et les chasseurs sont las de crier : « *Il faut appuyer les chiens* », dit quelqu'un. « *C'est cela appuyons, les chiens* », répète la troupe en chœur, et tout le monde repart de plus bel entrain.

Je m'assis mélancoliquement sur la bruyère. Je

songeais à certaine *croisée du Calvaire* où j'allais, dans ma prime jeunesse, attendre le lièvre vendéen en compagnie d'un vieux chasseur à face de brique encadrée d'un collier de barbe blanche et constellée de deux anneaux d'or. La petite meute se rapprochait. On distinguait la voix du chien de tête. Et tout à coup, sur la route boueuse, hors de portée, apparaissait la bête arrivant à fond de train. Comme le cœur me battait...

J'en étais là, quand la fusillade éclate au-dessus de ma tête. Je me lève d'un sursaut. Me voilà comme le brave Crillon à Arques. Que va-t-on penser de moi? J'accours : Qu'y a-t-il. Rien. Je n'avais pas fini, que les fusils de nouveau partent en l'air. C'est la manière *d'appuyer les chiens*. Il n'y a pas à nier que cela les fait aboyer terriblement. Pour attirer les lapins, c'est une autre affaire. Pendant deux heures encore, ce ne fut qu'une mitraillade, chiens, chasseurs et fusils rivalisant de tapage, et l'écho répercutant le vacarme en un tonnerre roulant.

A bout de forces, il fallut s'arrêter. En une masure de forestier un repas de prince était servi. La bouillabaisse de cette journée survit dans toutes les mémoires. Jusqu'au soir, on banqueta. Paisiblement, à l'ombre, la meute rêvait d'invraisemblable gibier sous la surveillance du grand charnigue rôtissant insolemment sa jambe de bois au soleil.

Tout chauds de la fête gastronomique, pour regagner nos foyers, nous traversions en débandade la voie ferrée. Un train était en vue. Machinalement je regarde, et qu'est-ce que je vois? A cinquante mètres devant la locomotive un lapin, un vrai, dévalant en boule droit sur nous. Stupeur énorme ; un cri aussitôt réprimé. Ce que toute une meute hurlante, conduite par *la jambe de bois*, n'avait pu faire en un jour, une simple locomotive, sans y songer, instantanément, l'accomplissait sous nos yeux. L'animal, affolé, arrive à fond de train, nous voit et, n'ayant d'autre ressource, gravit le talus devant nous. Pétarade générale. Le lapin a le ventre en l'air, qu'on tire toujours. Victoire ! Le train passe, tous les voyageurs aux fenêtres. Cris de triomphe, mouchoirs agités, chapeaux en l'air ! Tout cela passa comme un éclair et, pendant une seconde, nous eûmes la sensation que nous étions Dieux.

Vous pouvez tuer sangliers, loups ou renards dans le Nord sans jamais connaître cet enivrement.

Deux mots pour finir sur *la chauve-souris de la Camargue*. Une interminable journée dans les herbes sous un ciel de feu. Masque de mousseline et gants de feutre contre les gros moustiques qui sont la spécialité de l'endroit. Mais les vêtements eux-mêmes ne sont pas une protection suffisante. Au bout d'une heure on est d'une belle couleur de tomate, et tout mamelonné de gros boutons saignants. Il y aurait du gibier qu'on ne le tuerait pas. Heureusement nous ne vîmes rien. Gibier à moustiques, nous-mêmes, nous rentrâmes exaspérés, et nous nous mîmes à quatre pour massacrer une pauvre chauve-souris qui s'était aventurée dehors avant l'heure. J'aurais tué un scarabée ou un mouton. Il fallait tuer quelque chose. On ne donne pas un fusil à un homme pour le faire manger par mille bêtes, sans qu'il ait la ressource de se venger sur une créature vivante.

En tout cas, la chauve-souris de la Camargue demeure le gibier le plus authentique de mes chasses de Provence. Car, plus tard, lorsque je connus la provenance de la caille de Marignane, je me suis demandé si le lapin de Roquefavour ne descendait pas tout simplement du train, et n'avait pas sous la queue un petit timbre bleu : « *Halles centrales. — Paris* ». Je n'en crois rien, sans doute. Cependant, ce dont je suis le plus sûr, c'est de la chauve-souris.

Et, encore le surlendemain à Marseille, avant de me quitter, chacun de mes compagnons me prit à part et discrètement me dit : « Vous savez, *elle* est tombée à mon coup de fusil. »

III

SURPRISE DE CHASSE

Il y a bien longtemps. C'était avant la guerre. Par une claire journée d'octobre, armé d'un bon fusil, précédé d'un bon chien quêteur, je fouillais les coteaux du Lay, joli fleuve du Bocage vendéen, qui va se jeter dans la mer en face de l'île de Ré.

Des bois, des ronces, des genêts, des ajoncs, sur des pentes rocheuses dominant les lentes sinuosités de l'eau qui, de moulin en moulin, serpente dans les aunes entre deux bandes de prairies mouillées. Partout des haies coupent la verdure, assombrie de grands chênes. Tantôt un paysage fermé de roches abruptes, sans bruit, sans vie, comme perdu. Tantôt, le beuglement du bétail, le pas régulier des mulets, chargés de farine, le claquement des fouets, l'assourdissant *coin-coin* des troupes de canards, le bruit monotone du moulin. Parfois, dans un encadrement de rouille dorée, des champs de vignes rougissantes, piquées de loin en loin d'un petit pêcher chenu dont le fruit tardif est singulièrement apprécié du chasseur.

Un tumulte de grives, la surprise du lièvre ou du lapin, une caille attardée, une compagnie de perdrix rouges s'envolant bruyamment l'une après l'autre, pour se disperser dans les ronces ou les grands choux fourragers : c'est la chasse du pays. On relève péniblement le gibier : mais, si on le rencontre à bon vent, isolé, il part à bout portant : c'est l'affaire de manœuvres infinies. Aller, venir, monter, descendre, battre les buissons, se déchirer aux ronces, s'embarrasser dans les sarments dépourvus d'échalas, se mouiller dans les choux qui montent à mi-corps et dont les vastes feuilles gardent précieusement l'eau du ciel à tout approchant, s'empêtrer dans les terres grasses qui mettent aux pieds une lourde botte d'argile, telles sont les joies du chasseur dans cette heureuse contrée. C'est tout autre chose que de s'embusquer derrière une chêne, comme on fait en Seine-et-Oise, pour tirer à six pas un chevreuil aux écoutes, ou un petit lapin assis sur son derrière.

J'avais bien travaillé tout le jour, suivi de Robuchon, mon porte-carnier, et je rentrais assez las. Il ne tiendrait qu'à moi de me garnir magnifiquement la gibecière. Mais, si je me souviens d'une journée de lumière, d'un air léger, d'une marche heureuse de jeunesse à travers les champs et les bois, j'ai perdu le compte du gibier. Soyez sûrs que si j'avais trois ou quatre perdreaux j'étais content.

Aux premières fumées du village, harassé, j'eus l'idée d'un temps d'arrêt. Non loin de là, dans un grand champ familier, à la lisière d'un bois, j'apercevais les touffes jaunissantes des châtaigniers, qu'un de mes ancêtres avait plantés là pour permettre sans doute aux villageois d'alentour de s'approvisionner de marrons à bon marché. Le résultat, d'ailleurs, répondit amplement à son attente, et tous les ans, j'entendais les mêmes lamentations sur les mêmes marrons, régulièrement abattus à coups de gaule par les mêmes pillards, qui s'étaient fait de cette récolte une agréable habitude. L'idée me vint d'aller m'assurer de l'état des lieux.

En arrivant, je reconnus que la cueillette avait eu lieu, et, philosophant là-dessus avec mon porte-carnier, je fis halte au pied du vaste buisson d'où émergeaient les arbres dépouillés. Robuchon, grappillant après les maraudeurs, avait réuni quelques douzaines de marrons. Le buisson très dru, jetant une grande arche de ronces au-dessus d'un fossé profond, en avait retenu quelques-uns. Il fourrageait de son bâton dans la broussaille, criblé d'épines, rayé d'écorchures, pestant, jurant, surveillé par le chien qui attendait au moins quelque lièvre, comme résultat de tout ce bruit.

Un cri de terreur. En deux sauts, je suis auprès de Robuchon qui, d'une main tremblante, sans parler, me désigne quelque chose au plus profond du fossé. Je regarde : un homme est là, couché à plat ventre. Gros souliers, pantalon de droguet, blouse bleue, vieux chapeau de feutre lavé de pluie, c'est tout ce qu'on voit. Robuchon, enhardi, le touche du bout de son bâton. L'homme remue. Il n'est pas mort.

Bien vite, je m'explique sa présence en ce lieu. Il est venu pour voler les marrons. Il m'a vu venir. Il s'est caché. Je le harangue, je lui dis de se montrer, que les marrons me sont indifférents, qu'il ne peut rester dans ce buisson où il se met en sang. L'homme ne bouge pas. Impossible de l'atteindre. Le bâton pouvait le joindre, et c'était tout. Je me perds en conjectures et, d'après ce que je vois du voleur, je tâche de deviner qui ce peut être des habitants du voisinage. Je lui pose des questions. Point de réponse. Alors je menace, je parle de mon fusil, et je dis que je vais tirer si l'on ne se montre pas.

Rien. Après tout, que m'importait? Je délibérais de laisser là mon brigand, et j'étais déjà à quelques pas du fossé, quand tout à coup les ronces du sommet s'agitent d'un mouvement régulier. Je m'approche. L'homme est en marche. Dans la cuvette profonde, il se traîne péniblement sur le ventre, et gagne peu à peu du terrain. Son mouchoir à carreaux rouges reste accroché à une épine derrière lui. Je l'en avertis par manière de plaisanterie : il revient sur ses pas à reculons, saisit l'objet et reprend sa route. Je le suis. Le fossé est long, mais nous arriverons au bout : s'il y a une éclaircie dans les ronces, peut-être pourrons-nous couper la route à l'ennemi.

Nous le suivons tous deux au mouvement des feuilles, au bruit des ronces cassées, quand tout à coup, l'homme jaillit tout droit du fourré comme un diable d'une trappe de féerie. Par quel prodige, sans élan possible, a-t-il pu traverser le roncier comme un clown fait d'un cerceau de papier, je ne sais? Toujours est-il que le voilà sur le talus opposé qui est en contre-haut, et à peu près hors d'atteinte.

Comment je franchis à mon tour le buisson, je l'ignore. Absurdement emporté par l'ardeur de cette chasse à l'homme, je dus faire un bond inouï, car, sans être trop déchiré, je me trouvai, fusil en main, de l'autre côté de la haie. A dix pas, l'homme courait devant moi, une gourde lui battant les reins. Il ne se hâtait pas, comptant bien que je ne pourrais le suivre. Je le somme de s'arrêter. A mon cri, il saute sur le talus et, mains jointes en avant, comme le bon plongeur, il pique une tête au plus épais des ronces et disparaît tout d'un trait dans le fourré qui se referme sur lui. J'arrive. A peine un trou visible. Robuchon, qui est resté de l'autre côté, accourt. Buisson vide. Jusqu'à la nuit, nous explorâmes le roncier d'un bout à l'autre sans rien trouver.

Jamais je n'oublierai cet homme plongeant tête droite dans les ronces, aussi résolument, aussi élégamment, oserais-je dire, qu'il eût fait en plein fleuve. C'était une action désespérée. Il avait dû se déchirer cruellement. Il aurait pu se tuer. Les chances étaient qu'il restât accroché aux épines, pantelant. Eh bien! il avait trouvé assez de vigueur, arrivé dans le fond du fossé, pour courir à plat ventre je ne sais où, et se dérober à nos recherches sur ses talons.

Au retour, nous racontâmes l'aventure qui parut extravagante. Comment un homme aurait-il risqué sa vie pour ne pas avouer qu'il avait voulu prendre quelques marrons? C'était absurde. Quel intérêt le poussait à se dérober à ma poursuite jusqu'à s'exposer à la mort dans d'atroces blessures? On fit là-dessus maintes suppositions : mais, faute d'éclaircissements ultérieurs, nous dûmes rester sur nos conjectures.

Quinze ans après, un vieux paysan tout cassé se présentait pour me voir. C'était un fermier du Bocage, résidant à dix lieues de là. Son fils, pris de je ne sais quelle fureur jalouse, avait tué jadis sa fiancée d'un coup de couteau, la veille même du mariage. Il s'était sauvé comme un fou, et avait gagné on ne sait comment la Rochelle où il s'était fait prendre. Condamné à vingt ans de bagne, il était à la Nouvelle-

Calédonie où sa bonne conduite lui avait valu d'être l'objet de décisions gracieuses. Le vieux voulait revoir son enfant, et me demandait en pleurant d'intervenir en sa faveur. Afin de m'apitoyer davantage, il me rappela la fameuse poursuite dans le buisson creux des *champs du Calvaire*, dont son fils lui avait écrit l'histoire. Le dossier était excellent. On fit droit à la demande du vieux paysan. Voilà comment, courant à travers champs, je donnai la chasse à un assassin pour le ramener finalement dans sa demeure où sans doute il vieillit en paix.

IV

LAVABO

Sur le coteau de verdure du Bocage de Vendée se dressait, il y a cent ans, la petite église de hameau dont un reste de muraille effondrée dit le déplorable destin. Le village lui-même a disparu. Quelques pauvres maisons subsistent, communiquant avec le reste du monde par ces *chemins creux* légendaires, fondrières de pierrailles et de boue sous l'épaisse futaie où s'embusquaient les chouans *égaillés* de Charette, pour canarder à bout portant les soldats de la République.

Depuis cent ans et plus, chemins ni maisons n'ont changé. Partout des haies vives plantées de *têtards* séculaires macabrement tordus, rognonnés, vidés, couronnés des vigoureuses pousses que leur fait la taille de cinq ans. De grands vergers fleuris où les branches moussues s'entremêlent dans une liberté sauvage. Des arbres, et des arbres encore. Et puis quelques toits fumants de maisons lépreuses aux ulcères verdâtres ou rosés du lichen rongeur de pierre. Des *quérus*, ou carrefours, égayés de la brune mare de purin où s'ébattent les oies, les canards, les enfants demi-nus, où le grand bœuf bavant renifle avec délices une boisson savoureuse. De ci de-là, quelques femmes aux bras nus mordorés, à la tignasse ébouriffée sous le battement d'ailes de la coiffe blanche, passent, jupon court, faisant claquer leurs sabots sur la pierre. Immobiles sur des troncs d'arbre, de vieilles choses courbées qui furent des hommes forts, des femmes belles, achèvent de mourir au soleil.

Là fut une vie prospère, heureuse, il y a plus de cent ans passés. Le seigneur était loin, la vie était à portée de la main pour des êtres qui ne demandaient rien que de batailler tant bien que mal contre la faim, la maladie et la mort pendant un petit nombre de révolutions de la planète, au gré du hasard, ou du bon Dieu comme on disait.

Tout ceci, pour arriver à vous dire que le représentant de ce bon Dieu dispensateur de tout mal et de tout bien, en ce pauvre village qui n'est plus, fut, avant la Révolution de Robespierre, un mien grand-oncle dont je ne sais rien, sinon qu'il fut curé authentique du lieu, plus tard cruellement défroqué par l'orage. Je possède de lui un cahier de sermons qui sont présentement accrochés, avec d'autres papiers de famille, au plafond d'une grande salle obscure pour défier la dent friande des rats.

Quand je dis que je ne sais rien du bon curé, j'exagère. Jacques Fagot, qui connut il y a bien longtemps *le grand Benjamin*, son piqueur, m'a transmis, dans ma jeunesse, quelques bribes de souvenirs. Et c'est tout justement une histoire de mon grand-oncle que je prétends aujourd'hui vous conter.

Vous avez déjà remarqué sans doute que mon grand-oncle avait un piqueur, et vous en aurez conclu, je pense, que le curé était chasseur. Il n'y a pas d'induction plus légitime. L'excellent homme servait Dieu assurément, et accomplissait avec ponctualité tous les devoirs de son ministère. Mais on ne peut pas toujours confesser, ni porter le viatique aux malades, et l'ouvrage chômait de nécessité quand les bons paroissiens avaient la conscience nette et le corps sain.

C'est alors que mon respectable parent se livrait aux plaisirs de la chasse. Aujourd'hui, nos seigneurs les évêques mettraient bon ordre à cette fantaisie. Au XVIIIe siècle on était plus indulgent. Dieu, qui depuis est devenu morose, était, en ce temps-là, tout mansuétude à sa créature. C'est pourquoi mon grand-oncle, sans offusquer personne, pouvait entretenir une jolie meute courante, toujours prête à se mettre aux trousses de quelqu'un de ces grands lièvres dégingandés qui flânent curieusement le long des haies et partent en lévriers de course au moindre bruit.

Je crois bien que la meute de mon grand-oncle n'eût point été primée au grand concours. C'était, d'après *le grand Benjamin* lui-même, un étrange assemblage de bassets, de briquets, de griffons et de chiens de berger, dont aucun n'avait exclusivement droit à l'un quelconque de ces titres, tout en ayant quelque raison de les revendiquer tous. Ce n'en étaient pas moins de vaillantes bêtes au flair sûr, au jarret résistant, à la voix sonore. Pour le courage, on contait certaine histoire de loup toute à l'honneur du chef de meute, le redoutable *Lavabo*.

Ce *Lavabo* était, paraît-il, un grand bandit jaune, au

poil hérissé, venu on ne sait d'où, qui s'enrôla de fantaisie, un jour de chasse, dans la meute du curé. Le lièvre, remontant un ruisseau, avait mis les chiens en défaut. *Lavabo*, qui passait, releva le pied d'abord en artiste, puis, s'échauffant au jeu, s'élança tête basse, aboyant à la bête, et, content de ses compagnons, s'institua leur chef après l'hallali.

Comment le *grand Benjamin* choisit-il au nouveau venu le nom bizarre de *Lavabo* ? Pour le comprendre, il faut savoir que le piqueur de mon oncle était son enfant de chœur aussi. A l'autel, comme sur le terrain de chasse, le *grand Benjamin*, partout flanquait son maître et le complétait à miracle. Le curé, tout vif, courtaud, rougeaud, toujours parlant, s'équilibrait de son muet acolyte au teint de cire, quittant alternativement le surplis pour la carnassière, et le fusil pour l'encensoir. Jamais de confusion. Chaque acte, classé à part, avait son heure et sa méthode qui ne permettait point d'imbroglio fâcheux pour la piété des fidèles.

Je parle des actes extérieurs, non des pensées qui échappent aux regards de tous. J'ignore si l'occasion d'utiliser quelque pieuse maxime se présenta parfois à l'esprit des deux hommes de Dieu, lorsque, penchés sur la trace fraîche de la bête courante, ils délibéraient sur *le change*, et — la ruse éventée — ramenaient la meute au défaut. Mais il est certain que, parfois, au pied des autels, le cynégétique et le sacré se mêlèrent en de rapides éclairs de pensée dans la tête des bons chasseurs, sans que l'assistance prosternée, perdue elle-même dans les choses du ciel et de la terre, pût se scandaliser de l'innocente aventure.

Quand il fallut baptiser le nouvel hôte du chenil, Benjamin proposa tout d'un trait *Lavabo*. C'était le seul mot qu'il comprit dans la messe. Lorsqu'après l'oblation de l'hostie et du calice le prêtre, se purifiant les mains, prononçait ces paroles : « *Lavabo inter innocentes manus meas...* » l'enfant de chœur quadragénaire voyait passer devant ses yeux le petit mobilier de toilette privée qu'il remettait en ordre tous les matins, et fièrement se disait : « Je sais de quoi il s'agit. » De fait, il ne se trompait guère. Quand il expliqua à mon oncle surpris, qu'une bête capable du beau trait dont ils avaient été témoins, était digne de figurer dans la sainte messe du bon Dieu, le prêtre souriant se fit scrupule de choquer cette innocence, et ne crut point offenser le ciel en laissant libre cours à tant de simplicité !

D'ailleurs, pourquoi ne pas l'avouer? mon oncle lui-même, saisi d'admiration pour le haut fait de *Lavabo*, était d'avis qu'une aussi rare récompense n'était pas inférieure au mérite de l'étranger qui venait s'asseoir à son foyer. De ce jour, il n'y eut pas de messe sans qu'après l'offertoire, l'officiant et son acolyte ne fussent dans le cas, tout en invoquant le Seigneur, de donner une rapide pensée à leur ami.

Lavabo, de triomphe en triomphe, était devenu fameux dans le pays. Quand la petite meute, bien ramassée, dévalait le long des coteaux, envoyant aux échos ses aboiements sonores, le paysan penché sur sa houe, s'arrêtait pour écouter le concert endiablé, et, distinguant la voix claquante du chef de meute, se disait en souriant : « M. le curé va bien s'amuser tout à l'heure ». Il s'amusait déjà l'excellent homme, et *le grand Benjamin* aussi, tous deux postés au bon endroit, jouissant du plaisir délicat d'avoir déjoué la ruse, entendant la chasse se rapprocher, délibérant tout bas de ce qui allait advenir.

Le lièvre, de ses longues oreilles, bien plus que de ses yeux incertains, les éventait parfois, et soudain imaginait quelque imprévu détour. La meute arrivait quêtante, cherchant à renouer le fil rompu de la voie chaude : « Benjamin, appuie *Lavabo* », criait le curé de confiance, et par mille exclamations Benjamin engageait les assistants à seconder *Lavabo* qui, solitaire, flairait tout et ne disait rien. Tout à coup, un aboiement du chef, un seul, mais décisif, disait comme Archimède : « J'ai trouvé ». En un éclair de temps, toute la meute, en paquet hurlant, suit *Lavabo* qui s'élance, et la poursuite reprend de plus belle, jusqu'au triomphe inévitable.

Telles furent les joies de mon grand-oncle et de son fidèle Benjamin. Puissé-je vous avoir mis, maintenant, au point de les excuser tous deux quand je vous aurai conté ce qui leur arriva par un beau dimanche de septembre.

C'était pendant la grand'messe. La petite église était pleine d'une foule recueillie, venue pour le bon Dieu d'abord, et aussi parce que, à la sortie du saint lieu, d'importants marchés de grains devaient se conclure au choc des verres emplis d'un petit vin jaune, renommé pour son goût de pierre à fusil. L'office allait son train, comme d'ordinaire. Mon oncle, très recueilli dans une médiocre chasuble, s'était approché de l'autel suivant les rites consacrés :

— *Introibo ad altare Dei.*

— *Ad Deum qui lætificat juventutem meam*, avait répondu le Benjamin grisonnant.

Kyrie eleison, Gloria in excelsis, les oraisons du jour, l'épître, le graduel du jour, l'évangile du jour, le credo, l'offertoire suivi du *lavabo* que guettait le pieux piqueur, tout avait défilé dans l'ordre prescrit, sans encombre, quand le prêtre, se tournant vers les fidèles prononça les paroles : *Orate, fratres, ut meum...* Pourquoi la phrase terminée, mon oncle au lieu de se retourner vers l'autel, s'arrêta-t-il plus longtemps que de raison, la bouche ouverte et les yeux perdus dans les arcades de la voûte? Pourquoi Benjamin, à son tour, bredouilla-t-il son *Suscipiat Dominus...* et demeura-t-il, un moment, comme stupide de surprise? Nul n'y prit garde sans doute, mais les deux hommes, sans même échanger un regard, s'étaient compris.

Par la porte, demeurée ouverte, une rumeur confuse montait du coteau voisin, comme des aboiements de meute chassante. Quel intrus profitait de l'obligatoire abstention de mon oncle pour venir le narguer officiant à l'autel? Cela se réglera plus tard. Donc l'*oraison secrète* fut dite, aussi la *Préface* suivie du *Sanctus* et du *Memento*. Au *Pater*, un temps d'arrêt. La troupe jappante s'était rapprochée au point que mon oncle n'en pouvait plus douter : c'était sa meute qui chassait. Un mauvais drôle avait ouvert le chenil sûrement, et les bêtes s'étaient lancées sur quelque lièvre de rencontre.

Rien à faire. L'office terminé, on verrait à rappeler les délinquants. Comment n'entendait-on point la voix de *Lavabo?* Abandonnées à elle-mêmes, ces sottes bêtes feraient quelque faute peut-être, et le lièvre échapperait. Quelle honte!

Roulant ces pensées dans sa tête, et devinant l'angoisse égale de Benjamin, mon oncle achevait le *Pater*, d'une voix saccadée :

— ... *Et ne nos inducas in tentationem.* A voix basse : *Est-ce que ce ne sont pas mes chiens que j'entends chasser?*

— *Sed libera nos a malo. Amen.* Répondait Benjamin, puis tout bas : *Oui, monsieur le curé.*

— *Per omnia sæcula sæculorum. Lavabo y est-il?*

— *Amen.* Après un silence : *Oui, monsieur le curé.*

— *Alors le lièvre est foutu. Pax Domini sit semper vobiscum.*

— *Et cum spiritu tuo,* etc., etc.

Délivré de toute inquiétude, mon oncle acheva paisiblement son office, et fut récompensé du devoir accompli en vérifiant quelques heures plus tard qu'il avait prédit juste.

Aujourd'hui nos pharisiens s'offusqueraient de cette simplicité rustique. En ce temps-là, le bon Dieu était humain.

AU VILLAGE

I

CHEZ LES ANGLAIS

Les Anglais dont je veux parler ne sont point, comme on pourrait le croire, les enfants de la perfide Albion. Il s'agit tout simplement des habitants d'Angles, petit bourg situé à l'extrême limite du *Bocage*, au point précis où la mer en se retirant a découvert l'immense plaine verdoyante du *Marais* vendéen.

Edmond de Goncourt veut qu'on fasse l'histoire de tout ce qui n'a pas d'histoire. A ce titre, le village d'Angles mérite toute notre attention. C'est un incohérent assemblage de maisons basses, blanchies à la chaux, parfumées de fleurs et de fumier, dont les carrefours s'animent matin et soir d'un peuple de bons travailleurs. L'élevage est l'industrie du pays. Les chevaux d'Angles ont remporté plus d'un succès au concours hippique et sur les hippodromes. Tout le bétail est au *Marais*. Rien à noter dans la traversée du paisible village, sinon la triste église muette, étrangement surmontée de la *bête d'Angles*, sorte d'ours de pierre des premiers âges gothiques, qui *dévore la beauté des filles.* C'est par cette légende que l'*Anglais* railleur explique la rudesse d'attraits de l'*Anglaise.*

Quand je vous aurai montré, au pied du clocher, le bon sellier-cabaretier Loubet, souriant en sceptique dans sa moustache noire à la Bête de l'*Apocalypse* transpercée du paratonnerre, quand je vous aurai dit que l'administration des haras de la République interdit à ses palefreniers le cabaret de Loubet parce que l'excellent homme ne fait point mystère de ses opinions républicaines, que pourrai-je ajouter encore? Vous mènerai-je dans les faubourgs? Car Angles se vante d'un faubourg qui, par antiphrase, s'appelle la *Ville d'Angles.* Sur un petit monticule qui s'avance en pointe vers le *Marais*, se dressent une douzaine de maisons dominées de trois grands moulins pointus aux fines ailes de lattes imbriquées. Nous avons le moulin tricolore qui est républicain, le moulin blanc et bleu qui est royaliste, et le moulin gris qui n'est rien du tout. Loubet prétend que le meunier moud son grain pour le sac enfariné des ralliés.

Nous aurions tout vu, maintenant, si je n'avais l'intention, dès longtemps arrêtée, de vous conduire chez le percepteur du lieu pour vous faire admirer, suivant le précepte de de Goncourt, l'homme qui n'a pas d'histoire et ne veut pas en avoir. Une grande cour fleurie, une aimable gouvernante vous invitent à franchir le seuil hospitalier. Une vaste pièce frottée, cirée, astiquée, ornée de choses luisantes vous montre un petit homme grisonnant qui fait flamber deux prunelles résolues sous de noires broussailles sourcillères. La moustache blanchit, les tempes se dégarnissent, mais le bon Vendéen demeure vif, alerte, d'acte prompt, de parole décidée. *Le précep-*

tur est un pète-sec, disent les *Anglais*, pour qui cette louange paraît superlative. Sec ou non, regardez cet homme et sachez que vous avez devant vous l'oiseau rare, un être heureux, dans les conditions de bonheur que peut dispenser la vie.

Le percepteur nous arrive du Bocage. Son père, bon légitimiste, était marchand de bois à Saint-Michel-Mont-Mercure, l'un des principaux sommets des collines vendéennes d'où l'on découvre à vingt-cinq lieues de là la cathédrale de Nantes. Il y a certainement du *chouan* dans ses aïeux. Un frère est mort curé de la Roche-sur-Yon. Un autre est conseiller général républicain. Le percepteur, comme sa ville natale, a fraternellement marié les cultes divers. L'idée ne lui vint point de chicaner la France sur ses dieux, ses rois, ses révolutions. S'il arriva graduellement à se débarrasser des opinions reçues pour se faire une pensée républicaine, il fut de tout temps bon démocrate, ami des petits, compatissant à tout ce qui lutte et souffre.

Il débuta dans le commerce, fréquentant l'antique foire de Beaucaire, courant jusqu'en Algérie. Et puis tout à coup l'homme s'arrêta, fatigué du monde qu'il trouvait trop compliqué, et le voilà à vingt-cinq ans percepteur à Angles. Il y est depuis trente-cinq années, et vous avez en sa personne le fonctionnaire-phénix qui ne demande point d'avancement, et n'accepterait aucun changement si avantageux qu'il fût. Que ferait-il de la fortune? Ses ressources correspondent exactement à ses désirs : c'est là tout le secret. Sa retraite lui permettra de finir sa vie à Angles. Il n'a pas d'autre horizon.

Le bonheur que la main n'atteint pas n'est qu'un rêve.

On lui envoie des livres de Paris. Il chasse. Il parcourt sa circonscription, où chaque pierre lui est amie, au grand trot d'un petit arabe rêné court, qui rue comme pas un. Il a de bonnes amitiés. Que voulez-vous de plus? Il fait le bien, ai-je besoin de le dire, tout en se donnant beaucoup de peine pour le cacher. En trente-cinq ans, il n'y a jamais eu un seul contribuable poursuivi dans la circonscription d'Angles. Combien de fois le percepteur a-t-il fait l'avance de l'impôt sur ses deniers personnels? On l'a remboursé, *presque toujours*. Il met son point d'honneur à ne pas *embêter* les contribuables, et le petit cultivateur gêné sait que toutes les facilités lui seront fournies pour acquitter sa dette envers l'État. « C'est ma manière de faire aimer la République », dit le percepteur. Les petites gens l'apprécient fort.

Quand il n'est pas en tournée, le percepteur est à la chasse. Chasse de bocage, chasse de marais. Bon fusil, mais trop vif. Le chasseur un jour, tirant une caille, tua son meilleur chien. Le meurtrier ne manque pas une occasion de faire l'oraison funèbre de la victime. Avec le bon Francis, *le soldat de Coulmiers*, camarade plutôt que domestique, l'homme partait au lever du soleil suivi d'un grand flandrin de chien dénommé *M'entends-tu? M'entends-tu* n'entendait point, semble-t-il, car il avait pour habitude de piquer tout droit devant lui sans s'inquiéter du chasseur. Quand il avait disparu, on se mettait en quête du chien, et l'on finissait généralement par le découvrir à l'arrêt, au coin d'un buisson, avec un lièvre au bout du nez.

Aux jours d'ouverture, j'ai vu de beaux tableaux sur le gazon de la fontaine autour de laquelle la troupe fusillante se réunissait, sur le coup de midi, pour un repas de Gamache. C'étaient les grands jours d'Angles,

les suprêmes joies du percepteur. Grand dîner, le soir, égayé de fantastiques chansons. Un beau tapage. Vous en souvenez-vous, Gustave Geffroy, Louis Mullem?

En automne passage de bécasses dans les dunes. Quelquefois trente oiseaux dans le carnier. Chaque bécasse avait son histoire où le percepteur se bafouait de verve. A l'entendre on eût cru que c'était le gibier qui avait mis le chasseur à mort.

En hiver, vanneaux et pluviers accourent au marais en troupes noires, et derrière eux toute la sauvagine, canards, oies, cygnes même. Sur son petit bateau plat qui glisse sans bruit, le *maréchin* s'engage, à la nuit, dans le dédale de ses canaux, l'oreille aux écoutes, la main sur la détente, chuchotant tout à coup : c'est là. Et puis une soudaine clameur, un crépitement d'ailes claquantes, des coups de fusil au hasard, des oiseaux qui tombent du ciel noir et se débattent lourdement dans l'eau. Ecoutez le percepteur, lui seul n'a jamais rien tué. Mais sachez qu'il se vante.

Combien différent le *Marais* du printemps que j'ai vu l'autre jour. Sous la grande plaine bleue du ciel, la grande plaine verte de la terre avec des voies lactées de fleurettes blanches où s'allument les semis d'étoiles d'or. Une belle eau claire égayée du jeune frai dans les nénuphars et les herbes serpentantes. Des chansons ailées qui tombent du ciel et se posent, avec l'alouette toute frémissante des hauts vols, dans les retraites de la terre amie. De grandes génisses blondes qui suivent le passant d'un œil étonné, des taureaux noirs hérissés, boueux, au regard mauvais, d'immobiles petits veaux qu'on dirait chevreuils ou jeunes cerfs mal empaillés.

Le percepteur me détaillait les joies de ce spectacle, tandis que l'arabe échevelé nous cahotait éperdument aux ornières de la chaussée, et m'indiquait du fouet la partie d'horizon où devait paître à cette heure sa parfaite génisse, *Perle*, dont il célébrait les merveilles. Heureux homme pour qui tout est joie.

Il se hâtait vers je ne sais quelle réunion de la société de secours mutuel dont il est la cheville ouvrière. Le matin même il avait reçu la cotisation d'un des plus riches propriétaires de la contrée. Cinq francs! Ce n'est pas trop pour un homme qui a trente mille livres de rente et qui en épargne environ vingt-sept. « Oui, avec cinq francs le cochon se croit en règle, ronchonnait le percepteur furieux. Et ça va à la messe. Je t'en donnerai, moi, du paradis. » Et l'arabe reçut un maître coup de fouet auquel il répliqua par une magnifique ruade. Canal à droite, canal à gauche, pas de garde-fous. Ce ne sont pas là des endroits pour faire du cirque. Le percepteur, riant, pestant, jurant, se gourmandait de sa main prompte.

— C'est plus fort que moi, criait-il. Toujours le premier mouvement. Comme dans mon duel.

— Vous avez eu un duel?

— Oui, comme témoin. J'étais à Angles depuis un mois. Un matin, je chassais le lièvre avec un ami. Nous entendions non loin de là une autre meute qui donnait de la voix. Tout à coup nos chiens tombèrent en défaut. Au bout d'un temps mon ami retrouve la trace. Il crie *tayaut*. Nos bassets sont loin. Ceux de notre voisin accourent. Les meutes s'embrouillent, les hommes se querellent, s'invectivent, et finalement s'appellent sur le pré. Comment refuser d'être témoin? C'était d'autant plus difficile qu'il n'y en avait qu'un pour chaque adversaire. Je dénichai dans le bourg deux espèces de lardoires dépareillées tenant vaguement du sabre et de la lance, avec quelque chose au bout qui ressemblait à une garde. Je porte les objets chez le forgeron qui les met au feu, et les martèle, et les effile, et leur donne figure d'épées.

Le lendemain matin, — c'était un dimanche, — nos deux hommes s'alignent, au premier pré, pendant la messe, pour n'être pas dérangés. Mon client, qui était enragé, fond sur son ennemi, et du premier coup lui transperce la cuisse. Il crie : « *Arrêtez !* » Le témoin du blessé — qui était son beau-frère *et son héritier* — répond : « *Non, non, continuez.* »

« Eh bien ! vous continuerez sans moi », m'écriai-je. Et me voilà courant vers le bourg malgré les cris des trois hommes qui me rappellent. Je me heurte au meunier. A moitié suffoqué, je lui dis qu'on se tue là-bas, qu'il faut empêcher un malheur. Le meunier perd la tête, se précipite dans l'église pour avertir la femme du blessé. Celle-ci pousse des cris, s'évanouit. Toutes les femmes sortent en tumulte avec mille clameurs. L'office est interrompu. Ce fut un esclandre effroyable.

Heureusement, quand il fallut panser le blessé, on s'aperçut que la cuisse n'était pas traversée. C'était seulement le pantalon. Quelle affaire !

A trois jours de là, je fus naturellement mandé chez mon receveur particulier pour être *saboulé*. « Monsieur le receveur, lui dis-je, je n'ai qu'une explication à vous donner : *Je suis parti en flèche et revenu de même.* »

C'est bien là, en effet, tout notre percepteur.

Pendant que la narration se poursuivait, l'arabe avait filé grand train. A peine hors du cabriolet, le percepteur était déjà la proie de ses *Anglais* qui l'attendaient au passage. C'est là que je l'ai laissé. Il y est encore. Allez le voir, si vous voulez faire un plaisant voyage.

II

LES DEUX ANTOINE

J'ai connu dans un petit hameau des dunes de Vendée deux *Antoine* qui ne s'aimaient pas. L'état civil les gratifiait sans doute, chacun de son côté, d'une désignation supplémentaire, mais leurs contemporains ne s'en embarrassaient pas. On disait simplement : *le petit Antoine* et *le grand Antoine*; quelques-uns même : *le Petit* et *le Grand*.

Il était étrange assurément que ces deux ennemis acharnés qui pendant vingt ans ne connurent d'autre joie que de se rendre mutuellement la vie insupportable et cruelle, se trouvassent constamment réunis sous une appellation commune dans tous les propos de village. Il y avait certainement d'autres Antoine au pays : on n'en tenait pas compte. Ceux-là seuls intéressaient le public, passionnaient l'opinion. Il se jouait entre eux une si belle partie de haine savante, toujours aux aguets, toujours en préparation d'agir, que leurs deux vies aux prises s'en trouvaient inextricablement mêlées, confondues en toute occasion Et, comme on ne pouvait découvrir un acte de la vie d'un des Antoine qui ne se rapportât à l'autre en vue de le contrecarrer, de le barrer, de lui porter dommage, il fallait de nécessité les joindre tous deux — pour les opposer — dès que ce nom fatal était jeté dans le discours. L'inimitié liait ces deux êtres d'une invincible chaîne comme eût fait l'amitié pour d'autres.

Ils allaient dans la vie mutuellement accrochés dans un mortel combat.

Sur l'origine de ce duel farouche, le temps avait fait le mystère. Il n'y avait pas deux commères pour raconter à ce propos la même histoire. Chaque foyer avait sa légende. Où l'on s'accordait cependant, c'était pour attribuer les premiers actes de guerre à des questions d'intérêt. Point d'amour, point de querelle de famille, ni bataille de cabaret. On parlait vaguement d'un lopin de terre qui se trouva jouxter la propriété de chacun. D'autres contaient l'histoire d'un fossé par-dessus lequel un vieux poirier sauvage étendait indûment ses branches. Le fait est qu'on ne voyait plus ni le champ, ni le fossé, ni les poires. Ces choses avaient disparu par l'effet du temps destructeur. Mais la haine vivace était restée, et tout le pays en pouvait jouir à pleins yeux.

Ce n'est pas qu'ils fussent méchants, *le petit* et *le grand* Antoine. Non. C'étaient deux hommes tout simples, deux villageois travailleurs, aimant uniquement la terre, la pétrissant tout le jour de leurs brutales caresses, dormant sans rêves, et ne pensant point. Combien de leurs semblables font avec cela du bonheur, inconscients de toute autre possibilité de joie! Ceux-là ne demandaient pas mieux sans doute que de prendre leur part de cette félicité rustique. Deux bons bras, la tête dure, *un petit bien au soleil*, tout le monde n'en peut montrer autant. Ils se sentaient des privilégiés, à leur manière, et jouissaient plaisamment, sans connaître Lucrèce, du spectacle des compagnons moins favorisés du sort. Ils auraient donc reçu, comme chacun de nous, quelques éclaboussures de ce bonheur terrestre que la Providence nous envoie, à charge pour le diable de le détourner de nous, si le Malin ne leur avait mis au cœur cette haine sauvage.

Il n'y paraissait pas d'ailleurs et rien ne décelait en eux la fureur des ressentiments intimes. Quoique bien musclés tous deux et capables de rendre *un bon coup*, ils n'étaient pas de ces batailleurs vulgaires dont la colère s'épanche en cris, en pugilats, en ruades méchantes. Réfléchis, concentrés, ils mâchonnaient amoureusement leur rage, comme le matelot fait sa chique. Le bon chiqueur est muet, tout à son intime jouissance. Nos hommes, tout en boule, voluptueusement repliés sur eux-mêmes, ne disaient mot, absorbés par la passion de couver des idées de nuire et de les faire venir *à bien*. Chacun d'eux, suivant son génie, avait fait de cet unique labeur l'unique joie, l'unique tourment de sa vie. D'ailleurs aucune dépense de paroles violentes: c'eût été force perdue. Ils ne se parlaient pas, évitaient avec soin toute occasion de conflit bruyant et même se gardaient soigneusement de médire l'un de l'autre pour ne pas prêter à rire. Ils avaient le respect de leur haine et chacun les en admirait davantage.

Car il n'était personne, aux alentours, qui ne se passionnât pour ce combat sublime tout autrement tragique que les bruyantes querelles des matamores qui s'égorgeaient devant Troie. On n'avait garde de prendre parti pour ou contre, car la prudence est proverbiale aux champs. Les bons campagnards n'en étaient que plus à l'aise pour jouir avec désintéressement du drame, marquer les coups, les juger, applaudir à la savante escrime. Tout cela avec la discrétion raffinée qui convient à des connaisseurs.

Pour décrire tous les incidents d'une bataille de vingt années, il faudrait une encyclopédie de *mauvaiseté* paysanne. La propriété terrienne, le champ, la moisson, le troupeau, ne se peuvent enfermer comme une action de banque en un coffre de fer. C'est un orgueil de la posséder, parce qu'elle s'étale aux regards de tous. Mais par cela même elle est en butte à l'envie, à toutes les malveillances qui rôdent, aiguisées par les chances d'impunité. Une haie éventrée, un coup de pic dans une muraille, un jeune arbre été, un coup de serpe dans un poirier, des légumes piétinés, une récolte envahie par des bestiaux en dommage, ce sont là des malheurs auxquels tout travailleur de la terre est fatalement exposé — *car le bon Dieu lui-même a des ennemis, Monsieur*. Mais quand le sort s'acharne avec trop de persistance sur le même foyer, alors il n'y a pas d'hésitation : *c'est des sorciers*, ou *c'est des jaloux*.

Pour les *Antoine*, tout le monde était bien sûr que ce n'étaient pas des sorciers. Qui donc était l'auteur des accidents de toutes sortes dont ils étaient régulièrement victimes ? Voilà pourtant ce qu'on ne pouvait pas savoir. La gendarmerie survenait, interrogeait le plaignant :

— Soupçonnez-vous quelqu'un ?

— *Ah! j'ai ben des ennemis. Demandez au monde.*

Telle était l'unique, l'invariable réponse. On allait chez l'autre Antoine, mais il était plaignant à son tour. Lui aussi avait des ennemis, des jaloux. D'ailleurs, on ne pouvait le soupçonner. Il avait les mains pleines d'alibis. Que faire ? Le brigadier tortillait sa moustache, et tout le village gloussait d'un petit rire contenu.

— Vous ne savez pas ? La vache au grand Antoine,

elle s'est trouvée boiteuse au matin de la foire. Qu'est-ce que tu dis de ça, petit Antoine ?

— Ça ne m'étonne pas, il y a des clous plein les chemins. Hier j'en ai ramassé un avant de marcher dessus.

Et chacun de répéter : *le Petit* est plus fin que la vache au *Grand* : il ramasse les clous avant de marcher dessus.

À force de tels *malheurs* fondant sur eux de tous côtés, à tous moments, les deux Antoine en étaient arrivés, pour donner moins de prise au *hasard* ennemi, de retrancher de leur vie tout ce qui pouvait tenter *le mauvais monde*. Quand le chien du *grand Antoine* fut trouvé mort, un beau matin, *le Petit* étrangla son dogue, *qu'il aimait*, pour lui épargner *le sort inévitable*. Ils renoncèrent presque simultanément au précieux poulailler où, malgré tous leurs soins, la fatalité frappait à coups redoublés. Les vaches parties, la porcherie se ferma. Ils louèrent leurs champs et jusqu'à leur verger pour échapper aux coups de *la fortune mauvaise* qui s'acharnait sur eux.

L'âge était venu. L'esprit de haine demeurait jeune en eux, mais l'entrain d'attaque avait faibli, et le dernier effort de vie se concentrait en de prudentes combinaisons pour parer aux perpétuelles menaces que l'imagination maladive multipliait, grandissait. Appliqués à *s'effacer* devant la pointe tendue, tous deux avaient amoindri, rétréci toutes leurs manifestations de vie jusqu'à anéantir en eux toute jouissance de vivre, pour maintenir intacte leur puissance de haïr. Et l'ardeur de détestation demeurait telle en ces âmes tordues d'une unique passion, que c'était pour chacun des deux Antoine une extrême volupté de voir *l'autre* se mettre en garde contre des coups qu'on ne pouvait plus lui porter.

Ainsi les douloureuses joies dont se composa pour eux toute la sensation de vivre, jusqu'au seuil de la tombe leur furent bonnement fidèles. De leur haine, ils firent, sans préméditation, ce que tant d'autres essayent vainement de faire de l'amour : un enchaînement durable de bonheur. Et le soir de leur pénible vie s'éclaira doucement de l'implacable exécration d'autrui, comme nous rêvons que fasse pour nous la tendresse de ceux que nous chérissons. Grande matière à philosopher sur les joies de ce monde.

Je les ai vus finir silencieusement de vivre, les deux Antoine, tout vieux, tout cassés, dans un logis misérable, face à face, séparés par une obscure ruelle, à trois mètres de distance. Le grand Antoine se vantait de n'avoir pas quitté *la maison de ses pères*, branlante bâtisse dont il avait la fierté, parce qu'elle faisait de lui l'aboutissant d'une tradition — inutilement d'ailleurs en raison de la stérilité de *la Grande*. Le petit Antoine, lui, avait vu sa masure démolie quand, pour élargir la route, on éventra la colline de sable. Cependant un petit terrain lui resta sur la butte, d'où il pouvait masquer toute vue aux lucarnes du *Grand*. Cela coûta *chaud* de consolider le terrain par des contreforts de pierre. Mais *le Petit* ne regardait pas à la dépense, et il réussit à se percher dans un petit cabanon *sans fenêtres*, grâce auquel il fit la nuit chez *le Grand*.

Quitter la maison paternelle, s'en laisser chasser par l'ennemi qui le narguait cent fois le jour à trois pas de son seuil, un Antoine ne pouvait avoir une telle pensée. D'ailleurs, une vengeance s'offrit. Un logis sans fenêtre, cela peut se concevoir. Mais il y faut la porte, et le cabanon du *Petit Antoine* en avait deux : l'une sur la ruelle, en face du *Grand*, l'autre dans le même axe, donnant sur la route où une échelle permettait de descendre quand *le Petit* jugeait à propos de sortir sans que *le Grand* en eût connaissance.

Le Petit vivant seul, n'était pas exigeant. Mais s'il voulait de la lumière chez lui, il fallait ouvrir une porte, et ce n'était pas trop des deux portes entre-bâillées pour obtenir un peu d'air respirable en été. Voilà justement ce qu'attendait *la Grande* dont l'œil traversant le cabanon pouvait, du seuil, avoir la vue de la route. *Le Petit* s'ingéniait sans doute en mille combinaisons fâcheuses. En vain. Une porte ouverte, la lumière qui passe ne se peut confisquer. Quelle joie pour *la Grande* de dire à mi-voix à son homme, comme pour ne pas chagriner l'autre : — *Antoine, voilà M. le curé qui passe!*

Le Petit, qui ne perdait pas une syllabe du discours, enrageait à plaisir, fermait brusquement le panneau, qu'il fallait bientôt rouvrir, et *le Grand* en trépignait de plaisir. C'étaient là les émotions quotidiennes de leur vie.

Un jour le spectacle du *Petit Antoine* en fureur convulsa *le Grand* d'un tel accès de joie que l'apoplexie l'étendit par terre et qu'il en mourut. Cette fois s'en était trop pour *le Petit* qui, n'ayant plus de but dans la vie, faute de pouvoir haïr, devint mélancolique, à la façon de ceux dont l'amour est traversé de la mort, languit et trépassa, pitoyable à voir.

Telle fut la fin de cette grande passion. Après tout, ces deux hommes furent heureux l'un par l'autre. Que le bon Dieu leur soit indulgent, ou, à son défaut, le Diable!

III

JACQUES FAGOT

La maison où Jacques Fagot finissait de vivre était la plus vieille bâtisse du village vendéen. Un grand mur lépreux, décrépi, cabossé, pansu, prêt à crever d'âge et de misère, qu'on ne pouvait réparer parce qu'il était hors d'alignement, mais qui, menaçant de crouler depuis cent ans et plus, restait debout on ne sait comment. Une ouverture étroite en plein cintre, fermée à mi-hauteur d'un battant de bois dépeint, dont un volet, la nuit, faisait une porte complète. Point de fenêtres. A gauche, une lucarne ronde, à droite, un trou sans forme, accidentel ou voulu. C'était toute la façade. Une grosse pierre, bizarrement fouillée durant des siècles par la pluie venue des tuiles, servait de marchepied pour atteindre le seuil. Au-dessus de la clef de voûte un écusson sculpté dans la pierre, un écusson vide, demeuré tel sans doute par l'incertitude de ce qu'on aurait pu y inscrire.

En entrant une sensation de nuit noire. Le visiteur, de fait, se trouvait prisonnier dans un étroit couloir de trois mètres de long, formé de planches mal jointes et barré d'une porte close. Le corps obstruant la lumière du dehors, on s'avançait tâtonnant. Deux planches manquant à gauche faisaient l'entrée du *magasin*, réduit éclairé de la petite lucarne, où Jeanne Fagot, la femme de Jacques, entassait sur des planches quelques boîtes contenant de menus objets de commerce, aiguilles, fil, lacets, épingles, ficelle. A terre, des pots, des morceaux de résine pour les chandelles de la veillée. Il n'y a pas de femme qui contemple l'étalage du *Louvre* ou du *Bon Marché* d'un œil plus ébloui que je ne faisais des trésors du *magasin*, dans mon enfance, quand j'y allais chercher certain sucre d'orge étrange dont s'émerveillait ma gourmandise.

A main droite, c'était un capharnaüm obscur où le trou de la muraille mettait une raie de lumière quand un vieux chat dormant ne le bouchait pas de sa boule pelée. La *maie* où se pétrit le pain, la pelle à four, des fourches, des râteaux, des sacs, des débris de harnais et de vêtements, des ferrailles bizarres s'entassaient dans le clair-obscur de ce lieu redoutable dont jamais je n'osai franchir le seuil.

Encore un pas, et butant contre la porte du fond, vous entrez dans la *chambre*. O Rembrandt, dompteur de l'ombre et maître de la lumière, quel souvenir tu nous aurais laissé de la *chambre* de Jacques Fagot ! Une petite fenêtre aux carreaux verdâtres, irisés comme de ces fioles qui ont séjourné des siècles dans la terre, laissait filtrer de tristes rayons gris qui s'éclaboussaient en taches luisantes sur la pierre mouillée de l'évier.

En face de la fenêtre, l'âtre, la grande cheminée noire, à manteau rabattu, où fume un misérable tison sous la cendre. Dans les flocons de suie, derrière la crémaillère, la gueule du four. Entre deux pierres, la tige de fer fendue, nommée *gliube*, où se fiche la chandelle de résine qui, le soir, accompagne de son grésillement la valse du fuseau.

L'enchantement de ce trou noir, moutonnant de suie cendrée, c'est la belle lumière bleue qui tombe tamisée du ciel par l'énorme ouverture dont se fait la cheminée. On dit le ciel merveilleux vu d'un puits.

Peu d'hommes se donnent la joie de descendre dans ce frais asile de la Vérité. Mais je doute qu'on y puisse jouir d'un plus bel éclat de turquoise que de l'âtre d'une cheminée vendéenne. Le foyer, caressé d'une lueur bleuâtre de féerie, irradie comme une buée de lumière dans la chambre de clair obscur. Voilà qu'en effet, de la triste fenêtre comme de l'âtre fantastique, se fait une transparente pénombre où l'œil s'accoutumant saisit la forme de deux lits montés sur deux hautes paillasses jusqu'au plafond. Quatre colonnes unies, reliées d'un bandeau de serge verte, voilà tout le décor.

Jeanne Fagot, qui fut renommée au temps de mon grand-père sous le joli nom de *Fleur de froment*, est maintenant déplorable à voir. C'est la petite vieille, cassée, ridée, déjetée, aux yeux vitreux, qui file sa quenouille d'un mouvement mécanique, sans bouger de sa chaise tremblante, sans parler, sans penser. Elle est là depuis des heures, toujours filant, toujours muette et stupide. Un gémissement sort du sombre recoin. On dirait d'une ferraille rouillée. La quenouille s'arrête, le chandelier de cuivre s'allume et, trébuchant sur le sol inégal de terre battue, la petite vieille arrive au bord du lit, grimpe sur une chaise et, miraculeusement, éclaire deux charbons noirs vivants, trouant l'immobile face blême de Jacques Fagot qui meurt.

Point de maladie. Point de souffrance. Il s'est couché il y a un mois, en disant : « C'est fini ». Il meurt par l'impossibilité de vivre : voilà tout. De ce corps sec, épuisé, vidé, la vie lentement se retire. Tous les jours il meurt un peu, et la transition sera sans doute insensible jusqu'à la mort définitive.

Le miracle est que Jacques Fagot croit finir quelque

chose qui n'a pas commencé. Il est né dans ce lit où il va mourir. Gardant la vache ou les moutons, bêchant, hersant, charroyant, labourant, il a vécu de la vie du bœuf de la charrue, trouvant toujours, après le sillon qui finit, un nouveau sillon qui commence. Pendant soixante ans et plus il a promené sa pensée du labour d'hier au labour d'aujourd'hui ou de demain, ignorant du monde et des hommes, ayant pour horizon les champs de son village, pour toute diversion à la vie de la terre, les causeries de la place de l'église le dimanche pendant que la femme est aux offices, et le petit vin blanc qui fait tituber le soir après vêpres.

Il a vécu ainsi, forme vide, inexpliquée, comme l'écusson de sa porte où les hommes n'ont rien inscrit. A-t-il vécu, va-t-il mourir? On ne sait. Les éléments de son corps ont sûrement constitué une créature distincte qui aurait pu s'ouvrir à la vision du monde, aux spéculations de la pensée, comme le poirier sauvage aurait pu, par la greffe, donner la savoureuse *duchesse*. C'est un sauvageon qui a verdi, bourgeonné, et qui va se flétrir dans l'inconscience de la prodigieuse aventure dont il a été à la fois la victime et le héros.

Immobile, sans force et sans pensée, il attend la mort sans regret, sans espoir, jouissant de la *couette chaude*[1] et du repos qui se prépare, comme après la journée de labeur à l'approche du bon sommeil. La vieille cependant, silencieuse, tout en filant pense à lui : « Le vieux va bientôt manger les pissenlits par la racine : c'est notre sort à tous. Il me faut vivre, moi, jusqu'à ce que vienne mon tour. Le château, le curé m'aideront. On me donnera du lin à filer. On m'as-

---

1. Gros matelas de plumes.

sistera d'un pain, d'un jupon. Il y a là, dans l'*homme debout*[1] un petit tas de pièces d'or auquel il ne faut pas toucher. Ça va coûter, l'enterrement. On me donnera bien quelques planches de peuplier. Pour l'ensevelissement, c'est assez de ma plus mauvaise berne qui sèche dans la cour. A quoi bon la raccommoder ? Qu'est-ce que ça fait sous la terre » ? Et le fuseau tourne et la blanche perruque de lin s'effile sous les doigts noueux de la triste parque.

Le vieux a demandé à boire. Une cuillerée de vin, c'est tout ce qu'il lui faut. Les voilà tous deux face à face sous le tremblotement de la chandelle fumeuse. Le visage tiré, labouré des sillons funèbres, planté de poils blancs tout drus, annonce la mort prochaine.

— M. le curé viendra ce soir, dit la femme.

— Pour quoi faire ? dit l'autre indifféremment, insensible même au plaisir de penser qu'un étranger lui porte assez d'intérêt pour le venir voir.

— Tiens donc ! il t'administrera, fait la vieille tout crûment.

— Pour quoi faire ? répète le mourant sans penser.

— Ah bien ! tu ne crois pas qu'au château on me donnerait du lin, si je te laissais partir, comme ça, sans faire venir M. le curé ?

Jacques Fagot ne dit plus rien.

Le soir le curé vint, un grand vieillard tout jaune, timide et triste, précédé d'une odeur fade de vieille soutane rancie. Grimpé sur la chaise à côté de la vieille, élevant la vacillante chandelle, il mit ses yeux dans ceux de Jacques :

— *Eh bien ! me voilà, mon ami, voulez-vous que je vous donne les sacrements ?*

---

1. Sorte de petite armoire très étroite, à un seul battant.

— *Oh! monsieur le curé*, fait le moribond, à la fois résigné et bienveillant, *vous pouvez bien me foutre tout ce que vous voudrez.*

Ainsi fit le vieux prêtre. Et le soir même, Jacques Fagot passa.

Dans sa berne trouée, il mange maintenant sans bruit sa salade de racines, et la vieille, surveillant les pièces d'or, continue de filer le lin du château

---

IV

JACQUILLE

L'an dernier mourut le père Jacquille, connu de ses contemporains à trois kilomètres à la ronde, ce qui, dans l'univers, est tout justement de même valeur qu'une notoriété qui emplirait toute la terre. Jacquille avait été Jacquet, ou Jacquot, je ne sais plus, un beau gars vendéen bien planté sur ses grands pieds rustiques, agitant de lourdes mains au bout de gros bras poilus, parlant haut, piochant, buvant, dansant, vivant. En ce temps-là je ne l'ai pas connu.

Quand je le vis pour la première fois, il était déjà devenu Jacquille, un petit vieux cassé en équerre au pli des reins, la branche supérieure ayant subi l'attraction de la terre au point de faire avec la verticale un angle droit. C'est pourquoi Jacquille représentait merveilleusement cette bête à trois pattes dont le méchant Sphinx proposa l'énigme à Œdipe de Thèbes, fils de Laïus. Sans la troisième jambe d'un bâton, le vieux n'aurait pu ni cheminer ni même se tenir debout. La tête aurait emporté le derrière, et, se fichant dans le sol, nous aurait donné la figure du triangle rectangle sur l'hypothénuse de la terre. Une trique de cormier prévenait cet accident. Appuyée sur ce bois, la main, soutenant le menton, assurait l'équilibre du corps et permettait la marche, tête et bâton en avant.

Ce n'était point un spectacle fait pour exalter notre conception esthétique de l'homme, que de voir le vieux Jacquille se mettre en route avant le coucher du soleil pour ramener sa bonne *mulassière* à l'écurie. Les deux jambes solides encore, dans le vieux pantalon de droguet bleu, projetaient en avant le corps mathématiquement horizontal, dans le gilet rapiécé aux boutons de cuivre, précédé du cormier que les deux sabots suivaient vaille que vaille. L'homme faisait du chemin ainsi. On l'entendait battre la route du pas régulier de sa marche à trois temps, et le mouvement nerveux, saccadé, annonçait un reste de vigueur dont le vieillard n'eût pas manqué de tirer parti sans la cassure.

Mais la terrible terre déchirée de la pelle, de la pioche ou de la charrue se venge en attirant à elle pour l'embrassement dernier le rustique amant qui la meurtrit de ses rudes caresses. Pendant que le marin chancelle sur la vague hasardeuse, le terrien courbé sur sa glèbe, lentement penche et s'ankylose dans l'effort quotidien qui, tous les jours, le rapproche de l'étreinte finale. Et puis, dans le cercueil immobile, sous la pierre que les siècles vaincront, ou dans le bercement suprême de la houle qui se refuse aux épitaphes d'un jour, par la volonté souveraine des éléments que d'autres vies appellent, des nouveaux embrassements de la terre, de l'air et de la mer enflammés de l'incendie solaire, d'autres êtres surgissent qui recommencent et continuent les morts.

Ces pensées, j'en conviens, ne hantaient point le père Jacquille, béquillant après sa mulassière. Et cependant, les mêmes lois étaient sur lui que sur Socrate, Shakespeare ou Gœthe. Sans s'embarrasser de tant de soucis, le vieux paysan cheminait, relevant, pour voir sa route, la vieille face brûlée, ravinée, encadrée de mèches blanches sous le bonnet de coton bleu. Comme vous l'eussiez plaint au départ! Mais quelle surprise au retour! A la barrière du champ la *bretonne* blanche l'attendait, le large flanc gonflé de la petite mule à venir, caressant de l'œil celle qui vint il y a six mois : une étrange toison noire ébouriffée sur quatre grandes pattes toutes raides, avec une longue tête au museau blanc, aux oreilles démesurées si mobiles, si expressives, si parlantes. Ni bride, ni licou. A quoi bon? Grimpant aux traverses de la barrière, s'aidant de la tête et des coudes et du ventre, Jacquille arrivait à la hauteur du dos de la *bretonne*, et, par des mouvements de natation, l'enfourchait. Alors c'était le miracle. La même raideur du rein qui à terre faisait le torse horizontal, lui commandait l'attitude verticale dès que Jacquille était sur son derrière. Les jambes raidies à hauteur de l'épaule de la bête pointaient maintenant vers l'horizon, et l'homme qui avait tout à l'heure quitté le village à trois pattes, y rentrait en empereur romain sur son coursier de bataille, tout droit, la face au ciel, brandissant le sceptre de cormier.

C'était le beau temps encore, qui fut vite écoulé. La terre, qui n'oublie point, voulait son Jacquille et tous les jours l'appelait. L'autre résistait, disait non, faisait mille manières. Mais la résistance de l'homme à chaque heure faiblissait, et la passion de le posséder qui était en la planète, à chaque heure s'accroissait.

Quand il fallut renoncer à sa triomphante cavalcade, Jacquille se sentit perdu, et, sollicité, importuné depuis des ans et des mois par ses deux fils, se résigna à leur abandonner tout son bien, moyennant l'engagement, pris par-devant notaire, de pourvoir aux besoins de sa vie.

C'est l'éternelle histoire du paysan. Il ne vaut que par ses bras. Quand les vieux muscles usés refusent le service, *il faut se jeter à quelqu'un*, comme on dit au pays. Les enfants sont là. Ils travailleront la terre paternelle. Ils la travaillent déjà. La rente qu'ils payent en argent, ils la payeront en habillement, en nourriture, et le vieux, débarrassé de tout souci, n'aura plus qu'à vieillir tranquille, jouissant des fruits de son travail. Que faire? Il faut céder.

L'homme qui n'a vécu que dans une unique pensée: faire d'un sou de cuivre une pièce blanche, et de l'écu d'argent un louis d'or pour l'enfouir tout aussitôt dans un carré de terre, l'homme qui va mourir sent que cette terre qu'il a conquise au prix d'une courte vie, va maintenant le conquérir dans l'éternelle mort. Quitter son champ pour le cimetière, quelle douleur quand on n'a vécu que pour son champ! C'est en prolonger la possession, semble-t-il, que de le voir passer sous ses yeux aux enfants sortis de soi. Ils m'aimeront, pensait Jacquille, qui n'avait aimé que sa terre, qui oubliait son père dédaigné, et ne comprenait pas que ses enfants, à son exemple, n'auraient qu'une passion: la terre dévorante, qu'on déchire pour vivre, et qui tue.

Les deux fils n'étaient pas méchants. Ils n'étaient

pas bons davantage. Pourquoi auraient-ils eu souci d'autre chose que de l'âpre vie qui sort du sol incessamment retourné. Qui donc autour d'eux s'occupait d'autre chose ? Pourquoi le paysan serait-il pitoyable aux siens quand il est sans merci pour lui-même? Que sait-il du monde et de la vie ? Que lui en dit-on? La philosophie moderne ne l'a pas encore pénétré de sa puissance de bonté sociale, et la religion qu'on lui prêche n'est plus que l'écorce desséchée d'un fruit dont la foi disparue faisait toute la saveur et toute la vertu. Quels exemples, l'humble travailleur des champs reçoit-il de la bourgeoisie possédante ?

Dès que Jacquille eut partagé son bien entre ses deux enfants, il cessa d'être considéré, respecté: Il était devenu un *hère*, un pauvre, un fardeau pour les siens, un être inutile, encombrant pour la communauté qui n'en pouvait plus rien attendre. Le comprit-il? Je ne sais. En tout cas, il n'en fit rien paraître. Sentant la mort si proche, l'indifférence lui était venue peut-être. Puisqu'il ne se révoltait pas contre le mépris des uns et le dédain des autres, pourquoi lui aurait-on ménagé l'expression des sentiments qu'il inspirait? Les champs ne connaissent pas l'hypocrisie bourgeoise qui met artistement la cordialité d'un fraternel sourire sur la haine, l'envie et tous les mouvements de l'égoïsme humain. En revanche, la brutalité du rustique n'est pas plus vivement ressentie de celui qui en est l'objet que de celui qui l'exerce en toute candeur naïve.

Des deux fils de Jacquille, l'un était riche, — il avait 20,000 francs, dit-on, — l'autre, journalier, sans le sou. Les deux hommes se partagèrent la charge du père. Il fut convenu que chacun d'eux le traiterait pendant deux mois consécutifs, puis passerait la charge à l'autre, ce jeu de raquette devant durer jusqu'à la consommation du vieux.

Mais, dès l'abord, l'arrangement ne tint pas. Le premier au foyer de qui Jacquille vint s'asseoir réfléchit qu'il serait frustré, ou plutôt que son frère serait avantagé si le vieillard venait malicieusement à mourir à la fin du second mois. En conséquence, le temps de séjour du *hère* dans chaque ménage fut réduit à un mois. Puis le vieux faiblissant, au bout d'une demi-année, ce fut une nouvelle convention de quinzaines alternatives. Enfin, comme la mort approchait, on se partagea le vieux par semaine. On n'osa pas aller plus loin.

Si les deux frères avaient demeuré porte à porte, ils se fussent repassé le moribond de jour en jour, je n'en doute pas. Mais ils étaient distants de plus de deux kilomètres. C'était une entreprise d'expédier Jacquille. Le riche avait sa charrette qui ponctuellement déposait le funeste fardeau à la porte du pauvre. Celui-ci n'avait d'autre ressource que de mettre le vieux en route, et l'ayant conduit jusqu'à la sortie du village, de le laisser béquiller son chemin à la grâce des charretiers et des troupeaux qui passaient. Neige, vent ou pluie, il fallait faire le voyage. *Chacun son droit.* Entre deux droits égaux, Jacquille était victime de *la stricte justice.* Il en avait pris son parti d'ailleurs. Peu lui importait d'être ici ou là. Riche ou pauvre, c'était même régime, la soupe et les haricots, même paillasse sur la terre battue. Jamais ne desserrant les dents, l'homme muet, recroquevillé en boule de hérisson, attendait la grande Muette qui, comme lui, clopinait en chemin.

Devant le triste seuil, campé tout droit sur sa chaise ainsi qu'autrefois sur le dos de la bretonne mulassière, les deux jambes à hauteur d'appui sur une souche, Jacquille, se garant du soleil ou de la pluie par le moyen d'un vieux sac, voyait sans surprise passer ses parents, ses amis méprisants, qui ne le saluaient même pas d'un regard. Pourquoi auraient-ils fait autrement pour lui, que lui pour tant d'autres?

Le jour marqué venu, le vieux, soutenu du fidèle cormier, se mettait en route bravement avec sa *berne* sur l'épaule. Cette berne, drap grossier de toile jaune, était son seul bien sur la terre. De vêtement, il n'avait que les loques que lui laissaient ses brus, échangeant d'aigres propos en sa présence pour le morceau de futaine ou de droguet d'un rapiéçage d'un sou à mettre au compte de l'une ou l'autre semaine. Mais sa *berne*, sa chère *berne* était bien à lui, puisque ce devait être son linceul. Il n'y aurait point de disputes là-dessus. C'était sa propriété dernière, son amie qui, lorsque le cormier oublieux aurait passé à quelque nouveau maître descendrait avec lui dans le sombre hypogée. Combien de fois n'ai-je pas vu Jacquille cheminer sur son bâton, de l'un à l'autre hameau, portant comme Bias tout son bien, le triste lambeau d'œuvre humaine dont la rude caresse devait lui faire la paix du dernier sommeil. Matière à philosopher, semble-t-il. Qui donc dans le village, voyant chaque dimanche passer Jacquille et sa *berne*, eut une autre idée que de plaindre les deux gars vigoureux obligés de nourrir une bouche inutile?

Car le vieux misérable vécut longtemps pour *embêter* tout le monde. Enfin la mort, secourable à tous, mit sa griffe sur lui. L'homme aux 20,000 francs eut tout juste le temps de le déposer, mourant, un dimanche matin, à la porte du journalier. La paillasse, installée sous l'échelle à degrés plats qui monte au grenier, reçut la vieille carcasse expirante. Le curé vint, à défaut du médecin non mandé. Toutes les commères accoururent, et l'on récita force chapelets autour du moribond sans mouvement et sans voix. Croiriez-vous que Jacquille ne voulait pas mourir encore. Il résista toute la nuit.

Le lendemain matin, c'était jour de lessive. Il fallait bien descendre les fagots du grenier. Le bois, lancé sur l'échelle, glissait avec un bruissement de feuilles mortes et de branches cassées à quelques pouces de la face convulsée. Brindilles, grumeaux de terre desséchée, passant entre les échelons, couvraient le mourant pelotonné sur sa *berne* amie, et lui faisaient un premier enterrement avant sa mort. Alors il comprit et se décida.

Le soir, il y eut grand conciliabule avec le charpentier *Six-Sous*. La vieille carcasse déformée, inextensible, ne pouvait s'introduire en une bière ordinaire. Il en résulta de grandes complications, et un surplus de dépenses, qui se monta à près de 3 francs, m'a-t-on dit. L'homme était mort en rond, les pieds touchant la tête. Emblème, comme le serpent qui se mord la queue, de l'éternel recommencement des choses. Une boîte ronde, un trou rond, et puis plus de nouvelles. Enfin !

V

LA MESSE AU VILLAGE

La Tranche-sur-Mer.

Je traverse le village au moment où la grand'messe commence. De toutes les rues débouchent des retardataires, jupon noir, coiffe blanche, courant d'une allure balancée de canard qui s'empresse. Quelques ménagères, pour économiser leurs deux sous, portent bravement une chaise. L'entrain me gagne, et me voilà dans la cohue villageoise.

Un grand vaisseau nu, des coiffes et des coiffes jusqu'à l'autel. Cinq ou six hommes tout au plus. L'église est pleine. Je me case péniblement dans un coin près des fonts baptismaux, accoté contre un tas de paniers noirs qui, tout à l'heure, s'empliront de provisions à la sortie de l'office.

Le prêtre arrive, et des chants nasillards, accompagnés d'un harmonium poussif, éclatent dans le chœur. Dominant les têtes inclinées, un suisse moustachu en costume de lancier polonais : schapska noir et rouge, dalmatique appareillée, avec un grand collier doré où pend une large médaille. Une grande verge noire avec une pointe d'acier complète l'illusion. Autour de moi, des femmes assises, d'autres effondrées sur les dalles, égrènent le chapelet, ou s'efforcent de suivre l'office dans le livre. Des vieilles poilues, les yeux cerclés de grandes lunettes rondes, sont immobiles sur le texte sacré. Quelques jeunes femmes debout, l'une d'elles, les yeux demi-clos, inconsciemment souriante, regardent vaguement vers l'autel comme dans une vision d'inquiète espérance. Mains, visages et cous brûlés, battus des ailes de la coiffe blanche où se cachent les cheveux.

Avec un mouvement de vague, toutes ces mousselines surmontant des nuques dorées s'élèvent ou s'abaissent au signal de la sonnette sacrée. Quelles pensées dans ces têtes de dures travailleuses qui tout le jour, prenant part aux travaux de leurs hommes, chargent le fumier sur les ânes, gravissent péniblement la dune d'un pas alourdi, bêchent le sable ou le creusent de leurs mains pour les semailles ou la récolte ? Qu'est-ce qui les amène en ce lieu ? Qu'y font-elles ? Y trouvent-elles ce qu'elles y viennent vaguement chercher ? Je me pose ces questions. Et je me dis que personne, en dehors de ce vieux prêtre blanc courbé devant son Dieu, ne parle à ces gens d'autre chose que de l'intérêt immédiat, but unique du labeur qui fait toute leur vie. Comment s'étonner si les créatures d'instabilité nerveuse, d'imagination obscurément tourmentée, souvent douloureuses et criantes, accourent en foule à ce temple mystérieux, unique monument du village, où dans la fumée de l'encens, parmi les cierges étincelants, un vieillard pliant sous la chasuble d'or les émeut de sonorités apaisantes ?

Elles ne savent point le sens de ces étrangetés et ne le cherchent pas. Quelque chose s'accomplit en ce lieu qui les arrache pour un instant à la terre. C'est assez. D'autres dans les spectacles, dans les rêves, dans les hautes spéculations de l'esprit, échappent pour une heure aux misères de la vie, se consolant de mirages divers ou de la fierté de n'être point consolés. Ces ressources de luxe citadin ne sont point à la portée des humbles travailleurs de la terre. Ils peuvent contribuer pour le Louvre, l'Opéra, la Comédie-Française, ou la Bibliothèque nationale. Mais rien ne leur revient de ce qu'ils ont donné. On leur offre l'église, le vieux prêtre et son suisse polonais. Ils courent aux pompes du culte, faute de mieux.

Et puis songez que cet homme étrange, bizarrement costumé, jouissant du privilège d'accomplir sous l'autorité du gouvernement des cérémonies mystérieuses qui décident de la destinée humaine, est en possession de consacrer la naissance et la mort, de faire l'union des époux, de diriger la vie. Rechercher le fondement de son droit? Quel labeur! Qui donc pendant ce temps extraira le pain quotidien de la terre? N'est-il pas plus simple d'accepter telle quelle la seule solution de tous les problèmes de la vie qu'offre notre République à qui n'a pas le temps de se faire une opinion laborieuse?

L'autorité dit : « Derrière ces murailles, point de question qui ne trouve sa réponse. » Comment choisir, quand on n'offre pas autre chose? La foule accourt, et les statues peintes, et les fleurs de papier dans les vases dorés, les costumes étincelants, l'appareil du sacrifice, toute cette pompe barbare qui nous fait sourire, charme la vue primitive, et les chants criards et l'harmonium essoufflé font délicieusement vibrer les nerfs engourdis de l'éternel contact de la terre.

Aller dire à ces gens qu'ils se trompent! Quelle folie! Pour se tromper, il faut essayer de savoir. Ils ont seulement senti. Quant à leur parler des sentiments nouveaux que la civilisation pourra leur apporter plus tard, ils n'en ont cure. La vie qui leur reste est trop courte pour qu'ils puissent seulement concevoir la pensée d'autres besoins d'esprit, d'autres satisfactions morales créant des habitudes, des mœurs nouvelles. Bonne chance à ceux qui naîtront ; voilà tout ce que pourront leur suggérer vos discours.

Pendant que je délibérais au-dedans de moi sur ces choses, le prêtre, qui venait de monter en chaire, annonçait la fête de saint Marc l'évangéliste et de je ne sais plus quels martyrs. Aucune fête, dit-il, n'obligeait les chrétiens à s'abstenir de leurs travaux quotidiens pendant un seul jour de cette semaine. Hélas ! brave curé, cela n'importe guère, car c'est aux femmes que vous parlez. Les hommes qui décident du travail sont restés dehors, indifférents à votre parole. En ces temps de transitions troublées, ceux-là ont échappé au charme de vos spectacles, et plus ou moins affranchis du dogme imposé, préparent, sans le savoir, des esprits que le labeur quotidien ne privera pas du droit de penser librement. De ces hommes, en état de silencieuse révolte sur la place publique et de ces femmes courbées sous votre incompréhensible parole, attentifs seulement aux inquiétudes de leur destinée, des enfants naîtront ou déjà sont nés qui voudront connaître. Vos saints de plâtre doré, vos centons de barbare latin ne pourront pas leur suffire. Ils chercheront au delà, ils trouveront, car d'autres ont déjà trouvé. Quels dieux adoraient les aïeux de ce peuple il y a vingt siècles à peine, c'est-à-dire hier ? Que penseront leurs enfants des grands mystères, après vingt siècles écoulés, c'est-à-dire demain ?

Ainsi parlait le Polyeucte antichrétien qui s'agitait silencieusement en moi cependant que le prêtre ânonnait une pénible lecture sur les commandements de Dieu. J'atteste saint Marc l'évangéliste et tous les martyrs qui seront fêtés cette semaine que pas une personne vivante n'a pu saisir le sens exact d'une seule phrase. Et vraiment, il n'importait guère. Les vieilles disaient leur chapelet. Les jeunes regardaient sans voir, écoutaient sans entendre.

Les paroles marquées étaient dites à l'heure voulue, les rites extérieurs s'accomplissaient, c'est tout ce qui nous reste du christianisme aujourd'hui. Le son du Verbe est demeuré sur nos lèvres, l'esprit qui vivifie s'en est allé. Un autre son persiste aussi, c'est celui des sous qui tombent dans le plateau de cuivre. Conduisez-moi les yeux bandés où il vous plaira. Quand j'entendrai ce bruit, je saurai que je suis dans le temple du Seigneur.

Ite, missa est. La cloche tinte, et devant moi défile en rangs serrés entre les deux rangées de bancs un troupeau moutonnant de faces hâlées, encadrées des mousselines blanches, visages durs, violents, inexpressifs, tout en volonté. Fronts bombés, pommettes osseuses, mâchoires fermées, mentons saillants. D'invraisemblables vieilles au visage raviné, verruqueux, piqué de grands poils drus, avec une expression obstinée de bêtes de labeur dans le collier. Des fillettes au profil d'oiseau, disgracieuses et niaises, *éloisées*, comme on dit ici. Des jeunes femmes aux grands yeux noirs éteints, au masque triste, qui ne peuvent pas sourire faute de la flamme au regard.

Ne m'étais-je pas trop pressé de les imaginer rêveuses, toutes ces frustes créatures de somme raidies sous le joug du travail de la terre ? Qui sait ? L'apparence peut tromper. Elles sentent après tout, elles souffrent sûrement, elles aiment peut-être. Ou bien est-ce le simple moutonnement qui les amène, l'esprit d'imitation chez l'être faible, incapable de se résoudre par lui-même ? La religion pour elles c'est le chapelet, la statue, l'image, les mots convenus... comme pour les autres. Il y a de tout cela sans doute dans cette foule, sans parler du besoin de se réunir, de faire acte social en commun, auquel le vote municipal ou politique ne donne vraiment qu'une satisfaction ridicule.

A la sortie, les hommes groupés sur la place vont au-devant de leurs compagnes sanctifiées, et la bourse des produits agricoles qui s'est tenue pendant la messe fait place aux gais propos. C'est l'heure des plaisantes rencontres, et ce post-scriptum de la cérémonie divine n'en est peut-être pas le moindre attrait.

Les petits paniers noirs qui reviennent, eux aussi, de la messe s'approvisionnent hâtivement de légumes. Il est midi. La soupe fume sur les tables. La grande place se vide, et bientôt une poule solitaire s'ennuie à gratter inutilement le parvis du temple consacré au Dieu qui l'a faite pour la rôtissoire des humains.

Un vieux qui passe à côté de moi s'excuse, semble-t-il, auprès d'un sceptique, d'avoir assisté à l'office. « *Hé bé, un p'tit de prêche, o[1] fait trejous plaisi* ». Il a vraiment raison, le vieux. Quand on s'est tu pendant six jours, on a vraiment besoin, le septième, d'entendre parler quelqu'un.

Maintenant, est-il nécessaire que ce soit en latin ? Et ne pourrait-on varier les sujets ?

1. O, Cela, *Hoc*.

VI

LA SORCIÈRE

Un de nos compatriotes, qui revient d'Irlande, adresse au *Journal des Débats* le plus étrange récit d'un procès qui vient de se juger aux assises de Cork. Il s'agit d'une sorcière brûlée vive suivant la tradition de l'Église catholique. Cette fois pourtant l'Église ne paraît pas directement impliquée dans l'affaire. Le crime vient seulement de l'esprit de superstition qui est son œuvre. Voici l'histoire :

Michel Cleary, tonnelier, vivait avec sa femme, près de la petite ville de Clonmel, dans le comté de Cork. Il avait la réputation d'un excellent mari, d'un homme paisible, et d'un bon travailleur. Signe distinctif en ce pays : il ne s'enivrait pas.

Au mois de mars dernier, sa femme fut prise subitement d'une maladie de langueur. Il en éprouva le plus vif chagrin, et, à force de méditer sur l'événement, finit par se persuader que c'était l'œuvre des *mauvaises fées*.

Des voisins, consultés, lui mirent en tête que sa femme *avait été enlevée par les fées*, et que celle qui gisait dans son lit n'était qu'une fée revêtue d'une apparence trompeuse. On tint un conseil de famille où assista le père de la malade avec trois ou quatre cousins. Là, il fut décidé d'une voix unanime qu'il y avait lieu de faire venir un *docteur de fées*, et que si celui-ci ne réussissait pas à rappeler la femme méchamment enlevée, il fallait brûler vive la sorcière qui avait pris sa place.

En conséquence, le 14 mars, le *docteur de fées*, un nommé Dunn, fut tout aussitôt mandé. Le mari, le père, ainsi que quatre parents assistés d'une vieille femme, se tenaient au chevet de la malade. Je laisse la parole au correspondant du *Journal des Débats* :

« Le *docteur* fit une potion d'herbes amères et, après diverses incantations, il voulut forcer la pauvre femme à boire cette potion. Elle résistait de toutes ses forces : preuve de plus aux yeux de ses tourmenteurs qu'elle était bien une méchante sorcière. Son mari et son père la tenaient, et, comme le *docteur* lui versait le breuvage dans la gorge, ils lui demandaient tour à tour : « Es-tu Marguerite Boland, la femme de Michel Cleary? Parle, au nom du Père, du Fils et du Saint-Esprit... Au nom de Dieu, réponds : — Es-tu Marguerite Boland, la fille de Patrick Boland? » Et la pauvre femme de répondre : « Je la suis. » Après quelques heures de cette torture, le *docteur* s'en alla, déclarant qu'il ne pouvait rien faire, et que cette femme n'était pas une vraie femme, mais une fée sous forme humaine. »

Il ne restait plus qu'à recourir aux grands moyens. Le lendemain soir, il fut décidé dans une réunion de famille qu'il n'y avait plus que le remède du feu. On reconnut après délibération, dans ce parlement d'hommes bien intentionnés et jouissant de toutes leurs facultés de raison, que la véritable femme de Cleary avait été emportée par les fées sur le sommet d'une montagne, dans les ruines du fort de Kilnagranah. Il n'existait qu'un moyen de la retrouver c'était de brûler vive la méchante fée qui avait pris sa forme, et d'aller sur la montagne se mettre en embuscade, la nuit, dans les ruines du fort. Au coup de minuit, Cleary verrait apparaître sa femme, sa vraie femme sur un cheval blanc. A lui de se précipiter, et de couper avec son couteau les rênes du cheval fantastique. Sa femme lui tomberait dans les bras, et tous deux seraient pour toujours à l'abri des entreprises des fées. Ce fut Cleary lui-même qui exposa ce plan. « *Le beau-père et les parents reconnurent qu'il avait raison.* »

La malade fut donc tirée de son lit, et placée à titre d'épreuve suprême sur le feu qui flambait dans la cheminée. On lui posa les mêmes questions que précédemment. Elle répondit de même, et finalement s'évanouit. Il n'y avait plus lieu d'hésiter.

On enveloppa la misérable victime d'une couverture qu'on satura de pétrole, et sur un petit tertre à quelques pas de sa demeure, on la brûla vivante. Après quoi Cleary, l'âme tranquille, fort de la conscience du devoir accompli, s'en alla sur la montagne attendre le cheval blanc. Il guetta deux nuits, muni de son bon couteau, mais, par malechance, le cheval blanc ne vint pas.

En revanche, les gendarmes, qui n'étaient pas attendus, découvrirent le cadavre et arrêtèrent tout le lot de *conjureurs de fées*. Ceux-ci, bien loin de crier, soutinrent placidement qu'ils avaient fait une chose méritoire. Ce n'était pas un être humain qu'ils avaient brûlé, mais bien une fée, et si on les laissait seulement s'embusquer pour attendre le cheval blanc, ils se faisaient fort de ramener la véritable femme de Cleary comme preuve de l'excellence de leurs actes.

Les condamnations qui s'ensuivirent importent peu. Je note seulement que, la sentence prononcée, le mari protesta que si on l'avait laissé guetter le cheval blanc sur la montagne, sa femme serait aujourd'hui à ses côtés.

Et maintenant, quelle conclusion tirer de cette histoire ? En sommes-nous là que dans le Royaume-Uni, l'un des pays les plus éclairés du monde, à la fin du dix-neuvième siècle, des hommes puissent en toute candeur d'âme et dans les intentions les meilleures, accomplir de tels actes ? L'Irlande catholique est en proie aux superstitions comme notre Bretagne, et je connais pour ma part un grand nombre de paysans vendéens que nul ne ferait démordre de la ferme croyance aux sorciers. N'avons-nous pas vu, il y a cinq ou six ans, deux jeunes paysans bretons ouvrir avec des vilebrequins le ventre de leur sœur pour en arracher le démon. Pendant ce temps, la mère et la sœur, agenouillées dans le sang, invoquaient le Seigneur. Il avait suffi, pour déterminer cet acte, que le curé, reprochant à la jeune fille de se regarder trop souvent dans la glace, eût prononcé cette parole :
« *Vous êtes possédée du démon de l'orgueil.* »

Si l'affreuse tradition du moyen âge est encore à ce point vivante dans l'âme d'une partie de nos concitoyens, que parlons-nous de science vulgarisée, de lumière répandue, quand nos modestes foyers de connaissance et de raison sont encore si tristement auréolés d'une épaisse nuée d'obscurité noire ?

Nous nous vantons trop tôt, et parce que des lueurs de vérité se propagent, parce que des cerveaux s'éclairent d'une lente diffusion lumineuse, nous crions : c'est le jour. Quand l'aube blanchissante laisse encore dans la nuit tant d'êtres humains vagissant ! Ne trouvons-nous pas jusque dans nos académies des professeurs patentés pour déclamer contre nos tentatives de connaître.

O Cleary, bon disciple de Brunetière, tu ne t'arrêtes pas comme ton maître aux vanités de la rhétorique.

Tu pousses droit à l'acte. Cet ennemi prétendu de la science consulte lâchement son baromètre avant de sortir, pour savoir s'il doit prendre son parapluie. Toi, tu n'as pas de ces faiblesses. La science est un rêve, tu le dis et *tu le crois*. Vivant dans le monde des esprits, tu brûles les fées, et tu ris aux gendarmes de la science qui prennent scientifiquement une fée pour ta femme.

Qui donc te donnerait un autre enseignement? Ce n'est pas ton curé, le curé du même Brunetière, qui prêche que Jésus-Christ chassait les esprits dans le corps des porcs immondes, et qui se livre lui-même aux pratiques de l'exorcisme suivant les règles de l'Église. Il n'y a pas plus de deux siècles et demi que Richelieu, le grand Richelieu, brûlait Urbain Grandier, par son Laubardemont, pour *magie, possession, maléfice*. Aujourd'hui, encore, le peuple de la Révolution française salarie un clergé prôneur d'amulettes, de médailles préservatrices, de scapulaires, de reliques et de miracles. Tout cela se vaut et tu aurais bien embarrassé tes juges chrétiens en leur demandant s'ils osaient nier l'existence des démons.

Ce sont des hypocrites, des pharisiens, ô bon tonnelier d'Irlande, qui te condamnent pour avoir consciencieusement brûlé une sorcière, comme ils ont fait pendant des siècles et comme ils feraient encore sans l'incroyante science qui, malgré l'académie, gagne sur la foi.

Michelet a fait un livre là-dessus. Si j'apprends que tu sais lire, je te l'enverrai dans ta prison.

VII

LE MAITRE D'ÉCOLE

En lisant dans le substantiel discours de M. Thierry Cazes l'histoire de ces malheureux instituteurs, tour à tour gourmandés par le préfet pour leur indifférence, récompensés par le député qu'ils ont servi, honnis par celui qu'ils ont combattu, je pensais que l'infortuné maître d'école est vraiment la plus pitoyable victime de notre glorieuse République.

Nous avons pris un paysan et nous l'avons bourré d'une science hâtive de manuel, où se heurtent effroyablement les niaiseries de l'ancienne scolastique, les mensonges de la philosophie officielle et d'informes données scientifiques sans coordination, sans vue d'ensemble. Puis nous l'avons bercé d'une illusion magnifique. Nous lui avons dit qu'il était l'ambassadeur de la République auprès de l'habitant des campagnes, qu'il avait mission d'ouvrir à la lumière, d'éveiller aux idées de liberté, de solidarité, de justice, ces jeunes intelligences jusqu'ici maintenues dans l'inconscience : réservoir inépuisable des énergies de l'avenir. Et, dans la belle école toute neuve, nous avons triomphalement installé le prophète ébloui du Verbe nouveau.

« L'école est ouverte », a dit l'inspecteur, et voilà le maître en face d'une cinquantaine de gamins déchirés, morveux, qui rêvent de dénicher les merles, de marauder des pommes ou de pêcher des écrevisses.

Que sont-ils venus chercher là? Ils n'en savent rien et ceux qui les ont envoyés n'ont et ne peuvent avoir à cet égard que les plus vagues notions. Il est utile, dans la vie, de savoir écrire et compter : voilà l'opinion du paysan français sur la culture de l'esprit. Quant à avoir une idée de l'accouchement intellectuel qu'il s'agit d'opérer, c'est impossible.

Et s'il en était autrement, pourquoi rendre l'instruction obligatoire? Elle l'est si peu, d'ailleurs, que c'est vraiment comme si elle ne l'était pas. J'ai vu des enfants de mon village considérés comme légitimement excusés, l'un, âgé de dix ans, parce qu'il gardait une chèvre, l'autre âgé de huit ans, *employé aux travaux de l'agriculture*. En cela, comme en tout le reste, notre République se contente de la façade. Et, de fait, aussi longtemps qu'on se refusera à indemniser les parents trop pauvres pour se passer du travail des petits, il est bien difficile de remplacer obligatoirement le pain de l'estomac par celui de l'intelligence.

Cependant, notre maître d'école est en présence de ses élèves. Comment aborder ces jeunes têtes closes? Quel point toucher pour en faire jaillir le besoin de connaître, l'envie de savoir? C'est bien peu de chose que l'enseignement de l'Ecole, quand il n'est pas repris, commenté, développé à la maison, par l'entretien des parents. Ici rien. Le père fermé, pense à son labour, la mère à ses poulets, personne — heureusement — à l'exécrable grammaire que je voudrais brûler.

Ah! si au lieu de l'abêtir dans l'étude ardue de l'incompréhensible syntaxe, le maître disait à l'enfant : « Tu vois bien ce soleil, ces astres, cette terre qui t'emporte à travers l'espace, je vais te faire leur histoire et te mettre à ta place dans l'univers.

« Je te parlerai des saisons, des phénomènes atmosphériques, du vent, de la pluie, qui te saisiront tout à l'heure sur ton chemin, et que tu subis, comme le mouton de ton troupeau, sans te demander d'où cela vient. Tu connaîtras la joie de te poser à toi-même, aux tiens, les premières questions sur ce qui t'environne et frappe ton intelligence soudain éveillée.

« Et puis nous causerons de cette planète où nous vivons, de sa formation, de son histoire. Tu vois ces montagnes bleues à l'horizon? Tu sauras de quoi elles sont faites et comment elles ont apparu là. Je t'expliquerai l'océan et ses marées, le fleuve qui vient des montagnes neigeuses et se jette dans la mer, pour retourner à sa source par la voie des nuages. Je te ferai l'histoire des pierres de ton champ, et si tu rencontres un coquillage fossile, tu connaîtras d'où il vient et ce qu'il atteste. Je te dirai la graine qui germe, l'herbe qui pousse, l'arbre qui vit de la même vie végétative qui est en toi. Je te dirai les animaux, leurs besoins, leurs mœurs, leur vie, et ceux que tu fréquentes, et ceux que tu n'as jamais vus.

« Enfin c'est l'homme qui te sera révélé. Je te ferai connaître toi-même à toi-même. Je te montrerai quels liens t'attachent à tout ce qui t'entoure. Je te ferai saisir la grande loi d'évolution, depuis la cellule naissante jusqu'au développement de vie le plus intense et le plus complet. Nous mènerons l'homme de la caverne primitive aux grandes cités du monde. Nous verrons défiler l'histoire des sociétés humaines, des idées, des sentiments par lesquels elles se développent et progressent. Nous étudierons les mœurs, les lois, les règles de morale qui font l'évolution sociale des races humaines. Et dans l'histoire de tous, je placerai l'histoire de ta race, de ta patrie, ton histoire. Ainsi tu auras une conception du monde et de toi-même conforme à ce qu'il peut t'être donné de connaître. »

J'entends qu'on va se récrier, me dire qu'un tel discours se tiendrait en vain à un élève de l'école primaire. On le lui tient pourtant. Mais ce n'est pas l'instituteur, c'est le prêtre. Le prêtre qui lui inculque une conception du monde reconnue scientifiquement fausse, et qui, lui imposant des formules sacrées, remplaçant la science par le miracle, cherche à détruire en lui tout désir d'investigation, d'examen, de critique. Aux grandes questions que tôt ou tard l'homme se pose, c'est le catéchisme seul qui répond. Et pendant ce temps, l'instituteur, humilié, confiné dans sa fonction de machine, enseigne l'orthographe et la règle du participe passé.

Il est vrai, les questions que le catéchisme règle d'un mot, la science ne les résout qu'au moyen d'explications laborieuses. Mais qu'elles soient décomposées en leurs éléments, traitées successivement dans l'ordre rationnel, résumées clairement, alors, peu à peu la lumière se fera dans les cerveaux les plus obscurcis. Et dès qu'on instituera l'enquête sur les choses auxquelles l'enfant se heurte chaque jour, qui sont sous sa vue, sous son doigt, il éclatera soudain en questions de mille sortes, et la dure coque d'indifférente ignorance sera pour jamais rompue.

Sans doute, il y faut l'art d'enseigner. Le grand éducateur de l'enfant du peuple, Pestalozzi, est mort depuis plus de soixante-dix ans. Qu'avons-nous fait de son héritage?

En stériles efforts, le lamentable ambassadeur de la République auprès du peuple des campagnes, se consume absurdement. Les parents lui sont fermés, les hobereaux lui sont ennemis. Avec le curé, c'est l'hostilité sourde. Avec l'école catholique, c'est la guerre déclarée. On dispose de ressources supérieures aux siennes. On lui vole ses élèves. On l'écrase de cent façons, parfois avec la complicité du maire, le plus souvent avec le concours des grandes influences de la commune. Le gouvernement qui devrait le défendre, et qui souvent le livre, est bien loin. L'Eglise qui le persécute est tout près. Une loi lui rogne son misérable salaire, sous prétexte de l'augmenter plus tard. Le député d'aujourd'hui le défend. Celui de demain le sacrifie. Il est espionné, surveillé, dénoncé. Un mot de trop, il est perdu.

Quelques-uns se résignent à exagérer leur soumission à l'Eglise. Ceux-là vivent paisibles. La vie des autres est un martyre. Et je ne dis rien de l'institutrice, contre qui les moyens d'action de l'ennemi sont cent fois plus redoutables. Elle n'a souvent qu'une ressource : surenchérir de piété pour obtenir la dédaigneuse tolérance de l'Eglise. Beaucoup n'y manquent pas, et jamais on ne vit tant de pratiques pieuses dans l'école, que depuis que l'école est *sans Dieu*.

Pour le résultat, qu'on le juge d'un trait. Un grand garçon de dix-huit ans, intelligent, fils d'un fermier aisé du Bocage vendéen, pur produit de l'école primaire de la République laïque, en cette terre d'insurrection catholique, écrivait la semaine dernière au propriétaire de sa ferme, qui m'est très proche, le billet suivant : « *Not mètre lé murs é reles v mêlé mason-son papas i é* », ce qui veut dire : « Notre maître, le mur est relevé, mais les maçons ne sont pas payés. » Voilà où aboutit le grand surmenage de l'*Ecole laïque*, terreur du parti de la conservation, espoir de la Révolution sociale.

Incriminera-t-on l'instituteur? Qui donc l'a fait ce qu'il est? C'est à l'enseignement qu'il faut s'en prendre. Je connais un modeste instituteur de Vendée qui a appris l'anglais tout seul et qui traduit Shakespeare. L'effort intellectuel est tout prêt, si on le sollicite. Il y a les plus précieuses ressources dans ce personnel. Mais il ne faudrait pas le livrer en pâture aux lions dévorants.

Courage, toi qui ouvres péniblement le dur sillon. Tu sèmes le premier grain d'une maigre récolte, mais de là viendra la semence des grandes moissons futures. Et quand tu seras entré dans le bon repos de la terre, ton effort demeuré vivant, produira ses fruits pour l'humanité.

LES PARENTS PAUVRES

I

LES PARENTS PAUVRES

Ce n'est pas de la cousine Bette qu'il s'agit, ni du cousin Pons. Je voudrais descendre beaucoup plus bas dans la hiérarchie des parentés misérables dont notre vanité se détourne.

En dépit des songe-creux de la métaphysique, nous vivons entourés d'êtres à qui nous sommes liés par une communauté d'origine que la science nous interdit désormais de répudier. Un savant anglais prétend que tous les êtres organisés ont pour ultime aïeul commun un cristal. Je n'en éprouve point de honte, et je tire volontiers ma révérence à ce placide ancêtre de toute vie organisée, qui jadis fit le grand saut jusqu'à la cellule primitive. Loin d'être humilié de cette humble origine, j'éprouve quelque fierté à penser que je participe aux prodigieux phénomènes de conscience que l'évolution des siècles a tiré de ce rudiment d'inconsciente vie. Nos ridicules aristocraties cherchent à remonter le cours du temps. Il rirait bien le mollusque primitif s'il pouvait comprendre tant de folie.

Nous naissons de la terre et nous y retournons : voilà la loi de la vie. Plongés dans la matière inerte, nous lui prenons et nous lui rendons, jusqu'au final règlement de compte, les éléments de toute action. Nous sommes terriens, tous liés par la même chaîne planétaire, forgée dans la tourmente des éléments pour le bref éclair de quelques millions de siècles. De quelle étrange vie nos éléments vécurent avant que ce qui est pût être, voilà ce qui vaudrait la peine d'être conté, si nous disposions de quelque moyen de former là-dessus la plus fragile hypothèse.

Nous ignorons cet épisode de notre éternité. Qu'importe ! Tenons-nous pour satisfaits de l'aventure planétaire où nous sommes engagés, et rions des bons fous qui se contentent de remonter aux croisades quand nous savons, nous, qu'ils remontent par delà les soleils et les nébuleuses. Comme terriens momentanés, rien de ce qui est de notre globe ou de notre monde solaire ne nous est étranger. Nous sommes étroitement apparentés à tout ce qui est, à tout ce que nous voyons ou ne verrons jamais. Ce sont là vraiment pour le plus haut orgueil d'assez belles alliances.

A mesure que la vie différencie les êtres, l'universelle parenté se rétrécit misérablement à d'innombrables milliards de cellules, naissant, mourant, naissant encore du grand *processus* commun. Et puis l'évolution de vie différencie maintenant les organismes, les espèces, les races, et l'immédiate parenté va toujours diminuant jusqu'à la minuscule famille sur la vie misérable de laquelle les aristocraties humaines fondent leurs ridicules prétentions. Quoi de plus amusant que les *vieilles familles*, comme si toutes les familles n'avaient pas précisément le même âge. Retournez-vous, braves gens, regardez la mousse, et l'herbe, et l'arbre, et la bête petite ou grande de l'air, de l'eau, du sol, tous vos cousins, nobles seigneurs, bourgeois, ou manants.

Quel émerveillement si chacun de nous pouvait avoir sous les yeux le tableau complet de son ascendance, du point de départ aux êtres innombrables dont l'effort d'évolution créatrice vient aboutir à notre petit *moi*. S'il faut renoncer à contempler jamais ce graphique, c'est seulement par manque d'informations, car la réalité est telle. Cette pensée, qui pourrait nous rendre modestes, devrait surtout nous faire bons envers tous ces génies incomplets qui, de la mousse au chêne, du mollusque à l'orang-outang, procèdent du grand effort vital d'acheminement vers nous.

Les voilà, nos *parents pauvres*, méprisés, reniés parce qu'ils ne font pas honneur à l'âme immortelle que nous nous sommes fabriquée de nos propres mains, dans le fol espoir de nous élever au-dessus de la terre qui nous tient. Mais la filiation ne peut plus être niée. Mêmes organes, mêmes fonctions, mêmes lois d'organisation d'un bout à l'autre de l'échelle de la vie. Et puis, à mesure qu'on monte, la fatale ressemblance de famille qui dénonce, avec la grande loi de l'unité de la vie, la proche parenté d'hier et d'aujourd'hui !

Il n'est pas scientifique, à la vérité, de parler, avec le poète, de

Notre ancêtre aux longs bras, le singe vénérable.

Mais pourquoi ne pas reconnaître franchement notre malheureux cousin, issu du même tronc que l'anthropoïde précurseur de l'homme. La fortune ne lui a pas souri. C'est un *parent pauvre*. Honneur à qui, faute de mieux, lui offre l'hommage d'un bon sentiment.

Je regardais hier le public, hommes, femmes, enfants, deux prêtres même, tournant autour de la cage des *hamadryas* du Jardin d'Acclimatation. Dans les yeux de tout ce monde, une stupéfaction contenue, mille interrogations inquiétantes qui ne voulaient point sortir. Beaucoup n'auraient pas su les formuler peut-être, mais tous sentaient plus ou moins vaguement qu'il y a là quelque chose qui a besoin d'explication.

Les cynocéphales du Jardin d'Acclimatation s'éloignent plus de l'homme, pourtant, que beaucoup de leurs frères. Mais, outre que leur taille en impose, nous avons avec eux trop de points communs pour échapper au tressaillement de cette rencontre. Le *mandrille* à face bleue, à barbe jaune, le *babouin* à face noire, le *papion* sont des cynocéphales aussi. Les nôtres sont des *hamadryas*. On les dit intelligents. Je les vois surtout méchants et fort impudiques, les pauvres. Figurez-vous un énorme caniche gris tondu suivant la mode : tout nu du nombril aux pieds, revêtu de la tête au ventre d'un grand camail de longue fourrure soyeuse comme celui de nos Anglaises. Entre deux éventails de poils gris émerge un museau rouge de chien, surmonté de petits yeux ronds interrogateurs qui ne donnent pas l'impression de la bonté. L'effet est désagréable de ces deux petits trous fauves si rapprochés qu'avec le moindre effort ils nous auraient donné le cyclope. Une arcade sourcilière très proéminente les abrite dans sa profondeur. Pas de front. Une énorme tignasse grise donne l'illusion du crâne. Un grognement de cochon. Quelquefois un aboiement sonore. Le bâillement fréquent découvre de grandes canines féroces. Pour achever le portrait, disons qu'une queue, terminée d'une houppe, sort d'entre deux larges callosités roses de l'effet le plus répugnant. Oh! le vilain parent!

Malgré tout, l'effet est d'un vieillard abrité d'un manteau. La surprise, c'est le geste qui est extraordinairement humain. Que l'hamadryas se gratte de sa longue main emmanchée d'un long bras, qu'il se caresse la face, ou pose ses mains sur le sol pour s'asseoir philosophiquement sur les deux paumes en guise de coussin, l'analogie est frappante. Pourtant, je note une attitude de caniche *faisant le beau*, bras fléchis, mains tombantes, montrant la face dorsale. C'est à peu près dans cette posture que nous voyons au Louvre les quatre cynocéphales de granit rose qui formaient la base de l'obélisque de Louqsor. Les hamadryas du Louvre ont la main relevée et présentent les deux paumes : voilà l'unique différence. Une inscription nous apprend qu'ils sont en adoration devant le soleil levant. Je les aime pour cela, ces bons cousins du temps de Ramsès II. L'Egypte les voyant religieux, les avait consacrés à Thot, l'Hermès du Nil.

Il est certain que, dès la plus haute antiquité, ils affirmaient leur étroite parenté avec nous par l'adoration commune de l'astre dispensateur de lumière, de chaleur et de vie. Ecoutez ce fragment de prière que je trouve dans Maspéro : « Oh! lève-toi, Ammon-Râ-Harmakhis (le soleil) qui se crée lui-même... Râ qui a émis tous les biens, viens, Râ qui se crée lui-même... Honneur à toi, vieillard qui se manifeste en son heure, Seigneur aux faces nombreuses. Uræus qui produit les rayons destructeurs des ténèbres! Tous les chemins sont pleins de tes rayons. C'est à toi que les cynocéphales donnent les offrandes qui sont dans leurs mains, à toi qu'ils adressent leurs chants, dansant pour toi, faisant pour toi leurs incantations et leurs prières. » Tel est le témoignage des hommes d'il y a trois mille ans en faveur de la piété de nos cousins.

Et de fait, quand l'Africain voyait dévaler dans la plaine les troupes joyeuses de cynocéphales, bondissant, cabriolant, hurlant au lever du soleil, comment ne pas dire : « Ils fêtent la lumière retrouvée, ils adorent l'astre sauveur. » Et c'était vrai. Jamais prière de prêtre ne fut un plus sincère hommage au dispensateur de toute vie. Qu'on me dise en quoi cette religion diffère de celle de la vieille Samoyède qui, interrogée par un voyageur sur son culte, répondait : « Quand le soleil se lève, je lui dis : « Quand tu te lèves, je me lève aussi »; et quand le soleil se couche, je lui dis : « Quand tu te couches, je me couche aussi. » Et la vieille ajoutait pitoyablement : « On dit qu'il y a des malheureux qui n'ont pas de religion. » Elle n'aurait pas adressé ce reproche à nos cousins cynocéphales.

Vous voyez qu'il peut n'être pas sans profit de fréquenter de ci de là quelque *parent pauvre*, puisque ceux-ci nous donnent une leçon de reconnaissance envers le distributeur souverain des biens de la vie.

J'aurais voulu serrer cette main loyale qui me fut tendue à travers les barreaux d'une confortable captivité. Que le pauvre demandât du pain, ou qu'il cherchât à agripper pour mordre, c'était bien de l'homme, n'est-ce pas? J'ouvre mon *histoire naturelle* et je lis : pillards, polygames. Décidément, il ne manque aucun trait.

II

UN FAIT DIVERS

C'est une simple et douloureuse histoire qui nous vient de l'étranger.

Dans un pays sauvage loin des sentiers battus, prospérait une famille heureuse. On vivait de la chasse et des fruits de la terre. Le père, de mœurs paisibles et régulières, pourvoyait aux besoins. La mère prenait pour elle un moindre travail, et veillait au foyer. Un fils était venu qui coûta mille soins. Un jour, ayant grandi, l'ingrat partit sans rien dire, et plus jamais on ne l'a revu. Ce fut, pendant longtemps, une grande tristesse. Les époux, accoudés devant leur repas frugal, ne disaient mot, échangeant un morne regard, tournant la tête au moindre bruit dans l'attente de l'absent. Et puis Dieu de nouveau bénit leur union. Une brune enfant vint au monde avec de grands yeux sombres et doux, par qui fut changée la vie de la mère douloureuse.

Ce fut un emportement d'amour, une frénésie de passion. De jour et de nuit, la tendresse maternelle, absurde à force d'exubérance, s'ingéniait en des soins fous. Le père regardait avec une moue railleuse qui finissait en sourire, et retournait plus actif au travail, car il fallait double chère. Tous les soins que la femme prodiguait au bébé, l'homme les rendait à la femme en mille attentions de tendresse.

C'étaient des fruits plus délicats, des brimborions, des riens qui disaient le débordement de son âme. Et sur tout cela, point de ces phrases banales que la vie dément et dont la passion changeante fait trop souvent une inconsciente tromperie. Non. C'étaient de grands silences coupés d'un soupir, d'une exclamation, d'un mot. La main se tendait, serrait la main, il n'en fallait point davantage. Ou quelquefois, les yeux perdus sur l'enfant endormi dans son innocente nudité, les lèvres se rencontraient et les deux êtres du bon Dieu voyaient le paradis. Ils n'avaient point de livres, ne sachant pas lire, et ne recevaient point de lettre, ignorant l'écriture. Comment le monde était fait, ils ne s'en souciaient guère, sans culture et sans rêve. Pour tout horizon la forêt, pour voisins les bêtes familières. La vie n'avait pas d'imprévu, ils n'avaient pas d'histoire. Ils s'aimaient, l'enfant grandissait en grâce, en force, en beauté. Que voulez-vous de plus?

Ces bonheurs-là sont trop grands pour ne pas être courts. Un jour, l'homme s'étant attardé, la femme alla jusqu'à la clairière prochaine épier les bruits de la forêt. Juliette dormait. Juliette avait dix-huit mois. Toute droite sur ses petits pieds roses, elle gambadait tout le jour aux pieds de sa mère en d'interminables jeux. C'étaient des poursuites, et des cris, et des rires sans fin. On se roulait sur l'herbe, on s'accrochait aux arbres, on se lançait des fruits. Les oiseaux curieusement regardaient la petite chose, et lui disaient des chansons.

Pourquoi l'enfant fut-elle brusquement réveillée par un bruit de branchages cassés? C'était un trappeur des bois qui s'était égaré cherchant péniblement sa route à travers le fourré. Il n'avait pas l'air méchant, et la petite qui n'avait de sa vie rien vu qui lui fût redoutable, courut à lui tout d'abord. Les deux bras autour du cou, et un grand baiser pour bonjour. Se peut-il plus aimable rencontre? Voilà nos gens amis.

Le trappeur regardait, admirait la ronde tête brune aux cheveux noirs déjà longs, le petit nez épaté, les lèvres volontaires découvrant la jeune blancheur des dents qui s'aiguisent pour la première morsure, les grands yeux bruns, si doux, et les longues mains fines, signe de race, et le frais corps blanc, estompé d'un fin duvet de sauvage. Comment n'être pas pris?

L'inconnu, doucement éleva la petite jusqu'à ses yeux, et tout bas, comme s'il avait eu peur de la forêt: « Viens avec moi, tu auras des jouets, des gâteaux, de belles robes, des rubans. » Toutes se laisseront prendre à cette amorce. Face contre face, l'enfant affectueusement blottie, sourit, comme hébétée et, balbutiant je ne sais quoi, s'abandonna à sa destinée.

Quel retour pour les misérables parents! Ces douleurs ne se peuvent dépeindre. Ce fut d'abord une recherche folle, et cent fois répétée à travers la forêt. Pas un tronc d'arbre, pas un buisson, pas un brin d'herbe qui ne fût interrogé. Un homme avait passé par là, on le voyait aux branches froissées, brisées, pendantes. Mais la trace se perdait aux clairières. De procureur de la République, il n'y en a point dans le voisinage. A qui se plaindre? Où aller? Après les cris, les pleurs et les accès de rage, ce fut un grand désespoir muet, comme pour noyer de silencieuse douleur l'obstination du souvenir. Replié sur lui-même, regardant stupidement le petit tas de feuilles où se modèle encore l'empreinte du petit corps perdu, maniant la branche morte dont la chérie étayait ses pas, l'homme inquiet semble attendre je ne sais quoi qui ne viendra jamais. Immobile, affalée, perdue, la femme n'attend plus rien. Comment de tant de bonheur a-t-il pu sortir, en un jour, tant de misère? Elle ne sait, ne se posant aucune question, n'exprimant rien, n'aimant rien, n'ayant plus même un regard pour son compagnon de supplice, écrasée, finie.

Pendant ce temps, la petite a gagné la mer, et contre le flot et contre le vent, vogue vers des pays inconnus. Son ami a beaucoup d'amis, et chacun l'aime, et chacun la caresse, et chacun la bourre de sucreries. Insoucieuse, émerveillée de sa robe et de ses parures, elle n'a pas, depuis le jour du rapt, donné une seule pensée aux êtres jadis si chers, aujourd'hui si complètement oubliés. Elle est joyeuse, elle est heureuse. L'ancienne caresse attendrie ne lui fait pas défaut. Il y en a tant d'autres, banales peut-être. Mais comment distinguer?

Et la voilà chez nous. Et je l'ai vue. J'ai admiré sa grâce et sa gentillesse de petite sauvage, et pour une caresse que je lui offrais, elle m'a naïvement baisé la main. Je voulais lui parler, la questionner, je n'ai pas osé, à cause des gens qui étaient là. Et puis l'interrogation de son regard m'a frappé. Elle a senti le courant de sympathie. Une question imprécise est demeurée sur ses lèvres, qui, je le crains, ne sera jamais formulée.

L'enfant commence sans doute à faire un triste retour sur le passé. On lui fait fête, on la choie, mais cette foule aux yeux plantés dans les siens, l'obsède de son bruit vide de sens, et l'ingrate pleure ceux dont elle comprenait le langage, et la folle regrette sa forêt. Il est trop tard, la phtisie l'appelle et la veut. C'est l'arrêt du climat nouveau. Il n'y a pas de recours. Demain la griffe impitoyable sera sur le petit corps tremblant, et les chaudes couvertures et les soins n'aboutiront qu'à prolonger l'agonie d'une mort inévitable. Bientôt le pauvre petit squelette dressera ses menus os dans une galerie du Muséum.

Du Muséum? Oui. N'ai-je pas dit que Juliette était chimpanzé de son état, et le père et la mère *homme et femme des bois*. Nos parents, nos cousins. Même ascendance, mêmes besoins, mêmes sentiments, une différence peut-être. Nous, hommes des villes, nous sommes méchants. L'homme des bois n'a pas la force. Est-ce pour cela qu'il est bon?

III

HOMME DES VILLES ET DES BOIS

J'ai toujours été très curieux des langues primitives. Aussi, lorsque j'appris qu'un Américain, M. Garner, se proposait de publier un dictionnaire *français-simiesque* et *simiesque-français*, ma joie ne connut pas de bornes.

L'idée de pouvoir traduire le *Discours sur l'histoire universelle* en onomatopées de singe me réjouissait au dernier point. Je n'étais pas moins heureux de penser que j'aurais bientôt sous la main un interprète patenté pour me transposer en vers romantiques les grognements des cynocéphales, les cris des babouins, des macaques, des guenons qui font l'ornement du Jardin d'Acclimatation.

J'ai rencontré un jour à Amsterdam un orang-outang qui avait certainement quelque chose à me dire. L'intensité, *l'humanité* de son regard me frappa vivement, et j'en rêvai tout un jour. Nous étions chacun dans notre cage : moi, dans la plus grande, bornée par l'horizon; lui, dans une modeste cellule du Jardin zoologique. Nous trouvant seuls, *entre hommes*, nous nous regardâmes longuement.

Il me fit un signe vague de la main que j'interprétai comme un reproche de venir, à mon tour, railler sa détresse. Tel César à Brutus : « *Tu quoque.* » Je répondis par un haussement d'épaules qui signifiait à peu près : « Pardonne-moi, frère. Si les tiens étaient les plus nombreux et les plus forts, c'est toi qui serais dans la grande cage, et moi dans la petite. » La philosophie de cette réponse lui plut, apparemment, car un grand rictus de paisible ennui m'apprit qu'il se résignait, de dédain, à ma présence.

Chose curieuse, je ne trouvai rien à lui dire. Peut-être parce que l'homme des villes aurait eu trop d'excuses à présenter sur toutes choses à *l'homme des bois*. Je demeurai coi, bêtement, écarquillant les yeux, bouche bée. L'autre, pour me donner, sans doute, le temps de reprendre mes esprits, s'assit gravement sur son derrière comme aurait fait un Turc ou un Japonais, et dextrement s'épouilla avec la tranquille crânerie d'un mendiant espagnol. La malice du coin de l'œil ironiquement plissé me disait clairement : « Tu vois : même vermine, même sang. L'humble pou lui-même atteste que nous sommes frères. » Instinctivement, par naturelle politesse, je me grattai la tête, à mon tour.

Ce simple mouvement de courtoisie toucha mon nouvel ami plus que je n'aurais pu prévoir. Il se leva soudain, et me tendit noblement une main fraternelle, dont l'aristocratique longueur humiliait mes courtes phalanges. Nous étions faits pour nous comprendre. Je vis d'abord qu'une pensée venait au prisonnier, qu'il avait résolu de me communiquer. Mais comment ? Le *Masque de fer*, en pareil cas, écrivait avec son sang sur sa chemise. Par l'outrageuse avarice des Hollandais, mon frère des bois n'avait point de chemise. Hautainement résigné à la fatalité mauvaise, il ne réclamait point de voiles. Pourquoi même n'avouerais-je pas qu'il affectait une noble impudeur dont la candide franchise le mettait peut-être au-dessus de son frère des villes?

Ayant cherché dans sa tête quelque moyen d'expression qui fût à ma portée, mon frère contracta soudain son visage amical en une effroyable grimace. Son nez ouvert, ses yeux ronds, sa bouche lippue, son poil hérissé qui le faisaient ressembler d'assez près aux portraits de notre Ibsen que tout le monde reconnaît pour un type élevé d'humanité, se ramassèrent tout à coup en une boule informe horriblement plissée au milieu de laquelle un cul-de-sac de muqueuse rouge tour à tour béant ou fermé suggérait invinciblement la pensée d'un autre sphincter. Cette mimique achevée, la face du captif, subitement redevenue humaine, prit un aspect dolent, minable, comme désespéré! Ce fut alors une suite de grognements doux, une plaintive mélopée susurrée, yeux clos, bouche fermée. Puis le visage s'éveilla, prit une expression de raillerie amère, et par des grondements rauques signifia le plus souverain mépris des hommes et des choses. Une pause, des gestes incertains, et, sans transition, des yeux féroces, des cris de fureur dans une mimique désordonnée.

Je regardais, humilié d'être réduit à l'expédient d'une traduction approximative. Un académicien lui-même eût compris que l'anthropoïde disait sa douloureuse histoire, me dépeignait ses bourreaux par sa grimace horrible, me racontait ses souffrances, ses révoltes, me disait sa misère et sa soif de vengeance.

Mais, par le cas d'un spectateur du Théâtre-Français qui ne pourrait comprendre *Britannicus* que par les gestes et les cris, jugez de l'infériorité de ma traduction. J'imagine que mon attitude hébétée dit clairement mon incapacité de saisir les nuances littéraires du langage inconnu. Navré de tant d'ignorance, l'homme velu, méprisant et bon, m'enveloppa d'un suprême regard de pitié, et sans plus s'occuper de moi se prit à quereller une mouche bourdonnante pour bien me marquer son définitif mépris de l'humanité. C'était m'inviter courtoisement au départ. Je crus devoir déférer à un vœu si discrètement exprimé, et, tête basse, je gagnai la porte à l'anglaise.

Vous comprenez maintenant pourquoi je caressais avec tant de joie l'espoir d'une éclatante revanche. Mon parent d'Amsterdam est mort depuis longtemps. Mais l'occasion n'est pas rare de rencontrer quelqu'un de ses neveux, et j'aurais eu grand plaisir à pénétrer enfin les mystères grammaticaux de la langue simiesque au moyen d'un vocabulaire accompagné d'un rudiment de syntaxe.

Pourquoi faut-il que M. Garner, qui avait fait précédemment de si curieuses recherches sur le langage des singes, jusqu'à noter en musique le cri qui signifie : « *Je voudrais bien boire une tasse de lait* », se soit déplorablement moqué de nous ? L'Américain nous avait bruyamment annoncé qu'il se rendait au pays des singes en vue de la rédaction de son lexique. Cela nous avait donné la plus grande confiance, car chacun sait qu'on n'apprend sérieusement une langue que dans le pays où elle est parlée. Nous suivions par la pensée M. Garner interrogeant les babouins au passage, questionnant subtilement la guenon, interviewant le gorille, agaçant plaisamment quelque macaque pour lui arracher ses confidences, et nous revenant avec de vrais documents *humains*.

Mais voici qu'un diable de missionnaire qui évangélisait nègres et chimpanzés sur les bords de l'Ogooué, nous apprend que M. Garner est venu s'installer dans sa mission et n'a jamais eu de relations avec d'autres anthropopithèques que les bons moricauds qui, au lieu de dire tout simplement *hihi* pour demander du lait, s'expriment laborieusement en ces termes : *Li bon nèg ben content tafia*. Ce n'est plus ça du tout. Garner est un impudent farceur. Jamais un singe n'aurait eu l'idée d'une telle supercherie. Qu'est-ce que la gent simiesque va penser de nous.

Nous devons, en vérité, des remerciements au révérend Père Bulion, car, s'il n'avait pas courageusement dénoncé l'imposteur, que fût-il advenu des malheureux qui, son livre à la main, eussent essayé de lier conversation avec de joyeuses mandrilles ou de petites guenons folâtres ? Me voyez-vous devant la cage du Jardin d'Acclimatation poussant le cri qui, dans mon idée, doit signifier : « *Salut à toi, gentille sœur* » alors qu'il exprimerait en réalité quelque appréciation malséante des charmes de mon interlocutrice ? Une si grossière méprise ne pourrait évidemment qu'accroître le malentendu déjà suffisamment grave entre nous. Quand on pense aux malheurs qu'aurait pu déchaîner sur les deux tribus la canaillerie de ce Garner, il n'y a pas d'anticlérical qui osât marchander sa reconnaissance au brave missionnaire évangélisateur des cynocéphales et des gorilles.

Je le dis avec confiance, l'œuvre de Garner sera reprise quelque jour. Les bêtes ont un langage : il ne s'agit que de le comprendre. Les sentiments qu'elles expriment sont peut-être moins variés et surtout moins nuancés que les nôtres, mais il n'en diffèrent sans aucun doute que par des degrés. C'est aussi le cas de l'antropophage australien vis-à-vis de l'Européen raffiné. Nous avons fini par démêler le sens des onomatopées du cannibale. Pourquoi n'éclaircirions-nous pas le mystère des inflexions de voix du chimpanzé?

Qu'y a-t-il en nous dont le principe ne soit en tous ces frères? La joie, la douleur, la faim, la gloutonnerie satisfaite; l'amitié, l'amour, la haine, la fureur; la résignation, la révolte, la plainte, l'appel de secours, l'invocation de solidarité, le refus de l'aide implorée, tout cela c'est de l'homme et de la bête aussi, indifféremment. Egoïsme, altruisme, loi de toute vie.

Seulement pour les êtres de tout ordre, le fait de se communiquer leurs sentiments, de se suggestionner entre eux, les conduit infailliblement à se mieux connaître, à s'aimer, à diminuer un peu du mal de la fatalité. Qui sait? En essayant de comprendre les singes, ce qui mène à les aimer, nous arriverons peut-être à comprendre, à aimer les hommes. Haïr, c'est ignorer. Apprenons.

IV

LA MAIN ET LA PATTE

Je trouve dans les journaux de Londres une bien curieuse lettre de miss Frances Power Cobbe, qui poursuit depuis longtemps une vive campagne contre la barbarie de la vivisection. Dût cette excellente et distinguée personne me ranger au nombre des bêtes féroces et vouer mon nom à l'exécration des âmes sensibles, je commencerai par avouer, sans détour, que la vivisection me paraît à classer parmi ces innombrables cruautés qui nous sont imposées par la nécessité de vivre.

Il n'est pas un être vivant qui ne consomme à tout instant de sa vie une somme incalculable de meurtres sur des êtres qui, pour ne nous être perceptibles qu'au travers d'un cristal, n'en ont pas moins autant de droit à la vie qu'un éléphant, un roi ou un évêque. Les bons *végétariens* qui s'abstiennent de toute particule de chair, ignorent sans doute qu'à la fin de leur carrière le nombre de morts dont leur conscience sera allégée apparaîtra dans une proportion parfaitement ridicule en comparaison de l'effroyable massacre d'organismes vivants dont ils auront fait inconsciemment, leur vie d'hyperesthésique bonté.

J'ai connu une aimable ambassadrice de la reine Victoria à Vienne qui n'aurait jamais consenti, par grande charité d'âme, à se nourrir de bœuf ou de mouton. Cependant, quand elle avait l'estomac dispos, je l'ai très bien vue ingurgiter de ces petites truites blanches et bleues qu'on sert toutes contorsionnées parce qu'on les a jetées toutes vives dans l'eau bouillante.

A ne considérer que la vie et la mort, le destin d'une salade ou d'un haricot n'est pas beaucoup moins tragique que celui d'un coquillage. Je consens que la souffrance, ou, si vous aimez mieux, le malaise de l'individu soit fort atténué dans le végétal, mais qui nous dit qu'un plat de petits pois ou un simple morceau de pain ne représente pas, par voie d'accumulation, une plus grande somme de tortures qu'une huître d'Ostende subitement engloutie avant qu'elle ait eu le temps d'y penser.

Il faut tuer pour maintenir la vie, pour guérir la maladie ou même pour la prévenir. La loi de l'homme, c'est de connaître : il faut tuer pour connaître. Si vous me concédez ces points, comme vous ne pouvez éviter de le faire aussitôt que vous armez vos yeux de la lentille, un seul devoir s'impose à votre altruisme : supprimer ou tout au moins abréger, diminuer la souffrance dans la mesure du possible. La vivisection, nécessaire aux progrès de la physiologie, est infiniment plus défendable — je n'ose dire légitime — que le coup de fouet du charretier sur l'échine pelée de la bête à bout de forces. Tâcher de ne pas causer la souffrance, et, lorsqu'elle s'impose, la faire moindre, voilà la seule recommandation que je me sente en état d'adresser à mes concitoyens planétaires, tant la plus innocente vie n'arrive au terme de sa course que chargée d'un prodigieux amas d'exécrables forfaits contre les vies ambiantes. Si, véritablement, il devait un jour m'être demandé compte de ces crimes par un Être supérieur, auteur responsable de toutes choses, je me ferais un grand plaisir de répondre à son impudent pourquoi : « Pardon, Maître de l'Univers, c'est la question que j'allais vous poser. »

Cette joie philosophique devant être ajournée, je le crains, à des temps qui jamais ne seront révolus, la sagesse commande de revenir pour aujourd'hui aux malheureuses victimes dont miss Cobbe prend généreusement la défense. Car vous pensez bien que si j'ai dû courageusement marquer la limite entre ma conception scientifique des nécessités de la vie et le sentimentalisme si respectable qui voudrait nous innocenter des crimes de Dieu, j'ai hâte de me ranger aux côtés de la vaillante ennemie de la souffrance pour l'aider à restreindre le champ de l'humaine barbarie.

Nous causons la douleur, je le confesse et j'en gémis. Mais ma lamentation n'est pas une plainte stérile, c'est l'explosion de rage contre le mal dont une loi de fer me fait l'instrument, c'est le cri de pitié précurseur de l'action secourable, c'est l'invocation d'espérance, l'appel à un avenir moins dur, l'encouragement à le préparer.

Ces sentiments, qui m'exaltent d'autant plus que je les tiens pour simplement humains, miss Cobbe les connaît : ce sont les siens. Je veux qu'elle sache aussi que ce furent ceux d'un des plus grands vivisecteurs qui furent, l'Allemand Ludwig, dont la mort remonte à quelques mois. Ce savant professait que la vivisection *ne doit être pratiquée que pour vérifier une expérience largement méditée*, et son bistouri n'avançait que précédé du chloroforme. Il répétait, d'ailleurs, à tout propos, que la première condition scientifique de la vivisection c'est l'élimination de la douleur, qui, par ses réactions, troublerait nécessairement l'expérience. « Autant vaudrait, disait-il, tirer un coup de pistolet dans une horloge pour voir comment elle marche. »

La raison et le sentiment se trouvent donc d'accord en ce point, et, par ses anesthésiques, la science supprime d'une main la plus cruelle partie du mal inévitable qu'elle accomplit de l'autre en vue d'un bien qui ne pourra profiter à l'homme sans se répercuter sur la bête. Ce qui peut rester de douteux au sujet de l'expérimentation c'est, en fin de compte, de la souffrance épargnée tant aux humains qu'à leurs auxiliaires d'en bas. L'homme plus éclairé, plus doux, c'est le mal diminué pour tout ce qui l'environne. Quelques-uns d'entre nous se rencontrent, assez grands pour se sacrifier au profit de leurs semblables. La bête qui n'est capable de cette grandeur d'âme que par accès — famille ou amis brutalement menacés — se voit sacrifier parfois sans avoir pu goûter la haute jouissance des dévouements sublimes. Tenons-lui compte de sa faiblesse, et, par orgueil au moins, ménageons sa faiblesse pour garder l'avantage de notre rang.

Si miss Cobbe veut bien se hausser jusqu'à cette notion, elle ne sera pas surprise d'apprendre que le grand vivisecteur Ludwig fut *président de la Société protectrice des animaux* de Leipzig. Il ne se crut pas pour cela obligé de renoncer à ses expériences pas plus qu'il ne demanda aux camionneurs de renoncer à charger leurs chariots. Il se proposa simplement pour but d'accomplir le minimum de mal pour le maximum de bien. C'est la plus haute ambition qui nous soit permise.

J'en ai dit assez, je pense, pour avoir maintenant le droit de manifester mes sentiments de réprobation pour les affreux rhéteurs de la Compagnie de Jésus, chez qui l'implacable religion de la dialectique étouffe tous sentiments humains. Tout au contraire du savant, ceux-là ignorant de parti pris les liens de nature qui nous unissent à nos frères d'en bas, protestant contre l'anatomie et la physiologie qui attestent l'étroite parenté des êtres dans l'évolution de la vie organique, condamnant sans vouloir connaître, comme fit le Saint-Office autrefois pour l'astronomie de Galilée, poussent jusqu'aux extrémités du déraisonnement de logique la théorie de l'âme issue de Dieu, privilège unique de l'espèce humaine.

Descartes, perdu dans ses *tourbillons*, inattentif au postulat, fit de la bête une machine par rigueur d'enchaînement mathématique. La Fontaine, l'ami des bêtes, l'en a merveilleusement raillé. Mais Descartes pouvait alléguer que la biologie n'était pas faite en son temps, et le malheureux, très préoccupé de l'Inquisition qui le surveillait de près, avait assez à faire pour défendre sa théorie du *Monde* sans s'attarder à ce qui ne lui apparaissait que comme un détail dans l'ensemble des choses.

Aujourd'hui, notre point de vue a bien changé. Je parle des hommes qui ont appliqué à la culture de leur esprit les procédés modernes de l'investigation scientifique. Le jésuite, lui, n'a pas bougé. Écoutez-le. La chose en vaut la peine. Je cède la parole à miss Cobbe :

A Monsieur le rédacteur en chef du Standard.

Monsieur le rédacteur,

Il est, je crois, très désirable que le public anglais comprenne le caractère des leçons morales que reçoivent les jeunes gens catholiques au sujet des droits qu'ont les animaux à la considération humaine. Je vous prie de me faire la faveur de publier les extraits suivants d'un livre scolaire de *Philosophie morale* actuellement en usage au collège de Stonyhurst. La page du titre indique comme auteur de ce titre Joseph Rickaby, S. J., ancien professeur de morale à Saint-Mary's Hall, Stonyhurst. Ce volume fait partie d'une série de manuels de philosophie catholique publiés sous la direction de Richard F. Clarke, S. J., série qui a reçu l'expresse approbation du pape Léon XIII, envoyée par lettre adressée à l'évêque de Salford (imprimée à la page 381).

J'ai recueilli les extraits suivants dans la section 2 du chapitre 5 intitulée :

« Les prétendus droits des animaux » :

« Les animaux n'ayant pas d'intelligence, et par conséquent n'étant pas des personnes, ne peuvent avoir de droits... Ils appartiennent à la classe des *choses*... Nous n'avons pas de devoirs envers eux, pas de devoir de justice, comme nous l'avons montré ; pas de devoir de religion, à moins que nous ne les adorions comme les anciens Égyptiens le faisaient ; pas de devoir de fidélité, car ils sont incapables d'accepter une promesse.

« La seule question peut être une question de charité. Avons-nous des devoirs de charité envers les animaux inférieurs ? La charité est une extension de l'amour de nous-même à des êtres semblables à nous, en vue de notre commune nature et de notre destinée commune vers le bonheur en Dieu... Ce n'est pas au présent traité à prouver, mais à reconnaître comme un fait que notre nature n'est pas la même que celle des bêtes brutes, mais infiniment au-dessus de la leur... Nous n'avons donc *aucun devoir de charité, ni devoirs d'aucune sorte, envers les animaux inférieurs, pas plus qu'envers des morceaux de bois ou des pierres* ».

Après avoir condamné le mal fait aux animaux *quand ils appartiennent à nos voisins*, le savant jésuite continue :

« Il n'existe pas l'ombre de mal dans la pratique qui consiste à blesser les animaux dans les sports tant que la douleur n'est pas dans le sport lui-même, mais dans un incident se produisant en même temps. A plus forte raison en est-il de même quand nous causons de la souffrance aux animaux dans le but de trouver les moyens de préserver l'homme ou de le soutenir ; de même encore dans les recherches de la science. Nous NE SOMMES MÊME PAS OBLIGÉS DE RENDRE CETTE SOUFFRANCE AUSSI FAIBLE QUE POSSIBLE. Pour nous les brutes sont des *choses* ; elles n'existent pour nous qu'autant qu'il nous convient de nous en servir *sans ménagement* pour nos besoins et notre commodité, mais non pas cependant pour notre méchanceté. » *Philosophie morale*, par Joseph Rickaby, S. J., London : Longmans (1892), pages 248, 249, 250.

Le passage que j'ai mis en italiques « *nous ne sommes même pas obligés de rendre cette souffrance aussi faible que possible* » indique suffisamment l'esprit du professeur. Après avoir lu cela, on comprendra comment s'expliquent les cruautés dont on est souvent témoin dans tous les villages d'Italie, et l'inévitable et impassible réponse du prêtre ou du maître d'école à qui l'on s'en plaint : *Non è cristiano*.

La glose du cardinal Manning sur la doctrine catholique (comme il l'a affirmé lui-même plus d'une fois aux réunions de la société de Victoria Street) avait pour but de mettre en évidence que, quoique l'homme n'eût directement aucun devoir envers les animaux inférieurs, il devait à Dieu, dont ils sont les créatures d'être bon envers eux. Je crois que les protestants, en général, acceptent le principe de l'évêque Butler (répété avec une grande insistance par Bentham) que c'est assez pour une créature d'être sensible à la douleur pour que ce soit notre devoir de lui épargner la souffrance. C'est une chose vraiment étonnante, je dois le dire, que dix-huit siècles après le Christ, on puisse trouver des prêtres de sa religion qui en sont encore à ergoter sur les « droits » et les « devoirs », sans paraître seulement avoir la moindre connaissance d'une loi divine d'amour qui balaierait et dissiperait toutes ces toiles d'araignée du pédantisme scolastique.

Je suis, monsieur le rédacteur, votre obéissante servante,

Frances Power COBBE.

Je ne veux point chicaner miss Cobbe et sa Bible sur la *divine loi d'amour* dont les effets se sont principalement manifestés jusqu'ici par des milliers de siècles de tortures et de tueries. Si l'excellente chrétienne ouvrait les yeux à la réalité du monde, au lieu de vivre dans son rêve galiléen, elle aurait bientôt fait de calmer sa surprise. Elle verrait le monde exempt de pitié, et comprendrait le jésuite implacable, monstrueux vestige des barbaries du passé. Elle saurait que la bonté vient de l'homme à mesure qu'il s'éclaire, et que le jésuite moderne n'est autre chose qu'un témoin de la nuit. Elle sentirait que le christianisme idéal qui est en son cœur et qui la pousse, croit-elle, à l'action de charité, ne fait qu'atténuer son mérite par la récompense promise. Elle se verrait bonne non parce qu'elle est croyante, mais parce qu'elle est femme. N'est-ce pas assez?

Mais quelle vaine querelle vais-je lui chercher là? Qu'importe la dénomination de l'inconnu du monde! Tendons la main, ma sœur, et vous, frères inachevés, mettez-y bravement votre chère patte velue. Griffes rentrées, bêtes et gens..... si nous pouvons.

LE CINQUIÈME ÉTAT

I

NOUVELLE MELÉE SOCIALE

Il nous arrive du Brésil la plus étrange nouvelle. Un planteur ingénieux a trouvé le moyen de réduire considérablement sa main-d'œuvre en dressant des singes à la culture de ses terres. Cette fantaisie qui égayera peut-être certaines gens, me remplit d'inquiétude, et m'inspire des doutes bien cruels sur l'avenir de l'humanité. Raisonnons.

Rechercher le bon marché de la main-d'œuvre est, comme chacun sait, la première préoccupation de l'employeur. L'économie politique déclare même que c'est un devoir qui n'est primé par aucun autre. Les premiers aventuriers qui arrivèrent dans le Nouveau Monde, après avoir fait, au nom du Christ, les glorieux massacres que dit l'histoire, s'aperçurent bien vite que la société nouvelle qu'ils aspiraient à fonder manquait d'une classe de citoyens absolument nécessaire. Esclaves, serfs ou prolétaires, il fallait des travailleurs, et l'Européen, fatigué de son massacre, prétendait au repos. Les autochtones étaient d'un asservissement difficile. Dans le Nord, il s'embusquaient pour tuer les blancs, dans le Sud, ils se sauvaient aux forêts.

Nos planteurs, avec la même sûreté de coup d'œil que le patron actuel des chimpanzés agricoles, prirent un grand parti. Aller voler des hommes noirs sur la côte d'Afrique et les faire travailler à coup de fouet, c'était la solution la plus simple du problème économique. Il n'y avait point de marché à faire avec les travailleurs, point de comptes à leur rendre. Le salaire était réduit au minimum, puisqu'ils s'agissait d'entretenir tout juste chez le nègre la quantité de vie nécessaire au travail, et qu'on le laissait crever dans sa paillotte quand l'âge l'avait fait inutilisable. La bonne loi de l'offre et de la demande réduisait les frais d'achat à la dépense strictement inévitable. Le grand marché de chair humaine, qui vient à peine de se fermer, a ainsi fourni pendant des siècles aux deux Amériques l'*employé* idéal.

Mais le progrès de civilisation qui, sous prétexte de justice, a causé tant de souffrances, mit lamentablement fin à cet état de choses. Les nègres sont émancipés maintenant. Il faut discuter avec eux. Il y en a qui sont électeurs. Il y en a qui sont députés. Sous prétexte de liberté, ils prétendent rester oisifs quand ils n'ont pas faim. Quelqu'un de ces jours, ils feront travailler des blancs. C'est la fin du monde. En Europe, l'employeur se tire d'affaire parce que les blancs, qui ne peuvent pas se contenter d'un bol de riz ou d'une patate, sont contraints de se faire entre eux une concurrence mortelle. Qu'attendre en Amérique de nègres qui, maîtres de leur destinée, ne tiennent plus du tout à gagner le salaire dont s'emparait le planteur, et n'ont d'autre besoin que de rôtir au soleil en suçant une canne à sucre?

On eut alors l'idée de recourir aux Chinois. L'Asiatique n'est pas plus exigeant que l'Africain. Un peu de riz crevé dans le creux de sa main, voilà toute sa nourriture. Mais il a sur le nègre une supériorité marquée, il travaille pour le plaisir de travailler. Il est industrieux, appliqué, adroit imitateur. *C'est un singe*, dit-on. Ce serait la perfection rêvée.

Mais il y a un grand malheur. Ce travailleur jaune qui ne consomme rien et se contente d'une rémunération ridicule, par le seul fait qu'il remue ses dix doigts sans jamais s'arrêter, rend la vie impossible non seulement pour le noir affranchi mais aussi pour le travailleur blanc quel qu'il soit. Il réduit le salaire à néant, tout meurt autour de lui. La loi de la concurrence triomphe et les économistes sont glorieux. Seulement c'est un immense holocauste d'hommes blancs.

Ce que voyant, les gouvernements blancs rirent jaune, et déclarèrent qu'ils recevraient les émigrants chinois à coup de canon. Il n'y a rien de plus contraire aux lois de l'économie politique. Mais dès que l'intérêt immédiat a parlé, les gens sont remarquablement sourds aux enseignements de M. Leroy-Beaulieu. Il n'y a plus guère, je crois que la prostitution jaune qui soit autorisée à faire concurrence à la blanche. Là, on a pu, du moins, sauvegarder les principes, parce qu'il s'agit d'esthétique, et que la poursuite de l'idéal a d'inflexibles exigences.

Mais voilà bien une autre affaire. Le Chinois écarté, c'est le chimpanzé qui se lève. La culture du manioc, du café, de la canne à sucre n'auront bientôt plus de mystères pour lui. En agriculture comme en industrie, la tendance de la machine est de simplifier le travail. L'ancien ouvrier, habile en son art, est de plus en plus remplacé par le manœuvre de l'usine, qui pousse un bouton, tourne un robinet, accroche un fil. Il n'est pas bien difficile de faire passer de tels actes dans *les réflexes* d'un chimpanzé, et de les lui faire répéter dans un ordre déterminé. Mais, hélas ! quelle révolution !

Comment lutter contre ce travailleur qui se contente pour salaire d'une racine des bois ou d'un reste de carotte ? Le Chinois lui-même aura vite succombé devant la concurrence simiesque. C'est la fin de l'espèce humaine si nous ne prenons audacieusement le parti de violer une fois de plus les grands principes de l'économie politique. Le plus bas salaire s'impose, dit triomphalement M. Léon Say. En ce cas, la carrière de l'homme est terminée, et celle de l'orang-outang commence. Le travailleur humain qui, pendant tant de siècles, triompha du singe par la force brutale, doit maintenant, en vertus des lois économiques, céder la planète à l'ouvrier nouveau capable de vivre d'un navet, pendant tout un jour. Il faut se résigner à la grande défaite de notre espèce, ou, pendant qu'il en est temps encore, massacrer sans merci ce concurrent fâcheux.

Rien ne serait plus funeste que de nous endormir dans une sécurité périlleuse. Qui peut dire où s'arrêterait l'évolution cérébrale de l'*homme des bois*, une fois commencée ? Un progrès en amène un autre, c'est notre histoire, c'est l'histoire de la vie même. Combien d'autres espèces, avant nous, ont vu leur évolution arrêtée par une évolution supérieure. Pourquoi n'en serait-il pas ainsi de nous ? Avant que nous n'ayons débuté dans le perfectionnement de nous-mêmes, les bêtes des bois, maîtresses du monde, nous méprisaient sans doute, ne pouvant deviner notre destinée. Arrivés tardivement dans l'histoire du globe, nous y avons pris une belle place. Pourquoi ceux qui entreraient après nous dans la carrière, ne pourraient-ils pas nous remplacer, comme nous avons fait jadis pour les premiers occupants?

Le sentiment de la solidarité de l'espèce subsiste à travers toute philosophie. C'est pourquoi je ne puis me défendre d'une secrète terreur à l'idée qu'une soudaine évolution des chimpanzés pourrait tout à coup barrer la route de vie aux humains. Qu'un tel malheur soit détourné de nous, dût Léon Say se voiler la face devant cet outrage aux lois économiques dont il a la garde!

Qu'on appréhende au corps ce maudit planteur brésilien avec ses travailleurs poilus qui nous regardent trop narquoisement pour ne pas méditer quelque chose. Qu'un bon massacre nous débarrasse de ces inquiétants imitateurs qui secrètement se proposent sans doute de nous devancer.

Je sais bien qu'une fois entrés dans cette voie la tentation sera grande d'y persévérer. Après les chimpanzés, pourquoi pas les Chinois et les nègres? Est-ce que les Américains du Nord ne nous donnent pas déjà l'exemple avec les Peaux-Rouges? Et quand les blancs seront maîtres de tous les continents de la terre, quel principe invoquer pour les empêcher de continuer entre eux le carnage?

Que de questions soulevées par un mauvais singe pouilleux imitant un nègre vermineux qui déterre simicsquement des patates!

II

LE CINQUIÈME ÉTAT

Le Nord reproche au Midi ses taureaux, et le Midi au Nord ses pigeons. Des deux parts, même argument : inutile tuerie.

Si l'on pouvait invoquer l'utilité, ce serait, en effet, une tout autre affaire. Mais voilà que Nord et Midi allèguent pour se défendre l'utilité du plaisir, non moins légitime, à leurs yeux, que l'assouvissement de tout autre besoin. Question pleine de *distinguo* que le sectaire végétarien ne résout pas plus victorieusement que moi-même. La bonne loi paraît être de faire le moins de mal possible. Mais qui fournira la mesure ? Et, comme du mal des uns, nous tirons quelquefois un peu de bien pour les autres, l'écheveau du bien et du mal se présente à nous dans un tel état d'embrouillement, que nous ne pourrions même pas nous tuer par dévouement aux êtres dont la mort fait notre vie, sans porter préjudice aux innombrables parasites qui vivent de notre existence. Cruel dilemme pour le dialecticien zoophile.

Il y a cependant une classe nombreuse d'animaux envers qui nos rapports quotidiens nous obligent à une conduite conforme aux règles de bonté que nous sommes présentement capables de concevoir et de formuler. Je veux parler de la troupe innombrable de nos collaborateurs d'en bas. Non de ces infortunés qui nous aident exclusivement de leur substance, consacrée à nous maintenir vivants, et trouvent leur unique vengeance dans les douleurs que nous apporte la continuation de la vie. Mais de nos compagnons de travail quotidien, qui nous donnent généreusement la collaboration d'un effort répété, pour un résultat dont nous profitons seuls. Renan raconte quelque part que saint Antoine ayant été mis en terre par un lion ami, l'intercession du bon ermite obtint de la Providence, pour le pieux carnassier, la rencontre d'un mouton. « Je vois bien la récompense du lion, dit le railleur, mais le mouton ? Je suis obligé de convenir que je n'aperçois point, dans l'univers, de justice pour les moutons. »

Combien fâcheux cet oubli de la Providence, et d'une réparation si malaisée. Mais si nos canines veulent du sang, peut-être pourrions-nous, même en continuant le carnage des innocentes bêtes dont nous vivons, établir un régime de douceur et de tolérance à l'égard de ces *presque-humains* qui tirent la charrue, traînent le fardeau, et, en attendant l'abattoir ou le lacet, nous prodiguent une affection que nous ne méritons pas.

Il y aurait une curieuse nomenclature à faire de ces nobles frères d'en bas. Le hasard du fait quotidien veut que ces réflexions me soient présentement suggérées par certains Belges à quatre pattes dénommés *chiens de trait*, occupant sous le roi Léopold une situation beaucoup plus importante que les Français similaires sous notre Félix Faure. Il y a 50,000 chiens de trait en Belgique, dont 10,000 pour Bruxelles et ses faubourgs. C'est un amusant spectacle de voir le matin les chiens de laitiers promener de porte en porte leur marchandise dans des petites charrettes bien astiquées. Malheureusement, la bonne bête haletante nous avertit que la charge est lourde. L'indifférente laitière n'y prend pas garde, et, sans pitié, remplace de sa plantureuse personne, au retour, le poids dont le misérable attelage se croyait délivré. En toutes choses l'usage conduit à l'abus.

Il s'est créé en Belgique, par voie de sélection, une race de chiens robustes qui accomplit de véritables prodiges. Un cheval ne déplace que trois fois son poids ; un chien belge, jusqu'à quatre fois. Une bête de 25 kilogrammes, ayant 0,50 centimètres à l'épaule, peut traîner une charge de 100 kilogrammes. Mais cette belle vigueur, loin d'être récompensée, n'aboutit qu'à provoquer les excès de l'égoïsme humain. Armée de l'aiguillon, du fouet ou du bâton, la brute à deux pieds se plaît à épuiser férocement la force et la vie du quadrupède sans défense. Et c'est précisément ce que la Société protectrice des animaux de Belgique se propose d'empêcher. Elle a déjà obtenu quelques résultats notables. A Louvain, à Verviers, dans le Brabant, dans la Flandre orientale, dans le Hainaut, des règlements protecteurs ont été adoptés depuis 1863.

Cependant, l'abus est encore effroyable, et la Société continue vaillamment sa bonne campagne. Voici un curieux extrait de sa dernière publication :

« La plupart des animaux domestiques trouvent, dit-elle, leur protection dans l'intérêt de leur maître ; mais les animaux de minime valeur, comme le cheval usé et le chien, ont besoin d'une protection spéciale, le chien surtout. Tel coup, qui n'est pour le cheval qu'une brutalité, renverse, estropie et tue un chien. Il se trouve souvent entre les mains de gens grossiers et brutaux qui font de sa vie un long martyre. Voyez par exemple le *chien du chiffonnier*.

« En route depuis le point du jour, il fait dix lieues par des chemins de terre ; à chaque arrêt la charge augmente ; il y a 200 kilogrammes, qu'importe !

encore ce paquet, encore ce vieux poêle ; l'animal n'en peut plus, son échine ploie ; le ventre touche presque terre, qu'importe ! Pour finir, le conducteur ivre, car chaque marché a été arrosé d'un verre de genièvre, monte sur sa charrette, et c'est à force de coups que le chien rentre chez lui, s'il ne tombe pas d'épuisement en route.

« On ne rencontre que rarement ces attelages dans les rues des villes ; ils font peine à voir.

« Dans le Hainaut, des individus transportent, au moyen de charrettes à chiens, le charbon de la fosse chez les détaillants. Ces chiens traînent pendant douze heures, des charges de 300 à 400 kilogrammes, par les plus mauvais chemins. Les conducteurs sont armés de grands fouets de rouliers dont ils ne cessent de fouailler leurs bêtes.

« Citons encore : *les chiens qui transportent le poisson* des ports de pêche dans l'intérieur du pays ; ils font souvent dix lieues en une nuit. Les conducteurs et leurs amis ne se font pas faute de monter sur la charrette.

« *Les chiens des marchands de veaux* : s'ils arrivent au marché lourdement chargés de veaux et de leur maître assis dessus, c'est bien pis au retour, lorsqu'ils ont à traîner une demi-douzaine d'ivrognes, et à lutter de vitesse avec les autres attelages faisant route commune.

« Il est à remarquer que, seul entre tous les animaux domestiques, le chien, violemment maltraité par son maître, se couche par terre et se roule même sur le dos pour implorer la clémence de l'homme. Cela exaspère les maîtres lâches et brutaux qui le bourrent, dans ce cas, de coups de pied et de coups de bâton, jusqu'à ce que l'ami de l'homme, affolé, se relève, non pour accomplir un travail raisonnable, mais pour échapper à son bourreau par une fuite précipitée ; c'est cette allure qui fait la joie des brutes qu'il transporte. »

Ces tableaux lamentables ne sont pas sans suggérer au philosophe des réflexions dont chacun de nous peut trouver mainte occasion de faire son profit.

Ce qui frappe d'abord, c'est de voir que tous les malheurs de ce Cinquième État, toutes ses souffrances, toutes ses tortures proviennent simplement de son incapacité de se révolter. Avec lui, pas de réclamations concertées. Quelques discussions isolées, de courtes protestations du sabot, de la corne ou de la dent, bien vite réprimées du bâton. Et c'est tout. Pas de syndicats avec des programmes de réglementation des heures de travail, pas de grève partielle ou générale, pas de plaintes sur le salaire. La bonne loi d'airain suffit à tout, fonctionnant dans toute sa rigueur. La nourriture suffisante pour assurer la vie et la reproduction, voilà tout ce qu'accorde l'employeur. Il n'a même pas le supplément des frais de culte que *le respect humain* exigeait du maître d'esclaves. Tout bénéfice.

C'est la condition même que l'histoire nous montre comme étant celle du Quatrième État jusqu'au jour où il s'est mis en tête de faire ses propres destinées. Je consens que la moralisation croissante du maître n'a pas été étrangère au progrès accompli. Mais par l'impuissance des Sociétés protectrices des animaux, nous pouvons juger de l'inefficacité des revendications de bonté que n'appuie pas la crainte salutaire de la révolte possible contre l'autocratie toute-puissante.

Un autre sujet de méditations s'impose. Qu'est-ce qui opprime et torture sans pitié le Cinquième État que l'Iniquité Suprême nous abandonne à merci ? Le

Quatrième Etat, ne vous en déplaise : c'est-à-dire, ceux-là mêmes qui souffrent le plus de la tyrannie du Tiers où s'est fondue toute la puissance d'extorsion des deux premiers Etats. Quoi de plus instructif que la vue de ces hommes justement révoltés des injustices sociales dont ils sont victimes, répétant sur leurs frères d'en bas les coups de brutalité qu'ils reçoivent de leurs frères d'en haut ?

Que leur faute leur enseigne au moins l'indulgence philosophique — puisqu'ils se rendent coupables eux-mêmes des actes dont ils demandent compte à autrui — et que, faisant sur eux-mêmes un équitable retour, ils apprennent à pratiquer cette règle de justice et de bonté dont ils réclament avec tant de raison pour eux-mêmes le plein bénéfice. Qu'ils joignent à la haine de la souffrance qu'ils endurent, la détestation de la souffrance qu'ils causent, et que la propagande des Sociétés protectrices des animaux nous fasse enfin une société protectrice des hommes.

« Le peuple d'Athènes, dit Plutarque, après avoir bâti l'Hécatompédon, ordonna que toutes les mules qui avaient montré le plus de cœur au travail fussent relâchées pour paître en liberté. Mais l'une d'elles vint se présenter d'elle-même à la besogne, et se mit à la tête de celles qui traînaient les chariots à l'Acropole. *On décréta qu'elle serait nourrie aux frais de l'Etat jusqu'à sa mort.* » Voilà comment les anciens préludaient à ces retraites ouvrières dont on fait aujourd'hui tant de bruit. Le monde n'a pas encore compris la leçon de la mule récompensée qui réclame plus que sa part d'ouvrage.

Avons-nous progressé depuis ces temps ? Ce n'est pas aux chiens de Bruxelles que j'oserais le demander.

III

BRISQUET, CHAUDRON, RÉAUMUR

Après le Tiers État triomphant, le Quatrième État qui se lève commence à faire figure dans le monde. Au delà, quelle couche sociale plus profonde? Rien, semble-t-il. Le dernier échelon de la hiérarchie. Erreur! Voici le Cinquième État muet, fait de nos humbles collaborateurs, les vaillantes bêtes qui, sans autre rémunération que l'aliment de vie, peinent bravement, laissant entre nos mains avides tout le produit de leurs travaux.

Bœuf patient et fort, cheval hardi, chien bon, âne sublime, grâces vous soient rendues à tous qui, sans évoluer vous-mêmes, nous suivez dans nos évolutions de labeur et de misères. Vous donnez votre peine et votre vie pour nous, sans espoir de récompense, sans attente de vieillesse heureuse, sous la méchante main armée de l'aiguillon, du fouet ou du bâton. Je voudrais dire votre histoire, ô frères primitifs qui, vivant pour nous, nous faites vivre encore de votre substance. Il suffirait de montrer véridiquement votre vie douloureuse pour que la lente pitié humaine enfin s'émût des inutiles maux qui vous viennent de l'homme. Par surcroît, nous vous devrions cette dernière faveur, qu'en apprenant à être bienveillants aux bêtes, nous deviendrions, malgré nous, moins durs aux humains.

Je veux conter, aujourd'hui, l'histoire de trois chiens que j'aimais. Ils s'appelaient Brisquet, Chaudron, Réaumur. Je les ai longtemps connus paisibles, résignés, misérables, s'épuisant en un labeur ingrat, sous les injures et les coups, trop dignes pour se plaindre, trop bons pour se venger.

Brisquet, Chaudron, Réaumur étaient cloutiers de leur état. Oui, cloutiers, faisant des clous, et les vendant au marché. Doit-on dire qu'ils se faisaient aider du père Brossard dans ce travail, ou que le père Brossard se faisait aider d'eux? Je vous laisse le choix du propos. Ce que j'affirme, c'est que, sans eux, il n'y aurait point eu de clous. Le père Brossard battait le fer, mais les chiens faisaient marcher le soufflet de la forge. C'était une association où chacun avait le labeur, et un seul des associés le profit. N'est-ce pas déjà mieux que dans les mines d'Anzin, où le détenteur du scandaleux *denier* empoche le dividende sans être capable de *piquer* pour trois sous de charbon?

La *maison Brossard* se trouvait juste en face de ma fenêtre, dans la grand'rue du village vendéen où le déplorable écolier que j'étais passait tous les ans un beau mois de vacances. Dès le jour, m'éveillant, j'entendais le soufflet gémir, et le marteau nerveux tinter sur la petite enclume sonore. Au rythme lent ou rapide, aux coups sourds ou répétés *pour le plaisir*, je devinais, de mon lit, l'humeur de l'ouvrier, et je savais s'il serait tout à l'heure morose ou bavard à son ordinaire. Parfois, d'affreux jurons m'apprenaient que Brisquet ou Chaudron ralentissaient la mesure, ou même, les imprudents, s'arrêtaient tout à coup, *pour le plaisir* aussi.

Je descendais, et je faisais d'abord ma visite à *la forge*. *La forge* se composait d'un étroit couloir où quatre personnes n'auraient pas tenu à l'aise. Le père Brossard, enveloppé d'un grand tablier de cuir, la casquette de drap noir sur l'oreille, la face charhonneuse piquée d'une barbe de huit jours, les petits yeux clignotants, la bouche édentée narquoise à tout venant, tapait gaillardement sur sa petite barre de fer rougie, et ne s'arrêtait que pour la remettre au plus vif de la minuscule fournaise.

Derrière lui, une immense roue de bois, où trottait mon ami Brisquet sur de petites palettes servant de points d'appui. La nature avait fait *Brisquet* blanc, avec une oreille noire; *Chaudron*, couleur de suie, et *Réaumur*, orangé. Ce dernier, visiblement griffon, les deux autres de race incertaine. L'histoire est muette sur eux. Je sais seulement que Réaumur venait du village de ce nom, situé à quelques kilomètres de là, berceau du grand physicien dont la signature se trouve encore sur l'échelle de nos thermomètres. C'était presque de la gloire : l'excellent animal n'en tirait pas vanité.

Je dois dire cependant, pour être véridique, que Réaumur, plus grand et plus fort que ses deux camarades, travaillait beaucoup moins. Il constituait, en quelque sorte, l'*armée de réserve*, et ne donnait son labeur que lorsque Brisquet et Chaudron étaient à bout de forces. Cela révoltait mes sentiments de justice. Un jour, je me risquai à demander la raison de cette inique faveur. « *C'est par rapport à un de mes amis qui me l'a donné* », me répondit le père Brossard avec une pointe de sentiment. Je n'en pus jamais savoir davantage.

Ce qu'il y avait de touchant, en dépit de cette inégalité de traitement contre laquelle je ne suis pas fâché de protester une dernière fois, c'était la parfaite entente des trois bons serviteurs en vue du travail commun. Le temps du séjour dans la roue était de deux heures marquées par le carillon de l'église. Au signal convenu, la bête exténuée sautait dehors d'un bond joyeux, tandis que l'autre, sans qu'il fût besoin de l'appeler, s'approchait l'oreille basse et s'introduisait péniblement dans l'appareil. Une fois là, il ne fallait plus s'arrêter. La menace de la petite barre rougie aurait donné du cœur au plus *feignant*, et les jurons préliminaires excitaient le courage du quadrupède souffleur comme du batteur d'enclume lui-même.

Avez-vous jamais regardé le bon cloutier au travail? C'est une joie de le voir marteler le fer qui, sous la main tapante, s'effile à miracle en pointe aiguë. Un coup sec au tranchant de l'enclume, et voilà la tige coupée. Elle tombe alors comme d'elle-même dans la filière surmontée d'une cupule évasée où le marteau, en quatre temps, abat et façonne la tête. Enfin, un petit coup sec de bas en haut sur la pointe fait jaillir, en rouge parabole, le clou nouveau qui va retomber avec une admirable précision dans le petit tas voisin où l'attendent ses frères encore tout chauds des baisers de la forge. C'est un prestige. La main se lève et retombe de droite et de gauche, moins pour faire le clou, semble-t-il, que pour encourager le fer à devenir clou de lui-même. Cela se fait tout seul. Aussi, ne manquai-je pas d'essayer. Amère désillusion, le clou ne voulait plus *se faire*, et le marteau tordait absurdement la barre rebelle.

Le plus curieux c'est que dès que le chien tourneur ne voyait plus son Brossard à la forge, il s'arrêtait de mépris. Brisquet, Chaudron, Réaumur, m'avaient en amitié, mais refusaient de me prendre au sérieux comme cloutier. Je jurais très bien, cependant, et j'agitais furieusement ma barre rougie, mais je ne poussais pas à fond, et, parce que je n'osais pas roussir le poil de la bête j'étais méprisé d'elle, désobéi.

Lamentable enseignement, que j'ai compris quarante ans plus tard. Je n'avais pas plutôt rendu sa place au patron que la roue tournait à plaisir.

Ainsi passait la vie, Brossard tapant, Brisquet, Chaudron tournant, Réaumur flânant à portée de la voix pour l'imprévu. Le dimanche, on fêtait le repos du Seigneur, l'homme au cabaret, les chiens dans la rue en quête d'une rencontre amie. Et puis, à certains jours, sans qu'on sût exactement pourquoi, Brossard fermait la forge et s'en allait à l'aventure. Les bêtes désorientées, stupides d'une oisiveté imprévue, l'attendaient en dormant sur le seuil les quatre pattes étirées en repos. D'autres fois c'était le chien qui courait les champs sans raison, qui s'égarait dans quelque poursuite amoureuse. Alors les deux travailleurs austères payaient de labeur pour le délinquant, accueilli du bâton au retour.

Brisquet, le plus déluré des trois, avait des mœurs d'artiste. Quand sa lubie le prenait, il allait tout droit devant lui et ne rentrait parfois qu'au bout de deux ou trois jours, sa fantaisie passée. Réaumur alors brillait d'un éclat non pareil, travaillant bravement sans se plaindre, comme pour excuser l'absent. Réaumur avait du cœur. Il avait aussi, comme son homonyme du thermomètre, le sentiment de l'ordre dans la nature, et de la nécessité des lois.

La loi qui s'imposait entre toutes à cette conscience à quatre pattes, c'était le respect de la propriété. Aux jours de marché, pendant que Brisquet et Chaudron allaient *dévisager*, si j'ose m'exprimer ainsi, tous les représentants de la race canine arrivant à la suite des campagnards, le fidèle Réaumur sur la grande place, se tenait aux côtés du père Brossard assis à son étalage. Une grande toile grise étendue par terre faisait toute la boutique. De curieuses sébiles la meublaient, remplies de toutes les variétés de clous pour la ferrure du cheval, le sabot du paysan, pour les artisans de toute œuvre du village ou des champs. Le panier de la fermière, vidé de ses œufs, de son beurre ou de ses poulets, se remplissait du *fret de retour* : clous, ficelle, chandelles, serpes et galoches. Que de propos échangés devant l'étalage du père Brossard. Que de cornets d'un gros papier jaune s'entassaient dans les paniers des passants.

Réaumur, immobile sur son derrière, surveillait tout, ne disait mot, encourageant l'acheteur d'un regard amical, comme pour lui dire : « Prenez de confiance, c'est du travail de nous deux ». On achetait, on s'attaquait de cent paroles gaillardes, et la conversation bien souvent finissait à l'auberge voisine. Brossard pouvait quitter ses clous en toute quiétude, Réaumur veillait sans se laisser tenter par la bouteille. Tout le monde le connaissait, il connaissait tout le monde. Les amis approchaient, choisissaient des échantillons sans qu'il y trouvât à redire. En revanche, un grognement sourd avertissait l'*étranger* de ne pas se montrer trop familier avec les sébiles. Parfois les paysans plantés là attendaient le cloutier. Réaumur se levait, allant et venant, regardant du côté de l'auberge. Puis, tout à coup, prenant son parti, il éclatait en aboiements de détresse. Et Brossard averti, laissait là son vin blanc pour accourir à l'acheteur.

Il y a près d'un demi-siècle que se passsaient ces choses dans le bourg du Bocage vendéen où je suis né. Je n'ai jamais connu de famille plus unie que celle du père Brossard et de ses trois apprentis, heureusement complétée d'Angèle Brossard, couturière en droguet. Tous ces gens s'aimaient. Ils se chamaillaient un peu sans doute. Mais quel rustique n'a la main leste, à ses heures, fût-ce envers sa progéniture chérie?

Après cinquante ans de progrès, l'humble ouvrier de village, maître de lui-même, a disparu, pour se perdre, asservi, dans l'usine immense, sous l'inflexible loi du contremaître. Les chevaux-vapeur sans conscience ont remplacé ses bons aides vivants qu'il aimait, qui l'aimaient. Brisquet, Chaudron, Réaumur errent maintenant sur les routes, guettés par le gendarme destructeur. Depuis que Brossard n'a plus besoin d'eux, l'ancienne amitié est devenue haine, lâche peur, barbarie. C'est le progrès, dit-on. Tant pis!

IV

SANS NOM

La grande place du bourg, en contrebas de la terrasse de l'église, était déparée d'une vieille baraque pelée, lézardée, étayée de poutres pourries, connue dans tout le canton comme *la maison du potier*. Maison mystérieuse, isolée de toutes parts, abandonnée par ses voisines qui s'étaient retirées d'elle pour agrandir l'emplacement offert aux visiteurs beuglants, bêlants ou parlants des jours de foire.

Un grand portail cintré de vieilles planches de chêne étrangement ravinées, orné de ferrures imprévues, donnait accès dans une cour étroite exclusivement occupée par un petit manège à broyer la terre.

Quelques tas de glaise, un fumier de pauvre, des poules mélancoliques complétaient le triste décor. Des parties de toit effondrées avaient jonché le sol de fragments de tuiles moussues. C'était une désolation qu'annonçaient du dehors les yeux vidés des grandes lucarnes noires où les *arantèles* séculaires arrêtaient le soleil, et la pluie et le vent. Seule, bravant toute crainte, la petite hirondelle bleue, profitant d'un étroit passage, pénétrait avec de petits cris aigus dans ce logis de gobelins et de loups-garous, pour accrocher aux vieilles poutres moisies sa pépiante nichée. Pas d'autre bruit qu'un piétinement sourd, accompagné d'un battement monotone comme d'une roue de moulin.

Qui l'eût cru? Dans le désert lamentable de ce taudis branlant, au centre même du bourg populeux, une active industrie vivait, se développait, prospérait. C'était l'habitation du potier solitaire, dont je n'ai jamais su le nom. On disait : le potier. Noms de baptême et de famille inconnus. Le petit cheval aveugle qui piétinait au manège sur de vieux jarrets tremblants se désignait sous ce vocable : le cheval du potier. Le caniche teigneux, qui jamais ne s'aventurait au dehors qu'à la suite de son maître, n'avait qu'un nom : le chien du potier. Peut-être, un juge d'instruction eût-il été capable d'en savoir davantage. Faute de police en ce lieu béni, chacun se contentait de ces indications sommaires qui suffisaient amplement à tous les besoins des relations quotidiennes.

C'est par le chien que j'obtins accès jusqu'à l'homme. Un jour, passant devant la porte ouverte, je fus salué d'un aboiement amical, politesse que je récompensai d'une de ces brioches dites *poupées* dont la localité se glorifie. Tels furent mes premiers pas dans l'amitié du potier. Car, après maintes prévenances réciproques du chien et de l'enfant, je m'enhardis jusqu'à pénétrer dans la cour où le misérable poney pétrissait sa glaise on se reposait, suivant sa fantaisie. Par les portes, grandes ouvertes, j'apercevais une accumulation de poteries de toutes formes et de toutes couleurs, d'innombrables débris entassés au hasard, mille choses invraisemblables piquant ma curiosité de voir et de savoir. Un pas encore, et voici alignées, sur de longues files de planches, des formes indéfiniment répétées, de nuances attendries, invitant l'œil et le doigt, fraîchement échappées du tour, parées de je ne sais quelle virginité dont les dépouillera la fournaise.

Enfin, cédant à l'invitation ronronnante du tour, je franchis le seuil, et le grand mystère se découvre à mes yeux ébahis. Dans le grand atelier de terre battue, au milieu d'un peuple de jarres, d'urnes et d'amphores éprouvées par le feu du four ou le choc des humains, le grand potier, tout jaune de terre luisante de l'occiput aux sabots, est aux prises avec la matière en danse giratoire. A peine un léger balancement du corps indique-t-il le mouvement de la pédale. L'œil fixé sur le petit pain de glaise qu'il vient de jeter sur le tour, l'homme plonge les deux mains en pleine pâte, et tout aussitôt quelque chose de vivant se dresse sous ses doigts, qui devient coupe tournante, s'évase en écuelle fantastiquement mouvante, monte en amphore toujours changeante, s'aplatissant, s'étirant ou se renflant, palpitant sous le doigt en apparence immobile de l'ouvrier hypnotisé de son œuvre.

Le sabotier chante, le forgeron bavarde et rit, le cloutier accompagne ses lazzis du tintement joyeux de son enclume. Le potier, comme l'homme de la charrue, est muet. L'effort d'attention est trop grand de celui qui est aux prises avec la terre, soit qu'il la dispose en sillons, soit qu'il la sente frémir avec docilité sous sa main pour se plier voluptueusement aux caprices de sa fantaisie. Le potier, d'un imperceptible mouvement dompte la matière évoluant sous ses yeux en des formes d'art éternellement changeantes, qu'une valse fantastique, dans une buée de claire vapeur, entraîne en un tourbillon de caprices aussitôt réalisés que conçus, aussitôt disparus que réalisés. Le potier est créateur, créateur d'art, dans l'émerveillement perpétuel des frêles fleurs d'argile vivante dont les pétales naissent, se transforment et meurent de sa volonté, de son souffle, de son regard. La seule peine, semble-t-il, c'est d'arrêter l'extase avec le tour, et brusquement de ramener à la réalité d'un peu de terre jaune le prodige décevant des muantes formes de rêve. Plus haut l'imagination s'envole, plus durement la folle retombe. Par bonheur, nulle chute qui guérisse de l'envie des hauteurs. Un autre pain de glaise, et la la fête recommence.

Ces pensées obsédaient-elles l'esprit de mon potier? Je l'ignore, car l'homme qui m'accueillit tant de fois d'un aimable sourire, ne desserrait pas volontiers les lèvres, même pour un bonjour. Ce dont je suis sûr, c'est qu'un clignotement de paupières, une légère trépidation des lèvres, une imperceptible palpitation des narines accompagnée de reniflements sonores, accusaient chez mon ami une joie contenue dont j'ai plus tard retrouvé les signes chez ses confrères. Ce n'est pas que le potier du *Bocage* fît des merveilles. Mais l'ignorant qui voit une cruche ne sait pas par quelles formes féériques elle a passé avant de s'immobiliser dans la prose où elle achève de mourir. On ne sort du four qu'une momie figée, pétrifiée. C'est une vie d'idéale fantaisie qui s'agite sur le tour. Jugez des joies du potier sur ce qu'il voit, non sur ce qu'il fait.

Le mien faisait des *buies*, sorte d'amphore pansue surmontée d'un petit téton creux d'où l'eau claire s'épanche, des *ponnes*, grandes écuelles à bec où le lait monte en crème, mille choses du plus commun usage qui ne m'intéressaient plus dès qu'elles avaient quitté leur poésie mouvante pour l'immobilité dernière.

J'ai passé dans l'étrange atelier beaucoup d'heures, les yeux écarquillés, sans rien dire, et j'ai pris là le goût d'un métier qui m'aurait donné plus de joies que la politique, si j'ose m'exprimer ainsi. C'est là que j'ai pris l'amour de la bonne terre plastique que l'homme façonne et modèle, où le Japonais dédaigneux du tour, se plaît à marquer, d'un doigt féminin, la discrète empreinte de sa sensation fugitive, de sa passion, de sa vie.

Mais il faut revenir au potier de Vendée, car j'ai tout dit, sauf précisément ce que je voulais dire. Je n'ai point d'histoire à conter, puisque la particularité des trois amis, homme, chien, cheval, c'était de n'avoir point d'histoire. Ils vivaient d'une vie monotone et tournante, qui les ramenait éternellement au même point de départ, tous les trois ignoblement couverts de terre jaune, cheveux, crins ou poil frisé. A certains jours, la provenance de glaise changeant, le trio devenait rougeâtre : c'était l'unique distraction.

Ainsi vivaient dans le silence ces trois prolétaires à deux pieds et à quatre pattes, le quatrième et le cinquième État de la hiérarchie sociale, associés dans un commun effort de vie. L'homme tournait ses pots, les cuisait, et jamais ne paraissait au marché ou à la foire, ayant je ne sais quel traité avec un industriel qui le débarrassait de sa marchandise. Le petit cheval aveugle tournait philosophiquement dans son manège, sans même s'inquiéter de savoir quel jour il était ocreux ou rose. Quelquefois il s'arrêtait court et le bon potier ne le gourmandait point. La bête pensait, sans doute, creusait quelque vieux souvenir ou simplement se reposait, et puis, pour rompre la fatigue du repos, reprenait son voyage circulaire.

Et le chien ? direz-vous. Voilà justement le problème. Comparant le chien du potier avec ses trois voisins peinant chez le cloutier, je m'étais souvent demandé ce qu'il faisait dans cette association de frères. Un jour je me hasardai à demander pourquoi lui seul ne tournait rien. Un vague haussement d'épaules fut toute la réponse.

Je voyais le caniche oisif aller, venir, toujours inutile, souvent nuisible, et sans bien m'en rendre compte, je l'aurais volontiers classé dans le Premier État, celui qui vit des autres. Le drôle aboyait aux trois poules déplumées pour les empêcher de pondre, ou franchissant en plein galop les rangées de poterie, accrochait une *buie* au passage, ou levait irrévérencieusement la patte sur quelque cruche virginale. Jamais un mot de réprimande : c'était exaspérant. Et toujours cette question se posait : de quelle utilité le caniche pour les deux autres ?

Après deux fois vingt-cinq ans de réflexion, je crois que j'ai fini par comprendre. Il les aimait.

LA VILLE

LE BOIS DE BOULOGNE

I

INTERVIEW

A Jean Ajalbert.

Puisque vous m'avez sacré *reporter*, vous comprendrez, mon cher ami, que j'aspire à me montrer digne de l'emploi où me voilà promu. L'occasion m'a paru bonne pour aborder l'*interview*. La mode en a vieilli sans doute, mais un débutant n'y regarde pas de si près.

Qui voir? C'est la question. J'ouvre les journaux et je trouve que le chancelier de l'Empire allemand vient de donner sa démission. Ce serait bien mon affaire, si la *Wilhelm Strasse* n'était hors de portée. Et puis, je vais vous dire un grand secret. Un homme d'Etat, digne de ce nom, ne sait jamais la veille ce qu'il fera le lendemain. Si l'empereur Guillaume en personne nous ouvrait jusqu'aux replis les plus cachés de son âme, nous y trouverions, sans doute, le plus étrange salmigondis d'idées justes et de notions fausses, de vues claires et de préjugés ridicules, de sentiments généreux et d'égoïsme mesquin. C'est l'homme lui-même. Seulement, lorsque cet homme dispose du sort de quarante millions de ses contemporains, sans parler d'autres millions exposés au contre-coup de ses fantaisies, on aimerait à savoir quelle destinée nous prépare ce cerveau inquiétant. Il n'en sait rien lui-même, en vérité. Le pouvoir exorbitant dont il dispose lui rend le mal plus aisé que le bien. Voilà tout l'enseignement d'une causerie entre *reporter* et César.

Foin des hommes donc, qui, s'ils savaient, ne diraient rien, et qui s'empressent de si bon cœur, en revanche, à nous confier ce qu'ils ne savent pas. Je veux *interviewer* les choses. Celles-là du moins sont accessibles à tous. Elles parlent très haut à qui sait les entendre. Surtout, elles ne mentent pas. Justement, depuis mon retour, je n'ai pas vu le bois de Boulogne. C'est un ancien ami. Je suis sûr qu'il a quelque chose à me dire, ce vieux routier qui joint à tous les secrets de l'herbe et de l'arbre toutes les confidences de Paris.

En route! Un beau soleil d'automne, froid comme des premières matinées d'avril, les Champs-Élysées tristes, les arbres nus, la *Marseillaise* de Rude sous un échafaudage, en proie à quelque malfaisant gratteur, de petits pigeons bleus qui se querellent sur la tête du Napoléon de pierre, une porte immense d'azur. L'avenue du Bois est déserte. Deux cavaliers dans la boue. Une brise fraîche, des flaques luisantes où s'éclabousse une jolie Anglaise, jaune et vert, relevant de ses grandes mains le petit jupon qui refuse de cacher deux grands pieds. Des pelouses vertes, des massifs éclatants de sauge pourprée, et puis tout d'un coup le feu d'artifice de l'automne, une grande flambée violente, jaune, rouge, verte, fauve, comme de cent feux de Bengale mêlant leurs tons mouvants, pour les aviver ou les dégrader à l'infini.

Alors, je comprends ma folie. Ce n'est pas une plume chargée d'encre qu'il faut ici, c'est un pinceau de pourpre et d'or avec la main de Claude Monet au bout. Vous rappelez-vous Monet à Vernon, il y a deux ans, avec ses quatre toiles devant son champ de coquelicots bordé de grands ormeaux chenus. Tout le jour l'œil recevait, la main rendait. Et à mesure que le soleil montait, la toile du matin était délaissée pour celle de midi abandonnée à son tour dès que les rayons obliques avaient changé l'éclairage. Mêmes arbres, même morceau de terre. Combien différente la vie des choses en ces quatre toiles. J'en ferais dix, disait Monet. Ici je lui en voudrais cent, car tout change par à-coups et se dépêche de vivre dans la brusquerie de l'automne bousculé par l'hiver.

Tout à l'heure, le ciel était bleu, il est tout gris maintenant avec des éclaircies inattendues de soleil. Une bande noirâtre à l'horizon annonce la lourde calotte de plomb qui est au-dessus de ma tête pendant que j'écris. Que de rapides transitions, que de retours suivis de rechutes nouvelles! Je rêve Monet courant devant ses toiles, notant d'un coup vif au passage l'impression fugitive que l'œil s'efforce en vain de retenir, tout aussitôt remplacée par une autre qui paraît encore plus précieuse et plus belle, jusqu'à ce qu'elle cède à son tour devant l'aspect nouveau qui nous frappe et s'enfuit.

L'arbre d'août, immobile sous le ciel de feu, semble privé de vie. Jamais il ne sera plus mouvementé, plus vivant qu'aux approches de la mort. Octobre le prend, le cingle de pluie, le fouette de vent, l'enveloppe de ses tourbillons, emporte la feuille desséchée, laissant le bois dépouillé préparer dans le silence la revanche du bourgeon. Qui donc a parlé de la mélancolie de l'automne? Autant dire la mélancolie des batailles. C'est la lutte des éléments déchaînés contre la vie de la terre, et le flamboiement des cimes paraît comme la rouge lueur qui flotte au-dessus des grandes mêlées. Bataille de vie, non de mort. Où la vie serait-elle plus intense que dans l'ardeur du combat? Toutes ces flammes d'or dont nous salue la sève finissante ne sont que le signe avant-coureur de la petite feuille cendrée qui déjà se prépare, au réservoir souterrain des forces éternelles.

Pour l'heure, nous sommes en pleine mêlée, car la terre est jonchée de feuilles dorées, qui éclairent le *sous-bois* d'une lueur chaude et vibrante. La lumière maintenant vient du sol sous le ciel terne. La rafale pousse devant nous comme une grande vague feuillue qui s'éparpille et se rassemble en tourbillons pour s'élancer dans l'air au-devant de l'essaim qui tombe des sommets. Sous l'eau limpide et noire glissent de grandes feuilles noyées, déjà couvertes de limon. Flottant à la surface, le tapis diapré des dernières venues attend l'heure de les rejoindre sous le tremblant linceul.

On ne décrit pas l'enchevêtrement des batailles. Les chênes fauves se mêlent aux marronniers d'or, l'acacia glauque à l'érable en feu qui semble un soleil dans la nuit des sapins verts. Comment dire cette splendeur? Autant fixer les tons de l'incendie. C'est une orgie de flammes au vent. L'allée de la Reine-Marguerite brûle d'une grande lueur orange. Les lacs sont des miroirs laiteux encadrés d'or rouge ou brun. De grands peupliers balancent de rares feuilles d'un vert attendri, épuisé. Le sumac étend des palmes de pourpre. Un tilleul argenté dresse ses houppes blanches à côté du merisier sanglant. Chaque pas est une surprise, un émerveillement.

Personne. Des hommes de chevaux promenant leurs bêtes, une élégante promeneuse solitaire qui se trouve — ô honte — la première au rendez-vous, un député porteur d'un nom illustre, plus connu sur le turf que dans l'hémicycle parlementaire, et c'est tout. La pelouse grisonnante de Longchamps tristement vide, dominée du Mont-Valérien toujours vert et du moutonnement jauni de Saint-Cloud. Le petit cimetière paraît tout noir avec ses ifs immuables. Pas un cri, pas un chant dans l'air sonore chargé de senteurs mouillées. Des corbeaux isolés passent muets dans le ciel blanc. Une troupe d'étourneaux remonte vers Suresnes. Il est temps de partir, puisque Monet ne vient pas et que je ne saurais rendre le prodige que je vois, l'infini que je sens.

Je traverse à nouveau la forêt flamblante, ébahi des acacias verts frangés de chrome, des ifs aux aiguilles caduques de rouille empourprée, m'enivrant à longs traits de tous les tons de soleil fixés pour un jour sur la terre, ébahi de tout, aimant tout, l'herbe qui va mourir pour renaître, l'arbre décharné dont l'ossature frissonne sous le vent en attendant la prochaine feuillée, le lapin qui détale et la pie qui sautille dans le chemin.

A la Porte-Maillot, je rencontre un grand platane sur un chariot à six chevaux. Racines emmitouflées de branches de pin, il s'en va tristement je ne sais où. Après le *concombre fugitif* d'Octave Mirbeau, comment s'étonner du platane voyageur ? L'an dernier, quand je me plaignais du dommage que faisait au Bois de

Boulogne je ne sais plus quel vélodrome récemment installé, M. Paschal Grousset me répondit : « Ce n'est rien : *on déplacera* seulement quelques bosquets. » C'est pour quelque raison de cet ordre que le grand platane se promène.

Maintenant je sais bien que la règle du genre veut qu'il soit dit au moins quelques paroles dans toute interview bien ordonnée. Sachez donc, Ajalbert, que *le Bois* n'est point demeuré muet. Voulez-vous sa confidence?

« Bons Parisiens, qui vous ébahissez à la vitrine de Goupil devant des toiles que les Américains couvrent d'or, pourquoi laissez-vous votre *Bois* se donner à lui seul la grande fête de couleur où il vous convie inutilement, hélas? Ces prés, ces arbres, cette lumière que vous admirez chez Goupil, ne sont que la faible répercussion sur l'homme, des vrais prés, des vrais arbres, de la vraie lumière. Pourquoi vous refusez-vous l'impression directe de la nature? Le tableau est immuable. Que n'accourez-vous à la scène éternellement changeante, au grand spectacle de la vie éternelle des choses?

Je veux que dans les tableaux l'artiste ait mis sa personnalité. Que ne mettez-vous la vôtre dans la contemplation de la terre vivante, mourante, renaissante?.. Chacun de vous peut emmagasiner en son âme une plus belle collection d'impressions d'art que Vanderbilt ou Rothschild n'en peuvent amasser dans toutes leurs galeries. Hâtez-vous d'accourir au grand combat de la nature qui est l'image du vôtre. Voyez, admirez, et apprenez, par l'arbre qui lutte, meurt et renaît, que la défaite d'aujourd'hui n'est que la préface de la victoire de demain. »

Voilà, hâtivement résumé, ce que j'ai recueilli du

langage du *Bois*. Etrange interview, dira-t-on. Peut-être. Il y a dans tout entretien ce qu'on dit et ce qu'on suggère. Pour qui l'aime, pour qui sait la comprendre, la grande nature sera toujours un plus grand maître que le plus savant, de science ou d'art, ou le plus éloquent des hommes. Parisiens, allez au *Bois*. Les lauriers ne sont pas coupés.

PARIS

I

LA VOIE TRIOMPHALE

Des architectes, des maçons, des législateurs aussi, projettent de remanier Paris. L'entreprise serait digne d'éloges s'il s'agissait d'assainir nos déplorables faubourgs, de créer au centre de la ville les grandes voies d'accès qui faciliteraient la circulation régulièrement interrompue à certaines heures du jour. Mais c'est de quoi il ne paraît pas que l'on se tourmente.

Nos fabricateurs de bâtisses et de lois s'émeuvent d'autre chose. Ils rêvent moins d'accommoder Paris aux besoins de sa vie quotidienne que d'éblouir le monde de leurs conceptions merveilleuses. L'un veut replacer sur les socles du pont de la Concorde les lamentables statues qui déshonorent actuellement la grande cour du palais de Versailles. L'autre veut défiler entre des marbres modernes. Un troisième démolit le Palais de l'Industrie, ce dont je le loue, pour en rebâtir un autre, ce dont je le blâme. Après le grand massacre des ormeaux de l'Esplanade, on amène la perspective des Invalides au carré Marigny. Et puisqu'on a mis la pioche aux Champs-Elysées, voici qu'on lance l'idée de décorer la noble avenue d'une double file de statues, pour faire processionner bizarrement notre histoire, de Ramsès II à Napoléon. Ce projet de *voie triomphale* met surtout les imaginations en émoi.

L'Exposition de 1900 est l'occasion naturelle de ce dévergondage de magnificences. Je vois que des écrivains sont hostiles aux grandes foires décennales de Paris. Il y a en effet beaucoup à dire contre ces tumultueux campements de toutes les industries du monde en plein cœur de notre ville. Sans parler de la vie parisienne troublée, faussée, ahurie par l'interminable carnaval des nations, il faut avouer que des vestiges de fêtes comme la ferraille de la tour Eiffel, ne sont pas pour nous inspirer l'amour de ces manifestations plus ou moins grandioses de l'activité humaine.

Mais je comprends mal pourquoi l'on essaye de lier cette question à celle de la décentralisation, dont la cause ne saurait gagner à être posée dans ces termes.

J'aime infiniment la province, et je la souhaite à la fois plus forte et plus libre. Je n'aime pas moins Paris, cette ville par qui je suis Français, comme disait Montaigne — bon Périgourdin cependant. Décapitaliser Paris, c'est décapiter la France, et ce n'est ni Nancy, ni Bordeaux, ni Marseille qui en pourraient profiter. L'Ile-de-France demeure comme le grand *Champ de Mai* de la tradition des ancêtres, le point de rencontre des multiples génies de son territoire divers, pour l'heureuse fusion des âmes dans la grande pensée française. Libérer la province des chaînes qui l'enserrent, c'est affranchir aussi la capitale détournée de sa fonction légitime. Qu'a cela de commun avec l'idée de rapprocher, à des intervalles déterminés, les différents produits de l'industrie des hommes pour des comparaisons suggestives? La seule critique à retenir de cette discussion confuse, c'est qu'en des temps de propagation foudroyante de toutes les découvertes humaines, il est sage d'espacer largement ces grandes assises du travail, si l'on en veut faire autre chose qu'un vain spectacle de badauderie, doublé d'une exploitation d'hôteliers.

Quoi qu'il en soit, l'Exposition de 1900 se prépare, et s'il ne nous est pas donné d'émerveiller les peuples de la terre par le spectacle d'une conduite avisée de nos affaires, peut-être au moins les étonnerons-nous encore par les ressources infinies de notre art. Point n'est besoin, pour cela, de peupler nos Champs-Elysées de blancs fantômes de marbre. Parmi les objections qui se présentent en foule, quelques-unes sont si fortes qu'il suffit vraiment de les indiquer.

Et d'abord, comment oserait-on porter la main sur cet ensemble merveilleux de monuments et de jardins qui mêle, dans une diversité puissante, l'élégante harmonie des grandes lignes de pierre à la belle ordonnance des avenues ombreuses, éclairées des gazons verts, empourprées des jaillissements fleuris?

Du Louvre au *Bois*, Paris est un incomparable objet d'art. La disparition des Tuileries, dont le pavillon central masquait heureusement l'asymétrie du Louvre en jalonnant de son drapeau l'axe de la grande avenue, a laissé sans point de repère le regard du promeneur descendant de l'*Etoile*. En revanche, le Louvre s'est ouvert aux arbres, aux pelouses, aux fleurs qui formeront, depuis Saint-Cloud, un parc ininterrompu, quand on aura peuplé de verdure le désert du Carrousel, et sauvé du fonctionnaire malgache, qui y répand sa folie, les tristes parterres sur l'emplacement du palais brûlé.

L'ancien jardin des Tuileries, bien déchu de son ancienne splendeur, a subi, depuis vingt ans, les pires mésaventures. Ses beaux marronniers sont morts. Quelques rares témoins des temps passés attestent, seuls, la majestueuse futaie séculaire. Le sol en contre-bas, fatigué d'un trop long effort, absurdement remblayé de plâtras, ne fournit plus qu'un maigre aliment aux plantations nouvelles. Le pont de Solférino, qui veut rejoindre la rue de Castiglione, a déjà menacé de fiacres et de camions la paix des promeneurs. Près du bassin, sillonné des petites voiles blanches, on installa, *pour quelques mois*, à l'occasion de la dernière Exposition, un panorama qui, depuis cinq ans, refuse de s'en aller et qui, par la contagion de l'exemple, sera, sans doute, à la prochaine foire, rejoint par d'autres exploitations d'art ou d'industrie. Cependant, c'est toujours le vieux jardin où la vie de Paris et de la France a passé. Rois et Conventionnels furent là, tragiquement mêlés : traces effacées, souvenirs immuables. La *terrasse du bord de l'eau*, suivant la courbe molle de la rive, déroule encore ces spectacles charmants du fleuve où se plaisait Callot, aujourd'hui moins pittoresques, semble-t-il, toujours de l'homme pourtant, et, par l'humanité grouillante, appelant l'art toujours. Les grandes avenues sont demeurées comme pour marquer le passage de l'histoire. Et dans l'ombre claire des jeunes platanes, l'heureux gazouillement de volière dénonce l'enfance de Paris qui vient mettre ses jeux sur le théâtre même du drame des ancêtres.

La grande place merveilleuse offre alors dans un éblouissement de lumière le spectacle inouï de ses

Villes de pierre, immobiles dans l'agora, délibérant en cercle, la main sur des canons, des charrues, des outils. L'une, voilée de deuil, prend à témoin tous les hommes qui passent, Germains comme Français. Les autres, de sérénité souveraine, attestent la virile confiance dans ce qui doit venir. L'histoire de la France actuelle est là. De tous points du globe, l'étranger vient, regarde, comprend peut-être…

Et comme le soleil décline, voilà que des profondeurs de la ville un sourd grondement, qui bientôt croît et monte, annonce la grande cohue d'oisiveté heureuse se ruant au repos après les anxiétés, les tourments des affaires ou des plaisirs. C'est le défilé parisien des joies bruyantes, le carnaval quotidien de tous les mensonges de luxe ou de bonheur, l'étalage de tout ce qui brille, de tout ce qui feint, de tout ce qui trompe ; manteau de faste cachant mal l'ennui des vies blasées, le dégoût des espoirs trahis, l'angoisse des chances hasardeuses follement escomptées. La grimace du rire déguise l'âme à souhait, et quand la joyeuse mascarade s'élance des rues ombreuses dans le grand cadre de verdure et de pierre, c'est une fête de gais visages, une harmonieuse diversité de couleurs vivantes, comme il n'en est pas sous le soleil.

L'élégante colonnade de Gabriel s'entr'ouvre, et du profond vomitoire dominé du fronton grec baigné de lumière bleue, la foule jaillit en un joyeux tumulte dont le flot s'étale pour engouffrer ses vagues moutonnantes dans la somptueuse baie feuillue qui l'invite de ses ombrages, de ses rires, de ses fleurs. Depuis les chevaux de Marly jusqu'aux pelouses de Longchamps, le flux de l'immense marée emporte, pour l'oubli d'une heure, tristesses et joies mêlées que le reflux ramène aux réalités délaissées, patientes en l'attente de leur proie. Dans la pourpre du couchant, l'arc épique dresse sa masse sombre, couronnant l'horizon, ouvrant superbement sa pierre triomphale aux suprêmes flamboiements du jour. De l'aveuglante fournaise aux gerbes embrasées déborde maintenant un noir bouillonnement de peuple assagi, silencieux, rêveur, déjà repris par la ville aspirant toute vie. C'est le Paris de tout à l'heure qui refait, dans une vague mélancolie, le chemin parcouru dans la joie, regarde sans le voir, sous le ciel ardoisé, le grand pointement rose de la pierre des Pharaons, savoure pour dernier plaisir le frais bruissement des fontaines jaillissantes, et yeux clos, poings fermés, retourne à la gueule d'enfer.

Et dans ce désordre d'âmes brûlées, dans ce drame vivant des passions humaines, voilà qu'on imagine de jeter de pâles figures de pierres, figées théâtralement dans un geste sublime pour nous enseigner je ne sais quoi. On prétend aligner toute la France historique en bordure, pour faire défiler devant elle Paris, la France et le monde. Qui passera la revue, les marbres ou les vivants? Qui jugera? Qui sera jugé?

La statue qui demeure, par le contraste amoindrit l'homme changeant; et la foule mouvante, tout aux émotions passagères, contemple, dans l'inconscience, ces témoins inanimés des âges disparus. La forme vague, sans accent, bien loin d'attirer la pensée, la rejette dans la vision intérieure toujours plus séduisante et plus belle. Sans doute, le génie du statuaire peut, à ses heures, incruster l'âme dans la pierre. Mais qui décidera du génie? Quel triste fou acceptera de faire la sélection de l'artiste et du modèle?

Les statues demeurent, disais-je. Chance funeste,

car l'emblème que notre subjectivité met en elles, change avec la fortune de l'heure, et la voie triomphale n'aurait pas plutôt complété son cortège d'hommes divinisés, que l'œuvre serait à reprendre, tant à cause des nouveaux dieux que des jugements changés sur les anciens. Je prends le cas le moins contestable, celui de Jeanne Darc. Qui ne sent que l'héroïne d'Orléans doit à nos défaites de 1870 une notable part du renouveau des hommages populaires?

La Grèce, qui tailla le marbre pour mêler familièrement le peuple des vivants à la foule des dieux, conciliait toutes les manifestations de vie dans le culte impartial qui s'étendait jusqu'aux *dieux inconnus*. Une si compréhensive bienveillance, franchissant l'incertaine limite des demi-dieux et des mortels, permettait d'accueillir indistinctement toute renommée, à mesure que le temps versait sa paix sur les humains. Encore était-ce l'œuvre des générations successives, et Athènes elle-même se fût trouvée fort en peine, si on l'eût invitée à décréter en bloc l'universalité de ses gloires. En tout cas, l'idée ne lui fût pas venue qu'elle pouvait faire œuvre d'art en pétrifiant, d'un coup de baguette, tous les grands hommes du passé. Elle savait qu'il faut le temps au génie lui-même : le temps et la liberté.

Et nous, engagés dans des luttes mortelles, incapables de l'antique sérénité, tout à la passion du combat, nous décréterions, suivant le caprice d'une fantaisie passagère, je ne sais quelle histoire sur commande, que l'art industrialisé devrait fixer pour les âges futurs? Il n'y a pas de plus grande folie. Arrêtons-nous au seuil de l'acte. Laissons l'ensemble de nos grands hommes à l'Histoire qui lentement donne à chacun sa juste place : et gardons-nous de l'art spécial, qui fait tordre Diderot sur sa chaise au boulevard Saint-Germain, et cavalcader Velasquez, une fleur à la main, au jardin de l'Infante.

S'il faut toucher aux Champs-Elysées, que ce soit pour les débarrasser des encombrantes bâtisses qui prospèrent de la végétation détruite. Moins de pierres; plus d'arbres. Moins de monuments: des gazons, des eaux, des fleurs. Moins de statues: des hommes. Moins d'emblèmes: des actes. Au lieu d'épuiser l'art de notre temps dans la recherche imposée des gestes du passé, livrons-lui librement notre vie, et tâchons, s'il se peut, de fournir matière aux génies des âges qui viendront.

Pour faire une voie triomphale, la sagesse commande peut-être d'attendre que nous nous soyons fait des raisons de triompher.

II

VILLÉGIATURE DE PARIS

Paris est à la mer, aux villes d'eaux, sous les grands ombrages, partout, hormis dans ses murs. La ville désencombrée, plus spacieuse, de mouvements ralentis, d'allure libre et tranquille, étale sa nonchalance à l'ombre de ses platanes, au frais de ses fontaines ou dans la pleine lumière d'un ciel poudreux d'où tombe sans relâche une pluie drue de soleil. C'est le Paris heureux, le Paris reposant du Parisien *professionnel* retenu par la solide entrave de la tâche quotidienne, le Paris inconnu de l'*amateur* qui, ne sachant de la Ville que ses lieux de plaisir ou d'affaires à outrance, piétine dans le cercle étroit des relations mondaines dont il se fait un univers, s'use dans le pesant ennui de l'inutile meule, et se console par la prétention d'attacher sur lui les regards de toute la terre.

Ces nomades partis, le Paris du travail continu se retrouve et se reprend à jouir de la paix de ses rues reconquises. Le sort est dur de ne pouvoir se dégager de la chaîne, de n'attendre, après le labeur du jour, que l'aube d'un nouveau labeur, recommencement éternel du monotone effort qui ne sera rompu que par la trêve du tombeau. La joie n'en est que plus grande des heures de détente et de réparation, quand chacun subit vaillamment même fortune, encouragé par le commun exemple, loin du spectacle des extravagances qui sèment, en certains jours, la haine et la révolte au cœur des plus résignés.

L'agitation factice a disparu pour un temps, et la grande ville, devenue paisible *province*, ne connaît plus que les remous réguliers de la vie laborieuse. La sortie des ateliers est moins bruyante dans les chauds effluves des beaux soirs : on parle plus bas, on va d'un pas plus nonchalant. Les cabarets ont moins de querelles. Les rires sont plus discrets. Devant les portes, les ménagères font cercle sur quelque escabeau de fortune, ressassent les commérages du quartier, discutent le fait divers, s'émerveillent des denrées dont le prix monte ou descend. Les enfants, demi-nus, barbotent dans le ruisseau, s'éclaboussent ou se font du premier débris rencontré le jouet qui les tiendra tout un soir attentifs. L'homme, attablé plus loin sur la chaussée voisine, oublie l'abêtissant labeur dans la gaieté des alcools brutaux ou dilués, discute railleusement des hommes, se complaît à l'illusion de philosophie des faciles doctrines, s'égare dans les détours des reconstructions sociales, coupe d'un plaisant rêve le pont noir de l'impitoyable réalité d'hier à l'impitoyable réalité de demain. Les petits marchands rentrent, des femmes rôdent, des êtres douteux passent incertains de leur but, vaguement offerts aux chances de l'occasion. Le bon *sergot*, fatigué de l'inutilité de sa faction, se fait lentement circuler lui-même. C'est le soir du faubourg.

Là seulement la vie est demeurée vivante. Les grandes voies tapageuses sont muettes maintenant. Le commerçant quitte la boutique pour sa villa, dès la soirée venue. Le désert se fait. Le boulevard lui-même est aux Anglais, aux Américains qui *font* Paris par devoir, aux Allemands qui viennent *reconnaître*, aux provinciaux qui montrent la grande ville à leurs collégiens.

L'aimable promenade du fleuve pourtant reste grouillante, affairée, en proie à tous les mouvements d'une activité qui n'a point de relâche. De Bercy au Point-du-Jour, la grande coulée verte glisse voluptueusement sa caresse fluide sur la croupe de pierre des berges embrasées. Enserrant ses îles, étreignant sa *Cité*, l'eau courante, fidèlement escortée sur chaque rive de l'ondulante procession de verdure, s'attarde en paresseux détours, se brise aux arêtes des arches, se retrouve en volutes bouillonnantes, entraîne joyeusement la péniche ou résiste au remorqueur haletant. Et sur le fleuve agité qui vivifie Paris de sa fraîcheur, un fleuve d'air invisible, entraîné par le flot, balaye plaisamment sa vallée citadine d'un joli remous de brise, égaye le cadre automnal de l'agitation bruissante des grands peupliers.

Le soleil qui se lève au chevet de Notre-Dame dresse, au matin, sur Paris, l'imposante grisaille éclairée, comme par transparence, des milles reflets du prisme s'accrochant aux statues, aux bêtes monstrueuses, se jouant dans les caprices du décor, subtilisant la lourde masse dans la poudre de lumière. L'eau fuit dans le heurt courroucé des petites vagues querelleuses. L'antique témoin des âges résiste à son effort, et, ce soir, quand le coteau vert, de Meudon, qui barre le fleuve, comme pour le garder plus longtemps dans l'enceinte de pierre, coupera de sa crête sombre l'incendie du couchant, toute la basilique embrasée dardera dans un ciel d'acier des fusées de pourpre et d'or éclatant en fourmillements d'étoiles.

Quelle plus belle villégiature que le pont du bateau-mouche? Avec la courbe molle de ses quais fermant l'horizon d'une claire forêt dominée des sommets déchiquetés de pierre et d'ardoise, Paris déroule ses grands décors d'histoire, et toutes ses mimiques de vie. Le bruit humain perdu dans l'espace, des êtres bizarrement empressés courent en silence sur l'arc délié des ponts, comme ces figurants de théâtre qui passent d'une coulisse à l'autre, pour donner l'illusion de la vie ambiante. Ici c'est vérité. Ce sont de vrais hommes lancés en parabole aérienne, de rive en rive, par l'infatigable raquette des besoins, des désirs, des passions de l'humanité diverse. C'est la vie réelle qui bouillonne de droite et de gauche, sous ce ciel dur, chargé de sombres vapeurs.

Et voici qu'au milieu de ces cuves d'enfer le frais Léthé promène le charme de son flot apaisant. On accourt, le passant s'arrête, et, regardant les glauques profondeurs, trop souvent se dit, en effet, que l'irrésistible pente invite les pires douleurs à l'océan d'oubli.

Mais, avant de céder à l'attirance, avant d'accepter l'offre tentante, on a résisté, on a refusé cette lâche paix trop facile, on s'est rejeté dans la vie pour les luttes mortelles, gardant au plus profond de l'âme, comme suprême recours, la douce vision qui fortifie le courage par la sécurité du grand repos après le grand effort.

Qu'importe cette psychologie du passant, accoudé sur la balustrade de pierre, à la population du grand boulevard fluvial qui vit dans l'intimité de l'eau courante? Ce qu'ils attendent, ceux-là, de l'élément ami, c'est le labeur quotidien, l'entretien de la vie par les activités de la vie, ou le délassement du corps, ou l'engourdissement de l'esprit. Tous, peuple. Rien des croisades ou de la banque. De curieux ménages dans le flanc rebondi des énormes chalands qui, sans parler des vins, nous apportent de rivières en canaux et de canaux en rivières, la houille de Belgique et du Nord, le bois, le charbon des Ardennes ou du Nivernais, la brique et la pierre, les fers, la farine, les sucres, les fourrages. A l'ouverture d'une trappe imprévue quelque forte gaillarde apparaît, préparant pour la toilette du matin l'enfant ébloui du grand jour. Le linge blanc à la brise, la mince fumée bleue du poêle attestent les devoirs du foyer, comme les caisses de fleur et l'oiseau familier en disent les plaisirs. L'homme, étendu tout de son long à la barre dort, ou cuve sa fatigue, cependant que le bon chien policier, l'œil au guet, l'oreille au vent, épie l'ennemi absent, prêt à donner l'alarme avec ou sans raison. Tout ce monde, uni de sentiments forts, vit sur l'eau, y prospère, passant de pays en pays nouant des amitiés aux étapes, sur les berges boueuses ou fleuries, alimentant Paris de la mine, de la carrière, de l'usine ou de la forêt. La grande ville

17.

reconnaissante leur fait accueil, échelonne sur leur passage ses monuments, ses palais, qu'ils regardent distraitement, plus prompts à s'étonner d'un chêne que du Louvre.

Et puis la grue poussive, qui fait grincer sa ferraille, décrit un large cercle dans l'air. La benne soudain bascule, et verse en étincelante pluie d'or le sable ocreux ou la fauve meulière. Les grands blocs de pierre de Bourgogne s'entassent en blanches murailles, les bois s'empilent en constructions rustiques, le rose éteint ou l'ambre des briques pâles égaye la rive d'une caresse de couleurs, les débardeurs se croisent, les charretiers chargent, fouettent, jurent, et le fer du sabot fait jaillir du pavé l'éclair des étincelles. A quelques pas de là, en pleine eau, le toueur égrène sa chaîne en cadence, ou le petit remorqueur endiablé effraye l'innocent Parisien du rauque mugissement de sa sirène. Spectacles quotidiens du fleuve encombré d'*Hirondelles* blanches, de pontons, de bains, de bateaux de blanchisseuses, de fins yachts écrasés des lourds transports que Liverpool envoie débarquer machines, charbons, peaux et cornes, jusque sous la fenêtre de Charles IX.

Côtoyant tous les mouvements du labeur, les paisibles joies de l'eau vive. Des femmes, des enfants, un long chapelet de formes immobiles, les pieds ballants à fleur de courant. Des troupes de gamins, jambes nues dans les remous stagnants des pentes où d'informes débris s'offrent en projectiles de batailles. Les cris des baigneurs, l'esclaffement des plongeons derrière les minces cloisons de sapin. Les chevaux tenus à la main ou montés, qui demeurent immobiles de plaisir, dans le rafraîchissement du bain. Les chiens surtout, les chiens de toutes races et de toutes classes, car leur espèce a reçu de la nôtre l'estampille des inégalités sociales. D'abord, le vagabond du pavé de Paris, errant au hasard, habile à déjouer les pièges de la fourrière, qui vient visiter son fleuve pour le plaisir. Plus sage que les maîtres du monde, il se tient prudemment à distance de tout bipède flatteur. On ne l'approche pas, et dès qu'il ruisselle à son gré, sa maigre toison secouée d'un coup de reins, le voilà qui détale sans répondre aux aboiements provocateurs du camarade en règle avec la police. Le chien classé, hiérarchisé, qui rapporte avec des frétillements de conquête le bois jeté au courant. Quels bonds, quels jappements, quand le maître s'est emparé de l'épave et s'apprête à la lancer de nouveau. Les badauds admirent, se penchent au parapet, discutent la bête et ses exploits. Terriers, dogues, caniches, grands danois, puissants montagnards, tous rivalisent de prouesses dans un gai tapage, et l'homme se laisse conquérir à la joie du bonheur d'autrui. Plus loin, les *laveurs* avec leurs brosses, leurs éponges, leurs grands baquets savonneux, plongent dans l'eau mousseuse la petite bête poilue, toute convulsée de l'aventure, et déplorable à voir, ou se mettent à trois pour bouchonner quelque monstre paisible sous les voluptés de l'étrille.

Ce seraient les distractions du pêcheur, si pêcheur pouvait se laisser distraire. Il n'a garde, le concentré jouisseur, tout à sa volupté profonde. Du quai, des bachots, des pontons, de l'abri des arches ou du plein soleil, partout de longues gaules s'élancent chargées de ruses, emmanchées d'un bras volontaire. C'est la guerre silencieuse, et de geste figé, des peuples de l'air contre les indigènes de l'onde. Si le poisson savait, si le poisson pouvait, c'est lui sans doute qui nous tenterait d'appâts savants pour nous attirer dans ses vertes demeures. Il ne sait, il ne peut. Alors, c'est nous qui le faisons sauter de sa rivière dans notre mortel élément. La lutte est âpre et noire sous la claire surface. Tous les raffinements des séductions perfides irritent les désirs de la jeune innocence, stupéfaite d'un envolement imprévu dans le ciel. Comment se garder de tant de pièges, distinguer le vrai du faux, résister à ce qui s'offre, repousser la fortune trop belle, se contenter du médiocre ou du pire? A ce compte, en vérité, combien d'hommes seraient capables du métier de goujon?

Le soir vient. Les miroitements d'oblique lumière, aimés de Claude Monet, font danser des flammes d'incendie sur la houle mouvante. Du haut des tours gothiques, la Bête de l'*Apocalypse* allonge une gueule grinçante sur le fleuve de métal fondu qui se perd dans l'embrasement du ciel. Tous les métiers de la berge, cardeurs de laine, batteurs de tapis, barbiers en plein vent, chercheurs d'imprévu, rôdeurs et rôdeuses, quittent l'ombre des arches pour les grandes voies devenues propices aux aventures de la nuit tombante. Tandis qu'une triste plèbe fatiguée d'improductive mendicité vient demander aux humides voûtes de pierre l'abri nocturne des songes de la misère.

Les chiens vigilants font bonne garde, se répondant d'une rive à l'autre. Dans le grand trou noir, l'eau sinistre coule en clapotant, cerclée du scintillement des quais, barrée des raies sanglantes qui tremblent sous les fanaux rouges des ponts. Des fantômes flottants, tantôt sombres et tantôt lumineux sortant de la nuit, y rentrent. Une chaude vapeur monte au ciel, qui demain retombera pour les moissons. Et pendant que le courant fatal entraîne aux régénérations de la terre une informe cohue des débris de vies condamnées, le rêve béni, après le jour injuste, répand la justice heureuse sur la ville assoupie dans l'égalité des chimères.

III

PARIS LA MISÈRE

J'avais choisi le Champ de Mars pour but de ma promenade. Le lieu est lamentable. Toute cette friperie d'exposition s'effiloche, se désagrège chaque jour. Les statues de la fontaine tombent par morceaux : têtes, bras, jambes s'en vont on ne sait où. Les bâtiments, déshonorés d'appentis en ruines, sont couverts de ces images au charbon qui hantent l'obscénité naissante des voyous parisiens.

A l'intérieur, d'immenses étendues inoccupées, avec des vestiges d'exposition coloniale dont on n'a su que faire. Un atelier de réfection des décors de l'Opéra, un vélodrome, des bicyclistes errants, des ruines de cafés-concerts : l'effondrement d'une énorme baraque de foire où l'on va mettre la pioche, au premier jour, pour la parade prochaine.

L'abrutissante tour — qui résiste hélas ! — domine tristement cette décadence sans dignité, offrant à l'admiration des troupes d'Allemands, d'Anglais, d'Américains ses lignes bêtes d'échafaudage sans esthétique, sans utilité ! J'ai plaisir à penser que je fus des six qui osèrent résister à l'éloquence de M. le ministre Lockroy quand il nous proposa ce cabotinage de ferraille. Même au point de vue de l'ingénieur, est-ce un si beau tour de force de partir d'une base d'un hectare pour arriver à quelques mètres carrés de surface après 280 mètres de parcours? Les briquetiers de Babel, qui au moins se proposaient de rejoindre Dieu dans la nue, riraient vraiment de notre orgueil de progrès.

Ainsi je pensais, croisant sur les petits chemins ménagés dans la neige des groupes de malheureux déguenillés, d'aspect sordide, de visage terreux, allant, genoux pliés, bras ballants, regard perdu, vers le misérable embauchage d'une journée de neige. Dans un petit hangar chauffé d'un poêle, deux hommes sont là, distribuant des numéros. Plus loin, la pelle et le balai. Et puis c'est le voyage dans la neige, le piétinement dans la boue noire de sel et de glace fondus qui pique les gerçures à travers la semelle trouée.

Je regardais passer le troupeau de ces vaincus de la vie faisant cortège, comme autrefois dans Rome, au triomphateur du jour, le Génie de civilisation dont la victoire se fait d'innombrables victimes. C'est très beau de penser que les grands-pères étaient peut-être à Austerlitz et que les frères ont boulonné la tour Eiffel. Mais sans parler de ce qu'il reste d'Austerlitz, toute victoire se traduit d'abord par du sang répandu et les innombrables misères qui s'ensuivent des deux parts. Quant à la tour Eiffel, pour la produire à juste prix et faire sa part au léonin dividende, il faut rogner sur les salaires, éliminer de l'atelier, par la concurrence des travailleurs entre eux, tout ce qui ne donne pas la plus grande somme de travail pour le plus petit salaire.

Ainsi chassés de chantiers en chantiers, à mesure que la force ou l'habileté décroissent ou sont dépassées par des forces ou des habiletés plus grandes, les *inférieurs* de tout ordre et de toute provenance s'accumulent en inutile résidu dans le bas-fonds social, y conservant, de rapines ou de charité, tout juste assez de vie pour la chance du labeur exceptionnel qui prolongera leur inutile résistance. Il faut balayer la neige. Il faut donc conserver des balayeurs d'occasion puisque la neige, occasionnelle, ne peut devenir la matière d'une profession régulière. Il faut garder une réserve de forces possibles au moyen de la maison de secours, de l'hôpital ou de la prison, avec la sélection régulatoire de la morgue, de l'amphithéâtre ou de l'échafaud.

Le fonds est inépuisable, tant la nature vivante se défend avec obstination contre la mort envahissante. Voilà pourquoi il y avait foule au Champ de Mars, foule d'affamés espérant en l'aubaine du froid, qui rend en aliments de hasard le supplément de vie qu'il soutire de la maigre carcasse glacée. Trop de demandes, hélas! Plus d'un, venu dans l'espérance, s'en retourne l'estomac vide, le cœur gelé, dans le désespoir. Pourtant, le préfet de la Seine a fait le possible. Il a eu l'idée, pour ménager les chevaux, d'atteler des hommes à de grandes charrettes à bras chargées de neige et de glaçons. On les voit passer par couples, l'un tirant, l'autre poussant, tous deux glissant sous la lourde charge. Autant de fatigue épargnée aux percherons préfectoraux. Eh bien, malgré cet effort de M. Poubelle, il reste encore une puissance disponible de déblaiement qu'on ne peut pas utiliser, faute de charrettes, sans doute, car ce n'est pas la neige qui fait défaut.

Les refusés, partis à la recherche de quelque nouveau bureau d'embauchage, je repassai devant la baraque déserte. A quelques mètres de là, sur un immaculé tapis de neige, quelque chose me frappa : des lignes noires, en vives arêtes sur la grande page blanche. Quelqu'un avait écrit en beaux caractères moulés : *Paris la Misère*. Une barre, et c'est tout. C'est assez.

Une belle écriture, vraiment. L'homme avait fréquenté l'école, et reçu une instruction supérieure à celle qu'on doit exiger d'un balayeur de neige. J'eus la vision d'un homme jeune encore, serré dans un reste de redingote d'où émargeaient deux grosses mains rouges sans apparence de chemise. Il était là, tout à l'heure, accoté contre un poteau, une badine à la main, attendant sa chance qui sans doute n'était pas venue. Avant de partir, il avait tracé de sa baguette, sur la neige secourable aux uns, pour lui impitoyable, la suprême protestation de son désespoir.

Paris la Misère. Que de choses dans ces trois mots! Quelle douloureuse histoire! Que de catastrophes pour en arriver là. Ou rien, peut-être : l'instruction inutilisée, inutilisable : comptable, bachelier, pas d'emploi. Les tristes parents, saignés à blanc par le diplôme, vivant misérablement au village, abandonnés par le jeune ambitieux de Paris, l'espérance exubérante du voyage, l'enchantement des premiers jours, la surprise des premiers refus, les heurts, le désappointement, les désillusions, la lutte silencieuse d'un seul contre tous, et de chute en chute, la malédiction sur la neige.

Oui, dans ce Champ de Mars où, il y a cent ans, les Parisiens, délirants du monde nouveau, organisèrent la fête inouïe de cette fédération qui réunit dans une prodigieuse communion d'espérance Louis XVI et Marie-Antoinette d'Autriche, Talleyrand, évêque d'Autun, Sieyès, piochant la terre en manches de chemise, Lafayette, le dominicain dom Gerle, le juge, l'artisan, le mendiant, la prostituée, toute la France heureuse ou misérable accourue; dans ce même Champ de Mars, après l'inutile sang des échafauds et des batailles, après les révolutions et les massacres des guerres civiles, après tant de *déclarations de droits* et tant de promesses trompées; en ce même lieu, voici que le fils d'un de ces Français affolés d'enthousiasme pour l'ordre de justice attendu, sollicite vainement le pain qui se refuse à ses efforts, maudit les ancêtres menteurs, leurs espoirs décevants, leurs prédications vaines, et flétrit le Paris libérateur d'il y a cent ans de cette épithète de haine : *Paris la Misère*.

Provinciaux qui quittez trop aisément le village, le sillon clément, le champ hospitalier pour l'ingrat pavé de nos villes, vous qui nous arrivez, en train de plaisir de juillet à septembre, députez-nous quelques délégués, je vous prie, pour venir considérer et méditer, avant que le soleil ne l'ait effacée de son illusoire rayonnement de joie, l'inscription terrible mais salutaire, avertissant qui franchit la porte redoutable de laisser là toute espérance.

C'est qu'en dépit de Gambetta lui-même, il y a une question sociale. Et mieux vaut s'efforcer pour vivre dans la petite ville, le village, le hameau, où l'homme, plus près de l'homme, peut l'aider, l'aimer même, que dans le morne égoïsme de la ville immense où les humains ne se rassemblent que pour se haïr ou s'ignorer, pour tuer de rage ou d'indifférence des vaincus traçant d'une main défaillante la suprême épitaphe : *Paris la Misère !*

IV

A LA MAISON DU PEUPLE

Sept heures et demie du matin. Les magasins sont fermés, les rues désertes. Chiffonniers et chiffonnières en gros gants de laine, le nez rouge, le corps transi, fouillent les ordures gelées. Le froid aigre et dur coupe la face. — Cocher, à la *Maison du Peuple*, 4, impasse Pers, à Montmartre.

J'ai résolu d'assister à la distribution de soupes qui se fait chaque matin, par les soins des membres de la fameuse institution socialiste de Montmartre.

A mesure que nous avançons vers le Paris du travail, les rues se peuplent d'ouvriers, d'employés en route pour l'atelier ou le bureau. Rue Pigalle et rue Clignancourt, c'est la descente générale des Montmartrois et Montmartroises vers le labeur quotidien des quartiers du centre. Chacun se hâte, en défense contre la froidure. Les ménagères, le panier au bras, sont en quête du déjeuner. Le faubourg grouille sous les morsures de la bise.

Le fiacre s'arrête et nous apercevons au bout de l'impasse une foule noire, immobile, silencieuse, dans un magma de boue gelée. C'est là. Une modeste façade en torchis avec un écriteau : *Maison du Peuple de Paris*. Des deux côtés de la porte une troupe glacée — les femmes à droite les hommes à gauche — attend, dans l'engourdissement douloureux, la joie de la soupe fumante.

Face tuméfiée, mains violettes, chacun s'agite d'un pénible soubresaut pour garder un reste de chaleur sous le tricot ou la houppelande meurtrie. On s'écarte avec une courtoisie familière. Nous poussons la porte et nous voilà dans le terrible repaire d'où la révolution sociale doit s'élancer quelque jour pour dévorer le dernier bourgeois expirant.

Rien dans l'aspect des lieux ne fait prévoir la catastrophe tant prédite. Un hall exigu de bois et de plâtre. A gauche, le comptoir de la Société coopérative avec quelques boîtes d'épiceries. En face, un court escalier accédant à la salle de réunion, dans le fond de laquelle on aperçoit le minuscule théâtre. A droite, trois marches nous font redescendre au niveau de la rue, dans une grande salle, au sol de terre battue, dans le fond de laquelle deux tables disposées en équerre sont installées pour l'humble festin du pauvre.

Deux rangées de bols blancs ornés chacun d'une cuillère de fer, c'est tout l'appareil de la fête. Un grand gaillard aux manches retroussées plonge la louche dans la grande soupière, et arrose du liquide bouillant les tranches de pain dont un aide garnit chaque bol. Nous échangeons le salut fraternel, et la *Maison du Peuple* s'empresse de faire à ses hôtes les honneurs de la cuisine et du réfectoire. Une cuisine sombre, toute nue, occupée par une immense marmite fumante d'un bouillon odorant. Il n'y a pas autre chose à voir. Mais l'événement prouve que l'attraction est suffisante.

Les belles miches empilées attestent qu'on n'a point recours aux croûtons de rebut. La recette du potage est simple. Pour 450 bols de soupe : 1 kilogramme de graisse de rôti de bœuf ou de porc, sept litres de pommes de terre, deux boisseaux et demi de légumes secs, haricots, lentilles ou pois cassés. Le dimanche matin, on y joint un morceau de bœuf. Le coût du bol de soupe, sans la viande, est de sept centimes. Naturellement il n'y a ni location d'immeuble, ni frais d'ustensiles ou de personnel.

Ce sont les membres de la *Maison du Peuple* qui pourvoient à tout, et consacrent gratuitement à l'œuvre de solidarité sociale, leur temps et leur peine. Ce sont des ouvriers, des employés de commerce obligés de gagner eux-mêmes leur vie par leur travail quotidien, qui trouvent moyen de prendre sur leurs courts loisirs le temps d'organiser et de conduire à bien l'œuvre des *Soupes populaires*. Réunir les cotisations, solliciter les subventions, aller au marché, tailler le pain, faire cuire la soupe tous les soirs, la distribuer chaque matin, nettoyer la vaisselle, tenir le réfectoire en état quand cinq cents pauvres y ont passé, tout cela demande un travail régulier, assez pénible pour qui vit uniquement de son labeur. Ils sont là quelques enragés que rien ne rebute.

L'un, le soir, est devant sa marmite jusqu'à onze heures et demie, soignant son feu, surveillant la cuisson de ses légumes. A sept heures, le lendemain matin, sa soupe se retrouve chaude et la distribution commence. D'autres ont passé la soirée à tailler le pain. Les voilà maintenant à la première heure, recevant les affamés, écoutant les doléances des plus misérables, réconfortant chacun d'une parole amie, d'un bon conseil, indiquant où s'adresser pour obtenir le secours nécessaire, faisant eux-mêmes leurs enquêtes, interrogeant les voisins, visitant un malade, sollicitant le conseiller municipal ou le membre du bureau de bienfaisance, ne s'arrêtant jamais dans l'œuvre éternelle de secours.

En quatre mois, ils ont distribué 27,000 soupes, ces

travailleurs de modiques ressources. Ils continueront ainsi jusqu'au printemps pour recommencer aux premiers froids. Estimez, si vous pouvez, la contrainte qu'ils s'imposent, les tracas, les ennuis, le rebutant labeur, et comparez leur effort d'altruisme désintéressé avec le mérite de la ridicule aumône par laquelle un chrétien de haut rang conquiert son paradis sans avoir à se priver d'une part quelconque de son superflu.

Les riches sont trop loin des pauvres pour jamais connaître la joie d'aider de quelque chose de soi le malheureux dont la main est tendue sans doute, mais dont le cœur aussi sollicite l'aumône d'une pitié humaine. Nos socialistes de la *Maison du Peuple* sont des révolutionnaires, à n'en pas douter. Ils ont de terribles devises inscrites en lettres flamboyantes dans leur salle de réunion. Ils veulent de tous leurs moyens préparer le grand jour de la grande réparation de justice. Ils feront de leur mieux par la parole et par l'écrit ou par le bulletin de vote. Mais ces révolutionnaires se sont dit que la plus belle propagande est celle de l'acte, et ils ont agi.

Prêchant l'amour des hommes, ils commencent par le pratiquer, la révolution sociale se fera peut-être attendre, le bien qu'ils font est immédiat. Si les riches donnaient, de leur argent et de leur personne, en proportion de ce que donnent ces prolétaires, serait-il question d'une révolution sociale? Je ne le crois pas, car un tel sacrifice impliquerait chez les *classes supérieures* un si vif sentiment de la réparation de justice due aux *classes inférieures*, que depuis longtemps on se serait mis d'accord sur les conditions d'une paix sociale fondée sur une plus équitable répartition des produits du travail

Mais, pendant que je philosophe, la porte s'ouvre toutes les dix minutes, pour l'arrivée d'une fournée nouvelle de convives. Une vingtaine environ. C'est un inoubliable spectacle que l'arrivée de ces malheureux grelottants dans la chaude atmosphère de l'odorante buée.

Beaucoup de vieux des deux sexes. Des vieilles de Callot, poilues, ridées, noires, emmitouflées dans d'informes choses, claudicant, geignant, grognant, souriant même, d'une amabilité de misère. De vieux hommes cassés par le travail, ruinés, effondrés, enveloppés dans des sacs, des tapis troués, des restes de couvertures. Et puis des ouvriers jeunes, proprement vêtus, à l'allure décidée, au regard résolu. Ceux-là viennent d'occasion. Le sort des vieux les attend peut-être. Mais ils n'en sont pas là, et ne demandent qu'à travailler. Hier ils travaillaient sans doute. Peut-être travailleront-ils demain. Ce sont des passants. Je remarque un brave cordonnier en habit de travailleur qui, sa soupe avalée, retournera sûrement à ses semelles.

Je vois passer des ménagères de vêtements soignés avec un air de dignité tranquille dans toute leur personne. Ce ne sont pas des habituées. La *Maison du Peuple* ne les humilie point d'une aumône. Elles ont le sentiment d'un service accepté : voilà tout. Des jeunes femmes, à l'air vaillant encore, avec les petiots tout morveux, les petites faces rougeaudes luisant sous un grand capuchon. Quelques jeunes filles. Des enfants tout seuls, scrofuleux, rachitiques, malsains, d'autres vigoureux et rieurs.

Tout ce monde entre saluant, souriant, allant droit au bol appétissant. L'un y plonge sa trogne, mangeant gloutonnement, à même. L'autre fait durer le plaisir, savourant le chaud breuvage à petites gorgées. Et toutes ces têtes courbées dans des attitudes diverses, silencieusement disent la même joie du besoin satisfait.

— Allons, messieurs et mesdames, les camarades ont froid à la porte, il ne faut pas les faire attendre.

— C'est vrai, font quelques voix. Et ceux qui s'étaient attardés près du poêle s'en vont plus vite pour faire — eux qui n'ont rien — charité d'un peu de chaleur à ceux qui vont venir.

Chacun lave sa cuillère et son bol avant de partir. Il est arrivé, nous dit-on, à quelques-uns, d'oublier la cuillère dans leur poche. La perfection n'est pas de ce monde. Autrefois, on laissait pénétrer tout le monde dans le hall, à l'abri du froid. Quelques mauvais garnements ont fait des sottises. C'est pourquoi la queue se trouve reléguée à la porte. Il faut bien que les braves gens paient pour les autres, dit une vieille philosophe.

Beaucoup d'enfants avec des récipients, pots à eau, brocs, casseroles, écuelles. Ceux-là viennent chercher des *parts à emporter*. C'est une faveur faite aux malades, ou aux familles nombreuses, après enquête. Un jeune gaillard de six ans et demi, à l'air insolent, après s'être gravement barbouillé de soupe, se chargeait de quatre parts pour les petits frères. Il en avait son faix. Deux nouvelles venues demandent timidement à emporter la soupe aux enfants. On remplit d'abord leur écuelle. L'enquête sera faite plus tard. Il fallait voir leur joie. On eût dit qu'on venait de les gratifier d'un trésor.

Pas de bruit. Pas de propos échangés. Il n'y a qu'une affaire : entrer, manger, partir. Deux heures durant, pas un incident notable. Un vieux soupèse comiquement trois bols avant de se décider pour celui qui lui semble le plus plein. Une voix dans le fond de la salle dit doucement : « Puis-je prendre une autre portion? » Oui, lui est-il répondu, mais il faut retourner faire la queue pour ne pas faire tort aux camarades qui attendent. Merci, dit l'homme, qui va attendre un nouveau tour.

Je note une femme en chapeau, avec un paletot mastic et des gants en chevreau, un vieux manchot orné d'un bras artificiel d'occasion dont la main de bois est encore revêtue d'un gant de luxe. A côté de moi, une femme très proprement vêtue s'assied tenant un bébé dans ses bras. » Il a treize mois, dit-elle, n'est-ce pas qu'il est beau? » Elle partage la soupe avec l'enfant qui s'empiffre. Le mari est homme de peine. Pas de travail. Toujours la même histoire.

Plus loin, c'est un ouvrier couvreur, bras rompus, colonne vertébrale disloquée. Il est tombé d'un quatrième étage. Et le malheur est qu'il ne travaillait pas pour un patron, mais simplement pour aider un camarade. Il n'a donc pas eu de secours. « Ah! monsieur, dit-il, si vous m'aviez vu. Je gagnais 7 fr. 50 par jour. J'avais un beau ménage. Je croyais que ça durerait toujours. Maintenant, que faire avec quatre enfants? » Il montre ses bras déformés, impuissants. Il tire de sa poche des reconnaissances du Mont-de-Piété, d'horribles papiers timbrés par lesquels la société lui fait payer le droit d'être expulsé de son domicile. C'est le portefeuille du pauvre. Ah! si chaque misérable, pour prix de son écuelle de soupe, pouvait nous compter son histoire, quelle enquête sociale!

Je m'arrête, faute de pouvoir tout dire.

Demain dimanche, la *Maison du Peuple* donne une fête avec tombola au profit de l'œuvre des Soupes populaires.

Braves gens qui m'avez lu, venez en aide aux braves gens qui, sans cabotinage, sans réclame, sans espoir de récompense, secourent les malheureux pour la seule joie de secourir. Quelques sous envoyés impasse Pers, c'est de la soupe chaude pour des vieux et pour des jeunes aussi, pour des enfants, pour des bébés et des mamans.

Quand des hommes qui n'ont rien trouvent moyen de donner, personne n'a le droit de refuser son secours à cette foule obscure qui achève dans le froid et dans la faim la torture d'une vie de misère.

Il est sage de répandre un peu de son bonheur pour se le faire pardonner.

V

SUR LA BANQUISE

Plutarque veut que nous aimions les animaux, Jésus ne s'est point embarrassé de ce précepte que l'Inde aurait pu lui fournir comme tant d'autres. La légende du Bouddha offrant son corps en pâture aux petits d'une tigresse *parce qu'ils ont faim*, ne fait que traduire en un sacrifice sublime l'exaltation du sentiment de la solidarité des êtres.

La science, d'un lent travail, a péniblement renoué les anneaux de la chaîne. Les journaux nous annoncent tout justement qu'on vient de découvrir les restes de l'anthropopithèque à Java. Faute d'inscription funéraire, les renseignements seront peut-être incomplets. Mais y eût-il erreur des savants hollandais, l'unité de la grande évolution de vie, des végétations primordiales au plus beau génie humain, est un fait mis désormais au-dessus de toute contestation. Gloire à Çakya-Mouni, fils du roi de Kapilavastou, qui, quittant le palais de son père pour aller affranchir le monde de la maladie, de la misère et de la mort, commença par tendre une main secourable aux humbles frères d'en bas irrémédiablement voués à la maladie, à la faim, à la mort! Gloire à lui, qui, il y a deux mille cinq cents ans, pour mieux attester la haute signification de son acte, s'offrit en sacrifice non plus seulement pour racheter les hommes, comme son inconscient disciple de Judée, mais pour sauver de la fatalité de la faim jusqu'à la bête innocemment cruelle en qui se résume l'appétit du sang, malédiction du monde et condamnation de Dieu.

Nos sentiments de bonté, que nous vantons si haut en toute occasion, ont-ils beaucoup progressé, depuis cette antiquité reculée, soit envers les hommes que notre état social condamne à toutes les tortures, soit envers l'innombrable troupeau que nous poussons à nos abattoirs ou que nous faisons périr sous le fouet pour la satisfaction de nos besoins? La question est au moins douteuse. Ce que nous pouvons affirmer, c'est que la pitié humaine ne se laisse pas fragmenter. Qui sera bon envers les hommes, sera nécessairement *bienfaisant et libéral*, comme dit Plutarque, envers les animaux. Et comment pourrait-on concevoir une âme douce aux bêtes, cruelle aux pauvres humains? Au rayonnement d'amour envers tous ses compagnons de destinée, à l'expansion d'altruisme vers tout ce qui est, vers la bonne planète qui l'enchante de ses spectacles et l'univers sans fin qui l'épouvante de ses problèmes, se mesure la noblesse de l'homme, l'élévation de son génie. Quelle route infinie de progrès... si nous osions, si nous voulions.

Je promenais ces pensées hier sur nos quais de neige et de glaçons, du pont de l'Alma au Trocadéro. Bêtes et gens passaient dans les rafales coupantes d'un vent polaire sous l'ironie d'un soleil blême, gelé. L'hiver avait fait sa proie de ce coin de terre. Tout ce qui vit, de l'arbre grelottant au quadrupède transi, à l'homme glacé dans ses moelles, se recroquevillait sous les cruelles lanières. La Seine immobile montrait un grand boulevard blanc désert. La terre et l'eau durcies, la nature fermée se refusaient à l'homme, à la bête, à la vie. O vous qui entendez chanter l'eau dans vos rivières et qui vous réjouissez de la verdoyante Garonne, plaignez le malheureux qui voit tout à coup son fleuve figé s'arrêter dans sa course et refuser l'invitation de l'Océan.

Je cherchais vainement quelque espoir dans le ciel d'impitoyable acier. Et sentant que la griffe dure ne voulait pas lâcher, j'essayais de me consoler par l'esthétique des choses : Paris qui fuit dans la brume violette, la courbe paresseuse du fleuve attardé dans les plis du haut écran dentelé des murailles qui s'étagent, les brindilles des arbres nus emmêlées dans une lueur pourprée, refuge du rêve dans cette misère de froidure.

Un groupe d'enfants sur la berge, par ses cris, par ses appels, me tira de ma rêverie. Les petites mains tendues vers la nappe glacée dirigèrent mes regards sur une tache noire immobile dans un amas de glaçons poudrés de neige immaculée. Les gamins rivalisent de cris, de sifflets, d'encouragements, criant : « Par ici ! par ici ! », faisant de grands gestes. Enfin, une boule noire se dessine, puis se hisse péniblement sur quatre pattes et je vois un pauvre caniche efflanqué, cherchant désespérément sa voie jusqu'au rivage. La misérable bête, gelée, tantôt disparaissant à moitié dans les fondrières de neige, tantôt se meurtrissant aux arêtes vives des glaçons, va, vient, absurdement, changeant à tout moment de direction, tantôt bondissant d'un fol espoir, tantôt résignée à son sort et s'abandonnant jusqu'à ce que le froid qui la gagne l'oblige à de nouveaux sursauts.

Comment le triste naufragé s'est-il aventuré sur la banquise? De quel lavoir, de quel bateau pris dans les glaces nous arrive-t-il? Il ne le sait plus, incapable de retrouver sa trace parmi les glaces amoncelées. Il entend bien qu'on l'appelle. Mais qui? Ami ou ennemi? Il se dresse, aux écoutes, et ne sait quel parti prendre.

Sur la berge opposée, un autre groupe l'appelle en sens inverse. Où aller? Il va au hasard, tourne, revient, recommence, se dépense inutilement en douloureux efforts. Les passants s'arrêtent apitoyés, puis, sous la bise qui les harcèle, reprennent leur course interrompue. Point de recours. L'altruisme humain qui, sur les deux rives, s'éveille en faveur de la bête en péril, la sollicitant en sens contraire, fait de deux efforts opposés une bonté neutralisée qui équivaut à l'abandon. Dans ces appels confus qui s'entrecroisent au-dessus de sa tête, le barbet sent pourtant une amitié qui passe. Mais le pauvre cerveau engourdi est impuissant à démêler le fil conducteur.

Un faible gémissement aigu nous parvient de temps à autre, comme l'inutile remerciement du blessé à mort que son compagnon de bataille encourage d'un mot banal en passant. Oui, c'est bien un blessé à mort qui s'agite là-bas dans son réduit de glaces, car prit-il franchement un parti en se dirigeant tout droit devant lui vers une des berges du fleuve, il serait arrêté par le gouffre béant de l'eau glacée. La Préfecture a fait casser la glace autour des bateaux et tout le long des rives, à la traversée de Paris, afin d'enlever aux imprudents la tentation de la traversée. La route de la terre ferme est irrévocablement coupée et le pauvre chien perdu est condamné sans retour.

La nuit tombe, les gamins sont partis, les passants ne s'arrêtent plus. Plus de sifflements amicaux, plus de cris, plus d'appels : le silence se fait pour la mort. Je me détache péniblement du parapet, glacé dans le sentiment de la bonne volonté vaine. C'est de la vie que je laisse sans secours à quelques mètres de moi. C'est du sang qui se fige, c'est des nerfs qui sont torturés et vont crier sous la tenaille du froid jusqu'à l'anéantissement de la fin.

Je fais dix pas. Je me retourne. La petite boule noire est immobile. Je reprends ma route, toujours regardant en arrière la tache incertaine qui diminue dans le crépuscule et se confond avec l'ombre portée des glaçons. J'ai cru voir remuer quelque chose. Qu'importe, puisque le sort en est jeté. Il faut que le crime de Dieu s'accomplisse.

Après tout, j'en prends ma part aussi, puisque je n'ai su que demeurer spectateur impassible de la scène lente de meurtre. Qui donc m'a parlé d'une vieille femme qui court les ateliers d'artistes, quêtant pour les chiens abandonnés? Si elle avait passé par là, elle aurait eu une idée peut-être, et le caniche serait sauvé.

Il a fini maintenant sa misère. Dans quelque anfractuosité de glace, il se tient bien coi, sans se plaindre. Quand la débâcle va venir, le flot le bercera bonnement jusqu'au remous de quelque baie, où l'eau clapotante le reprendra petit à petit pour le rendre au grand courant des choses, et faire de sa pitoyable souffrance la joie frétillante des petits poissons dont je me réconforterai ce carême.

VI

PAUL

C'était un vagabond, un délinquant de cinq ou six ans, dormant sur un tas d'ordures, atteint et convaincu du crime d'être venu au monde on ne sait où, d'on ne sait qui.

Il y a des enfants qui naissent dans les hôtels des Champs-Élysées. Ils n'ont qu'à y vivre en paix. De jour et de nuit, le bon sergent de ville, faisant sa ronde, veille sur eux.

D'autres arrivent à la lumière dans des maisons bourgeoises, dans des magasins, dans des fermes. Il n'y a rien à leur dire.

Beaucoup jaillissent à la vie dans des mansardes, dans des appentis branlants, dans des cabanes incertaines, dans des roulottes ou sur le bord d'un fossé. Ceux-là doivent être tenus à l'œil, car ils sont fort capables, avant même d'avoir atteint l'âge de raison, de troubler la tranquillité des autres. Errant à l'abandon, s'égarant sous les roues ou se réfugiant finalement au fond des rivières, on les voit chercher ce qui leur manque et demander à manger quand ils ont faim, mendicité interdite par la loi. Courent-ils risque de mort? On prétend les sauver. Veulent-ils vivre? Halte-là! Comme c'est embrouillé le code!

Faute de pouvoir s'y reconnaître, notre futur bandit, comprenant vaguement que quelque chose de supérieur était contre lui, avait pris le parti de s'assoupir en un coin de fumier. La neige fondait par plaques autour de lui, imbibant les informes haillons, volant ce qui restait de chaleur au misérable corps engourdi, préparant peu à peu ce dernier vestige de vie souffrante à la grande paix de l'insensibilité dernière. Yeux demi-clos, face tuméfiée, lèvres violettes, les petites mains saignantes, l'être qui n'avait pas commencé, finissait. Muette tragédie indifféremment contemplée du passant qui se hâte.

Cependant, la police veillait. L'ordre public exige que ceux qui ont froid grelottent à loisir dans la toux de la pulmonie, que ceux qui n'ont rien à manger se tordent sans bruit dans les crampes de la faim, et que ceux qui prétendent mourir de ces choses n'offusquent pas de leurs dernières convulsions la vue des heureux de la vie.

La geôle ou l'hôpital, la table d'amphithéâtre et la morgue offrent leur bienveillant office en cas d'urgence. La rue repousse la créature sans gîte. Défense d'y quémander la vie. Interdiction d'y mourir. Le vilain garnement, comme pour nous narguer, entre la vie et la mort trouvait un moyen terme : dormir. N'ai-je pas dit que la police veillait?

Deux fois déjà la ronde avait passé près de la muraille obscure, sans découvrir le criminel en flagrant délit de sommeil. De nouveau le pas régulier retentit, les deux gardiens approchent causant à mi-voix, l'œil au guet, quand soudain, du recoin sombre, s'élance un affreux barbet sans forme et sans couleur, aboyant, hurlant en signe de détresse, attirant les gens de police jusqu'au tas de chiffons sous lequel la petite chose vivante fait sa dernière résistance à l'envahissement de la mort.

Le barbet est l'ami du vagabond. Blotti contre l'enfant, lui donnant sa chaleur, léchant la pauvre face gelée, le chien eut le sentiment du froid mortel toujours montant, bientôt triomphant de la vie. De là ses cris d'appel et sa joie de voir arriver du secours. Déjà les deux hommes s'étaient emparés du petit, le secouaient, le frottaient, l'éveillaient de bourrades bienveillantes, et, à la fin, le mettaient tout flageolant sur ses jambes.

— Que fais-tu là, petit malheureux?

Point de réponse.

— Voyons, réponds. Comment t'appelles-tu?

Effrayé de la grosse voix qui gronde et de la secousse qui l'accompagne, le jeune brigand éclate en sanglots. Le barbet lui saute au cou, lui frotte la face de son museau, et voilà l'enfant consolé.

Reprise de l'interrogatoire.

— Où est ton papa?
— Sais pas.
— Où est ta maman?
— Partie.
— Où est-elle partie?
— Sais pas.
— Comment t'appelles-tu?
— Paul.
— Paul comment?
— Paul.

Impossible d'en tirer autre chose.

— Allons, Paul, tu as froid, viens te chauffer.

Paul veut bien. Il prend la main qui lui est tendue et gravement appelle le barbet, son ami : « *Paul!* »

— Ah ça, fait l'homme, qui de vous deux s'appelle

Paul. Est-ce toi? Est-ce ton chien? Comment l'appelles-tu?

— Paul.

— Et ton chien?

— Paul.

Étrange aventure, un seul nom pour deux êtres. On ne saurait pousser plus loin la fusion d'amitié. L'enfant et le chien combinés, ça fait : Paul. Séparés, ils ne sont que la moitié d'un nom. Les amitiés les plus célèbres de l'antiquité ne nous offrent point d'exemple d'une si parfaite union. Il fallait un petit mendiant et un chien pour atteindre une perfection ignorée de Dieux mêmes, comme les Dioscures.

Ce chien d'ailleurs qui gambade maintenant autour de son demi-Paul est une étrange bête. Pelé, galeux, roussi, crotté, puant, il braque sur sa moitié humaine de grands yeux bruns débordants d'une folle tendresse, et l'autre, tout morveux, se fond en un beau sourire d'amour à sa moitié canine. Deux âmes se pénétrèrent-elles jamais davantage?

Il en est des chiens comme des enfants : ils ont leur destinée. Les uns viennent au monde dans des paniers japonais doublés de satin, pour être enrubannés, pomponnés, nourris de croquignoles. D'autres, chiens de garde, de chasse, ou d'amitié, prennent leur part de nos travaux, de nos fatigues, de nos plaisirs. Il en est enfin qui naissent dans l'ornière, d'une rencontre de hasard, et qui errent à l'aventure jusqu'au lacet de la fourrière.

Hommes, femmes, enfants ou chiens, tout ce qui vagabonde doit être appréhendé au corps. Il faut être propriétaire ou locataire, c'est la loi. De lassitude, l'homme se laisse prendre. Le chien, plus avisé, se plaît à éventer les pièges. Si notre barbet maintenant se laisse approcher de la police, c'est qu'il défend son ami.

Comment ces deux êtres se sont-ils rencontrés, connus, aimés, on ne le saura jamais. Les misères s'attirent, s'entr'aident, se soulagent. Tous deux, sans doute, ont une même histoire. Commune ou séparée, leur vie fut de même douleur, jusqu'au jour où de leurs deux malheurs ils firent une joie d'amitié.

Une chose seulement est certaine en effet : ils s'aiment et ne se veulent point quitter. Si le chien saute maintenant avec des cris joyeux, c'est qu'il a le sentiment qu'il vient de sauver le petit homme. En voyant les deux *sergots* tendres à son frère, le barbet les aime maintenant, et se prend d'une belle confiance envers l'uniforme jadis abhorré. Gardez-vous des jugements précipités, bons êtres qui pensiez user librement de droits de l'homme et du chien en vous mettant à deux pour n'être qu'un.

En route pour le poste. Le lieu est confortable à cause d'un bon poêle qui ronfle. L'enfant, le chien sont en confiance. Quand le brigadier a recueilli le témoignage de ses hommes, il faut qu'il interroge le bipède vagabond, puisque les mystères du langage articulé sont inconnus du quadrupède. Mêmes questions que tout à l'heure, mêmes réponses. Rien de plus, rien de moins. A eux deux ils font un Paul, et puis c'est tout. Le brigadier se gratte l'oreille : ce cas-là n'est pas prévu par le règlement. Il n'y a qu'un parti à prendre : garder l'enfant, et jeter le chien dehors. A la porte la dégoûtante bête ! Mais Paul-homme et Paul-chien ne l'entendent point ainsi, et tous deux, d'abord, éclatent en hurlements désespérés. Riant et s'apitoyant tout à la fois, les braves gens décident de ne pas insister. Un quart d'heure après, les deux moitiés de Paul, subitement apaisées, gisaient sur la petite couchette dans les bras l'une de l'autre.

Au matin voici venir M. le commissaire. L'interrogatoire, repris, donne sans variante le même résultat. Il n'y a rien à faire sinon envoyer le petit à l'hospice des Enfants trouvés, rue de Sèvres. Seulement, il est bien difficile d'avoir des niches à chien dans les hôpitaux pour les amis des gamins perdus. On se trouve en face d'un cas exceptionnel, mais le règlement ne comporte point d'exception. A l'hospice l'enfant, à la fourrière le barbet. Une corde traîtreusement passée autour du cou de la bête va permettre d'opérer par la force la séparation.

Hélas ! c'est prendre trop de peine. Quelque chose a passé sur les deux êtres — le son de la voix peut-être — qui leur a fait comprendre qu'une fatalité supérieure avait à jamais décidé d'eux. Les deux amis se tiennent embrassés, comme on faisait, il y a cent ans, au pied de l'échafaud, pour l'adieu suprême. L'enfant silencieusement pleure, le barbet lèche les larmes, tous deux se sentent perdus sans retour. « *Paul, Paul*, dit le petit : à quoi le chien répond par un gémissement aigu qui a même sens en son langage. Et ce sont des caresses, et ce sont des sanglots. Maudite la pitié humaine qui réclame le sang d'une créature vivante, et qui, pour sauver l'homme, commence par tuer ce qu'il y a de meilleur en lui.

Brusquement, brutalement, la séparation s'accomplit. La porte n'est pas retombée que la crise éclate. On emporte l'enfant se débattant, criant, hurlant, tandis que la misérable bête s'étrangle à la corde qui la garde pour la mort.

L'homme oubliera : c'est sa loi. Le barbet, demain à la fourrière, sera scientifiquement asphyxié ou livré aux carabins vivisecteurs qui lui feront de curieuses sections de nerfs... pour voir.

Paul a désormais vécu. Il en reste une moitié, vivante épave dont la société fera je ne sais quoi. Mais l'être exquis fait de l'amour complet de deux créatures aura été massacré sans merci — ô ironie des choses! — par la pitié de l'homme.

Que fait Dieu pendant ce temps? L'enfant mourait si le barbet n'avait appelé à son secours. Parce qu'il a été aimant, parce qu'il a sauvé l'homme, le chien est mis à mort. Et comme il n'y a pas de paradis pour les chiens, cette action sublime ne sera pas récompensée. Pourquoi Dieu, disposant à son gré de joies surabondantes pour toute vie, a-t-il réservé ses félicités éternelles à une seule catégorie de créatures, les ayant toutes faites capables de souffrir et d'aimer? Je me le demande et je le lui demande aussi.

VII

PILONS L'HERBE

J'ai connu deux êtres qui s'aimaient.

L'homme était de ce type d'*employé* si bien décrit par Geoffroy dans son beau volume de haute psychologie vivante, *le Cœur et l'Esprit :* un être pâle et méthodique, simple et bon, rouage inconscient d'une machinerie supérieure. La femme, une vaillante, d'un ressort toujours tendu, d'une énergie toujours prête. Ils s'aimaient tout uniment, mais fortement, vivant côte à côte depuis l'enfance dans un de ces réduits de briques et de plâtre, de bois et de zinc, qui font les grands villages de la banlieue de Paris.

Le père de Pierre, qui avait laissé un de ses bras au volant de l'usine, fut recueilli par les parents de Marie. Pendant que ceux-ci travaillaient au dehors, le vieux manchot armé d'un bon crochet au bout de son moignon de bois, faisait le ménage, surveillait les enfants et préparait le repas du soir. Marie, de bonne heure, entra dans un atelier de couture, et Pierre, par la protection d'un marchand de vins de Montrouge devenu conseiller municipal, obtint une petite place d'expéditionnaire à 50 francs par mois.

On vivait heureux, travaillant. Le dimanche, on se répandait en troupe dans les grandes avenues bordées d'arbres pelés rompant la monotonie du triste mur de l'usine qui pointe sa haute cheminée rouge vers un ciel de vapeur charbonneuse. C'était la joie, cela. On gagnait les bois de Meudon, et sur une herbe douteuse, semée des débris des précédents dimanches, on déjeunait gaiement. Le soir, on revenait d'un bon pied. Le lendemain, chacun retournait à sa vie de labeur, sans avoir la pensée de se plaindre.

Une eau malsaine, apportée par mégarde d'un puits infecté, mit soudainement la mort dans la maison. En six jours, tous les vieux, affaiblis, partirent dans d'atroces convulsions. Pierre, gravement atteint, fut sauvé par Marie qui s'obstina malgré le pronostic du médecin.

Quand ils se virent seuls dans la maison déserte, ayant pleuré tout leur soûl, lui stupide, effaré, elle le poing tendu contre la vie, Marie, qui avait vingt ans, dit à Pierre, son aîné : « Maintenant, il faut nous marier. » C'est bien ce que pensait Pierre, à qui il semblait de tout temps que ce fût chose convenue, mais l'idée ne lui fût pas venue de devancer la proposition de Marie.

Par miracle, il avait retrouvé sa place, et ses appointements, qui étaient maintenant de 100 francs, lui permettaient toutes les extravagances. Et puis la machine à coudre de Marie ne s'arrêtait guère. « Nous ne sommes pas des *richards*, si l'on veut, disaient-ils, oublieux déjà de la catastrophe d'hier, mais nous sommes à l'abri du malheur. » Ce sont là des mots qu'il ne faut pas dire.

Huit ans ils vécurent de joie dans une de ces petites bâtisses brique et bois, qui arrêtent Paris aux fortifications. Ils n'avaient pas d'histoire, puisqu'ils s'aimaient. Quand on s'étonnait que cette belle fille aux lèvres rouges, au regard noir, droite et fière dans sa simplicité, pût aimer d'amour vrai, d'amour fort, cet être inoffensif et décoloré, blême sous la lèpre d'un vieux chapeau haut de forme, sanglé dans une redingote luisante aux manches trop courtes, leur voisin, le journaliste, répondait que l'amour a des raisons qui ne sont pas de la raison.

L'homme était bon, sûrement. Intelligent? Peut-être. Et puis, que deviendrait le monde s'il fallait être Shakespeare ou Molière pour être aimé? L'expérience enseigne, au contraire, que ces grands esprits tourmentés trouvent plus difficilement que d'autres le bonheur et la paix dans l'amour. Pierre n'avait rien fait peut-être pour être aimé, mais il était aimé. Il ne méritait pas son bonheur, dira-t-on. Qui sait? Il donnait et recevait, et personne ne tenait de comptes. Qui donc, disait Renan, mérite son bonheur ici-bas?

Huit ans de bonheur sans trouble, cela se paie. Trois enfants étaient venus : deux petites filles, un petit garçon : sept ans, six ans, cinq ans. Pierre gagnait 150 francs maintenant, et passait ses nuits à des travaux d'écriture. Marie, omniprésente, brossait, balayait, récurait, raccommodait, lavait, cousant la nuit tandis que Pierre écrivait. Tous deux silencieux, tendus d'un grand effort vers ce but unique : les petits, et s'encourageant de temps à autre d'un regard attendri qui se fondait en placide sourire.

Pour ces pauvres maisons du grand boulevard extérieur, au sud de Paris, le talus des fortifications est un jardin. Les enfants se vautraient là, dans l'herbe, sous les yeux de la mère qui les surveillait de la fenêtre, amis du sergent d'octroi faisant sa ronde quotidienne. La maman faisait sécher le linge au soleil, et les enfants le gardaient : c'était un jeu. Quelquefois, il fallait courir après un mouchoir envolé, dont une chèvre cornue ne permettait pas l'approche. La mère accourait aux cris. Et puis le soir, le bateau descendant au *Point du Jour* amenait le père. La redingote râpée s'ouvrait, recélant des trésors. Comment mesurer le travail pour garder tant de joie?

Le bonheur péniblement conquis, ou rencontré de fortune, est comme ces billets de complaisance qui longtemps se renouvellent à des échéances répétées, mais dont le règlement, tôt ou tard, arrive inévitable. Le règlement se fit chez Pierre d'une rapidité foudroyante. En trois jours Marie, forte et saine, fut abattue d'un coup d'assommoir. Une fluxion de poitrine lui emplissait les poumons de sang et la tenaillait dans les convulsions d'une toux déchirante. Elle vit la mort, mais ne se résigna pas. Et, fiévreuse, luttant jusqu'au bout, la gorge rauque, répétait : « Je veux vivre! » Une dernière crise violente la cloua convulsée dans la mort.

Pierre, fou, regardait sans parler, sans comprendre. Il ne pouvait pas pleurer, mais ses lèvres tremblaient comme dans un cauchemar d'épouvante. Il pensait : « Ce n'est pas vrai. » Au delà, rien ! Tout à coup, il eut la sensation que la main qu'il tenait dans la sienne était froide. Il se leva si brusquement que la petite table chargée de fioles tomba. Les enfants accoururent au bruit, et, voyant ces deux spectres, éclatèrent en cris, en sanglots.

Alors, cet homme avachi, désespéré, perdu, se redressa soudain, et, sentant passer en lui l'énergie de la morte, dit brusquement : « Taisez-vous. » Puis affrontant le regard fixe, volontaire encore, qui lui dictait son devoir, il répondit simplement à l'ordre muet : « Oui ! oui ! à mon tour, maintenant ! » Les enfants, en silence, le regardaient comme soudainement rassurés.

Une voisine survint qui trempa dans une mixture noire les petites blouses rapiécées. Et le surlendemain, l'homme et les trois enfants, se tenant par la main, suivaient la voiture noire jusqu'à la fosse commune du cimetière d'Ivry.

Quand le cercueil nu retentit sourdement sous la grêle de terre tombante, tout effort de maîtrise de soi fut vaincu, et les sanglots fous déchirèrent la gorge râlante. Les petits hurlaient : « Maman ! maman ! » Et répercutée des uns aux autres, la convulsion de douleur éperdue tordait ces faces décomposées. Les fossoyeurs, sans pourboire, durent les renvoyer. A la porte du cimetière, ils demeuraient hébétés, l'homme crispant les poings, pleurant, les petits appelant toujours leur mère.

Mon ami le journaliste, qui seul avait suivi le convoi, s'approcha, violemment remué : « Vous ne me connaissez pas, dit-il; je suis votre voisin. Je sais... j'ai appris ce matin seulement... Alors, j'ai suivi... », et à son tour il pleurait. Pierre, sans écouter, sans comprendre, serrait cette main tendue. « Écoutez-moi, reprit l'autre, en le secouant pour fixer son attention, j'ai un jardin, des enfants, donnez-moi les vôtres. Je les emmène. Vous viendrez les chercher ce soir. » « C'est ça, c'est ça, répondit le misérable qui avait fini par comprendre. Emmenez-les. Moi, je retourne. J'ai quelque chose à *lui* dire. Allez, mes petits. A ce soir. » Et il rentra comme un fou dans le cimetière, hourlant un gardien inquiet.

Les enfants suivirent docilement leur nouveau compagnon, comme un chien battu suit de confiance un voyageur ami, et, chemin faisant, se laissèrent distraire par de menus propos, des caresses, des gâteaux. Étonnés de la belle pelouse fleurie où jouaient quatre petites filles roses, ils s'arrêtèrent inquiets, ébahis. Mais les petites filles roses s'approchèrent, les prirent par la main, les emmenèrent vers leurs jouets gisant dans l'herbe...

Une heure après, le père arrivait affolé. Il s'était tout à coup ressaisi, et, ne se rendant que vaguement compte de ce qu'il avait fait, il accourait aux petits. Mon ami le reçut à la porte, le rassura, le calma. Après un temps d'arrêt dans la maison, ils passèrent au jardin.

On entendait de petits cris aigus par-delà les arbres. On approche. C'est une ronde. Les petites robes noires qui salissent de mauvaise teinture les pauvres faces encore rayées du sillon luisant des larmes, alternent avec les petites robes roses dans un tourbillon bariolé :

> Passe par ici et moi par là,
> Pilons l'herbe, elle reviendra.

Pilons, pilons, pilons l'herbe,
Pilons l'herbe, elle reviendra.

Et les petits pieds pilent en cadence l'herbe qui doit revenir, et que, pour cette raison, ils tuent joyeusement.

Les deux hommes effarés, n'osant se regarder, ne dirent pas un mot, ne firent pas un geste. Il y avait bien deux heures qu'on avait pilé l'herbe là-bas sur celle qui était morte à la peine pour les enfants de sa chair, et qui ne devait jamais revenir.

Pierre tout à coup eut un grand sursaut comme d'un coup de couteau dans le dos. Les petits voyant leur père, accoururent, vaguement embarrassés. Lui, les prit par la main en silence, et la gorge serrée, sans même pouvoir dire : « merci », franchit la porte, raidi, d'un pas d'automate, les emmenant dans la vie.

VIII

LE COLIBRI

C'était aux temps anciens où j'avais un dispensaire à Montmartre.

Il ne faut pas que ce mot ambitieux éveille en vous l'idée d'une organisation hospitalière. Un cabinet de consultation, une salle d'attente, voilà l'installation rudimentaire que je mettais à la disposition du public. Il venait des malades. Il venait aussi des solliciteurs. Il arrivait aussi que le même personnage réunissait les deux qualités.

Parfois il se faisait d'étranges confusions. Un jour

je vois entrer un phtisique. Sans fermer la porte de la salle d'attente, j'installe mon client dans un coin de mon cabinet, et je lui dis d'un ton pressé : « *Déshabillez-vous.* » Pendant que le malheureux se prépare pour l'auscultation, un autre malade se présente. Encore un phtisique ! Je le campe dans un autre coin, et, plus impératif que jamais, je crie de nouveau : « *Déshabillez-vous.* » Un troisième visiteur apparaît. Celui-là est grand et fort, il a les joues fleuries et ne présente aucun signe morbide à l'œil le plus exercé. Il a entendu la parole assez brusque dont j'ai accueilli les deux hommes qui l'ont précédé. Il entre, il voit les camarades en train de se dévêtir. Sans hésitation il enlève d'un geste rapide sa veste et son gilet, puis laissant tomber son pantalon, il me dit placidement : « *Je voudrais une place dans les Postes.* » Le malheureux avait compris qu'il était d'uniforme de se mettre en chemise devant moi, quoi qu'on eût à me dire.

Ces sortes de méprises pouvaient rompre la monotonie des tristes spectacles. Mais il n'y avait guère de place pour le rire dans ce lamentable défilé de toutes les misères humaines. J'ai vu là, dans l'espace de quelques années, tout ce qu'on peut voir des infirmités, des souffrances d'en bas. Car souvent il fallait bien rendre à domicile la visite reçue au dispensaire. C'étaient de pénibles corvées, ces courses dans les pires quartiers de *la Butte*, ces séjours pourtant si rapides dans les cellules malsaines de ces ruches empestées où s'entassent, sous les miasmes de tous les détritus, tant de familles ouvrières qui ne quittent les germes de mort de l'atelier que pour l'infection de l'affreux logis.

Je me plaignais de passer là. Que dire de ceux qui y vivaient ? Les uns venaient au monde. D'autres mouraient. La souffrance et la joie, la haine et l'amour tissaient là, comme ailleurs, la trame de la vie. Moins d'égoïsme peut-être, parce qu'on s'y entendait crier de plus près. Les riches compatiraient s'ils avaient l'émotion de la misère vue, touchée du doigt. Mais ils vivent entre eux, et Rothschild, qui croit naïvement faire acte de bonté quand il envoie vingt mille francs à l'Assistance publique, ne sait pas qu'avec quelques louis donnés à propos, de sa main, il mettrait plus de joie dans son cœur, et dans celui des frères vaincus dont la défaite condamne son triomphe.

C'est dans une de ces courses à travers Montmartre que je connus *le Colibri*. J'ai perdu son autre nom après trente années. Mais je retrouve, d'une vision très intense, un enfant de quatre ans, tout rose, dans un ébouriffement de cheveux fins et pâles où tous les souffles de l'air mettaient des farandoles. Deux grands yeux bruns éclairaient d'une flamme étonnée la transparence nacrée d'une petite face mutine tout en rires. Tendre et délicate merveille, devant laquelle s'affolaient les parents. De son esprit, de ses ruses, de ses réponses, c'était à qui des deux conterait cent histoires.

Une attaque de faux croup m'amena le père chez moi, une nuit de janvier. Je vis un homme décomposé, hagard, qui, pour tout propos, me dit : « Vous me reconnaissez bien : nous nous sommes rencontrés l'an dernier *dans la politique*. Mon petit va mourir, dépêchez-vous. »

Je ne le reconnaissais pas du tout, mais qu'importe ! De folles objurgations au cocher précipitèrent une course échevelée dans la nuit, et bientôt je pus dire la parole attendue. Ce fut une réaction de délire. Homme, femme, encore tout convulsés de l'affreuse étreinte de mort, incohérents, gesticulaient, pleuraient, riaient à l'idée de la vie subitement reconquise. En moins de temps qu'il n'en faut pour l'écrire, je devins subitement pour eux le vieil ami de vingt ans. J'eus beau dire : rien n'y fit, je fus sacré dieu.

Je revins le lendemain, et, plus tard, je reçus de nombreuses visites à mon tour. C'était la plus belle et la plus heureuse famille. L'homme était comptable chez un entrepreneur, la femme vaquait au ménage. Ils vivaient dans l'aisance, parlant fièrement de leurs économies et d'un petit bien qu'ils avaient au pays. Ils étaient jeunes, ils s'aimaient : c'était tout leur secret.

A les voir, lui si résolu, elle si tendre et si vaillante, couver de passion leur *petit Colibri*, le plus désespéré sceptique eût reflété pour un temps quelque chose de l'infinie joie de vivre.

Comment deviner que les mouvements de la vie ne permettent pas de fixer le bonheur? Comment soupçonner que cette complète félicité d'amour est fragile autant qu'exquise, et veut sa cruelle compensation de douleurs. Ils l'avaient entrevu au petit lit de l'enfant menacé. Ils ne s'en souvenaient déjà plus. C'était la plénitude de la vie heureuse.

Au square où jouait l'enfant, dans la petite chambre d'une propreté coquette, que de parties entre la jeune maman blanche et blonde et le petit *Colibri* répondant par des cris aigus et des battements d'ailes aux grognements du méchant loup qui, sous prétexte de le mordre, le couvrait de baisers.

Le grand jeu, c'était la chanson du colibri. Il s'agissait du petit oiseau qui veut trop tôt quitter son nid, malgré les avis de ses parents, et qu'une déplorable culbute punit de son imprudence.

Je n'ai retenu que le refrain :

> C'est le petit colibri
> Qui voudrait quitter sa mère,
> C'est le petit colibri
> Qui s'envole de son nid.
>   Oui,
>   Le colibri !

Pour n'être point lamartinienne, cette poésie n'en avait pas moins un merveilleux effet de gaieté sur l'heureuse famille. Le soir, quand l'enfant dévêtu se livrait aux bruyants ébats qui souvent, à cet âge, précèdent la brusque tombée du sommeil, la chanson du colibri donnait prétexte à mille inventions de poursuites et de batailles se terminant en *chatouilles*, en caresses, en embrassements fondus. Au refrain suspendu sur le mot *oui*, le doigt maternel s'avançait menaçant vers la petite gorge tressaillante, et c'était une tempête de mains qui se débattent dans les rires et dans les cris. Il n'en faut pas davantage pour faire trois heureux. Que n'arrêtons-nous le temps au passage ?

Un jour je vis arriver la maman sérieuse. Elle n'était pas inquiète. Mais le *Colibri* n'avait pas ri depuis deux jours. Il n'avait pas voulu quitter le lit ce matin-là. Il se plaignait vaguement. Ce ne serait rien, puisque j'étais là.

Hélas ! je n'eus pas plus tôt touché le petit ventre endolori que j'eus la révélation de l'horreur. Je dis ce seul mot : « *Je vais revenir* », et je courus chez un de mes maîtres, grand cœur que ni la haute science ni la riche clientèle n'ont jamais pu distraire de ses devoirs de bonté. Le diagnostic fut tel que je l'avais prévu. Le pronostic : la mort... « *A moins d'un miracle* », dit l'homme qui, faisant tous les jours des *miracles*, savait ce qu'il en faut penser.

Trois jours durant, face blême et rigide, sans mouvements, sans voix, sans larmes, deux automates, penchés sur l'enfant, regardèrent la vie lentement disparaître. A chaque nouveau ravin creusé par la sinistre faux dans le petit masque bleuissant, apparaissait la correspondante blessure au visage désespéré des deux autres agonisants. De vrai, tous trois mouraient ensemble. Seulement les deux maudits qu'épargnait lâchement le mal, étaient comme figés dans la terreur de survivre.

Parfois l'un d'eux prenait ma main, disant : « Puisque vous l'avez sauvé, ce n'est pas pour nous le tuer maintenant. Il y a sûrement quelque chose à faire. Quoi ? » Et le silence lourdement retombait, coupé de l'effort haletant de la petite vie mourante.

Enfin, comme l'aube venait sur nous, la grande nuit de toujours fondit victorieusement sur sa proie. Et voilà qu'au seuil de l'éternel sommeil, l'enfant terrassé, mais lucide, fut étrangement pris du désir de se coucher dans la tombe au rythme ami du chant qui le mettait au berceau. Une dernière lueur brilla dans les yeux glauques, et les lèvres blanches distinctement murmurèrent : « *Le Colibri.* »

Sursautant, convulsés, les misérables parents, heurtant des regards fous, subitement comprirent. Le petit réclamait sa chanson. Déjà il avait attendu. Le geste fébrile faisait signe qu'il fallait se hâter. « *Le colibri, je veux le colibri* », dit un dernier souffle de voix, et la petite main saccadée impérieusement commandait : « Chantez donc, vous qui ne mourez pas encore. »

Le père s'abattit comme une masse, se tordant sur

le plancher. La femme, alors, dans un raidissement suprême, la face blafarde, labourée de trous noirs, les yeux poignardant le vide, se leva pour l'action sublime que désertait la lâcheté virile. La mère héroïque chanta. Elle chanta *le colibri qui s'envole*, rauque, étranglée, tenant dans ses deux mains les petites mains glacées.

> C'est le petit Colibri
> Qui voudrait quitter sa mère,
> C'est le petit Colibri
> Qui s'envole de son nid.

O martyrs qui vous livrâtes aux bêtes en payement de l'éternelle félicité promise, qu'est-ce que votre supplice auprès d'une pareille torture ?

Grimace de mort ou sourire, le *Colibri* avait payé sa dette de douleur. La mère chantait toujours, incapable de se reprendre. Je la touchai du doigt. Elle s'effondra comme frappée d'une massue. Alors, enfin elle put crier, sangloter, pleurer. Ainsi la vie reconquit sa victime. L'histoire n'a pas de dénouement. Des possibilités de joies, des nécessités de douleurs, et la paix : tel est le cycle qui toujours recommence.

Ma vue devint odieuse à ce deuil. Je le compris, ne pouvant moi-même, sans souffrance aiguë, regarder ces deux suppliciés survivants. Ils me fuyaient. Je leur dis mentalement adieu.

Où sont-ils ? Pleurent-ils toujours ? La jeunesse a des baumes pour toutes les blessures. Parfois je les rêve heureux. Un autre *Colibri* peut-être a fait ce miracle.

DANS LES FAUBOURGS

I

LES OUVRIÈRES DE L'AIGUILLE A PARIS

M. Charles Benoist a réuni sous ce titre, avec documents à l'appui, les articles justement remarqués qu'il a publiés dans *le Temps* sur la condition économique de nos couturières. Si M. Charles Benoist donne pour sous-titre à son ouvrage : *Notes pour l'étude de la question sociale*, il n'en faut pas conclure qu'il soit à classer *socialiste*. Cette dénomination ne saurait lui convenir, non plus qu'à M. Jules Simon ou à M. de Mun. Que nous importe s'il nous fournit une contribution sérieuse à l'étude du phénomène social ? Les faits qu'il apporte sont-ils exacts ? Le tableau qu'il trace de la vie de nos ouvrières en couture est-il véridique ? Voilà ce qu'il faut avant tout savoir. Ensuite, nous pourrons discuter ses conclusions, différer d'avec lui tout à notre aise. Que ses vues d'avenir soient ou non justifiées, il n'en aura pas moins rendu un signalé service à la cause de l'évolution sociale qui ne peut attendre aucun progrès de justice en dehors de la constatation scientifique des faits.

Le travail de M. Charles Benoist est surtout une mise au point du livre bien connu de M. Jules Simon: l'*Ouvrière*. Mais, par cela même que M. Benoist a borné son enquête à une catégorie spéciale de travailleuses, il a pu pousser son étude plus avant, fouiller d'une analyse plus profonde les détails multiples de son sujet, pour reconstituer, des matériaux laborieusement amassés, les divers aspects de la douloureuse vie qu'il s'est donné pour tâche de nous faire connaître.

Il ne suffit pas de louer de telles monographies. Il faut dire qu'elles sont nécessaires. Rien n'est si urgent — je l'ai vainement dit à la tribune, il y a quelque dix ans — que la grande enquête sociale dont M. Charles Benoist nous apporte aujourd'hui un remarquable fragment. Puisque les gouvernements et les Chambres ont reculé devant ce premier devoir, aux particuliers d'accomplir l'indispensable tâche. Que toutes les bonnes volontés se mettent à l'œuvre, et que la vérité nous soit enfin révélée, dans toute son horreur, sur les misères qu'endure une moitié de l'humanité pour procurer à l'autre de stériles joies trop chèrement achetées.

De combien de désespoirs et de tortures se paie l'extravagante robe de bal qui fait l'exaltation de vanité de la femme, la solitude de l'enfant, le tourment du mari, l'amorce de l'*autre*? Vous rappelez-vous la *Chanson de la Chemise*, de l'Anglais Thomas Hood:

> Les doigts las et usés,
> Les paupières alourdies et rouges,
> Une femme...
> Cousant, cousant, cousant toujours,
> Dans la misère, et la faim, et la hâte.
>
> Coudre, coudre, coudre!
> Tandis que le coq chante là-bas,

Coudre, coudre, coudre encore,
Jusqu'à ce que les astres brillent à travers le toit...

Travaille, travaille, travaille,
Jusqu'à ce que ton cerveau ait le vertige ;
Travaille, travaille, travaille,
Jusqu'à ce que tes yeux soient pesants et troubles.

Fais les coutures, la triplure et les poignets,
Jusqu'à ce que, arrivée aux boutons,
Tu tombes de sommeil,
Et continue à les coudre en rêvant.

O hommes, qui avez des sœurs chéries,
O hommes, qui avez mères et femmes,
Ce n'est pas de la toile que vous usez,
Mais la vie de créatures humaines !

Couds, couds, couds toujours !
Dans la pauvreté, la faim, et la hâte,
Tu couds avec un fil double
Un linceul en même temps qu'une chemise.

. . . .

O Dieu ! se peut-il que le pain soit si cher,
Et que la chair et le sang
Soient à si bon marché !

Coudre, coudre, coudre encore,
Quand le temps est chaud et clair,
Quand au bord du toit,
Les hirondelles s'accrochent pour faire leur nid.

Etc., etc...

Dans un *cahier d'heures* de travail d'un des principaux ateliers parisiens, M. Benoist a relevé en 1890 — avant le vote de la loi qui limite le travail des femmes à une durée de onze heures par jour — des journées de douze, de treize, de quatorze, de seize et de *dix-neuf heures et demie*. M. de Mun a cité le cas d'une journée de *vingt-huit heures*.

La loi du 2 novembre 1892 admet par exception soixante journées de douze heures. Est-il besoin de dire que le Conseil d'État a fait un règlement d'administration publique qui, de l'avis même de M. Renoist, *au lieu de développer la loi, l'annule*. « La loi disait : *Les femmes ne travailleront pas la nuit*. Le règlement dit: *Les femmes, filles ou enfants pourront travailler la nuit pendant 30, 60, 90 ou même 120 jours* (suivant les diverses industries). La loi disait: *Les femmes devront avoir un jour de repos par semaine*. Le règlement vient dire : *L'obligation du repos hebdomadaire pourra temporairement être levée pour les femmes, filles et enfants*. » Faites des lois, ô bons législateurs.

Je n'ai pas besoin de m'étendre sur les inconvénients de toute nature du travail de nuit. Suivant le mot terrible d'un ouvrier qui a déposé devant la commission, *le travail de nuit c'est un mangeur d'enfants*. « Mangeur de vertu, ajoute M. Benoist, mangeur de santé, mangeur de bonheur, mangeur d'enfants! Le dilemme est impitoyable. La femme et l'homme sont pris dans ses mâchoires de fer. Ou se laisser manger lentement ou ne pas manger demain. »

Et maintenant, quel salaire? Des calculs dont M. Benoist fournit les éléments, il résulte qu' « à Paris, dans les meilleures maisons, où les mortes-saisons sont relativement courtes, la meilleure ouvrière ne peut guère gagner plus de 1,350 francs par an, soit comme salaire réel 3 fr. 70 par jour... *Mais ce n'est pas une moyenne, c'est un maximum.* »

Que donne le travail des grands magasins d'après le *sweating system* — *le système de la sueur* — où l'entrepreneuse et la sous-entrepreneuse expriment méthodiquement de l'ouvrière jusqu'à la dernière goutte de vie? « Une ouvrière qui travaillera de sept heures du matin à neuf ou dix heures du soir gagnera à ce métier 1 franc, 1 fr. 25 ou à 1 fr. 50 *par journée de quatorze ou quinze heures.* »

« Des femmes se crèvent les yeux et se brisent le poignet pour un salaire qui, *dans la belle confection*, ne dépasse pas, à cause d'une morte-saison de deux mois, 250 à 350 francs par an. »

« On ne gagne trente-six sous par jour qu'en *abattant* une douzaine de camisoles à trois sous la pièce. Encore faut-il, avec le fil et les aiguilles, fournir la machine ; et, si l'on n'en a pas à soi, ou si elle n'est pas tout à fait payée, la louer moyennant trois francs par semaine. »

Je ne dis rien des ballots que les malheureuses doivent aller chercher et emporter à dos, « chargées comme des mules », dit l'une d'elles, car les omnibus refusent de les recevoir avec leurs paquets encombrants.

« A deux peignoirs et demi par jour — pour les faire il faudra travailler d'arrache-pied et veiller avant dans la nuit — ces femmes auront gagné 1 fr. 25. Mais la morte-saison les attend comme les autres, et la moyenne de leur salaire s'abaisse, de ce chef, à 0 fr. 80 ou 0 fr. 90 par jour. Quatre-vingt-dix centimes, c'est tout juste à quoi arrivera la couseuse de sacs, qui est le plus souvent *une ancienne lingère dont les yeux sont affaiblis par l'âge, ou brûlés par le travail à la lumière.* Elle y arrivera *si elle coud six douzaines de sacs à trois sous la douzaine*, et à condition qu'elle épuise l'effort que peut donner la bête humaine : *seize heures de travail par jour.* »

Et comment établir un budget dans ces conditions? C'est une lamentable entreprise.

— Quand j'étais jeune et forte, disait une vieille couturière à M. Benoist, j'ai gagné jusqu'à 700 francs par an.
— Mais comment viviez-vous ?
— Ah ! dame, *on ne mange pas toujours à son apaisement.*

M. Benoist nous donne deux budgets authentiques établis, sur sa demande, par deux ouvrières : l'une, chemisière, gagnant 2 francs par jour, soit, s'il n'y a pas de chômage, 600 francs par an ; l'autre, *petite main en confection*, 1 fr. 25 par jour, soit 375 francs par an. Je cite ce dernier que je livre aux méditations de la quatre-vingt-cinq fois millionnaire miss Gould, par la grâce de la beauté comtesse de Castellane :

Loyer, par an.	100 »
Une robe, à 5 fr.	5 »
Un fichu, à 2 fr.	2 »
Deux paires de bas, à 0 fr. 65	1 30
Deux paires de chaussures, à 4 fr.	8 »
Deux chemises, à 1 fr. 25	2 50
Une camisole.	1 25
Deux mouchoirs, à 0 fr. 40.	» 80
Deux serviettes, à 0 fr. 40.	» 80
Eclairage, par an	4 »
Total.	125 65

Reste pour la nourriture 250 fr., soit 0 fr. 65 par jour.

Le matin, lait.	» 05
Pain pour la journée.	» 20
A midi, boudin.	» 10
Pommes de terre frites.	» 05
Fromage.	» 10
Le soir, une saucisse.	» 10
Pommes de terre frites.	» 05
Total.	» 65

Charbon, literie et le reste : 0

Celles qui ne se résignent pas à cette vie ne font, suivant l'expression de M. Benoist, que choisir une autre misère.

On parlait d'une brodeuse qui gagnait 11 fr. 50 par semaine à orner des casquettes à raison de *deux pour trois sous*.

— Comment fait-elle pour vivre? disait-on.

— *Elle est entretenue*, HEUREUSEMENT, répondit sa voisine.

« Elle pique une liaison sur le train-train de sa vie qu'elle n'interrompt pas, comme une fleur ou une plume sur un chapeau. Alors elle *s'en moque*, elle est *arrivée*. » Et le lendemain? Aux mêmes aventures, les mêmes lendemains. De chute en chute, dans la boue.

La conclusion de M. Charles Benoist est celle d'un homme qui n'attend rien que de la bonté privée. Le thème est connu. « Trouver le moyen de guérir une plaie sociale! Mais savons-nous seulement ce qu'est la société? Si c'est, comme nous le croyons, un fait de nature, la société est soumise aux lois naturelles et peut-être que la souffrance est une de ces lois, peut-être que la misère est une infirmité du corps social. » Infirmité incurable, bien entendu! En ce cas, pourquoi s'émouvoir de ces souffrances et essayer d'y porter remède même par l'initiative privée? A moins que ce ne soit pour faire gagner le paradis aux riches. On sait que c'est le principal office assigné par la bonté divine aux pauvres.

Mais je ne me propose point de discuter avec M. Charles Benoist pour aujourd'hui. Si la misère sociale est l'effet d'une loi naturelle, la bonté sociale est également une loi des agglomérations humaines. Une justice avoisinante dans les rapports économiques est au même titre un des plus légitimes besoins de notre nature. Les institutions des hommes ont subi trop de modifications dans le cours des siècles, pour que nous perdions l'espoir d'en réaliser de plus profondes encore. Le mal est de l'homme, c'est vrai, mais le bien aussi. Le mieux que nous cherchons se fera et par l'effort individuel et par la volonté de tous dans l'ordre légal. Votre prétendue liberté économique, c'est vous-mêmes qui en proclamez aujourd'hui l'horreur. Ne nous rejetez pas, par l'abomination de votre légalité, dans les sanglantes violences. Vous prouvez l'iniquité : faites-nous la justice.

II

LE PETIT FONDEUR

Nos salons sont encore tout pleins du scandale du *Petit Fondeur*. Il s'agit, comme vous le savez, du fils d'un grand industriel qui ne sait que faire des millions de papa. Le *Petit Sucrier*, se trouvant dans ce cas, avait établi, sous prétexte de tauromachie privée, une sorte d'abattoir à Maisons-Laffitte pour la récréation des personnes de joie. Ce fut une belle fête. Malheureusement le service militaire nous enleva notre *torero* de fantaisie, et l'espèce bovine, de tout sexe, se trouva du jour au lendemain abandonnée à son sort. Tels sont les effets d'une loi égalitaire (funeste, hélas! au pauvre Max), qui ne respecte pas même notre jeunesse dorée.

Déjà le *Petit Fondeur* l'avait appris à ses dépens,

car il avait dû s'engager, et, depuis quelques mois, il appliquait toutes ses facultés au noble métier des armes. Seulement la loi barbare n'a pas prévu que les *pioupious* millionnaires auraient besoin de s'amuser. Notre soldat de deuxième classe obtint à grand'peine quelques jours de congé aux fêtes de Noël. Le voilà dans son Paris. Je vous laisse à penser quel réveillon s'organisa pour fêter la naissance de l'Enfant-Dieu sur la paille de l'étable. Guidés par une étoile qu'il ne convient point de nommer, tous les Rois-Mages du boulevard accoururent. Et la jeune bergère qui recevait l'encens et offrait sa myrrhe, trouva, on ne sait comment, sous sa main, un petit collier de 150,000 francs. On ne peut fêter plus délicatement l'arrivée du petit Jésus.

La famille du *Petit Fondeur*, ai-je besoin de le dire? est de celles qui protestent le plus bruyamment contre les lois de laïcité, et je compte bien que le *Petit Fondeur* lui-même sera quelque jour une des colonnes de l'Eglise. Malheureusement, c'est, pour l'heure présente, une colonne tourmentée qui ne pourrait être d'aucun secours à l'édifice. La famille jugea que les sentiments religieux du jeune héritier de la fonderie le portaient à de fâcheux excès. La crèche de Bethléem avait reçu l'or des mages. Le *Petit Fondeur*, surpassant la piété des ancêtres, apportait plus que sa part. Il fallait modérer un élan de charité qui prodiguait tout à autrui. Pour cela, il n'y a rien de mieux qu'un conseil judiciaire.

En entendant prononcer ce vilain mot, notre jeune homme se mit en quête d'usuriers, comme il est d'usage. Mais les négociations de cette sorte n'aboutissent pas en un jour, surtout avec les intermèdes obligatoires où président les jeux et les ris. Hélas!

quand ce fut fini de rire, le congé était depuis longtemps expiré, et le jeune soldat se trouvait déserteur à l'intérieur avec emport d'effets de grand équipement. Aux termes du code militaire, cela se paye de cinq ans de prison avec envoi aux bataillons d'Afrique. Voilà notre *Petit-Fondeur* devant le conseil de guerre. J'aurais été bien surpris qu'il ne se tirât pas d'affaire. On a bien fusillé l'autre jour un soldat qui avait fait je ne sais quel geste de menace à l'adresse de son capitaine. Mais ces lois-là ne sont pas faites pour les fils de famille, et la rigueur du code implacable a tout doucement fléchi devant des considérations supérieures.

En lisant l'histoire du million dépensé par le *Petit Fondeur* en dix jours, la pensée me hantait de la fonderie aux grandes cheminées fumantes. Je voyais l'éblouissante fournaise harcelée des bras nus, l'aveuglante coulée de métal brûlant les yeux, le marteau-pilon forgeant la pâte dans un jaillissement d'étincelles, de pesantes barres rougies qui vont du foyer à l'enclume et de l'enclume au foyer : tout cela, dans une mêlée d'hommes noirs, aux yeux pleurants, au poil brûlé, à la peau suante, pantelants, tordus dans un effort d'ahan, mettant de leur vie dans le fer dompté, et recevant, en retour, de quoi prolonger en eux assez de vie pour vaincre et soumettre encore la matière rebelle.

Oui, c'est bien de cette démoniaque bataille où le métal vaincu emporte dans sa défaite la vie de son vainqueur, que se font le triomphe et la gloire du *Grand Fondeur*. Comme l'homme de la forge se bat contre sa barre rougie, le *Grand Fondeur* lutte contre ses forgerons. Pour le plus ou le moins de salaire, c'est une éternelle bataille. Chacun tient bon, et arrache de l'autre tout ce qu'il peut. Mais les hommes noirs, plus nombreux, sont les plus faibles, faute de s'entendre, et ces bras nerveux qui ploient le fer, sont ployés à leur tour par la volonté du maître. Le salaire rémunérateur de l'effort d'hier sera rogné, réduit, aminci par le dividende jusqu'à ne plus pouvoir entretenir que la stricte quantité de vigueur nécessaire à l'effort de demain. La vie s'épuisera. Pour un qui tombera, dix autres viendront s'offrir à l'inévitable défaite. Et de toutes ces énergies, de toutes ces vies dépensées, prodiguées, s'accumulera aux mains d'un petit nombre ou d'un seul une formidable puissance d'énergie concentrée.

Au service de qui cette force démesurée ? d'un homme, d'une famille. Si les lois de la mécanique exigent une certaine proportion entre la force emmagasinée et la force dépensée par la machine, il n'est pas moins certain qu'un homme, une famille, seront profondément troublés dans leur développement normal par la poussée d'une force dépassant les ressources de leur activité légitime. Et c'est justement ce qui arrive. Au mal fait en bas par le salaire diminué correspond, nécessairement, le mal fait en haut par l'excès de la richesse accumulée. La vie des uns atrophiée par la misère, a pour conséquence fatale la vie des autres étouffée par la congestion. Le fils de l'ouvrier fondeur étiolé de misère physiologique, le fils du maître fondeur, dépensant, il ne sait comment, un million, en huit jours de noce abêtie, pour sombrer finalement dans la désertion sans cause. L'envie, la haine active en bas; le mépris, la peur féroce en haut; la vie perturbée, décimée partout : voilà le résultat du régime.

Je consens que tout fils de millionnaire ne donne pas nécessairement un collier de 450,000 francs à

Liane de Pougy, de même qu'il arrivera peut-être au jeune forgeron d'éviter l'hôpital ou même de fonder quelque établissement prospère. Tous deux, en ce cas, échappent à la loi commune. S'il n'est pas prodigue, le *Petit Fondeur* sera peut-être avare, ce qui est pis. Il donnera sa fortune à l'Eglise, s'il est politique; aux pauvres, s'il est bon. Mais rien n'est plus rare que de le voir s'en servir pour développer son activité personnelle. Cela est bon pour le *Grand Fondeur* engagé dans la bataille. Pour celui-là, son effort incessant ne lui paraît pas récompensé au delà de sa valeur, même par un gain exorbitant. Cet homme, au moins, est encore un homme de travail. Le labeur, même absurdement rémunéré, peut lui faire illusion sur lui-même, et lui laisse en tout cas un mérite positif.

Voulez-vous que son fils lui succède et soit digne de lui succéder? Cela se voit. Il n'aura pas peu de mérite, le jeune homme de vingt ans, qui, trouvant des millions à portée de sa main, s'astreindra à la sévère discipline de l'usine. En tout cas, la tentation est trop forte pour la résistance de deux générations. L'accumulation démesurée de force au service d'un organisme dont elle dépasse les moyens d'action, après avoir appauvri les sources de vie dans les couches sociales inférieures, après avoir troublé, entravé, détruit toute évolution rationnelle des classes dites favorisées, se résout bientôt en des catastrophes, petites ou grandes, qui détruisent l'œuvre antisociale d'une excessive concentration de puissance.

C'est parce que le prodigue favorise ce résultat que je suis indulgent au prodigue. Plaignons le pauvre *Petit Fondeur* embarrassé d'un million dont il ne sait que faire, et félicitons-le d'avoir pu s'en débarrasser en huit jours. Ce n'était évidemment pas son affaire d'employer utilement cette force. Il en a sagement réparti l'emploi entre un certain nombre de ses contemporains. A ce titre, c'est un bienfaiteur. Il était juste que l'Afrique lui fût épargnée.

Pour nous, souhaitons au corps social une meilleure circulation de richesses, et aidons toute réforme qui y pourra concourir. Moins de congestion tout en haut fera moins d'anémie tout en bas. Double profit pour l'humanité.

III

EN PLEIN FAUBOURG

Un livre étrange de M. Henry Leyret, le cahier de notes d'un observateur qui a pris pour sujet d'études la population ouvrière du faubourg parisien.

On sait que les politiques cèdent aisément à la tentation de faire parler le peuple. « Le peuple veut que je sois nommé député, le peuple veut que mon programme soit appliqué, etc., etc. » Comment prouver que le peuple le veut ou ne le veut pas ? Et puis qu'est-ce que c'est que le peuple ? Où le rencontre-t-on ? Où cette mystérieuse divinité rend-elle ses oracles ?

M. Leyret s'est dit qu'après tout le peuple c'était lui, moi, vous, tous les humains parmi lesquels nous vivons et que nous négligeons de regarder, tout absorbés que nous sommes par la contemplation métaphysique de l'entité populaire qui, échappant à toute prise de réalité, nous paraît sincèrement penser, parler, agir au gré de notre fantaisie.

De là à l'idée de traiter la question par la méthode expérimentale, il n'y avait qu'un pas. Seulement, il est bien clair que ce qu'on gagne en précision, on le perd en étendue, et qu'on ne peut jamais soumettre en un temps donné qu'une fragmentaire parcelle des ensembles à l'observation scientifique.

Résolument notre sociologue prit son parti. Le faubourg ouvrier de Paris lui sembla justement un digne sujet d'expérience. Mais comment l'aborder? se faire *présenter*? Quelle bonne farce! Interroger au hasard? Autant jeter une pièce en l'air pour savoir s'il pleuvra demain. Un seul moyen : vivre de la vie de ces hommes.

Mais comment? s'embaucher dans un atelier? Hélas! Comment manier la varlope ou le marteau quand vos parents cruels n'ont rien su faire de vous qu'un bachelier misérable, orné du ruban violet, revenu des splendeurs de la place Beauvau, mais inaccoutumé aux rudesses de l'outil?

Entre le logis et l'atelier, que trouver, sinon le marchand de vins, le *mastroquet*, le *bistro*, qui réunit autour de son comptoir la foule haletante des parleurs désireux de secouer le lourd silence du labeur? C'est là que l'ouvrier vient chercher le réconfort ardent qui, pour entretenir l'effort quotidien, brûle le sang, consume la vie. C'est le point de rencontre des activités au repos, la *lesché* des anciens, le lieu des entretiens de hasard, des chocs imprévus de sentiments et d'idées, l'occasion propice aux consultations publiques, la foire aux hyperboles de critique ou d'espoirs, l'antre des rêveries avec l'appât d'enchantement du philtre meurtrier qui verse l'oubli.

La résolution en est prise, M. Leyret sera *bistro, en plein faubourg*. La boutique est ouverte. Les clients arrivent. L'appareil photographique est braqué. Vous comprenez qu'il m'est impossible de faire défiler devant vous la série des scènes de vie faubourienne qui se succèdent devant l'objectif. Je voudrais seulement vous suggérer par quelques indications rapides le désir de lire ce livre qu'on ne peut pas raconter, et dont les récits tout simples ou les croquis sommaires vous feront mieux pénétrer, par leur parti pris de sincérité, dans le milieu mental du faubourg ouvrier, que tous les ouvrages conçus et écrits à l'appui d'une thèse. Regardez ce tableau du jour de paye.

« C'est tous les quinze jours que sont payés les ouvriers dans la plupart des ateliers. Les ouvriers obligés de se déplacer, de travailler tantôt dans un quartier, tantôt dans un autre, terrassiers, maçons, plombiers, fumistes, reçoivent chaque matin, pour leur déjeuner, un prêt qui varie de trente à quarante sous. Le samedi de *quinzaine*, l'ouvrier touche sa paye... ou ce qu'il en reste si elle a été écornée par le prêt, par les avances. Ce jour-là, le faubourg revêt une physionomie très particulière, mélange de gaieté et d'anxiété, de mouvement et d'attente, comme si une vie nouvelle succédait aux mornes accablements de la semaine. Les ménagères se mettent aux fenêtres, descendent sur le pas des portes, et parfois impatientées, le cœur angoissé, on les voit qui partent à la rencontre des maris, sur la route de l'atelier. Leurs largesses, dès qu'ils se sentent quelques sous en poche, elles ne les connaissent que trop! et combien, inconscients, sans besoins, sans vices, pour l'unique joie d'oublier, ne fût-ce qu'une heure, le labeur éternel de la géhenne patronale, emportés en des rêves de bien-être, de bonheur, vers les jouissances imprécises des chimères, combien prennent plaisir à dépenser sans compter, follement, généreusement, ces sous, ces maigres sous, si chèrement gagnés par tant de fatigues, par tant de rancœurs! Et, dans la rue, des voix grondent, dans les maisons, des injures volent, boueuses et coléreuses, des mains se lèvent, des pleurs éclatent, des enfants gémissent, tandis que, au cabaret, tout est à la joie, à l'ivresse — l'ivresse du chant, plus que l'ivresse du vin. »

La peinture est, comme on voit, vigoureusement brossée. Que de curieux tableaux pourrais-je noter! Le chapitre de l'alcoolisme est terrible. M. Leyret défend la grande majorité des ouvriers du reproche d'ivrognerie si fréquent dans la bouche du bon bourgeois *sirotant sa chartreuse*. Néanmoins il fait passer d'effroyables scènes sous nos yeux. « Le matin, allant aux provisions, des femmes s'approprient une demi-douzaine de sous au préjudice du ménage : vivement, serrant sous leur bras un papier jaune graisseux, quelque déchet verdâtre de boucherie, elles se glissent d'un pas furtif dans les bars, demandent un verre d'absinthe, l'avalent en deux secondes. Suivez-les! quelques pas plus loin, nouvel arrêt, nouveau verre d'absinthe. Et ainsi deux fois, trois fois. L'habitude est prise, rien ne la chassera. Misérablement vêtues de hardes effilochées, sales, passées de couleur, elles apparaissent vieillies, usées, décharnées lamentablement. Quelles misères, quelles déceptions les précipitèrent des amours étoilées de leur jeunesse dans cette déchéance physique et morale, hier courtisées, caressées, maintenant objet de dégoût, de répulsion?... Quand l'une d'elles ayant passé la mesure, titube, s'affale, roule au ruisseau, la foule s'amasse et ricane. et hue, méprisante ; sur le passage de la brouette qui transporte ce débris aviné, les ménagères se détournent, insultant à son abjection : « *La Charogne*... »

« ... Ces mœurs sont assez regrettables sans qu'il soit besoin de les généraliser... Quelle classe se peut affirmer saine, pure ?... Et si vraiment c'est l'alcoolisme qui, chez l'ouvrier, produit le plus de ravages, à qui la faute ?...

« A six heures du matin, encore mal éveillé, il part pour l'atelier. Il n'en revient que le soir à sept heures, quelquefois plus tard, brisé, harassé, prenant à peine le temps de manger, puis il se couche et dort... à moins qu'il ne se prépare pour l'avenir de nouvelles charges. Ainsi, tous les jours ! Tous les jours, le même travail manuel accablant, qui le fait s'essouffler, ahaner dans la perte totale de ses forces musculaires. Tous les jours la même existence pénible, courbée, domestiquée sans lueurs de repos, sans joie complète...

« A ce travail, pour l'ouvrier, quelle diversion ? Où ses distractions ? Où ses divertissements ? Où l'oubli du labeur ininterrompu ? Ignorant ou si peu instruit ! Il n'entend rien à nos livres ; et puis à un homme qui depuis son lever peine dix ou douze heures dans l'effort et la sueur, que parler de méditer sur l'histoire, sur la philosophie, sur la littérature ! Les théâtres ? Les divertissements publics ? Cela coûte et fatigue !... Quels plaisirs à lui offrir, qui conviennent à sa nature fruste, brutale, de premier jet, ni sentimentalisée, ni intellectualisée, telle enfin qu'elle se développe dans le servage où la rive notre société ? Quoi, si ce n'est le cabaret, où, avec à peine quelques sous, il se sait le bienvenu, où, avec à peine quelques verres, il s'élève au-dessus des réalités oppressives, aviné, baveux, peut-être ! à coup sûr transporté dans le monde de l'exaltation et de la divagation, par quoi il s'évade un moment de la vie de souffrances et de privations dans laquelle demain le rejettera?... »

Je n'ai pu me tenir de citer tout le morceau, tant je le trouve d'une âpre justesse. Je consens que ces vues ne sont pas nouvelles. C'est que l'auteur est en quête non du nouveau, mais du vrai. Lisez les anecdotes *vécues* dont fourmille le livre, voyez passer, se mouvoir dans leur vérité les personnages de la vie ouvrière à l'atelier, au cabaret, au logis, et vous comprendrez qu'il s'agit de tout autre chose que d'opinions arrangées *de chic* pour ou contre une thèse convenue.

Il s'agit d'observation sociale en dehors des doctrines préconçues, et l'un des grands mérites de M. Leyret, c'est qu'il n'hésite pas à dire indistinctement le bien et le mal — tout le bien et tout le mal — sans s'inquiéter des conséquences. Ce n'est pas assurément qu'il ne compatisse en homme aux misères humaines. Mais il ne croit pas qu'il y ait de remède social applicable sans la constatation préalable des réalités scientifiquement observées, et toute son ambition c'est d'apporter sa contribution de vérité à la grande enquête sociale. Son effort de sincérité ne peut être nié. Les conditions de vie auxquelles il s'est astreint pendant cinq longs mois sont le meilleur garant de son pur désir de constatations vraies.

Comment, dans ces conditions, M. Leyret pouvait-il faire autrement que d'utiliser ses remarquables facultés d'observation pour nous donner une vivante psychologie de l'ouvrier de nos faubourgs ? Lisez le chapitre intitulé *Goûts, Travers, Opinions* ou le chapitre sur les *Chants et Plaisirs*, vous y verrez éclater dans leur candeur toutes les contradictions de la mentalité ouvrière qui sont, au demeurant, assez germaines des contrastes de la mentalité bourgeoise.

J'aimerais à vous citer quelques traits, mais je dois me borner. Ce qu'il faut lire et méditer mot à mot, c'est l'affreux chapitre sur la misère, où les faits parlent seuls sans tentative d'apitoiement. Je vous recommande l'horrible histoire du ménage ouvrier qui, vaincu par la faim criante, se résout tout à coup à aller avec les *gosses* chanter dans les cours, rougissant de honte sous les injures du *pipelet*.

Je ne puis pas tout dire. Sur *les enfants et les femmes*, sur *l'amour*, que de sombres pages ! Le *travail*, les *syndicats*, la *politique*, tous les aspects de la vie ouvrière seront successivement passés en revue. On vous montrera *les idées mal définies flottant vaguement*, et l'on vous fera saisir, dans une constatation sommaire de *l'état d'âme*, les sourds mouvements de révolte qui sont la conséquence d'une si dure vie.

N'en concevez pas trop de terreur : la mobilité française nous détourne des longues fureurs. Ne soyez pas, non plus, complètement rassurés, car de trop hauts espoirs ont pour contre-coup les pires désespérances, et quand le misérable se lasse d'attendre vainement l'effet des trompeuses promesses, il arrive tôt ou tard qu'une circonstance imprévue le met soudainement en face de cette décisive sommation de sa conscience exaspérée : *Ne t'attends qu'à toi-même*.

Le destin nous garde d'un tel jour.

IV

LE PRÉFET ET LE FORGERON

Glorifié soit le nom de Poubelle dans le ciel et sur la terre. Qu'il soit béni dans les plaines, et révéré sur les hauteurs. Que le chantier, que l'usine chantent ses louanges, que l'ouvrier l'aime et que le misérable qui crève d'inanition le recommande à Dieu dans ses prières.

Qu'a fait cet homme, dira-t-on, sinon d'inventer l'odorant réceptacle qui est chaque matin l'ornement de nos trottoirs?

Ce qu'il a fait, Monsieur, l'ignorez-vous? Et se peut-il que vous omettiez de lire les journaux modérés. Sachez donc que cet homme admirable a découvert que l'ouvrier ne paye point d'impôts, ou si peu, que c'est tout comme. Quel soulagement pour nos travailleurs d'apprendre cette bonne nouvelle. Les voilà maintenant sans inquiétude pour l'avenir, et bien rassurés sur le sort de leur famille. Pas d'impôts : que peuvent-ils demander de plus. Comment peut-on se plaindre d'un gouvernement qui fait de telles réformes? Pas d'impôt, c'est comme le *Sans dot* de la comédie : cela répond à tout.

Et comme on a médit de la bourgeoisie française! Que ne nous a-t-on pas dit de son égoïsme? Encore une blague socialiste. Tous nos bourgeois devraient être furieux d'apprendre qu'ils ont toute la charge de l'impôt, tandis que l'ouvrier jouit, sans payer, de tous les bénéfices de l'ordre social. Eh bien pas du tout. Ouvrez les journaux de la bourgeoisie modérée, ils sont aux anges. Vous voyez, disent-ils, nous payons tout, et vous rien. Quelle joie! Que nous sommes généreux, et, surtout, que nous sommes contents d'être si généreux!

J'avoue que j'ai été un peu dérouté d'abord par cet excès imprévu d'altruisme.

Et puis j'ai pensé que ces gens sont des chrétiens, qu'en cette qualité, c'est un devoir pour eux de se dépouiller de leurs biens au bénéfice d'autrui, et j'ai trouvé leur noble désintéressement le plus naturel du monde.

Seulement, il faut bien l'avouer, j'ai rencontré des incrédules, et comme il n'y a rien de si fâcheux que de voir méconnaître la vertu, j'ai entrepris de convaincre ceux qui doutent encore.

Je me suis donc pourvu du *Bulletin municipal officiel* du 16 décembre 1894 et voici ce que j'y ai trouvé :

M. LE PRÉFET DE LA SEINE. — On a semblé se faire l'écho de sentiments de haine dont seraient animés certains hommes, et que d'autres hommes, s'appliquent à entretenir.

Je tiens à déclarer hautement que rien dans nos lois actuelles, ne justifie ce dénigrement.

On vous dit : « Il faut prendre la fortune là où elle est. »

Et on ne fait pas autrement en effet. On ne prend rien là où on ne doit rien prendre.

Et c'est pour ce motif qu'*on ne prend rien à l'ouvrier*, ou tout au moins on ne lui prend que peu de chose. Dire le contraire, c'est une inexactitude, et si l'inexactitude est volontaire, c'est une tromperie.

Est-ce catégorique?
Maintenant la preuve :

Pour les impôts directs, quelle est la situation à Paris de ceux qui ont peu? Au-dessous de 500 francs les loyers sont complètement dégrevés de l'imposition personnellemobilière; les loyers supérieurs, jusqu'à 1,000 francs, sont dégrevés proportionnellement à leur valeur.

Et là-dessus M. Poubelle explique que sur un total de six cent mille loyers, les deux tiers sont complètement dégrevés; et que, sur les locaux payants, 174.000 sont dégrevés partiellement, tandis que 53.000 loyers supérieurs à 1.000 francs, paient seuls l'impôt complet.

L'octroi est une nouvelle source de bienfaits. Les légumes, la morue, la raie, les harengs ne sont pas taxés. La viande de boucherie paye dix centimes le kilogramme, ce qui est appréciable, mais les bouchers, pour faire plaisir à M. Poubelle, font acquitter l'impôt sur les morceaux de première catégorie, et jamais sur les morceaux communs. Il faut ne pas connaître la corporation de la boucherie ni le Préfet de la Seine pour douter de leurs sentiments philanthropiques.

Restent les vins, les boissons, dit négligemment M. Poubelle. Or nous sommes d'accord avec le Parlement pour en réclamer le dégrèvement.

Sur les autres objets, l'ouvrier ne paie rien ou presque rien à l'octroi. *On le trompe donc sciemment, quand on soutient qu'il paie l'octroi,* lui qui n'a rien, au profit de ceux qui ont quelque chose... On vous proposera le relèvement des droits sur les fers destinés aux constructions. Ces taxes ne frappent pas les ouvriers. Il n'est pas vrai, par conséquent, de dire que la ville de Paris cherche des ressources en frappant la population malheureuse, et qu'elle épargne celle dont la situation est prospère.

Il importait, messieurs, de protester contre ces paroles de haine que l'on souffle à la population ouvrière. Vous feriez beaucoup mieux de l'encourager à travailler, à économiser.

Voilà qui est parler vraiment, et vous pensez de quel air de triomphe je soumis ce texte à certain ouvrier du faubourg qui, tout le jour, bat l'enclume de son pesant marteau. Quelle fut ma surprise quand au lieu de cris de joie que j'attendais, l'homme posant sa massue, délibérément s'exclama :

« Eh bien, vrai, je suis content d'avoir lu ça. Il n'y a pas plus farceur. »

Ce manque de respect pour les autorités qui sont, me choqua. Cependant, je voulus tirer l'affaire au clair, et je sollicitai l'homme de s'expliquer. Il parla donc, et voici son discours :

« Oui, je dis qu'il n'y a pas plus farceur, et je le prouve. Il me prend donc pour un imbécile, votre Poubelle, de me corner que je dois être bien content de ne pas payer d'impôt direct parce que j'ai un loyer de 400 francs. Il me fait cadeau de la somme ridicule qu'il me prendrait là-dessus. Vraiment il est bien bon. C'est dommage qu'il se rattrape au centuple d'un autre côté. Voyons. D'abord je paie l'impôt des portes et fenêtres, voyez ma quittance de loyer. Pour l'air que je respire, pour la lumière qu'on mesure chichement à mes enfants, tout pâlots, l'agent du fisc vient chercher son dû, et je paye.

« Ce n'est pas tout. Sur ces 600.000 loyers, que M. Poubelle est si fier d'exempter, il faut payer tout de même, car c'est un impôt de répartition, n'est-ce pas, et l'État n'en fait pas remise. Où prend-on cet argent s'il vous plaît? Sur moi, tout simplement, par l'octroi qui me gruge et me tond comme vous l'allez voir tout à l'heure. Si M. le Préfet veut me faire cadeau de ma part d'octroi, je lui paierai dix fois sa taxe mobilière et je ferai un joli bénéfice.

« Il y a encore autre chose. Tous les ans, ce même Préfet accorde aux propriétaires parisiens des dégrèvements qui se montent à 600.000 ou 800.000 francs sous prétexte de locaux inoccupés. Qui paye cette somme je vous prie ? Toujours moi, par l'entremise de l'octroi, sur ma boisson et sur ma nourriture.

« Et avec quoi dois-je payer? Avec le travail de ce marteau, n'est-ce pas? Nouvelle abomination. Je ne fais rien : j'échappe à la patente. Je travaille : le fisc arrive.

« Si j'ai beaucoup d'enfants, il me faut un loyer plus élevé, et l'élévation du loyer est un *signe extérieur* de richesse, et comme la patente se base sur les signes extérieurs, je me trouve d'autant plus taxé que j'ai plus de charges. Osez donc dire que ce n'est pas vrai.

« Je ne parle pas du relèvement du droit sur les fers de construction. Comment a-t-on le front de dire que l'ouvrier n'en est pas atteint, puisque cela augmente le capital déboursé, et par conséquent le prix du loyer qui en est la rente.

« Pour l'octroi, c'est le bouquet. Vous n'avez pas tout lu dans le discours de votre Préfet. Vous n'avez pas cité la fameuse phrase : « *Le pain, cela va sans dire, n'est par taxé.* » C'était trop. Vous n'avez pas osé. Il fait le bon apôtre, cet homme. Il ne parle que pour lui. Il dit : « Je ne taxe pas le pain, vous devez être content. » Qu'est-ce que ça me fait qu'il ne taxe pas le pain, Poubelle, si c'est un autre qui le taxe, et si c'est toujours moi qui paye. Puisqu'il est préfet, il doit bien savoir que son gouvernement a fait mettre un impôt sur le pain qui nous venait de Belgique à meilleur compte. Qui est-ce qui le paye cet impôt? Toujours moi avec mon marteau.

« C'est comme son impôt sur le vin. Il dit gentiment : Nous sommes d'accord pour le supprimer. Voilà quatorze ans qu'ils sont d'accord pour le supprimer, et pendant ce temps je le paye toujours.

« Pour la viande c'est bien plus *farce*. Poubelle qui ne doit pas sa goutte aux privations, je pense, me raconte que je ne paierai presque rien à l'octroi si je veux me nourrir avec des têtes de dindons, des pattes de canard et des genoux de veau. Eh bien avec quoi me ferai-je du biceps pour cogner sur le fer rouge, afin de payer l'impôt de Poubelle ? Il me faut de la viande et pour en manger il faut payer à la douane de Méline et à l'octroi de Poubelle.

« Voyons un peu mon déjeuner :

Le pain — impôt d'Etat ;

La viande — impôt d'Etat et octroi ;

Le sel — impôt d'Etat ;

Le beurre — impôt d'Etat, et octroi.

« Si je prends une salade.

« Exempte, la chicorée ! clame Poubelle ». Soit.

Mais huile, impôt d'Etat et octroi ;

Vinaigre — impôt d'Etat et octroi ;

Poivre — impôt d'Etat et octroi.

« Et le vin ! impôt de 100 p. 100 pour moi, mon bon monsieur, si j'ai la chance d'être assez riche pour acheter un hectolitre d'un seul coup. Sinon le « *troquet* » accroit encore l'impôt en s'en remboursant au détail dans une proportion monstrueuse. Pendant ce temps, le richard qui s'offre un fût de grand vin paye 10 p. 100 de sa valeur, et souvent moins. Voilà comme je suis dégrevé.

« Si je prends le café :

Sucre, — impôt d'Etat et octroi (je paie le mien le double de l'Anglais, pour enrichir nos grands sucriers).

Café, — impôt d'Etat et octroi ;

Alcool, — impôt d'Etat et octroi.

« Qu'est-ce que vous pensez de ce petit déjeuner sur lequel notre excellent préfet déclare *qu'on ne me prend rien*, et que ceux qui disent le contraire sont des trompeurs? Comment dois-je l'appeler lui-même?

« Et quand je rentre chez moi le soir?

Allumettes, — impôt d'Etat ;

Pétrole, — impôt d'Etat et octroi (100 p. 100 de sa valeur);

Charbon, — impôt d'Etat et octroi.

« Même si je me résigne à grelotter dans ma chambre, je ne peux pourtant pas faire ma cuisine sans feu :

« Et mon vêtement? Et ma chaussure? Et ma chemise?

« Dites-moi donc quelle manifestation de ma vie est épargnée?

« On parle d'une prédication de haine. Ce sont vos impôts qui la font. Le jour où les ouvriers sauront ce qu'ils payent d'impôts, ils feront une révolution. Voilà ce que j'ai à lui dire, à votre Poubelle. »

Et le lourd marteau retombant sur la barre aveuglante, fit jaillir une pluie d'étincelles.

J'avoue que je partis fort penaud, toujours plein d'admiration pour le préfet Poubelle, mais redoutant pour son génie la rudesse du forgeron.

L'ALCOOL

I

LE CONGRÈS CONTRE L'ALCOOL

Des politiques, des savants, des philanthropes, se réunissent en congrès à Bâle pour fulminer contre l'alcool. Qui n'approuverait leurs efforts?

Depuis les temps où Noé, Loth et tant d'autres donnèrent à leur descendance de si fâcheux exemples, aucun poison ne s'est répandu si vite et si généralement dans l'humanité. Les maux qu'il a causés sont connus, catalogués, classés. On peut dire d'avance à l'homme qui se livre aux excès des boissons fermentées quelles tortures il se prépare à lui-même, et de quelle sinistre déchéance il frappe sa progéniture. On le lui dit en effet depuis longtemps déjà, et sans aucun succès jusqu'ici. Les savants font des livres, les philanthropes des congrès, et les politiques — pour seconder, disent-ils, ces vues humanitaires — frappent la maudite liqueur d'exorbitants impôts. Rien n'y fait. Le nombre des cabarets s'accroît dans une proportion prodigieuse, et l'effet malfaisant des drogues qu'on y débite s'atteste par le nombre chaque jour grandissant des catastrophes imputables à l'agent destructeur de la vie.

C'est la science, c'est la raison qui parle dans les livres, les congrès, les brochures. Mais, parmi les impulsions déterminantes des actions humaines, à quel rang peut-on mettre la science et la raison? Pas au premier assurément. Le besoin immédiat, le désir fiévreux de la satisfaction urgente, les sentiments bons ou mauvais, voilà ce qui l'emporte le plus souvent sur les règles les mieux établies d'une bonne manière de vivre.

Oserai-je dire toute ma pensée? Ce n'est pas toujours un mal. Il faut dans la vie une part d'absurdité pour la rendre supportable. Par bonheur, nous sommes abondamment pourvus de ce précieux condiment, et le fonds en paraît inépuisable. Les actions de tout ordre où l'individu se sacrifie à autrui, les actes d'héroïsme ne relèvent point de la raison. L'irrésistible impulsion qui les cause est parfaitement étrangère aux procédés de l'induction et de la déduction qui, mis en œuvre, les déconseilleraient trop souvent. Et cependant ce sont de telles affirmations de notre individualité qui font le charme, et l'orgueil, et la noblesse, de la vie.

Quand M. de Moltke dit cette sottise : « *La paix n'est pas un beau rêve* », il voulait sans doute exprimer cette idée que la guerre offre l'occasion de dévouements sublimes qui rehaussent l'homme à ses propres yeux. Le soudard, tout occupé de combiner ses massacres, ne réfléchissait pas que cette forme de sacrifice, pour être la seule accessible au sauvage, n'en est pas moins primée chez les peuples civilisés par des actions d'un héroïsme à la fois plus haut et plus méritoire. Outre qu'il est plus beau de donner sa vie pour sauver son semblable que pour le tuer, il est moins difficile de se jeter d'un bond dans le gouffre que de sacrifier, comme Henriette Renan, toute une vie d'efforts sans témoins à maintenir la fierté du nom paternel, à construire la gloire d'un frère pour s'anéantir dans son triomphe. La guerre peut disparaître : ce n'est pas les occasions de sacrifices qui manqueront jamais à l'humanité.

Seulement, il ne faudrait pas, par une généralisation trop facile, abandonner l'homme, toutes rênes flottantes, aux impulsions de sentiment. Il n'est que trop disposé, en tout état de cause, à se livrer lui-même aux penchants qui l'entraînent, sans s'inquiéter de savoir où. Ce qu'on appelle la raison, ce qui n'est après tout qu'un précis de formules plus ou moins heureuses d'expérience humaine, a pour but de permettre à chacun de discerner plus ou moins clairement où le courant l'emporte, et de lui permettre de régler sa course par l'intervention d'une volonté éclairée. Il faut donc, de toute nécessité, recourir aux arguments de raison pour agir sur les hommes, comme le fait excellemment le congrès contre l'alcool. Mais il est nécessaire, en même temps, de savoir que la démonstration scientifique la plus claire, le précepte moral le plus énergiquement formulé n'auront qu'une action secondaire sur les mentalités inférieures et les volontés vacillantes qu'il s'agit précisément de réformer.

C'est ce qui fait toute la difficulté du problème de moralisation. Les vérités premières de la morale sont depuis longtemps dégagées. Quel maigre profit en a tiré l'humanité? Ce qu'on dénomme improprement la morale du Christ était déjà plusieurs fois séculaire au temps de Jésus. Quelle sanglante application en firent les chrétiens? Le plus parfait d'entre eux fut-il jamais supérieur à un Marc-Aurèle, à un Épictète? Aujourd'hui même, Tolstoï n'a pas eu beaucoup de peine à démontrer qu'aucun chrétien ne pratique la doctrine du Christ. Ce n'est pas faute de l'entendre rabâcher tous les jours.

Lors donc que les savants font leurs livres et les congrès leurs discours, ils accomplissent une œuvre excellente qu'on ne saurait trop encourager, car c'est le fondement même de toute action ultérieure, mais ils doivent savoir qu'ils agissent principalement d'abord sur les caractères qui suffisent, sans prédication, à leur propre discipline. Pour les autres, comment les atteindre? Les politiques se vantent d'en tenter l'aventure par des impôts exorbitants. Les politiques mentent, car leurs financiers feraient banqueroute si le pouvoir moralisateur de l'impôt se manifestait par l'arrêt ou simplement par la restriction de la consommation, comme les prêtres du Dieu vivant si la crainte de l'enfer rendait toute l'humanité vertueuse.

Qu'est-ce donc que l'homme demande à l'alcool, pourquoi le besoin de cette drogue croît-il avec une telle rapidité, et où allons-nous si l'excès, partout signalé, sévit avec une fureur toujours plus grande sur des générations qui, prématurément frappées, lèguent leur tare à la génération suivante? La question n'est même pas scientifiquement résolue de savoir si l'alcool est un aliment, tandis que son effet n'est pas discutable comme excitant du système nerveux. Les aliments de calorification ne sont pas rares dans notre régime, et si l'alcool n'avait que cette vertu, rien ne serait plus aisé que de le remplacer. Les populations mahométanes, buveuses d'eau claire, notamment les Turcs et les Arabes, ne le cèdent en force physique à aucun des peuples qui s'adonnent à l'usage des boissons fermentées. Nos *forts* de la halle qui *se soutiennent* volontiers d'un petit verre seraient peut-être en peine d'accomplir les tours de force familiers aux portefaix de Constantinople. Bœuf, éléphant, tigre ou lion, qui de ces monstres de force réclama jamais sa bouteille?

Mais ce n'est pas, à vrai dire, la force durable que demandent à leur verre nos buveurs de boissons alcooliques. Non. C'est l'excitation passagère, fatalement suivie d'une dépression correspondante, qui donne *du cœur*, comme ils disent, c'est-à-dire qui permet, au moyen d'une plus grande dépense organique, d'accomplir avec plus d'énergie le labeur imposé par les exigences modernes de la vie. Seulement l'usure organique veut être réparée, l'excitation d'un moment a pour conséquence la réaction dépressive. Nouvelle ingestion d'alcool : l'excitation consécutive va masquer la dépression menaçante et donner, aux dépens de l'organisme surchauffé, ce qui semble un regain de force, et n'est qu'une suractivité provisoire des forces normales déséquilibrées. Bientôt, les temps de repos et l'alimentation régulière, ne suffisant plus à réparer le désordre en comblant le déficit organique, le buveur, dès qu'il sent la dépression venir, se trouvera condamné à une nouvelle ingestion d'alcool, et, dès lors, il est sur la fatale pente où l'on ne s'arrête plus.

Pour l'excuser, — car il faut avoir pitié de lui, — il est nécessaire de comprendre ce que cela veut dire : *les exigences modernes de la vie*. Cela signifie simplement que l'ordre dans lequel nous vivons n'est point ménager des forces humaines, aussi bien mentales que physiques. La concurrence vitale exige de chacun qu'il déploie tout son effort. Sinon c'est la déchéance. Une folie pousse les hommes à toutes les extrémités de l'action. Le patron le plus dur pour les malheureux attachés à ses engrenages de fer se tuera de travail pour la conquête de trésors dont il ne pourra jouir, qui ne serviront qu'à émasculer, qu'à corrompre sa postérité. D'autres crèveront d'indolence ou de bas plaisir. *Rien de trop*, disaient les anciens. *Tout en excès*, font les modernes.

Est-il donc étonnant, quand l'organisme vient à faiblir, que l'homme dépité, inquiet du lendemain, veuille d'abord pourvoir au plus pressé en pliant au service exigé la bête résistante? Il étend les mains pour saisir le remède, il trouve le poison. Remède, poison, question de doses. J'ai dit comment l'alcool conduisait traîtreusement ceux qui lui font appel sans se garder de sa perfidie à passer de l'usage à l'abus. J'en aurais pu dire autant du haschich, de l'opium ou du tabac. Faut-il encore mentionner le pétrole? On signale maintenant des buveurs de pétrole en Russie.

C'est que la surexcitation nerveuse produite par ces agents a des conséquences follement attirantes pour tout être humain qui, momentanément, se sent *moindre*. Non seulement l'alcool lui donnera le surcroît passager de dépense physique ou mentale qui ne répondait pas à l'effort de sa volonté, mais surtout, avec l'illusion d'une énergie retrouvée, il lui assurera, pour un temps trop vite envolé, ce bien précieux, ce bien suprême : l'atténuation de la sensibilité douloureuse, l'engourdissement des souffrances, l'oubli des misères, et puis le miracle du rêve jetant son arche audacieuse de la petite terre branlante jusqu'à l'infini des cieux.

Après, c'est l'anéantissement de la mort, dernier

bienfait pour qui peine et geint dans la vie. Et quand la nature inexorable rouvre vos yeux, vous fait rentrer dans la réalité, vous avez le flacon sous la main, qui charmera de ses beaux mensonges l'horrible vérité nue terrifiante à voir. Ainsi vous irez de rêve en rêve, de plus en plus éloigné de la terre, confondant peu à peu la vérité devenue mensonge avec le mensonge devenu vérité, objet de répugnance pour les hommes, mais charmé de magies paradisiaques jusqu'à l'anéantissement de la raison.

Sans doute cela est absurde et lâche, et mieux vaudrait supporter héroïquement les maux de la vie. Mais les héros sont rares. Et puis, entre l'héroïsme absolu et l'alcoolique invétéré, perdu, il y a tant de degrés, tant de nuances. Allez dire à l'ouvrier des fabriques du Nord de se passer de son *schnaps*. C'est un *besoin*. L'alcool supprimé, l'énergie du moment est amoindrie. Voulez-vous donc que sa production diminue? C'est impossible, la concurrence étant désormais établie entre organismes anormalement surexcités. Il faut tuer des hommes pour faire vite et beaucoup. L'alcool est un des agents du massacre. Voilà tout. L'Allemand vertueux qui stimule lentement sa lourde masse par des flots de bière dans la fumée des brasseries, nos paysans qui trouvent en leur bouteille un lyrisme aussi facile que grossier, nos boulevardiers qui s'émoustillent l'esprit de cent poisons divers, se mettent simplement au niveau commun, se fabriquant de jour en jour un peu de joie frelatée, par pénurie de *l'autre*, et plaquant d'un rapide mirage l'horizon qu'ils trouvent fermé.

Comment sortir de ce cercle d'enfer où, depuis le rustre soûl de l'alcool le plus grossier jusqu'à la grande dame morphinomane, toute l'humanité fait la chaîne pour la danse macabre de la mort? Perfectionner la fabrication, éliminer les essences toxiques, n'est pas même un palliatif, puisque l'alcool éthylique demeure avec son action destructive. Tout au plus pourrait-on aboutir à prolonger le supplice. La religion? Jugez de son efficacité par les résultats obtenus. La science pure avec ses livres, les sociétés d'abstinence ou de tempérance avec leurs congrès de philanthropes? Belle prédication — hôpital ou enfer — à des sourds qui ne veulent pas entendre, parce que les maux qu'on leur prédit sont lointains, et qu'on leur prêche le sublime en les laissant aux prises avec la réalité. L'alcool est le coup de fouet sur l'échine de la rosse; vous montez en chaire pour annoncer doctement au monde qu'une bonne ration d'avoine est préférable. En ce cas, où est le picotin? Qui fournira l'aliment matériel à l'un, la nourriture intellectuelle à l'autre, en dehors des creuses formules du dogme dont l'impuissance est ici trop visiblement manifeste?

C'est que la question posée par l'usage et l'abus de l'alcool n'est autre, en effet, que le problème social tout entier. Faire au travailleur de tout ordre de meilleures conditions de vie aboutira sans doute à diminuer, sinon à supprimer l'impérieuse sollicitation du *besoin*. Seulement le problème social serait, en vérité, trop facile à résoudre s'il suffisait de changer en un tour de main la formule de l'Etat. Il se complique nécessairement de la création d'une mentalité supérieure, de l'institution, au plus profond de l'être, de cette discipline personnelle qui est le seul instrument efficace de progression morale dans l'humanité.

A cet égard, hélas! il n'est point de catégories privilégiées. L'oisiveté, pour qui ne possède d'autre frein que le précepte banal ânonné dans l'enfance, est une occasion de vices; comme le surtravail, pour d'autres, une excuse. La science éclaire le chemin, sollicite la volonté, mais ne suffit pas à la déterminer, si elle n'embrasse pas toute une philosophie du monde qui, mieux que les anciens dogmes, nous donne une claire compréhension de nous-mêmes, nous montre le juste gouvernement de soi comme la suprême loi de l'humaine destinée. Sans doute, il faut savoir d'abord. Il faut surtout qu'une gymnastique morale appropriée fasse passer dans les réflexes de la vie courante le résultat des connaissances acquises. Le champ de la réforme est immense, et nos moyens d'action bien lents au gré de nos désirs.

Mais que ne peut l'activité obstinée des plus hautes énergies associées pour enseigner à l'homme l'art de vivre dans la pleine possession de lui-même, en dirigeant au profit d'autrui la plus intense culture de l'individu. Que nous arrivions jamais à l'absolue conciliation de l'égoïsme et de l'altruisme, je n'ai garde de le penser. L'idéal n'est pas de la terre. Même dans la société la plus parfaite qui soit, nous ne supprimerons pas le besoin du rêve. Il s'agit seulement d'apprendre aux rêveurs à vivre d'un noble rêve, au lieu de se dégrader et de se tuer pour de basses visions de folie.

LA PROSTITUTION

I

QUESTION DE NUANCES

M. Bérenger est le type excellent du bourgeois conservateur libéral, sincèrement épris de tout progrès humanitaire qui lui paraît compatible avec le *statu quo* social. Il a sur beaucoup de ses collègues du Parlement l'avantage de savoir qu'il existe des problèmes politiques et sociaux dont la bonne solution dépend non des fantaisies du législateur mais de l'observation des lois d'évolution, des idées de justice et de liberté dans les groupements humains. Malheureusement un tempérament craintif, une extrême défiance des revendications populaires, un sentiment légèrement prudhommesque des hautes vertus dirigeantes de la classe bourgeoise jettent parfois cet esprit distingué dans la plus étrange confusion d'aspirations libérales et de parti pris réactionnaires.

Tel quel, notre sénateur est l'ennemi déclaré de l'amour vénal, ou du moins de cette espèce d'amour vénal qui s'offre à tout venant sur la voie publique. Je ne ferai point difficulté de convenir que l'étalage en est répugnant. L'horrible promenade de cette marchandise vivante provoquant abjectement le passant, s'offrant avec le cynisme de l'irréparable perdition, déshonore nos villes, et propage jusqu'au foyer familial la contagion de basse débauche.

En dépit des gouailleries, le moraliste est donc bien venu à poser devant l'opinion le désespérant problème, et, si le hasard l'a fait législateur, à chercher dans la loi un remède, même partiel, au chancre invétéré de la prostitution publique.

Les intentions de M. Béranger me paraissent infiniment louables. Je voudrais lui apporter l'encouragement d'une parole sympathique. Il faut bien cependant que j'envisage le problème dans les conditions mêmes où l'ordre social me le fournit. Il faut surtout que je me demande quel peut être l'effet des mesures proposées. Eh bien! à ce double point de vue, j'ai le regret de constater que la solution de M. Béranger est une simple aggravation de l'iniquité et de la démoralisation existantes.

Interdire le *racolage*, arrêter de pauvres filles dégradées par la misère, odieusement exploitées par le proxénétisme officiel et privé, torturées des souteneurs, livrées par la loi au bon plaisir d'une police anonyme qui peut sans procès, sans avocat, sans juge, les détenir en prison comme il lui plaît, vraiment est-ce donc un exploit de sénateur? Il y a mieux à faire, ô père conscrit de la République, et votre courte vue s'arrête à la surface des choses. D'abord vous ne pouvez pas ignorer que, faute de place dans vos prisons, votre loi n'aboutira qu'à empirer l'arbitraire des ignobles agents qu'entretient la vertu de l'Etat en ces bas-fonds fangeux. Comme à présent, ils sauront rendre la loi, douce aux filles *complaisantes*, implacable aux *rebelles*. Et puis dussiez-vous réussir, que faites-vous sinon de cacher le vice affreux ?

L'idéal que vous poursuivez, je le connais, il a été cent fois exposé dans les livres, dans les brochures des moralisateurs de la préfecture de police. C'est de faire rentrer tout l'horrible troupeau dans le bercail officiel des maisons réglementées, protégées, estampillées par la bureaucratique pudeur de l'Etat, soucieux, avant tout, de sauvegarder les apparences. Cachons tout : voilà le mot d'ordre de nos gouvernants. L'un veut cacher la peine de mort, l'autre la prostitution. Sur la question de fond, personne n'ose porter les yeux.

Ma pensée est bien différente. Les filles du boulevard c'est la manifestation du mal, ce n'en est point l'origine. Cette prostitution-là n'est qu'une des formes de la misère, la plus abjecte, la plus répugnante, partant la plus digne de pitié. S'en prendre d'abord aux dernières prostituées équivaut à tenter de résoudre le problème de la mendicité en obligeant les mendiants à se cacher. Quand M. Bérenger aura joint la suprême brutalité de l'Etat aux tortures sociales qui déjà écrasent ces malheureuses, peut-il croire vraiment qu'il aura servi la cause de l'humanité ?

Un soir de l'an dernier, à la sortie du journal, je passais sur le boulevard après minuit. Au coin de la rue Drouot, une fille sortant d'un groupe m'aborda : « *Monsieur, Monsieur, me dit-elle, ma parole d'honneur, si tu me donnes un louis, je rentre me coucher toute seule.* » Comment rendre l'accent de violence haineuse dont cette parole fut dite ? La femme, évidemment, ne croyait pas au louis : c'est pourquoi elle me jetait sa proposition comme une injure à la face. J'ai honte d'avouer que le louis ne vint pas. Toute la troupe s'était approchée, me gouaillant sinistrement : « *Moi, moi aussi, Monsieur! un louis et nous chômons ce soir.* » Ma fortune n'aurait pu suffire, et j'étais hors d'état d'assurer à ces tristes sœurs le repos de ce jour de chômage que l'Église catholique prétend imposer hebdomadairement aux travailleurs, sans leur donner le moyen de pourvoir pendant ce temps à leur subsistance. Voilà à qui s'en prend M. le sénateur Bérenger. N'a-t-il point de honte? Donnez le louis d'abord, et puis nous causerons.

Et l'homme? lui a-t-on crié de cent côtés à la fois, celui qui insulte lâchement de ses ignobles propos les honnêtes femmes qui passent? Que décrétez-vous contre lui? Celui-là n'a pas l'excuse de la mendiante au louis. M. Bérenger, qui appartient à l'école des économistes, connaît très bien la loi de l'offre et de la demande. Il sait que la misérable créature passive ne fait, après tout, qu'*offrir* ce qui lui est *demandé* par l'exigence de l'*autre*. Pourquoi ne pas s'occuper de celui-là? Pourquoi ne pas arrêter l'acheteur avec la vendeuse? Pourquoi permettre au bourgeois décoré de promener dans nos jardins publics la lâche luxure qui s'en prend aux femmes sans défenseur?

Et puis il faut tout dire, au risque de choquer les préjugés dont l'harmonie constitue l'ordre social. M. Bérenger peut-il nous faire connaître où commence, où finit la prostitution? Combien sont-ils, combien sont-elles qui se donnent librement dans un sentiment d'amour désintéressé? Qu'est-ce que le *beau mariage*, sinon la forme admise de la vente et de l'achat des fornications légales?

Dès qu'une pauvre fille a quelques millions de dot, la voilà sur le marché, consciente ou non des appétits qu'elle allume, palpée, retournée, critiquée des acheteurs, marquis, comtes ou ducs ayant des blasons à dorer, ou jeunes députés ministrables ou ministrés. Qu'on me dise en quoi cette vente honorée est plus honorable que l'autre? Est-on sûr qu'elle ne soit pas plus déshonorante, étant parée, glorifiée, encouragée? Et depuis l'aveuglante milliardaire jusqu'à la petite bourgeoise dont on enfle la dot pour attirer l'acquéreur, que de nuances de l'amour vénal! Quelles mesures contre un tel état de choses, ô sénateur rigoriste vaguement anxieux d'une société qui n'est pas? Pas celle que vous proposez assurément, vous qui n'osez vous en prendre qu'à la plus basse misère, et laissez en paix la prostitution diamantée au jour, au mois, à l'année, à la vie.

De tous côtés nous nous heurtons au problème social. Emprisonnez les filles du ruisseau, arrêtez les mendiants des rues, que ferez-vous des autres? L'iniquité sociale ne se guérira point par l'iniquité des répressions. Quels faits précisément constitueront le *racolage* pour M. Bérenger? Quoi de plus *racoleur* que le costume! que de suggestions dans un pli, dans une forme accusée! Et le maquillage et les parfums, autant de provocations pour les vieux Messieurs fatigués! Et l'imperceptible clignement d'œil et le fugitif sourire? Quel impeccable magistrat jugera ces choses, et que répondrait-il si, son réquisitoire terminé, la malheureuse bête de plaisir lui tenait ce langage :

« Oui, monsieur l'accusateur, j'ai souri au monsieur qui est là, bien qu'il ne m'eût pas été présenté dans le monde. Mais est-ce que la présentation est un sacrement, maintenant? Et ne voit-on pas tous les jours, dans les salons, des jeunes filles *très bien* encourager par de petites mines charmantes des jeunes gens *qui ont un bel avenir*? Est-ce ma faute à moi si mes moyens ne me permettent pas le luxe du faubourg Saint-Germain?

« Je m'habille, dites-vous, d'une façon provocante? C'est vrai. Si j'y mettais l'art de Worth, cela vous choquerait moins. Je ressemblerais alors à ces belles demoiselles sur qui la loueuse de chaises de la Madeleine fournit des renseignements aux jeunes gens pieux accourus aux pieds des autels. Mes moyens ne me le permettent pas, et j'en suis réduite à passer, sans notaire, des contrats d'un jour ou d'une heure, tandis que d'autres, que j'envie, font en présence des autorités légitimes des transactions à plus longue échéance, dont vous devez connaître les fâcheux résultats. Alors que poursuivez-vous en moi, sinon ma misère!

« Et si j'ai failli, êtes-vous bien sûr que le témoin, de son regard persistant, n'a pas provoqué mon sourire? Si je vends, c'est qu'on achète. N'avez-vous jamais été au marché, monsieur le juge? Dites-moi quelle différence vous établissez entre l'acte que vous flétrissez chez moi et l'heureuse *chance* du hobereau titré qui vend son titre, son nom et son corps à une pauvre fille laide à millions? Ah! monsieur le moralisateur du contrat charnel, si vous punissez toutes les formes de l'amour vénal, que d'occupation pour la magistrature, et dites-moi, je vous prie, où l'on ira chercher des juges?

« Vous avez raison, certes, de flétrir la prostitution. Mais pourquoi vous en prendre au répugnant racolage d'en bas, quand vous honorez le scandaleux marchandage d'en haut? Pourquoi tant de pudeur contre le vice misérable, tant d'indulgence pour le vice honoré, autrement redoutable? Je vous le disais bien, c'est ma misère qui me vaut les rigueurs de votre loi; ma misère, tout mon titre à votre pitié.

« Ce qui vous choque, c'est la prostitution apparente, le racolage; vous détournez la tête, et vous vous écriez: « Cachez cette chair que je ne saurais voir. » Ce qui m'étreint, moi, c'est la déchéance de la défaite sociale. Quand vous m'aurez contrainte à la cacher, en sera-t-elle moins douloureuse, et de quel bienfait croirez-vous avoir doté l'humanité en l'éblouissant du vice heureux, en la privant des salutaires réflexions que pourrait suggérer l'autre?

« Croyez-moi, le problème n'est pas de ceux qui se résolvent par l'écrasement plus complet de quelques pauvres filles perdues. Vous êtes riche, honoré, heureux peut-être à de courtes heures, monsieur le juge, au lieu de m'achever, dites à vos amis, s'ils veulent vraiment restreindre la prostitution, de s'en prendre d'abord aux causes sociales de misère. Dites-leur d'être moins indulgents aux forts, plus pitoyables aux faibles... »

... Un an de prison, dit une voix somnolente sous la toque d'argent.

A L'HOPITAL

I

LA SŒUR

Une sœur de charité vient de quitter l'Hôtel-Dieu sans dire bonsoir à personne. Ce n'est pas un bien gros événement, et la chose ne vaudrait pas qu'on en discourût, sans les polémiques suscitées par la laïcisation des hôpitaux.

Avant la Révolution, la maréchaussée se serait lancée à la poursuite de la malheureuse femme, l'aurait appréhendée au corps et réintégrée, *manu militari*, dans l'asile pieux, où un traitement approprié lui eût ôté l'envie de recommencer.

Mais la Révolution ayant aboli les vœux perpétuels et abattu les murailles des nonneries, il faut bien que *la Règle* laisse échapper sa victime, réfugiée sous la protection de la loi civile. Car, par un juste renversement des choses, l'asile est aujourd'hui dans le Code contre l'Eglise, et non plus, comme au moyen âge, dans l'Eglise contre le temporel.

La voilà donc libre parmi nous, la créature cloîtrée qui, hier encore, se croyait naïvement au-dessus de l'humanité pour s'être mise seulement en dehors, aujourd'hui délivrée, revendiquant son beau titre de femme, et, pour la première fois, véritablement *notre sœur*.

Qu'elle soit la bienvenue et que la dure vie s'adoucisse pour elle en compensation des stériles souffrances du passé ! Pour l'arracher au Dieu jaloux qui la gardait stérile, il a fallu quelque chose de puissant, de *plus fort que la mort*, la vie, le besoin ennoblissant de vivre et de répandre la vie, de sacrifier ce qui est à ce qui sera, non plus en des macérations inutiles ou pervertissantes, mais par l'action féconde de l'être qui ne réclame sa part d'humanité que pour en faire un recours, un appui.

Qu'elle soit honorée, celle qui a quitté la paix ouatée de la congrégation, le dévouement tranquille et glorifié, pour la bataille humaine avec tous ses périls, avec toutes ses blessures. Elle a compris qu'une charité d'automate, en vue d'une récompense personnelle, amoindrit l'âme au lieu de l'exalter. Elle a compris que pour soulager son semblable il faut avoir souffert de ses souffrances, et que pour souffrir il faut vivre. Elle a compris que rien ne rapproche plus les êtres que la commune souffrance, et que c'est là vraiment le divin contact par où s'excuse la vie, éblouissant éclair de conscience entre deux nuits.

Sous l'ancien régime, malgré le Roi qui faisait bonne garde, malgré l'attrait des mœurs corrompues qui pouvait retenir au couvent plus d'une ouaille douteuse, les grilles des monastères furent souvent franchies par des malheureuses vouées au célibat contre leur volonté. Le tableau de Diderot n'est pas aussi chargé qu'on l'a prétendu. Aujourd'hui, la liberté assainit, sans doute, les couvents. Ce qui peut s'y rencontrer de mauvais exemples n'est imputable qu'au faux amour-propre qui, souvent, y retient plus d'un pauvre être absurdement obstiné dans sa folle gageure contre la vie qui se venge.

Sur l'absurdité des vœux perpétuels, sur la monstruosité de l'engagement pris, à l'entrée dans la vie, d'observer jusqu'à la mort un célibat anti-humain, tout a été dit. La science de la vie, telle qu'elle s'est constituée depuis le dix-huitième siècle, prononce contre cette pratique une condamnation sans appel.

Toutefois, pour avoir entrepris de jouer la plus absurde partie contre sa propre loi, l'être humain n'en est pas moins dévoué, secourable, bon, si la nature l'a fait tel. C'est ce qui fait que les sœurs sont généralement excellentes dans les hôpitaux. Elles ne sont pas meilleures que les laïques. Pour dire toute ma pensée, elles sont peut-être moins bonnes, moins tendres, moins humaines que si elles avaient vécu dans *le siècle*. Secourir son semblable, ce n'est pas seulement lui venir matériellement en aide, c'est encore trouver le mot, le geste, qu'enseigne seule la souffrance de la vie, et qui fait, pour la misère individuelle, un réconfort de la misère commune.

Les promesses de l'au delà ne coûtent rien à prodiguer, et sont comme un refrain banal dont le charme s'est perdu. Au lieu de cette femme dont l'idéal relègue dans les régions inférieures la vie de sacrifices et de dévouement de sa mère, au lieu de cette forme humaine emprisonnée dans la raideur d'un uniforme qui la sépare de l'humanité, au lieu de cette impassible dispensatrice des douteuses faveurs de l'Inconnu, donnez à l'être meurtri, dolent, un compagnon de misères qui comprenne le sens de ce beau mot : *commisération*, qui s'imprègne, l'ayant vécue, de l'angoisse d'autrui, la fasse sienne, et par une compassion agissante, par une pitié de révolte contre la fatalité mauvaise, prenne vaillamment sa part du fardeau commun. J'ai vu pleurer des laïques dans les hôpitaux, jamais des sœurs. La pitié divine est trop loin de nous. Et puis l'intolérance religieuse arrive, inévitable, qui gâte tout ce qui peut être gâté[1].

Que l'œuvre de sécularisation s'achève donc pour le plus grand bien de tous. Laissons crier ceux pour qui la religion est un moyen d'action politique, et surtout de défense sociale. Laissons protester les médecins qui trouvent dans leur clientèle élégante la récompense de leurs protestations. Et restons dans l'humanité pour secourir l'humanité.

Désormais, les femmes qui auront été trop cruellement frappées par la vie, ou qui ne trouveront pas autour d'elles un aliment suffisant à leur besoin de souffrir et de se dévouer pour autrui, pourront venir soigner les malades sans avoir besoin d'endosser la robe grise et de coiffer la cornette. Celles dont le zèle a besoin d'être réchauffé par la promesse des récompenses d'en haut pourront librement se soumettre à *la Règle*. Le Dieu de bonté qui gouverne les humains, leur fournira généreusement une telle abondance de

---

[1]. C'est le cas de la sœur du *Val-de-Grâce*, qui, il y a quelques mois, mit *à la diète, sans autorisation du médecin,* un jeune soldat qui m'est très proche, coupable d'avoir refusé certaine brochure pieuse. Le bulletin du malade portait cette mention : *Anémie consécutive de phlegmon profond du cou.* De quel droit une sœur peut-elle, *de sa propre autorité,* FAIRE JEUNER UN ANÉMIQUE, c'est-à-dire aggraver, prolonger sciemment la maladie e l'enfant de vingt ans confié à ses soins?

Une maman n'aurait pas fait ça. Et c'est ce qui vous juge, ô malheureuse!

douleurs et de misères à soulager, qu'il n'est pas d'exemple d'une charité sans emploi.

Pour les laïques, leur œuvre d'altruisme commence. L'épanouissement de cette haute vertu ne peut pas être le fait d'un jour. Les sœurs ont derrière elles un beau passé, des traditions de dévouement et de courage qu'on doit leur envier, où il faut les surpasser. Qu'une noble émulation de dévouement s'établisse. Qu'on sache qui peut faire le plus : l'amour désintéressé des hommes ou l'amour intéressé de Dieu.

Les sœurs ont sur les femmes du *siècle* un grand avantage, la possession d'un idéal tout fait, encadré dans une règle de conduite inflexible. Si cet idéal est faux par le dogme, il est vrai par le sentiment : de là sa puissance séculaire.

L'idéal humain, lui, toujours inachevé, se construit. Le dogme est devenu la science laborieuse et lente. La règle de morale trouve son fondement sur la terre dans les rapports nécessaires des hommes entre eux. Et dominant la science, et la *Règle*, et la loi, un irrésistible mouvement nous jette au dehors de nous-mêmes, au secours de tout ce qui lutte, se débat et crie. *Caritas generis humani.*

Pour démontrer la supériorité de notre conception de l'homme, de notre règle contingente, de notre idéal purement humain, des sentiments qu'il suscite et qui en sont le support, il ne reste qu'un point, mais décisif : la pratique. S'il est vrai que nous pouvons surpasser la charité divine, alors montrons ce que peut la charité du genre humain. Jusqu'ici je ne la vois que dans les mots, et les sentiments que représentent les mots ne nous ont pas encore pénétrés jusqu'à produire les actes.

Il est bon de laïciser les hôpitaux. Mais cela n'exige

vraiment pas un grand effort, en comparaison des réalisations de justice qui furent promises, et que tant de républicains, d'âme obscurcie, s'obstinent à refuser. Essayer de réaliser une approximation de justice sociale par une loi meilleure, au lieu de laisser à chacun le mérite d'atténuer, de-ci de-là, un peu de l'injustice universelle au gré du hasard, voilà ce qui effraye aujourd'hui chrétiens et sceptiques.

Tous proclament bien haut la loi de solidarité. Hélas! c'est un faible avantage de l'avoir conçue, si le cœur nous manque pour la réaliser. L'œuvre attend l'ouvrier.

AU PALAIS

I

LA COLOMBE

Il y a plusieurs manières de mourir. Le philosophe antique s'enveloppait dans sa laine blanche, et, résigné, fermant les yeux, s'abandonnait au destin. La douairière d'ancien régime, poudrée, pomponnée, fardée, chargée d'or et de pierreries, raidissait son frêle squelette dans un somptueux vertugadin, et, figeant ses rides dans un dernier essai de sourire, passait de vie à trépas sans qu'on pût dire à quel moment précis la mort s'était glissée sous la grimace de la vie. C'est cette mort d'idole magnifique qui tente l'Église catholique. Plus la vie se retire d'elle avec la foi mourante, plus elle prodigue ses pompes, afin d'en imposer jusqu'à la convulsion suprême par toutes les illusions de la réalité.

Telle est l'impression que j'emportais hier de cette ridicule parodie d'un acte de foi qui s'appelle la *messe rouge*. Il s'agit, comme on sait, d'appeler le Saint-Esprit sur les têtes toquées d'or et d'argent des magistrats investis par Dieu et nos laïques du droit redoutable de juger les hommes.

J'avais rencontré en chemin le triste *panier à salade*, avec son lot quotidien de prisonniers amenés au guichet où se fait la grande distribution d'années de prison ou de bagne. Je me disais que l'homme qui jouit du terrible pouvoir de dire l'innocence ou le crime, de sauver ou de briser des vies humaines, devant Dieu s'il est croyant, ou seul avec lui-même s'il n'a plus la foi, s'abîmait sans doute dans une douloureuse contemplation de conscience avant que de laisser tomber de ses lèvres le mot fatal qui délivre ou qui tue. C'est dans cette disposition d'esprit que j'arrivais, entre deux haies de sergents de ville, jusqu'à la porte de la Sainte-Chapelle tendue de gobelins encadrés de velours grenat à crépine d'or.

J'exhibe au contrôle mon coupon dûment poinçonné, comme au théâtre, et je passe. Tout le monde connaît le petit vaisseau d'or aux verrières multicolores, aux ogives bleues semées d'étoiles et ceintes de fleurs de lis. Des bancs rouges avec des poteaux indicateurs. Ici la cour, plus loin le tribunal, sur les bas-côtés, les avocats, les avoués. A ma grande surprise aucune place n'est réservée pour une délégation d'inculpés. Quel fâcheux oubli! J'aurais souhaité de voir le juge et le prévenu face à face en présence de Celui qui s'est réservé la revision des jugements humains, et qui a dit : « *Ne jugez pas pour n'être pas jugés.* »

Autour de moi de belles dames laine et velours, avec de grosses cornes noires sur des chapeaux fleuris. Des bijoux, des diamants tout neufs sur de petits manteaux Henri III relevés d'or. C'est de la suprême bourgeoisie de robe. D'ailleurs nul souci du lieu saint. On va, on vient, on chuchotte, on rit, on s'envoie des bonjours à haute voix. Nous sommes bien une centaine de spectateurs, dont dix hommes.

Quatre cierges s'allument et une procession d'enfants en surplis, croix en tête, vient recevoir le cardinal-archevêque de Paris qui fait son entrée au son d'un harmonium fatigué. Toutes les dames montent sans façon sur la banquette pour jouir du spectacle, les face-à-mains se braquent, et à mi-voix chacune échange librement avec sa voisine ses impressions du moment. Derrière le cardinal, la procession des robes rouges et noires, avec les toques d'or ou d'argent, et l'hermine blanche larmée de noir.

Il faut bien le dire, il n'y a rien de moins imposant. Des vieux et des jeunes, des petits et des grands, les uns voûtés, bossus même, les autres ventrus, chauves, gris, bruns ou blonds, celui-ci rose et poupin, celui-là chafouin, parcheminé, défilent comme dans une mascarade sous des déguisements variés qui, n'en imposant plus, font rire. L'un a sa toque de travers, l'autre sur le nez, un troisième la met en bataille. C'est d'un grotesque plat, médiocre, bien loin d'atteindre au Daumier. Tous passent souriants, aimables, envoyant aux dames de petits saluts, qui se changent en inclinations profondes devant la redoutable épouse du supérieur hiérarchique, lequel notera bien ou mal.

En les voyant passer dans l'étrange accoutrement, l'œil qui suit la procession des robes rouges et noires jusqu'au fauteuil où s'effondre le vieux cardinal courbé, a je ne sais quelle vision de la cérémonie du *Malade imaginaire*. Mais les rôles sont tenus avec plus de conviction à la Comédie.

Cependant l'harmonium à bout de souffle ne dit plus rien, et le défilé continue. Mon voisin nomme à haute voix les personnages qui passent, et des voix chuchotantes répètent les noms avec des ho! et des ha! J'apprends ainsi que des dames, qui se sont glissées dans les chapelles latérales, au milieu des robes rouges, sont de *très grosses légumes*, comme on dit dans la *Tour de Nesle*. Madame Tartempion, paraît-il, est dans la chapelle de saint Louis. Rencontre inattendue pour le fils de Blanche de Castille!

Je croyais la procession terminée quand apparaît, enseveli sous l'hermine, le président de la cour de cassation, M. Mazeau, suivi de son procureur général, M. Quesnay de Beaurepaire, dont le museau pointu émerge railleusement de la blanche fourrure. Ceux-là sont encore plus déguisés que les autres. Pour faire honneur aux *chats fourrés* de François Rabelais, tous les *chats fourillons* se lèvent, et ce sont des saluts, et ce sont des sourires avec de petits signes du coin de l'œil à chacun. Qui diable songe au Saint-Esprit là-dedans? J'aperçois plusieurs athées de ma connaissance, un demi-juif et des sceptiques insolents. Le reste, défilant sous les chapeaux encornés des belles dames amies, paraît s'inquiéter de toute autre chose que de l'illumination d'en haut.

Je songe à ce malheureux saint Louis qui rendait la justice sous un chêne, et fit bâtir la Sainte-Chapelle tout exprès pour loger la couronne d'épines de la plus illustre victime du pouvoir judiciaire. Que de changements depuis six cents ans! Le chêne de Vincennes a fourni des montants à la guillotine, et notre royal président ne juge plus lui-même. Il délègue tous ces gens, rassemblés fort à propos en ce lieu pour s'y fournir des épines de la sacrée couronne à l'usage de leurs contemporains. La provision en est abondante et la distribution libérale. Il n'y a pas autre chose sous ces ogives d'or. Tout le reste n'est qu'un pompeux manteau d'hypocrisie et de mensonge.

« *Ne jugez pas, pour n'être pas jugés.* » Puisqu'on met l'image de l'Homme-Dieu dans les prétoires, que ne l'accompagne-t-on de cette parole, gravée sur le marbre, pour l'enseignement des hommes qui s'escriment du bâton gauchi de la loi contre leurs concitoyens? On n'y pense guère. La personnification, par excellence, de l'erreur judiciaire est là, au-dessus de la tête du juge, soustraite aux regards de celui-là qu'elle devrait avertir, et face à l'accusé, qui, levant les yeux, s'effare en pensant : « Voilà de leur ouvrage. »

J'admire comment les hommes peuvent faire le métier de juge. Sortir de chez soi le matin et s'en aller allègrement cogner à tour de bras sur des gens qui ont failli peut-être (le juge n'a-t-il jamais failli?), et qu'on vous livre déprimés, ligotés, terrorisés, perdus, est un plaisir qu'il ne serait pas donné à tout le monde de goûter. Beaucoup d'honnêtes gens s'y complaisent cependant. Du cœur le plus tranquille, avec la conscience d'accomplir la plus haute fonction sociale, sans s'embarrasser de ce qu'il reste de sombre barbarie dans leur justice, sans chercher à l'attendrir d'un peu d'humanité, ils pèsent *de chic* des responsabilités où la faute de l'individu s'atténue des fautes ambiantes, ils décrètent le déshonneur officiel des familles, brisent des vies humaines, infligent des tortures sans nom aux coupables, comme aux innocents qui tiennent aux coupables, et rentrent sereins chez eux, ayant fait de toute cette œuvre de misère et de mort de quoi entretenir la paix et la joie du foyer.

Je ne demande pas la suppression des juges. Je voudrais les humaniser. J'aimerais à les dépouiller de cette superbe par où l'homme, perdu sous la robe, prétend se mettre au-dessus du commun troupeau. Je souhaiterais qu'ils eussent quelque notion des peines qu'ils infligent, et si je ne vais pas jusqu'à demander qu'on leur fasse expérimenter la guillotine ou le bagne, il ne me déplairait pas qu'un modeste stage de quinze jours, dans une cellule de Mazas, leur enseignât le sens exact des paroles qu'ils prononcent quand ils égrènent d'une lèvre inconsciente les mois et les années de prison.

Je voudrais surtout qu'on mît tout en œuvre pour leur inculquer le sentiment qu'ils peuvent se tromper, et qu'ils se trompent nécessairement quelquefois. Cela leur inspirerait peut-être des scrupules qui, trop souvent, leur font défaut. Si, le juge, à son lit de mort, pouvait avoir la vision des erreurs qu'il a de toute nécessité commises, avec leur inévitable répercussion sur des vies innocentes, j'ose dire qu'il n'aborderait pas d'un front tranquille le juge suprême à qui l'envoie le prêtre. Et pourtant sa faute, à lui, est comme celle des gens qu'il a frappés, pour une notable part, sociale.

Pourquoi mettre l'homme dans le cas de s'endurcir au contact de tout ce qu'il y a de pire dans la nature humaine, de blaser son humanité au point d'en faire une machine à condamnations? Qu'on livre les délits, comme les crimes, au jury. Qu'on rapproche le juge du jugé, au lieu de tout faire pour l'en éloigner. Que ce ne soit plus un métier de condamner à tort et à travers. Que le délinquant comparaisse devant des hommes comme lui, accessibles à tous les sentiments qui ont produit ou qui excusent sa faute. Que ceux qui vont prononcer sur son sort pour sauvegarder l'ordre social qu'il a méconnu, se montrent préoccupés d'abord de le remettre dans la droite voie, de l'amender, de lui préparer une vie meilleure. Ainsi le juge, venu de Dieu, au nom de qui il a commis les plus grands crimes de l'histoire, rentrera définitivement dans le cadre de l'humanité, et moins pompeux, sera plus grand.

Il y a quelques années, beaucoup de magistrats se dérobaient à la corvée de la *messe rouge*. Ils y accourent en foule aujourd'hui. En sortent-ils, fût-ce pour un jour, plus compatissants, plus humains? Y en a-t-il un seul d'entre eux qui ait donné une pensée au misérable du *panier à salade* dans la cour? S'ils ont fait un retour sur eux-mêmes, peut-être ont-ils rougi de cette bruyante parade d'une croyance absente? Voilà, j'imagine, le plus clair du résultat obtenu.

La messe dite, dans l'inattention générale, le défilé recommence en sens inverse, le cardinal Richard en tête. Tout le monde est de nouveau sur les banquettes pour regarder le monôme sous le nez. J'aperçois le grand bec de corneille blanche sous la calotte rouge, suivi de l'épanouissement dans l'hermine du chef de la cour de cassation et de son procureur, qui paraît tout gaillard de la bénédiction reçue. L'harmonium essaie de les suivre, mais y renonce bientôt, découragé.

Alors la belle ordonnance de l'arrivée est rompue, chacun se précipite pour jeter le masque au plus tôt. L'officier de paix galant ne peut empêcher les belles dames de rejoindre leur mari, leur cousin, leur ami, et voilà les robes confondues. Sous une toque révérée on aperçoit le petit manteau Henri III, et les deux cornes noires du chapeau fleuri sur la toge rouge fourrée d'hermine.

Pour comble de malheur, le petit porteur de croix

qui précédait le cardinal prétend revenir vers l'autel. Le remous humain l'arrête, et c'est un étrange tumulte de mardi gras autour de l'emblème sacré dont personne ne se soucie plus. Je me sauve et je n'ai pas fait cent pas que je me retrouve dans la rue, entouré de personnes naturelles qui se contentent des déguisements de la vie courante. Soyez remerciés, braves gens !

Si cette mascarade n'en impose à personne dans le public, si le corps judiciaire n'en recueille aucun bénéfice moral, soutiendra-t-on que les croyances mourantes en retirent quelque profit? Ce n'est pas la cérémonie d'hier qui ramènera la foi dans les cœurs.

Vous souvient-il de la *Colombe* de Louis Bouilhet?

L'Empereur Julien, marchant avec ses capitaines, rencontre

Un vieux temple isolé sur le bord du chemin.
. . . .
Un de ces noirs débris au souvenir amer
Qui dorment échoués sur la grève des âges,
Quand les religions baissent comme la mer.
Le seuil croulait, la pluie avait rongé la porte ;
Toute la lune entrait par les toits crevassés.
. . . .
L'herbe haute montait au ventre des statues,
Des cigognes rêvaient sur l'épaule des dieux.
Parfois dans le silence éclatait un bruit d'aile,
On entendait au loin comme un frisson courir,
Et sur les grands vaincus penchant son front fidèle,
Phébé, froid' comme eux les regardait mourir.
Et comme il restait là, perdu dans ses pensées,
Des profondeurs du temple, il vit se détacher
Avec un bruit confus de plaintes cadencées,
Une lueur tremblante et qui semblait marcher.
Cela se rapprochait et sonnait sur les dalles.
C'était un grand vieillard qui pleurait en chemin,

Courbé, maigre, en haillons et traînant ses sandales,
Une tiare au front, une lampe à la main.
Il cachait sous sa robe une blanche colombe;
Dernier prêtre des dieux, il apportait encor
Sur le dernier autel la dernière hécatombe,
Et l'Empereur pleura, car son rêve était mort.

Combien différent en apparence le spectacle d'hier! Viollet-le-Duc a passé par là. Le temple est retapé, repeint, redoré. L'Empereur du jour y envoie son peuple de fonctionnaires. Où est l'Esprit? Où est la foi? J'ai vu le grand vieillard courbé. Je n'ai pas vu la colombe.

LES PRISONS

I

A MAZAS

Sous ce titre, l'éditeur Marty publie une intéressante plaquette illustrée qui fait pendant à l'*Yvette Guilbert* de Geffroy et de Lautrec. Le texte de *Mazas* est de Jules Vallès, les illustrations de Maximilien Luce. Ce dernier, arrêté comme suspect d'anarchisme, ne put être compris dans le procès des Trente. Néanmoins, il fit un séjour assez prolongé à Mazas pour y emmagasiner les sensations du lieu, et les traduire en quelques planches vibrantes. De la description de Vallès, qui est connue, il est superflu de parler. Il faut dire cependant qu'elle s'éclaire singulièrement des improvisations du crayon de Maximilien Luce. Soit que l'artiste nous présente le croquis des *natures mortes* de la cellule, le broc, le pain, le verre, le chapeau, les souliers amoureusement caressés de face ou de profil, soit qu'il se complaise dans la représentation de ses bâillements démesurés, soit enfin qu'il nous donne la vision de la silhouette affalée du prisonnier dans la morne solitude de l'étroit réduit, ce qui se dégage de tous les aspects de l'homme et des choses c'est l'ennui, le pesant, l'ineffable ennui.

Qu'il s'habille, ou déjeune, se promène ou feigne de lire, l'homme acculé dans la triste bauge s'ennuie inexprimablement. Une seule pensée : ces murs, qu'il voudrait abattre, où le regard se brise, et qui, impassibles, s'obstinent contre lui. Pendant ce temps, le gardien, chaussé de feutre, s'avance à pas de loup, et, par le judas de la porte, le surveille sans être vu. Seul, sous l'œil attentif de l'ennemi : voilà le supplice du prisonnier. Défense de se parler à lui-même ou de chanter, si par impossible il en avait envie. S'il est triste, le gardien en prend note. S'il pleure, le juge d'instruction demain lui en demandera la raison. Lorsque j'étais membre du conseil supérieur des prisons, j'ai souvent entendu le directeur du service pénitentiaire nous vanter d'une voix émue les bienfaits du régime cellulaire. Ce fonctionnaire est même allé, aux frais des contribuables, raconter ces sottises, à Saint-Pétersbourg, à Rome et je ne sais où encore à d'autres philanthropes aussi inconscients que lui de l'effroyable besogne qu'ils accomplissaient d'un cœur content. Je l'ai souvent écouté. Quelquefois même j'ai voulu parler, et crier à ces gens décorés, pensionnés, heureux d'une douce vieillesse, qu'ils étaient d'abominables bourreaux. L'impassible béatitude de ces visages était telle que, sentant un jour l'inutilité de ma protestation, je partis pour ne plus revenir.

C'est que j'avais sur tous ces bienveillants tortionnaires l'avantage d'avoir passé par *la chambre de la question*, et de connaître *par expérience* la cellule de Mazas. L'accident m'arriva en 1861. J'avais alors, comme aujourd'hui, le défaut de posséder une montre qui était en avance sur celle de mes contemporains. Ayant proclamé la République neuf ans trop tôt, je devais être puni et je le fus. Soixante-treize jours de Mazas, ce n'est pas une affaire. Et cependant je crois bien que je m'ennuyai là pour plus de soixante-treize ans.

J'avais d'abord nié la paternité de certaine proclamation écrite tout entière de ma main. Au bout de trois jours, j'étais disposé à avouer tout ce qu'on aurait voulu, pour abréger d'une heure le régime auquel j'étais soumis. On me fit attendre un mois avant de m'interroger. Je fis un voyage charmant dans le *panier à salade* sur les genoux d'un garçon boucher qui avait assassiné son camarade. C'était la cellule ambulante à deux, une distraction, un plaisir, une joie. Le juge ne m'avait pas encore questionné que je lui avais déjà raconté toute l'histoire, — sans charger les camarades, bien entendu. La condamnation qui s'ensuivit me plaça sous le coup de la loi de sûreté générale. Je trouvais cela révoltant alors. C'était seulement moins hypocrite que la loi de relégation dont nous ont gratifiés les plagiaires de l'Empire.

Pour en revenir à Mazas, je dois confesser que l'album de Maximilien Luce m'a fait terriblement revivre les sensations passées. Je regrette qu'il ait oublié le bain et la messe. En arrivant, on me mit dans une cellule où se trouvait une baignoire remplie d'une eau couleur de café au lait. Un voleur, plutôt crasseux, s'y délectait. Quand il en eut assez, on m'invita à barboter dans le même liquide. Seulement, par mesure d'économie, le même bain servait à tout venant. Le règlement, soucieux de propreté, ordonnait que tout nouvel arrivant prît un bain. Comme je faisais des façons, les gardiens m'annoncèrent poliment qu'ils allaient me prendre, qui par les pieds qui par la tête, et me faire goûter du café au lait. Je transigeai, et j'obtins d'y entrer jusqu'au genou seulement. Le spectacle aurait été digne du crayon de l'artiste.

Pour ce qui est de la cérémonie religieuse, elle est extraordinairement simplifiée. On sait que Mazas est en forme de roue. Le prêtre monte sur une plate-forme au point de rencontre de tous les couloirs, qui figure le moyeu. Un verrou spécial permet d'entr'ouvrir de trois centimètres environ la porte de chaque cellule. Et avec beaucoup de bonne volonté le prisonnier, qui ne voit rien, peut, de temps à autre, saisir au vol quelques sons inusités : c'est l'office divin, qu'il ne peut entendre qu'à la condition d'avoir la tête au-dessus de certain appareil destiné à recevoir, en cas de besoin, tout autre chose que son visage. Je regrette que Maximilien Luce ait négligé de nous représenter cette scène.

En revanche, il nous a donné un étonnant Fénéon à la promenade. Le préau est encore en roue. Un gardien au centre, un gardien à la circonférence, les rais figurés par autant de murs, un prisonnier dans chaque tranche que termine une haute grille. L'horreur du lieu est merveilleusement rendue. Nul qui ne sente l'ironie cruelle de ce mot : *la promenade*, dans cette cage aux ours.

Combien je regrette que Maximilien Luce ait oublié le *parloir*, la boîte noire où le prisonnier est séparé du visiteur par des grilles entre lesquelles circule un gardien.

Ce qu'il a incomparablement rendu, c'est la cellule, la cellule déserte et nue, avec sa table encastrée dans le mur et la chaise enchaînée à la table, les rayons où se remise le hamac, la lucarne en verre gaufré qui cache le ciel, et fait apparaître la lune comme une barre, et, suprême ornement, la petite construction indispensable dont *il faut laisser jour et nuit l'orifice découvert sous peine d'asphyxie*.

Quatre mètres de large, sur deux de long. On gèle en hiver. En été, il faut se coucher à plat ventre pour aspirer un peu d'air sous la porte. La nourriture nauséabonde. Le pain dit *boule de son*, qui colle à la muraille. Le riz avarié nageant dans une eau noirâtre où deux fois par semaine on pêche quelques morceaux de cartilage ou des lambeaux de peau de mouton. Voilà ce que Maximilien Luce ne pouvait pas rendre et ce qu'il est pourtant nécessaire de dire pour compléter sommairement le tableau.

Comme distraction, une affiche qui contient les articles du règlement, et vous avise en outre que votre *ange gardien* est enfermé dans la cellule avec vous. Malheureux ange gardien! Il est juste, après tout, qu'il soit puni d'avoir si mal surveillé son homme.

Il y a encore l'aumônier qui vient vous offrir la banalité de ses ritournelles et, par grâce singulière, une pieuse lecture.

Enfin, il y a la bibliothèque. Quand j'arrivai, on me donna un poème en douze chants du poète Thomas sur la mort de M. de Jumonville, jeune officier français tué en 1753 sur les bords de l'Ohio, dans une rencontre avec un parti de milices américaines commandées par Georges Washington. Après deux jours de tentatives de lecture qui ébranlèrent ma raison, j'obtins l'expulsion de Jumonville et je fus sauvé. Mais je n'ai pu m'affranchir depuis lors d'une invincible rancune contre Washington.

Ma conclusion, c'est qu'avant de légiférer sur le régime des prisons, ou avant de condamner un être humain à la cellule, il serait bon que le législateur ou le juge en eût tâté d'abord, afin d'avoir au moins conscience de la besogne qu'il accomplit. Cela ferait plus pour adoucir le régime des prisons que tous les discours des députés.

Rencontrant, l'autre jour, un juge de mes amis, qui est à la fois un jurisconsulte distingué et une âme bienveillante, j'osai le railler sur son métier : « Inclinez-vous plutôt devant moi, me répondit-il. J'ai la prétention d'avoir, en atténuant les arrêts de mes collègues, épargné, en quatre ans, plus d'un siècle de prison à mes contemporains. » Quoi ! il a dépendu d'un seul homme, en quatre ans, de remettre plus d'un siècle de prison ! De quel effroyable fardeau se trouve donc chargée l'âme inconsciente des autres !

II

DANS LES BAGNES

Je vous dénonce M. Paul Mimande comme un curieux utopiste. Cet homme bizarre ayant conçu le dessein de se faire des opinions personnelles sur les questions pénitentiaires, ne s'affilia d'abord à aucun congrès. D'autres seraient allés au musée de l'Ermitage, à Saint-Pierre de Rome, aux Gobelins, à Fontainebleau. Lui, il s'embarqua pour la Guyane et la Calédonie Nouvelle.

Le plus curieux, c'est qu'il en a rapporté des informations et même des idées. Lors donc que notre grand muezzin Ribot, suivi de son congrès pénitentiaire, est monté l'autre jour au sommet de la tour Eiffel pour invoquer Allah créateur des chiourmes humaines et appeler aux prières d'universelles congratulations les fidèles du Prophète Elyséen, quelqu'un s'est rencontré pour répondre aux pieuses obligations que deux longs bras perdus dans les nuages déversaient sur nos têtes, de trois cents mètres de hauteur. Cet homme, je l'ai nommé, c'est M. Paul Mimande.

Il nous expose dans la *Revue Bleue* que « pendant plusieurs années, jaloux de faire ample moisson de documents humains », il a *noué et entretenu des relations* avec la population des deux bagnes. Toute une génération de criminels a défilé devant lui, et il se vante de n'avoir pas laissé passer *un seul gredin tant soit peu qualifié*, sans en avoir obtenu l'interview de rigueur.

Je me suis ainsi formé, dit-il, une opinion très personnelle sur les éléments qui entrent dans l'analyse d'une âme de condamné et dans la genèse de la plupart des crimes. Cette opinion, née spontanément d'une série d'observations, a modifié complètement le système d'idées toutes faites, banales et vagues que je professais, en pareille matière, avant que j'eusse abordé au pays de la Chiourme.

Le mot « forçat » éveillait en mon esprit — comme il éveille probablement dans le vôtre — l'image d'un être d'aspect sinistre et féroce, sorte de bête fauve à face humaine, inspirant terreur et dégoût.

Eh bien ! maintenant, ce mot n'a plus pour moi ni la même consonnance ni la même signification ; je ne le prononce plus avec colère, mais avec pitié ; la vindicte publique me semble une idée barbare, la guillotine une monstrueuse mécanique, et j'estime que si la justice des hommes est satisfaite par leur fonctionnement, c'est qu'en vérité elle n'est pas difficile.

Je suis de ceux qui ne reconnaissent pas à la société le droit de tuer parce qu'ils ne sont pas très sûrs qu'elle ait le droit indiscutable de punir.

Entendons-nous, cependant, et ne vous hâtez pas de vous éloigner de moi comme d'un dangereux utopiste. Je ne supprime pas la répression ; bien au contraire, je la veux très complète et très sévère. Seulement, je n'en fais pas un but : je l'emploie comme un moyen curatif destiné à amener la régénération morale ; elle devra être raisonnée, graduée et, suivant les sujets, très variable dans ses applications.

Je conviens que dans un temps où les idées sont en mépris, où la faveur publique va tout droit aux banalités courantes de la médiocrité bourgeoise, la thèse de M. Paul Mimande est pour effaroucher grandement nos lauréats d'académie.

Quoi, la société n'aura pas le droit de tuer, pas même le droit de *punir* ? Qu'y a-t-il donc au fond de l'idée du châtiment telle que nous la pratiquons encore, sinon la rudimentaire conception du talion, forme barbare de la justice primitive ? L'exemple vint de l'antique bonté de Dieu qui, nous ayant créés par caprice, prend plaisir à nous châtier éternellement pour une faute passagère. L'homme, ne disposant pas de l'éternité, dut se contenter de faire griller son semblable ou de le couper en morceaux. On fait ce qu'on peut. Pourquoi faut-il que nous soyons réduits par les progrès de la *sensiblerie* à ce vieux *coupe-toujours* de Deibler, aux cachots, aux bagnes, aux fièvres de l'équateur ?

Où puiser le droit de châtier, en dehors de la délégation divine ? Le grand Brunetière, lui-même, serait fort embarrassé de le dire. La société, en tant qu'organisme de nature, a le droit et le pouvoir d'être, et par conséquent de se défendre : voilà tout le fondement que je puis trouver de notre répression sociale. Châtiment? Non. Simple mesure de sécurité!

A ce point de vue purement utilitaire, quelle est la meilleure méthode? Tuer par la guillotine ou le bagne, ou bien amender par un régime rationnel de cure morale? Tuer était plus simple; c'est par là qu'on a commencé. Aujourd'hui, les dentistes eux-mêmes disent: *n'arrachez pas, guérissez.* Le dernier congrès pénitentiaire, qui n'a pas pu consacrer cinq minutes à la discussion de la peine de mort ou du régime de nos prisons, me paraît fort en retard sur les forains guérisseurs de la foire de Neuilly. Je conviens que le problème de la régénération humaine est infiniment plus complexe que la guérison de la carie dentaire. Ce pourrait être une raison de s'en occuper, au lieu de continuer bassement le massacre. Mais non, tout ce que l'imagination bourgeoise a pu trouver, c'est de cacher la guillotine, par hypocrite pudeur, et d'accuser de *sensiblerie* quiconque ose proposer de réformer nos grandes fabriques de récidivistes, bagnes ou prisons.

Sans s'arrêter à ce reproche, M. Mimande nous fait avec simplicité le récit de ce qu'il a vu. Notons d'abord le quartier des aliénés, tant au pénitencier de l'île de Nou qu'aux îles du Salut.

> Dans les grandes cases, une quarantaine de fous tranquilles se promènent, monologuent, sifflent, chantonnent, geignent, griffonnent avec ardeur sur des bouts de papier sale. On trouve parmi eux, dans les mêmes proportions qu'à Sainte-Anne ou à Charenton, la manie religieuse, celle des grandeurs et de la persécution.
> Presque tous, à ce que m'apprennent les gardiens, ont été condamnés aux travaux forcés à perpétuité pour assassinat. D'horribles cris, d'affreux hurlements, partent des cellules où sont enfermés les furieux.

Tranquilles et furieux portent la livrée grise du bagne, et sont en *cours de peine*.

Voilà donc cent ou cent cinquante individus, bien et dûment reconnus fous par la médecine, qui expient des attentats « dirigés contre les personnes et la sûreté publique », comme dit le code. Ils ont, à la vérité, commis ces attentats avant que la folie se fût déclarée; mais qui osera affirmer que déjà elle ne les possédait point? Et, s'il en est ainsi, quelle foi nous inspireront les arrêts afflictifs et infamants qui les ont frappés, les considérant comme des criminels conscients?

Des fous flétris de la marque du bagne, *des fous forçats*, y a-t-il au monde une plus monstrueuse conception?

Sur douze cents condamnés du pénitencier central de l'île Nou, M. Mimande trouve tout juste onze criminels *appartenant aux classes bourgeoises, anciens ecclésiastiques, notaires, bacheliers, employés de commerce*. Il en conclut, avec un peu de précipitation peut-être, qu'il n'y a pas à tenir compte de l'atavisme, et que la destinée morale est uniquement *affaire de milieu et d'éducation*. « Jamais il ne viendra à l'esprit du petit bourgeois de voler un morceau de charcuterie à un étalage. Cette qualité est-elle indice de supériorité? Non, elle prouve tout bonnement qu'il a chez lui du foie gras. » Cette thèse générale, que je ne prétends pas écarter, revient à dire apparemment qu'on ne vole pas ce qu'on possède. Cependant, si M. Mimande veut bien interroger les propriétaires du *Louvre* et du *Bon Marché*, il apprendra que l'atavisme n'est pas sans jouer un rôle chez les *kleptomanes* du grand monde.

Puisqu'il veut très justement faire du bagne un hôpital *sui generis*, où l'on doit mettre en œuvre une *thérapeutique toute particulière* encore doit-il se rendre compte des données d'un problème où le milieu intervient surtout comme modificateur des dispositions héréditaires. Cette constatation d'ailleurs n'enlève rien de la force des arguments pour l'urgente modification du milieu social, d'où résulterait, à courte échéance, un notable abaissement de la criminalité. Écoutez cette histoire :

Parmi les femmes envoyées de France afin d'être unies légitimement à des forçats concessionnaires, et qu'abritait la maison centrale située dans le village pénitentiaire de Bourail, en Nouvelle-Calédonie, il y avait trois filles condamnées pour infanticide.

Comme elles étaient jeunes et vigoureuses, les demandes en mariage affluèrent.

. . . .

L'année suivante, comme je revenais à cheval d'une excursion dans le nord de la colonie, je rencontrai tout près de Bourail, au hameau de « la Gendarmerie », M. le commandant, qui faisait sa tournée hebdomadaire. Une de mes premières paroles fut :

— Et nos trois mariages d'assassins et d'infanticides, que sont-ils devenus ?

— Ils prospèrent. Et, tenez, l'un des ménages dont vous parlez demeure ici près, dans cette maisonnette qu'on aperçoit sur le coteau. Si vous voulez m'accompagner, nous le visiterons ensemble.

Nous quittâmes la grande route pour prendre un chemin rural, et, en un temps de trot, nous fûmes devant une case de bonne apparence, précédée d'un jardinet fleuri.

Assise sur un banc à côté du seuil que protégeait un auvent, une jeune femme, proprement habillée, allaitait un baby, tandis que son mari, un peu plus loin, bottelait du fourrage : une vraie scène à la Berquin.

L'homme vint à nous, le chapeau à la main. Le commandant l'interrogea sur ses travaux, sur ses projets : il répondit que les affaires n'allaient pas mal. « qu'on s'accordait bien avec la Catherine, qui était réellement une bonne femme », et que tous deux n'avaient qu'une idée : amasser quelques économies pour le « petiot ».

— Alors, hasardai-je, votre femme l'aime bien, son « petiot » ?

— C'est-à-dire, Monsieur, qu'elle en est quasiment folle. Elle me répète souvent en pleurant : « Vois-tu, ce gosse-là, je l'aime *double !* »

Ce mot me parut profond et éloquent, plus convaincant qu'un long discours.

Délivré de l'étreinte de la misère, l'instinct maternel avait enfin parlé chez Catherine. Elle était devenue une femme comme les autres femmes depuis le jour où la société lui avait permis d'avoir un enfant et donné la possibilité de l'élever. Maintenant elle versait des larmes au souvenir du pauvre innocent qu'elle avait tué dans son affolement d'animal aux abois. Elle consacrait au petiot la part d'amour qu'elle aurait réservée à l'autre, si elle avait eu, alors, du pain et un peu d'aide.

Ce qu'on avait fait après n'eût pas réussi moins bien si on l'eût fait avant.

Si tel était le spectacle quotidien du bagne, la critique de M. Mimande trouverait malaisément de quoi s'exercer. Mais autant vaudrait juger par l'hôtel Rothschild des *salons* d'un ramasseur de *mégots*.

Les colonies pénitentiaires, dit M. Mimande, nous donnent le spectacle très instructif de la transformation dont les âmes, en apparence les plus perverties, sont susceptibles. Cependant, je le répète, les moyens de traitement sont rudimentaires ; quelques-uns vont à l'encontre du but : tel est l'emprisonnement cellulaire de six mois à cinq ans dont on punit une évasion. Oui, un condamné peut subir, vêtu d'un pantalon et d'une vareuse faits avec de vieux sacs, une réclusion absolue de cinq années ! C'est la mort lente et affreuse par l'anémie, le désespoir, le ramollissement cérébral.

Ce traitement parut si horrible à M. Mimande qu'il accepterait le rétablissement de la schlague comme *une amélioration*.

Quant au procédé de *libération*, qui consiste à mettre un homme à la porte du bagne *sans aucune ressource*, — le comité de patronage n'existant que sur le papier, — cela lui paraît à bon droit l'invitation au vol et au crime la plus caractérisée qui soit. C'est pourtant l'aboutissement logique de notre système pénitentiaire. Et il ne faut pas oublier que le congrès de la tour Eiffel en a demandé l'aggravation. Qu'en pense M. Ribot, qui fut élève d'Acollas ?

L'ÉCHAFAUD

I

AUTOUR DE L'ÉCHAFAUD

S'il y a un scélérat peu digne d'intérêt, c'est bien l'abbé Bruneau. Raison insuffisante pour lui infliger un supplément de supplice non prévu par la loi.

Le chef de la statistique qui est chargé de pousser le cri de pitié suprême à la Commission des grâces, ayant déclaré qu'il n'avait pas son compte de têtes, Deibler prit le train, tout gaillard.

Il arrive à Laval, en famille, avec sa machine. En province, on s'ennuie. Toute la ville est à la gare. On se bouscule, on rit, on fait des plaisanteries : c'est une fête. La nouvelle s'est répandue dans le département. Toutes les routes qui aboutissent à Laval sont encombrées de carrioles joyeuses. Hommes, femmes, enfants, — car c'est le temps des vacances, — tout le monde veut voir guillotiner le curé. Voilà trois mille personnes campées sur la place, mangeant, buvant, criant, chantant. Combien se seraient dérangés pour contempler les traits de quelque noble artiste, ou d'un vieux savant, honneur de l'humanité ?

Jusqu'ici, cependant, rien à dire. Chacun est dans son rôle. La peine de mort étant exemplaire, comme on sait, trois mille personnes se présentent pour recevoir la leçon. C'est donc que le besoin s'en faisait vivement sentir. Les assistants, il est vrai, ne sont pas tous recueillis. Pauvre humanité !

Mais un bruit fâcheux se répand : une formalité manque. L'usage veut qu'avant le coup de couteau, le Président de la République reçoive l'avocat du condamné. Cela est du décorum. Quand on a ainsi tiré le criminel à hue et à dia, les bons bourgeois se disent : « Au moins celui-là ne se plaindra pas. »

Or, le Président, qui est à la campagne, avait oublié l'avocat. En apprenant cette nouvelle, Deibler rengaine son couteau, et dit qu'il va pêcher les écrevisses en compagnie de son gendre et de son fils.

Mais si le bourreau s'amuse, les campagnards et les citadins ameutés devant la prison se révoltent. Ils sont venus de loin, alléchés par le plaisir de voir couler le sang, et voilà qu'on les fait attendre. Clameurs, hurlements, tapage. « C'est sa tête qu'il nous faut ! oh ! oh ! » Le misérable, de l'autre côté du mur, entend les cris de la foule sauvage qui veut du sang, comme autrefois la plèbe du cirque. Cette peine supplémentaire n'était pas inscrite dans le jugement.

Au fond, je suis obligé de constater que la foule a raison. Pourquoi retarder son plaisir ? La tombe est creusée. Va-t-on la combler ? Le Président a signé. Va-t-il retirer sa signature ? Peut-il avouer ainsi qu'il signe légèrement des ordres de mort ? Mieux vaut voir tomber la tête de Bruneau que faiblir le prestige de l'autorité. S'il en est ainsi, pourquoi nous berner de cette sinistre comédie ? Jurés, magistrats, président, bourreau veulent tuer. La foule veut voir tuer. Tuez donc, et ne vous donnez pas l'apparence d'être la justice quand vous n'êtes que la vengeance et la férocité, le prolongement héréditaire d'un atavisme de sang.

Les journaux modérés flétrissent, dans le populaire, ces manifestations exubérantes de sauvagerie naïve. Quant à faire leur examen de conscience, c'est à quoi ils ne pensent guère.

Ils ne sont pas féroces, les hommes doux et paisibles qui, huit jours durant, firent massacrer trente mille prisonniers dans les rues de Paris, il y a vingt ans. Leurs femmes, à Versailles, aguichaient d'une ombrelle délicate les blessures des hommes enchaînés qui défilaient sous leurs yeux, d'autres leur crachaient à la face, ou les injuriaient seulement. Les pères avaient tiré par les soupiraux des Tuileries sur les blessés de juin, entassés dans les caves. Terreur blanche ou terreur rouge, les aïeux étaient repus de sang. Hier, Galliffet, mis en appétit par Deibler, annonçait qu'il fallait se servir de l'armée nationale pour un grand massacre des Français, et tous les réactionnaires, républicains ou autres, de hocher la tête, comme pour dire : « Peut-être! »

Ce n'est pas férocité, puisque tout cela se fait en riant, entre deux *noces*, puisque tous ces gens ont mis sur leur primitive barbarie un beau vernis tout frais de belles manières, puisqu'ils sont pieux, pratiquants et qu'ils n'ont déserté le trône que pour mieux défendre l'autel. Républicains de la veille ou ralliés se retrouvent cousins devant l'échafaud, incapables de comprendre une société qui ne tue pas. Ils sont là, au Palais-Bourbon, se chamaillant, feignant d'être fort en colère, au fond soutenant des thèses, et résolus, quoi qu'il arrive, à ne rien changer. Ils maintiennent la peine de mort, mais en beau langage, avec une rhétorique qui vient du concours général, et des arguments que l'État fournit aux jeunes normaliens qui veulent faire leur chemin dans le monde. Ils ne se jugent pas méchants, parce que beaucoup d'entre eux aiment quelque chose ou quelqu'un; ils se croient très cultivés, parce que quelques-uns savent ce qu'ont dit les autres; ils se croient très libres d'esprit, parce qu'ils ne sont solidement attachés à rien; ils se croient même vertueux pour des sous arrachés par quelque misère criante, ou des billets de banque par l'Église. Et confortablement installés dans cette forte estime d'eux-mêmes, ils sont bien à leur aise pour cingler de leur mépris la canaille hurlante de la place publique de Laval.

Vraiment! *Barbares* est bientôt dit. Ce qu'ils viennent chercher ces barbares, c'est le spectacle du sang versé *par vous*. Ce couteau, c'est votre instrument d'ordre social. Ce bourreau, c'est votre fonctionnaire. Ce sang, c'est un ordre de vous qui le fait couler. Pourquoi ceux qui n'ont rien ordonné se détourneraient-ils de votre acte? Pourquoi auraient-ils la pudeur qui vous fait défaut? Ils sont grossiers, répugnants, c'est vrai; mais eux, du moins, ne sont pas responsables. Vous, vous proclamez que sans cet acte sacré d'une vie humaine détruite méthodiquement par la machine sociale, la société est en péril. Alors, laissez le peuple se repaître de l'enseignement de l'acte sacré. Il ne sait pas, lui! Il ne fait pas de lois. Il est le vulgaire troupeau. Il n'a pas de prétentions à la philosophie. Ce qui l'anime, même sur la place publique de Laval, c'est au fond un besoin de justice. Un grand crime a été commis : il veut l'expiation. Il prend l'expiation que vous lui donnez. *Vive la Justice!* a crié quelqu'un. Cette justice-là est sans doute rudimentaire, puisque c'est la loi du talion de l'âge de pierre, la loi du talion que nous avons reçue des anthropoïdes inconnus, dont nous sommes les bons rejetons, la loi du talion dont les animaux, tous les jours, nous donnent l'instructif exemple. Mais cette justice-là, c'est la vôtre. Et si la foule naïve ne sait pas cacher les sentiments qu'elle lui inspire, c'est qu'on ne peut pas se mettre à dix mille pour faire de l'hypocrisie.

Le sang est une vieille pâture des ancêtres dont le goût nous monte aux lèvres dès qu'on le présente à notre vue. Vous faites revivre la barbarie et vous vous plaignez que ce soit la barbarie qui réponde. La barbarie populaire est l'explosion provoquée par vous de l'antique sauvagerie dormante. La barbarie du raffiné, qui de son siège de législateur, ou d'exécutif, décide, entre deux bâillements, que le sang sera versé, est plus odieuse que l'autre, parce qu'elle est raisonnée. Il se peut que nous soyons en république, il se peut que les pouvoirs publics soient aux mains d'hommes que nous avons choisis, et qui nous gouvernent, ou sont censés nous gouverner, d'après certains principes immortels dont nous assommons l'univers. Mais le dernier roi supprimant l'échafaud dans cette Belgique qui, française, s'en repaîtrait, fait plus pour la civilisation que tous les bourgeois, républicains ou non, qui ne voient pas le sang sur eux parce qu'ils payent quelqu'un pour le verser en leur nom.

Et lorsque la foule à qui l'on donne du sang à boire se conduit en bête buveuse de sang, alors nos législateurs philosophes, nos penseurs bourgeois, s'inquiètent et disent : « Il faut changer quelque chose. » Certains s'aviseraient peut-être de ne pas tuer, de donner un autre enseignement à la foule, d'imposer la longue expiation du remords au criminel sous la main de la loi. Non, non. Il faut tuer. Seulement, le bourreau prend des airs de mijaurée. La plèbe le dégoûte. Il veut travailler loin de tout regard, comme l'homme juste qui fait le bien. Toutes les gazettes bien pensantes l'y encouragent. C'est le progrès! Plus de spectacle répugnant, plus de cris de mort, plus d'applaudissements quand la tête tombe.

Nous aurons le bénéfice de la tuerie, sans en avoir le désagrément. On coupera des têtes et nous aurons la satisfaction de le savoir, sans que nos nerfs soient désagréablement secoués par le récit des scènes où la mauvaise éducation du peuple s'accuse vraiment d'une façon trop choquante. Ainsi, l'habitude du bourreau pourra se prolonger dans les âges, sans qu'une sentimentalité déplacée soulève l'opinion contre la boucherie légale. Car il faut tuer, c'est le dernier mot de tout. Nos pères ont tué, nous tuerons, et nous léguerons la sanglante machine aux petits enfants qui, dès qu'ils auront l'âge, tueront comme nous.

Tu ne tueras point, dit le Galiléen, qui fut tué pour l'avoir dit. Cette mort devait tuer le bourreau, semble-t-il. Elle a fait surgir tortionnaires et bourreaux, par milliers, aux quatre coins du monde. De la parole de paix est sortie la guerre; et de la parole de vie, la mort. C'est la destinée de l'homme, que la lumière se fait d'abord en lui d'un grand éclair qui l'éblouit. Extrême lumière, extrême nuit. Il faut que l'œil s'habitue à la clarté nouvelle. Jusque-là, nous tâtonnons dans l'éblouissement, comme dans les ténèbres; aussi trébuchants, aveuglés de lumière, qu'aveugles d'obscurité.

Avoir dit de ne pas tuer est bien. Ne pas tuer serait mieux. Plus difficile, hélas! De longs siècles avant

Jésus-Christ, l'Inde avait entendu la même parole sans en profiter davantage. De combien de siècles de meurtres encore l'humanité a-t-elle besoin, pour incarner le Verbe, pour apprendre à se respecter elle-même dans chaque vie humaine, pour se vouloir et se faire de bonté et de paix ?

L'AGORA

I

LA DÉMOCRATIE

M. Edmond Deschaumes me reproche amicalement de n'avoir pas *tout dit* pour expliquer la mort d'Eugène Carré. Il paraît que ce sont les *promesses menteuses de la démocratie* qui ont tué mon pauvre ami. Vraiment, je ne m'attendais pas à trouver la démocratie en cette affaire.

Je vois bien qu'on nous fait un assez triste tableau de notre vie contemporaine, et qu'on nous dénonce amèrement *cette mystification des Républiques* qui, après avoir *tout promis au mérite et au travail*, s'usent dans d'incohérents efforts sans sortir des ornières du passé. Je n'éprouve, pas plus que M. Deschaumes, le besoin de glorifier ce qui est. Je conviens qu'il y a fort à faire pour instituer dans notre belle patrie, et même sur d'autres points de la planète, le règne de l'idéale justice. Je ne chicanerai même pas mon contradicteur sur sa tragique relation des gestes de Paris. J'accorde que « l'individu est aussi isolé dans la rumeur des foules qu'il le serait au Sahara; qu'il ne doit compter que sur lui-même, et qu'aucune autorité tutélaire ne le guide, ne le soutient, ne l'encourage ». J'avouerai même, si l'on veut, qu'à ne considérer qu'un seul aspect des choses, la peinture qui nous est faite aurait pu être encore chargée de plus sombres couleurs. Quelle conclusion tirer de tous ces faits acquis?

Que M. Deschaumes veuille bien d'un trait parcourir le monde. Qu'il s'arrête à New-York, à Tokio, à Pékin, à Pétersbourg, à Londres, à Rome, et qu'il me dise en toute sincérité s'il y pourra découvrir autre chose que l'égoïsme des passions, le conflit des intérêts, dans un flot de paroles de désintéressement divin où surnagent de-ci de-là quelques actes de sincère bonté.

Si les capitales lui font horreur, et s'il se réfugie dans sa chère province *décentralisée*, il s'apercevra bien vite que l'individualisme villageois est encore plus implacablement féroce que la banale sociabilité citadine. Et pour l'effet d'une loi de décentralisation sur les appétits déchaînés, je l'engage à consulter l'Anglais, l'Américain ou le Chinois.

Si le temps présent ne lui suffit pas, il peut remonter le cours des âges, consulter les lois de Zoroastre ou de Manou, les institutions du Iaveh des Juifs, les discours du Bouddha, de Lao-Tseu, de Jésus, et en induire l'état d'âme des hommes qui méritèrent les graves remontrances de ces maîtres. L'Egypte et la Chaldée, la Grèce et tout le monde d'Occident, sans parler de l'Afrique et des îles, rentreront aisément dans ce cadre, et M. Deschaumes sera surpris de retrouver l'homme un, sous sa diversité merveilleuse.

S'il veut enfin passer, dans ce rapide voyage, de l'homme gouverné à l'homme gouvernant, il pourra se donner le plaisir d'interroger Sésostris, César, Henri VIII, le tsar Nicolas, ou Félix Faure pour obtenir d'eux cette unanime réponse qu'ils n'ont jamais eu d'autre dessein que de *tout donner au mérite et au travail*. Y ont-ils réussi? je n'oserais l'affirmer, et M. Deschaumes, qui se montre si sévère pour le règne de Félix Faure, ne serait probablement pas plus indulgent pour Sémiramis ou Cléopâtre, Aureng-Zeb ou Angelo, tyran de Padoue. En tout cas, il serait aisé de montrer que le tableau de vie sociale qui nous est présenté comme étant la fidèle image de notre République, est la reproduction rigoureuse, sous des formes nouvelles, de ce qui fut dans les temps anciens, de ce qui est encore dans les pays divers.

Et alors que vient-on accuser la *démocratie et ses promesses menteuses* de tous les désastres privés et publics dont nous sommes témoins! Qu'est-ce donc que la démocratie? Par définition : le gouvernement du peuple. Je prie qu'on me le montre, le gouvernement du peuple, et qu'on me dise où, comment, en quel lieu il se manifeste.

Ce qu'on appelle le peuple, pour la commodité du discours, c'est apparemment la mobile masse des intérêts changeants qui flotte au vent des préjugés, des rêves ataviques, des passions, des espérances. Qui oserait prétendre que ce peuple-là gouverne, ait jamais gouverné? Qui ne sait que depuis les temps connus jusqu'à nos jours, il est, je ne dis pas conduit, mais poussé au hasard des caprices, des sophismes, des sentiments bons ou mauvais, d'une bruyante minorité d'action? Soldats, prêtres et *parleurs* l'ont, de gré ou de force, bousculé aux batailles; et il y est allé, voilà toute son histoire. Empires, royautés, républiques, c'est le décor. Le fond est si bien demeuré que, hier encore, nous avons fait la guerre à l'Allemagne sans qu'un seul Français l'ait prémédité, voulu, demandé. Les pièges de M. de Bismarck étaient de ceux qu'une habileté moyenne eût aisément éventés. Consultez Emile Ollivier, Napoléon III, qui étaient de grands démocrates; ils vous diront que l'événement s'est produit contre leur volonté. Les Allemands, pas plus que nous sans doute, n'avaient formé le dessein de se faire massacrer. Il n'en est pas moins résulté la plus effroyable guerre, dont l'Europe est encore bouleversée. Où est la volonté du peuple là-dedans? En pleine République démocratique, le démocrate Jules Ferry ne nous a-t-il pas emmenés au Tonkin sans que nous l'ayons voulu? Et si, l'autre jour, d'aventure, l'Angleterre et le Japon avaient fait face à la Russie, dans quelle affaire nous trouvions-nous engagés à notre insu?

En réalité, ce qu'on entend par démocratie, dans le langage courant, c'est l'accroissement fatal, profitable mais incohérent, des minorités gouvernantes. Aux antiques oligarchies de soldats et de prêtres qui nous ont fait brutalement des destinées qu'ils n'avaient pas prévues, sont venus s'adjoindre des *raisonneurs* qui mettent en maximes, après coup, les effets constatés de tous les conflits humains. Ceux-là, détrônant Dieu, qui n'a pas paru sur la terre depuis au moins deux mille ans, ont fini par proclamer la royauté du peuple prudemment contenue par des Maires du Palais de dénominations diverses. Le Peuple est roi. Il règne. Mais il ne gouverne pas. Il a, comme les Dieux d'Homère, la fumée des hécatombes. Les clercs se partagent le reste.

C'est que sous toutes ces apparences changeantes, le grand conflit vital des appétits égoïstes poursuit son cours, implacablement. Et le sombre tableau des drames parisiens que nous a donné M. Deschaumes n'est, après tout, qu'un des aspects — et non le plus tragique — de la grande question sociale. Pourquoi s'en prendre à la démocratie du malheur de celui *qui ne peut plus attirer, concentrer sur soi une attention inquiète, distraite à tout moment par quelque accident nouveau?* Le peuple, le misérable peuple de nos démocraties, tiraillé par ses conseillers, ses flatteurs, ses bouffons, ne sait à qui entendre. Il a bien d'autres choses en tête — tenaillé de toutes les douleurs — que d'assurer leur juste place à ceux de ses enfants qui jouent des coudes dans la grande mêlée de Paris.

Si ce n'est pas le peuple qu'on accuse des maux dont il est la première victime, si, sous le nom de *démocratie*, ce sont les Maires du Palais qu'on vise, alors le reproche n'a pas de sens. Car s'il est vrai que le monde est universellement gouverné *quantillâ prudentiâ*, comme disait Oxenstiern, si les représentants du peuple, sultans, tsars ou députés, ne diffèrent pas autant que le voudrait la théorie, dans l'administration des intérêts qui leur sont confiés, si, sous tous les régimes, l'ardente bataille des égoïsmes continue de sévir, il n'en est pas moins vrai que le mal humain sera d'autant plus atténué qu'on introduira plus de raison dans les relations des hommes.

Et cette raison, qui donc l'apportera, sinon ces *raisonneurs* qui, sous des noms divers, sont venus s'adjoindre aux antiques oligarchies de la brutalité humaine ou divine pour essayer de reconnaître les lois de l'évolution sociale, et en atténuer la souffrance par quelque effort de bonté? Leur nombre va croissant. Qui ose s'en plaindre? C'est avec eux qu'est apparue dans le monde la notion de droit, de liberté, de justice, et, jusque dans les pays barbares, un peu du bien qui s'est dégagé d'eux se propage et adoucit les mœurs.

La somme du bonheur individuel s'en est-elle accrue? Je ne sais, car il semble que le progrès ne soit qu'une perpétuelle transformation de douleurs et de joies. Mais nul ne peut nier que les conditions de vie ne soient devenues meilleures, et qu'une félicité moyenne soit déjà plus accessible à la moyenne des humains. N'est-ce donc rien? Chaque homme, après tout, se fait sa destinée. Pourquoi s'en prendrait-il de sa *psychie* douloureuse à ceux-là mêmes qui, bien ou mal, font effort pour atténuer ses maux?

On se plaint des *promesses menteuses!* L'idéal est trop haut et l'homme est trop petit : voilà ce qui fait le mensonge. Mensonge involontaire, mensonge inévitable, mensonge glorieux par l'idéal espoir qui nous donne l'illusion de pouvoir réaliser dans une courte vie ce peu de bien qui veut l'effort des siècles. Et ce n'est pas, d'ailleurs, illusion pure, mensonge au sens précis du mot, puisque ce qui paraît défaite d'un jour, finalement s'accumule en victoire séculaire. Sans doute, les vaincus souffrent, et les vainqueurs aussi. Mais tant d'autres ont subi de pires tortures, qui valaient mieux que nous! N'avons-nous pas mieux à faire que d'importuner de nos plaintes l'insensible univers?

Je n'aperçois, quant à moi, qu'un remède : hâter l'évolution au lieu de la retarder, comme le voudrait M. Deschaumes. Toute la vie passée de l'humanité n'est sans doute qu'un court moment d'une longue histoire. Par ce qu'ont accompli les aïeux, nous ne saurions juger encore des possibilités de bien, dormantes en nous, qu'éveillera l'avenir. Efforçons-nous donc, répondons par des efforts nouveaux aux coups redoublés du sort, et sans avoir besoin des *promesses menteuses des théocraties*, nous irons au grand repos, hautement résignés, contents d'avoir vécu, et fiers d'avoir au moins tenté la sublime escalade des cieux.

LES TEMPLES

I

LA SEMAINE SAINTE

Quoi de plus étrange qu'un journaliste gobeur? Autant parler d'un pâtissier qui déjeunerait de son *flan* et dînerait de sa *frangipane*. Bien que je connaisse passablement journaux et journalistes, je ne puis me défendre d'une certaine superstition bourgeoise à l'endroit de la feuille imprimée. Cent fois déçu, je me suis trouvé cent fois victime de ma crédulité, et je crois bien que j'y serai pris cent fois encore.

Les gazettes parisiennes ont fait ces derniers jours de si merveilleux récits des splendeurs de la semaine sainte dans nos grandes églises, qu'une vague curiosité me prit d'abord. Et puis, lorsque je lus la description de ces foules pieuses qui, sans s'embarrasser des dogmes, accourent dans l'obscurité des chapelles, les yeux perdus dans l'étoile mystérieuse qui tremble au sommet des cires, entrevoyant vaguement dans les niches deux bras tendus et ne s'inquiétant pas de savoir à quelle réalité peut répondre l'emblème de pierre, jetant à tout hasard dans l'espace le cri douloureux de la vie — espérance d'une pitié d'en haut ou simplement soulagement de la plainte — alors je voulus voir.

J'aurais souhaité de dire à mes frères : « Il n'y a que des lois dans l'univers, et la loi inflexible, immuable, exclut l'universelle bonté s'accommodant à chaque mode de la souffrance humaine. La pitié que vous demandez à l'implacable voûte, elle est en vous. Le miracle que vous sollicitez vainement de l'infini qui vous écrase, il dépend de vous-même de l'accomplir. Vous clamez des profondeurs vers une bonté qui vous soulage. Donnez d'abord celle qui est en vous, et, par une répercussion merveilleuse, vous recevrez en retour, avec l'oubli de vous-même, la joie de vous être prodigués pour autrui. Ainsi vous sera donné le réconfort attendu. De votre propre mal vous aurez fait quelque parcelle de bien pour votre compagnon de misère; dans votre humble sphère vous aurez, pour un instant de raison, rectifié un peu de l'ordre universel, atténué quelque partie du mal immense, et reçu de la joie donnée le soulagement de vos propres misères. »

Sans doute, je ne pouvais monter en chaire, mais au moins je pouvais voir, et dans l'élan des âmes souffrantes vers une décevante miséricorde, chercher la voie qui, des paroles de bonté banalement prodiguées, mène aux actes toujours promis, trop souvent refusés.

Ainsi je pensais, quand le hasard m'apporte un fragment d'une lettre adressée de Rome par Chateaubriand à Mme Récamier. « Je commence cette lettre le mercredi saint au soir, au sortir de la chapelle Sixtine, après avoir assisté à *Ténèbres* et entendu le *Miserere*...

C'était vraiment incomparable : cette clarté qui meurt par degrés, ces ombres qui enveloppent peu à peu les merveilles de Michel-Ange, tous ces cardinaux à genoux, ce pape, prosterné lui-même au pied de l'autel, cet admirable chant de souffrance et de miséricorde, s'élevant par intervalle dans le silence et la nuit, l'idée d'un Dieu mourant sur la croix pour expier les crimes et les faiblesses des hommes, Rome et tous ses souvenirs sous les voûtes du Vatican. J'aime jusqu'à ces cierges dont la lumière étouffée laissait échapper une fumée blanche, image d'une vie subitement éteinte. C'est une belle chose que Rome pour tout oublier, pour mépriser tout et pour mourir. »

Malgré la visible préoccupation de la phrase, et bien qu'il soit absurde que la pauvre humanité qui peuple la terre ait besoin de Rome, de Michel-Ange, des cardinaux rouges, du pape blanc et des misérables mutilés de la chapelle Sixtine pour arriver jusqu'à Dieu, peut-être pourrais-je recueillir en nos églises quelque trace du parfum subsistant de l'âme religieuse que nous chanta René.

Voici mes *notes* de *reporter* fidèle dans toute la simplicité de l'impression prime-sautière :

Saint-Sulpice. — Sur toutes les marches, des mendiants patentés par l'Église. Comment tant de misères jusqu'à la porte des temples où s'engouffrent tant de millions qu'on nous dit destinés au soulagement des pauvres ? La nef est vide. Les bas-côtés sont remplis d'une foule grouillante qui, d'un pas délibéré, se rend à la cérémonie qu'il est d'usage d'accomplir en plusieurs églises au jeudi saint. Comment une visite hâtive à des sanctuaires différents est-elle plus efficace qu'un acte de foi sincère accompli n'importe où ? Je l'ignore.

Je suis la foule qui visiblement accélère le pas pour expédier plus tôt la pieuse corvée et trouver le temps de faire un plus grand nombre de pèlerinages dans la même journée. Je croise M. Albert de Mun qui paraît pressé. Un grand reposoir avec des fleurs, des flambeaux, des simulacres de suaires blancs au-dessus d'un simulacre de sépulcre devant lequel sont pelotonnés des dos de prêtres priants. Un tintement métallique détourne mon attention. Ce sont des sous qui tombent dans un plat d'argent. Derrière de petites tables, des vieillards, des enfants en surplis, armés d'une serviette douteuse, essuient la trace des baisers sur le crucifix de cuivre. Les fidèles passent en procession, baisant les pieds, les mains, la plaie du flanc; les plus pressés, les pieds seulement, comme au vol, et complétant la cérémonie du don sonore dans le plateau d'argent. L'enfant, distraitement, de sa serviette saliveuse, mêle tous ces baisers qui s'évaporent sur le bronze poli. Dans le plateau d'argent, les pièces demeurent.... De pauvres femmes avec de petits enfants, des vieux qui se traînent, de tout jeunes gens, des bourgeoises à l'air ennuyé, quelques dames du faubourg Saint-Germain aimablement accompagnées...

Des chants s'élèvent. Dans l'abside tout le séminaire de Saint-Sulpice est rassemblé. Des hommes, des femmes sont montés sur des chaises pour mieux voir. Personne n'en paraît surpris. Des ouvriers en tablier de travail vont et viennent. Ils démontent un dais, sans plus de précautions que dans un atelier. Je regarde, à mon tour, par-dessus la balustrade. Trois cents hommes en bonnet carré, en pèlerine noire, le nez dans un livre, psalmodient ces *Ténèbres* qui devaient me ravir dans une poignante extase, et qui m'ennuient simplement de leur fatigante monotonie. Un chef d'orchestre en surplis, le bâton à la main, conduit le chœur. Débit lent ou précipité, toutes ces faces dures et fermées disent la préoccupation du mot ou du chant. Le rituel étouffe le cri profond, le cri vrai. Comment ai-je pu attendre autre chose, et me laisser prendre aux phrases convenues par lesquelles le poète de l'ennui essayait de faire apparaître quelques grimaces d'émotion sur la face immuablement sereine de son idole de bois ?

Notre-Dame. — Même spectacle. Mêmes fleurs, mêmes cierges. Même fétichisme des christs de cuivre lavés des mêmes baisers. Je ne puis me défendre d'un sentiment de dégoût. Comment, avant de venir, n'ai-je pas compris que les gens de grande foi vivante — s'il en reste — s'abîmaient, solitaires, dans la contemplation du Dieu qui s'agite obscurément au fond de leur âme ?

Des troncs, partout des troncs, *pour les pauvres de M. l'archiprêtre*, pour le Sacré-Cœur, pour le denier de Saint-Pierre, pour cent œuvres pieuses. Des doubles troncs portent cette inscription : *Lait et beurre : Abstinence*. La petite bouche de bronze sollicite l'offrande, suivant ce qu'on veut manger. Ne pourrait-on faire une grande table où des troncs correspondraient à chaque élément du menu : *foie, côtelettes, rognons*, etc., etc.? Avec un peu de doigté, chacun s'acquitterait en passant de ses devoirs culinaires envers le créateur des mondes.

Partout un tintement de pièces qui tombent. En dernier effort, une sœur, à la porte, mendie pour les pauvres. Les pauvres, ma bonne sœur, sont de l'autre côté de la porte, qui mendient pour eux-mêmes, femmes, vieillards, enfants à genoux dans les lamentations. Pourquoi leur enlevez-vous les quelques sous qu'ils auraient pu recueillir sans votre sacoche tendue?

Beaucoup d'étrangers. Des Anglais en petite casquette de laine et *knickerbockers*. Des Allemandes énormes avec de gros bijoux d'argent sur des formes adipeuses disgracieusement réparties dans la jaquette verte de Bavière, que surmonte la houppe de chamois au chapeau.

La Madeleine. — Ici, nous sommes dans le monde. C'est l'aristocratie d'argent. Une orgie de fleurs. Des jeunes filles à marier accompagnées de leur maman. Des messieurs bien mis qui regardent. A la Madeleine et à Saint-Roch particulièrement, les loueuses de chaises font plus d'un métier. A la porte une inscription : *Prenez garde à vos porte-monnaie!* C'est donc que tout le monde s'en mêle. On a beau avertir les gens, ils sortent tous le porte-monnaie allégé au profit même de ceux qui les mettent en garde. L'aventure est piquante.

Saint-Roch. — Encore de la haute bourgeoisie. Des jeunes femmes élancées vers le ciel dans des attitudes d'abandon qui suggèrent bien des pensées. Une taille bien moulée dans un justaucorps de drap du bon faiseur, un ébouriffement d'art où se cache un visage que je veux croire méditatif, dans deux petites mains bien gantées; une appétissante nuque dorée dans les frisons soyeux. Ainsi mimée, que la prière a de charmes!

En vérité, baisements du crucifix ou mimique d'invocation pieuse, que reste-t-il de l'antique foi, sinon l'apparence extérieure, les mots qui n'ont plus de sens, les gestes qui n'impliquent plus la foi? Le pervertissement du monde éclate jusque dans l'acte d'adoration. On fait de la prière une attitude provocante. On baise une image de cuivre comme le sauvage fait de son fétiche. On adore le bois de la vraie croix à Notre-Dame, les clous de la Passion à Paris, à Monza, le saint suaire à Turin, la sainte tunique à Argenteuil ou à Trèves. Et Dieu qui n'est que partout, qu'en fait-on? Qui donc songe à pratiquer le Verbe? Répondez, ô vous qui thésaurisez tous les biens de la terre au nom de celui qui ne posséda rien!

II

LA MOSQUÉE DE PARIS

Une grande nouvelle. On va élever une Mosquée à Paris. Des simples croiront peut-être que je fais erreur et que c'est d'une Église qu'il s'agit. Pas du tout. C'est bien Mahomet, non le Christ qui doit avoir les honneurs du nouveau Temple. Des journaux dont on ne peut suspecter la foi ni la bonne foi, le *Temps* et le *Gaulois*, célèbrent cet événement comme une heureuse chance qui nous est échue. Des chrétiens notables comme M. de Galliffet, le prince Roland Bonaparte, le marquis de Noailles, le prince d'Arenberg, les députés Aynard, de Kerjégu, Etienne, d'autres encore ont conçu l'idée de cette entreprise. Ils ont avec eux, nous dit-on, le Préfet de la Seine, un conseiller municipal, des artistes, des industriels. Le prince de Sagan, qui sent le fagot, s'est abstenu. Le clergé, de même, se tient à l'écart. Quoi qu'il en soit nous aurons notre mosquée, et l'on nous fait même entrevoir la création d'une université musulmane, en attendant les universités françaises qui sont en retard.

Faut-il se réjouir de cette nouvelle conquête de l'esprit religieux, ou déplorer les progrès en terre chrétienne d'un culte ennemi du Christ? Je ne saurais le dire. Le *Temps* exprime l'opinion que « si le principe de la liberté de conscience permet de souscrire pour une mosquée », il commande également la tolérance à « *certains cléricaux de la libre-pensée* ». Evident encouragement aux prédications enflammées de M. d'Hulst, qui réclame, en pleine chaire de Notre-Dame, l'appui du bras séculier pour nous faire tous rentrer de gré ou de force dans le bienheureux giron de la Sainte Eglise romaine.

J'admire sans doute la grande leçon de tolérance que nous donnent M. de Galliffet et ses amis, en contribuant de leurs économies — que sollicitent tant d'œuvres catholiques — à élever dans Paris un temple mahométan. Je me félicite également des grands avantages qui doivent résulter de cette initiative chrétienne pour l'affermissement de notre empire algérien livré par nous d'ailleurs à la domination juive. Cependant, je ne puis me défendre à ce propos de certaines appréhensions.

Chacun sait que le mahométisme a de tout temps opposé une muraille infranchissable à l'expansion de la religion du Christ. On a vu, on voit encore, des chrétiens abjurer l'Evangile pour le Coran. Mais, en dehors de quelques rares nègres soudanais convertis à coups de verres de tafia, le mahométan reste invariablement fidèle à son Prophète. Avec toute sa fantasmagorie de Pères Blancs — ralliés à la République aux sons de l'ophicléide et du trombone — qu'est-ce que le cardinal Lavigerie a jamais gagné sur les

Turcs ou les Arabes? Rien du tout. Ce n'est guère.

Vit-on jamais Mahométans élever, de leurs deniers, une église chrétienne? Non, car ces gens croient. Voilà tout leur secret. Comment se défendre alors d'un pénible retour sur nous-mêmes, quand nous voyons l'argent chrétien, qui devrait être employé à la conversion des infidèles, servir à encourager un culte que l'Église catholique voue pour l'éternité aux flammes de l'enfer?

Est-ce bien sérieusement que l'on nous parle des convictions catholiques de l'aristocratie française, quand son organe le plus authentique, le *Gaulois* de M. Arthur Meyer, se félicite de voir un Noailles propager la religion du Coran? Tant de scepticisme m'afflige, au point de vue de l'art, chez des croyants de convictions si bruyantes.

Ils sont justement en train, je ne sais où, de célébrer le huitième centenaire de la première croisade. Quelle ironie! Que fais-tu *Coucou-Pierre?* dit *Pierre Capuchon* ou *Pierre l'Ermite*, toi dont l'éloquence entraîna le pape Urbain II au concile de Clermont où fut décidée la guerre sainte. Lève-toi du tombeau, brave fanatiseur de Gautier *Sans-Avoir* et de ses multitudes, toi qui, longtemps avant le départ des nobles seigneurs, avais déjà conduit 60,000 pillards en Asie où les Turcs en firent un si grand massacre.

Que voulais-tu? Délivrer le tombeau de Jésus, souillé de la main des infidèles? Eh bien, le Musulman, que tu chassas pour un jour, monte la garde encore au sacré sépulcre. Des soldats turcs bâtonnent, jusque dans le lieu saint, les foules chrétiennes qui s'écrasent en hurlant de douleur ou de piété, pour arriver à toucher la pierre où reposa le dieu mort.

Oui, cela est encore, après que tant de vies chrétiennes ont été sacrifiées pour que cela ne fût pas.

Et ce n'est pas tout. La ville de Constantin, l'antique rendez-vous des croisés, est maintenant aux mains de ce même Musulman qui n'a pas craint de franchir le Bosphore, pour planter son croissant rougi de sang chrétien, sur le continent de l'Europe, terre sacrée de la Croix. Depuis plus de quatre siècles, la Sainte-Sophie de Justinien, le temple merveilleux où tu t'es agenouillé dans l'extase, est la proie du Mécréant qui en a chassé le Christ. Quand le sultan Mahomet II y entra à cheval, piétinant les cadavres des fidèles, le réprouvé, en signe de sa domination barbare, imprima sa main sanglante à la muraille bénie. La trace y est encore.

Et les chrétiens qui sont en force aujourd'hui, qui pourraient à leur gré faire repasser le Bosphore à l'Infidèle, purifier l'Église chrétienne, la rendre au vrai Dieu, effacer la main sanglante sur le mur, pousser victorieusement jusqu'à Jérusalem, délivrer le Christ prisonnier dans son tombeau, consacrent l'effort de leurs armées à maintenir la profanation des temples, l'abominable souillure des lieux saints. Il y a quelques années à peine, le Tsar catholique orthodoxe était aux portes de Constantinople. L'Europe chrétienne l'arrêta. Et les mêmes gens qui parlent de fêter *Coucou Piètre* et la première croisade, économisent quelque monnaie pour opposer dans Paris le temple de Mahomet à la Chapelle de Saint-Louis qui reçut la couronne d'épines avec les clous de la Croix.

Alors, qu'on ne nous parle pas de la liberté de conscience, qu'on réclame simplement la liberté de l'hypocrisie. Soit. Cette liberté-là aussi, doit être respectée. Elevez librement vos temples contre le Christ, ô chrétiens. C'est à la Révolution que vous devez de n'être pas conduits au bûcher par vos prêtres pour ce forfait exécrable. Mais pendant que vous édifierez les impies du spectacle de votre pieuse incroyance, d'autres, honoreront d'un salut les derniers croyants, les hommes qui, comme M. d'Hulst, réclament au nom de leur foi le droit de contraindre par la force quiconque ne s'abandonne pas, en corps et en esprit, à l'Église « *Les puissances temporelles jureront d'exterminer les hérétiques* » dit le concile général de Latran, qui ajoute : « *Tous ceux qui seront trouvés atteints du seul soupçon d'hérésie, s'ils ne prouvent leur innocence, seront frappés du glaive... que le seigneur temporel qui négligerait de purger sa terre de l'infection hérétique soit mis à la chaîne de l'excommunication.* » Voilà la vraie doctrine, confirmée par tous les Papes jusqu'à Pie IX et son *syllabus*.

Comment l'Église, qui doit nous sauver du socialisme, a-t-elle chance d'agir sur les masses dévoyées, quand ceux qui doivent donner l'exemple de la soumission aux enseignements de la Chaire infaillible, scandalisent le monde en élevant impudemment autel contre autel?

Il faut que le vieux monde périsse avec sa foi, ou qu'il soit sauvé par son dogme de fer et de sang. Si M. d'Hulst est vraiment, comme j'ai lieu de le penser, un croyant des anciens jours, qu'il s'inspire du noble exemple de Polyeucte, et qu'il aille bravement saccager le monument odieux de l'impiété chrétienne. Tous les catholiques sincères l'applaudiront...

Il est vrai que les autres le mèneraient au poste...

III

LE PARLEMENT DES RELIGIONS

M. Max Muller est un des grands esprits de notre temps. L'article qu'il vient de publier dans une revue américaine, l'*Arena*, sur le *Parlement des religions* commande nécessairement l'attention de tous ceux qu'attirent les grands problèmes de l'esprit humain.

Aux yeux du professeur d'Oxford, le *Parlement des religions*, tenu à Chicago, est, dans l'histoire de l'humanité, un événement capital, dont la portée dépasse de beaucoup la modeste conception des organisateurs de cette étrange assemblée. Ni le fameux concile de Pataliputra, convoqué par le roi bouddhiste Açoka-Piyadasi, l'an 242 avant notre ère, ni le concile œcuménique de Nicée, l'an 325 de notre ère, ni le grand congrès religieux convoqué à Delhi à la fin du xvi° siècle par l'empereur Akbar, ne se peuvent comparer avec la prodigieuse rencontre des députés des grandes croyances humaines sur les bords du lac Michigan.

A Pataliputra, le roi Açoka n'avait convoqué que les sectes bouddhistes. A Nicée, il s'agissait de restreindre le christianisme, d'en expulser les sectateurs d'Arius, et non d'établir un lien quelconque avec des croyances non chrétiennes.

Le cas de l'empereur Akbar était fort différent. Il était mécontent de sa religion, venue de Mahomet. « Pour un empereur, être mécontent de sa religion et de celle de son peuple, dit M. Max Muller, fait présager une grande indépendance de jugement et une singulière droiture de vues. »

Donc, juifs et chrétiens arrivèrent à la cour impériale pour y être invités à traduire l'Ancien et le Nouveau Testament. Les brahmes accoururent avec leurs Védas, les sectateurs de Zoroastre avec le Zend-Avesta. Des traductions partielles furent faites des livres sacrés, mais combien insuffisantes! Le bouddhisme fut représenté à côté de l'islam. On ne dit rien de Confucius ni de Lao-Tseu.

Aboulfazl, qui nous a transmis l'histoire de cet étonnant colloque, nous raconte qu'on s'y querella fort. Il en tira, quant à lui, cette conclusion que toutes les religions ont un fonds commun. « La religion des foules, dit-il, consiste à s'attacher à une pure idée, incapables qu'elles sont de juger par elles-mêmes... Quand vient l'heure de la réflexion, quand les hommes secouent les préjugés de l'éducation, l'aveuglement religieux disparait, et l'œil voit enfin la gloire de l'harmonie... Mais la lumière d'une telle sagesse n'éclaire pas tous les foyers. Tous les cœurs ne sont pas faits pour une telle science... Et si quelqu'un a le courage d'exposer ses pensées éclairées, les bigots l'appelleront fou, les fanatiques l'accuseront d'hérésie ou d'athéisme et chercheront à le tuer. » Voilà qui ne me parait pas si mal, pour un musulman d'il y a trois cents ans.

Je ne saurais, quant à moi, reléguer le congrès de Delhi si fort au-dessous de celui de Chicago, comme le fait M. Max Muller. J'admire ces âmes anxieuses du vrai, cherchant naïvement à faire jaillir la lumière du choc des doctrines contraires, et cet empereur me parait grand, qui estime que le premier besoin de son peuple, comme de lui-même, c'est la vérité. Qu'im-

porte qu'il ne l'ait pas trouvée? Gloire à lui pour l'avoir
cherchée. Il a vu défiler devant lui les livres sacrés des
antiques tribus avec leurs interprètes consacrés. Des
dogmes, des affirmations, un fonds commun d'axiomes
pour la conduite de la vie, et le penseur Aboufazl, écoutant chacun, a conclu : « Tous les cœurs ne sont pas
faits pour la vérité. Mais, quand elle se sera faite en
vous, si vous essayez de la communiquer, on vous
taxera d'hérésie et on tâchera de vous tuer. » Prédic-
tion remarquablement justifiée par l'histoire.

Les pèlerins de Chicago se sont évidemment réunis
dans un tout autre dessein que la recherche de la vérité.
Qu'ils en aient eu conscience ou non, leur mérite
c'est d'avoir essayé de trouver entre les différentes
croyances religieuses de l'humanité un contact de
tolérance et de paix. Ils ont eu sur les prêtres du congrès de Delhi le remarquable avantage de ne pas se
quereller. A cet égard, le *Parlement des religions*
marque une date, en effet, ainsi que le remarque très
bien M. Max Muller. Pourtant, il faut le reconnaître,
l'événement de Chicago est une victoire de scepticisme,
non de religion.

La tolérance est une belle et noble vertu, mais une
vertu tout humaine, la qualité supérieure d'êtres im-
parfaits qui ne savent pas, qui cherchent et, s'étant
souvent trompés, laissent la marge du doute jusque
dans la vérité la plus clairement démontrée. Le dogme
religieux ne peut avoir de ces tempéraments. Il est la
formule de l'absolu, il s'impose et ne peut consentir à
faire la part de l'erreur sans que toute la construction
s'écroule. Quand des savants se rencontrent, leur
première loi c'est la tolérance réciproque. S'il s'agit
d'un congrès de mandataires de la divinité, la meilleure preuve de sincérité qu'ils puissent se donner,

c'est de s'entre-dévorer, puisqu'ils sont tous possesseurs d'absolus incompatibles. En conversant entre eux, au lieu de s'entre-tuer, comme faisaient leurs ancêtres, nos gens de Chicago ont fait une œuvre excellente au point de vue de l'humanité qui doute, déplorable pour la révélation divine. Les prêtres de Delhi en vinrent aux coups, c'est qu'ils avaient la foi. Les hommes de Chicago me font l'effet d'aimables académiciens sceptiques paradant pour la galerie.

M. Max Muller veut qu'ils aient posé les premières assises du grand temple de la religion de l'avenir, « celle qui comprend toutes les nuances d'une foi sincère en cette Puissance que *presque* toutes les religions désignent sous ce vocable imparfait : *notre Père* ».

Lorsqu'un tel temple sera bâti, je me demande en vérité qui en sera l'hôte. Je vois bien l'homme rapetissant les lois souveraines du monde aux proportions d'un être sensible et volontaire, l'installant au sanctuaire, et s'efforçant par des paroles ou des actes de fléchir la volonté suprême, en attendant que la science lui enseigne à s'aider d'une loi contre une autre. Je vois bien tous ces dieux nés de l'homme se déclarant la guerre pour la souveraineté dans le ciel et sur la terre. Mais, dès qu'ils s'accordent entre eux, dès qu'ils vivent en paix, c'est qu'ils descendent du trône céleste pour tomber au rang de simples entités de rêve. Ces hommes qui s'embrassent à Chicago, hier se vouaient au bûcher, se massacraient, se dragonnaient. Croyants, ils se damnent encore par delà le tombeau. Leur réconciliation ne peut être sincère que si le dieu est mort en eux, que si l'absolu divin a fait place dans leur âme à l'humble vérité contingente de l'humanité.

Qu'ils élèvent donc ce temple que M. Max Muller admire! Quand ils voudront placer la divinité sur l'autel, ils ne trouveront plus qu'un mot desséché, vidé, disséqué par M. Max Muller en personne, et ils s'émerveilleront du prodigieux tabernacle pour le lamentable vestige d'une illusion disparue.

N'est-ce pas M. Max Muller lui-même qui le proclame, lorsque, cherchant les points de contact entre les hommes, il déclare que la croyance en l'immortalité de l'âme et même la croyance en l'*existence de Dieu* ne sont pas des raisons de suffisante divergence pour rendre l'accord impossible? « Le christianisme et le mahométisme affirment l'âme, dit-il, le mosaïsme semble la nier, le bouddhisme ne l'affirme ni ne la nie. Est-ce donc là une cause de rupture? « ... Est-ce que beaucoup de ceux qu'on appelle *athées* ne sont pas des gens qui trouvent simplement les attributs humains indignes de la Divinité? Qui nie la Divinité nie l'humanité, ce qui est logiquement impossible. » Négligeons le galimatias voulu de cette dernière phrase datée d'Oxford, et réconcilions-nous tous en une commune croyance, aussitôt qu'on nous aura dit en quoi cette croyance consiste. Que de chemin fait jusqu'à Chicago! Et que de chemin depuis! Voilà le Parlement des religions singulièrement élargi, puisque M. Max Muller maintenant y fait entrer les athées.

« Il n'existe pas, nous dit-il, autant de religions qu'on se l'imagine. Il n'y a que huit grandes religions historiques qui puissent revendiquer ce titre, en se basant sur les livres sacrés qu'elles possèdent. Toutes ces religions nous viennent de l'Orient. Trois sont de source aryenne, trois de source sémitique et deux de source chinoise. Les trois religions aryennes sont : la religion *védique*, avec ses branches modernes dans l'Inde, la religion *avestique* de Zoroastre en Perse, et la religion *bouddhique*, qui comprend le brahmanisme indou. Les trois grandes religions d'origine sémite sont les religions *juive*, *chrétienne* et *mahométane*. Il existe, en outre, les deux religions chinoises de *Confucius* et de *Lao-Tseu*, et c'est tout. »

De quel droit M. Max Muller, qui oublie sa religion athée, exclut-il les bons fétichistes africains et océaniens, dont le seul tort est d'avoir conservé à travers les âges les conceptions primitives d'où sont sorties les grandes constructions religieuses? Je les convie, de mon autorité privée, au prochain congrès des religions. Et quand nous aurons sous les yeux les différentes manifestations du sentiment religieux dans l'humanité noire, rouge, jaune ou blanche d'aujourd'hui, nous aurons quelque joie à suivre l'évolution des conceptions divines dont les témoignages seront vivants sous nos yeux. Je doute que cette vue suggère à personne l'idée d'un temple commun pour Béhanzin et pour Berthelot.

La loi de l'homme est d'affirmer avant de savoir, de dire l'univers avant de le connaître. Ainsi fait le fétichiste Béhanzin, proclamant sa foi au même titre et avec autant d'autorité que tous les pontifes de toutes les religions positives. Berthelot doute, c'est pourquoi tous les Béhanzins noirs ou blancs le méprisent. Mais le doute d'investigation, d'expérimentation est en train d'élever, de ces vérités fragmentaires, un monument qui bientôt surpassera, si ce n'est déjà fait, les plus hautes cathédrales. C'est là vraiment qu'est le lieu de rencontre de tous les hommes pour la grande communion d'universelle pensée.

Sur le thème infini de l'incognoscible, chacun peut broder librement à la fantaisie de son rêve. Ce qui soude l'homme à l'homme ce n'est plus la croyance effritée en l'antique chimère, c'est le commun labeur pour savoir, pour s'entr'aider dans la peine de vivre, pour réaliser, par la solidarité organisée la grande parole que le roi bouddhiste Açoka-Piyadasi grava sur la pierre il y a plus de deux mille ans : « La religion, c'est un peu moins de mal dans l'humanité. »

LES SPECTACLES

I

MI-CARÊME

Paris s'est mis en fête pour sa Mi-Carême. Le boulevard n'a pas vu de plus beau carnaval. Les journaux disent les chars, les mascarades, les fanfares, le spectacle tapageur, tout ce dont le Parisien s'ébahit. Les costumes excentriques; le dévergondage d'imagination de la jeunesse; la satire de l'autorité existante; le scintillement, dans l'air chaud du printemps, d'une pluie d'étoiles filantes, blanches, rouges, bleues, vertes, palpitant au ras du sol, ou papillonnant sur la foule; les poches de confetti se vidant subitement du haut d'un balcon, éclatant tout à coup dans le ciel en gerbes d'étincelles; les fusées des serpentins qui s'élancent rayant l'air de flammes colorées dont les jets s'entrecroisent en folles sarabandes, comme de mille arcs-en-ciel dont les couleurs se seraient tout à coup séparées pour se livrer entre elles une bataille de folie, voilà ce qui fait l'émerveillement de tous.

Pour moi, qui marchais tout vivant dans ce rêve étoilé, je n'ai pas vu de plus admirable merveille que le bon Parisien de tout rang, bourgeois, commerçant, échappé du bureau, de la boutique ou de l'atelier, pour jouir — spectateur et acteur — de la grande représentation populaire.

Jusqu'à deux heures du matin, dans la nuit tiède et grise, sous les fantastiques reflets de l'électricité, une foule joyeuse, aimablement riante, promenait sa belle humeur au long de nos boulevards assourdis d'un épais tapis de haute lisse aux pointillés multicolores, entre deux rangées d'arbres follement enrubanés, festonnés, pelotés de banderolles flottantes agitant au vent tous les rayons de lumière enchevêtrés à plaisir. Sur la chaussée, sur le moutonnement humain, dans les cheveux, dans les barbes, dans les nez, dans les oreilles, partout une neige fleurie de printemps, qui change, comme en un rêve, l'aspect des hommes et des choses. Partout dans l'air de petits feux follets parmi les longs serpentins enflammés qui, rampant aux troncs, s'accrochant aux branches, nous font des arbres de féerie : de grands saules pleurant des cascades de larmes bleuâtres, des futaies de branchages raidis dans un givre orangé, toutes les invraisemblances d'un délire de couleurs, d'une fantasmagorie de clartés subitement décomposées, semble-t-il, par le cristal inouï d'un astre fou survenu tout à coup dans les cieux.

Et dans ce décor de prodige, cette chose plus prodigieuse encore : des hommes heureux. Oui des hommes, des Français, race agitée, agitante, des hommes de labeur, de soucis incessants, échappés tout à coup de la vie dure qui les guette au tournant de demain, oubliant peine passée, peine future, et se précipitant tête baissée dans la joie désordonnée de vivre. Pourquoi? Pour rien. Pour le plaisir d'être heureux un jour, une heure entre deux angoisses, entre deux sanglots.

Un étranger brusquement survenu des antipodes se fût imaginé peut-être que ce peuple fêtait quelqu'une de ces aventures miraculeuses qui font des dates inoubliables dans l'histoire des nations. Pas du tout, ces compagnons, hommes robustes, jeunes femmes, enfants, vieillards, ne fêtaient rien qu'eux-mêmes.

Et vraiment, je me demande si l'homme fêta jamais autre chose. Anniversaires du roi, prise de la Bastille, souvenirs révolutionnaires, actes religieux, ou carnaval des blanchisseuses, qu'est-ce que tout cela recouvre au fond sinon la brève lueur d'une trêve de paix dans la bataille de la vie ? Le penseur, absurde, prêtre, philosophe ou politique, se croyant maître de la foule, prétend l'alimenter de sentiments, d'idées qui l'exaltent dans une communion surhumaine des âmes enivrées d'idéal. Fête ton roi, dit le maître ; fête ton Dieu, dit le pontife ; fête ta liberté, dit le gouvernement. Et l'homme fêtant, fête en apparence, tout ce qu'on voudra, sachant bien, tout au fond de son cœur, qu'il ne fête rien que lui-même.

Ce qu'il lui faut, c'est la détente. Le prétexte n'importe pas. Cherchez-les aujourd'hui ces gens qui hier affolaient la rue du désordre de leur exubérance. Où sont-ils à cette heure ? Courbés sur le travail, silencieux, méditatifs, anxieux de la minute qui vient. C'était hier ainsi. Demain ce sera tout de même. Et c'est pour rompre cette tension prolongée d'un effort sans relâche, cette crampe de vie contractée, que toute occasion leur est bonne pour s'arracher à la monotone fatigue de labeur, coupée des souffrances sans nombre où se perdent les courtes joies.

Au théâtre l'homme se repose de l'action de la vie, par le plaisir de n'être plus que spectateur de drames où son émotion désintéressée peut se dépenser sans douleur. Dans la fête populaire, la passion du spectateur et de l'acteur se confondent, et, tout le mal de l'existence écarté pour une heure, la pleine joie flambante illumine d'un éclair de bonheur et les sombres jours qui précèdent et les sombres jours qui suivront. Voilà le grand secret de ces fêtes, voilà ce que j'aperçois dans la Mi-Carême de Paris, telle que je l'ai vue hier.

L'envie me prenait parfois, d'arrêter au hasard un de ces hommes heureux, et de lui demander confidentiellement la raison de son bonheur. Et puis je réfléchis que, sincère, il m'aurait simplement répondu : « je me réjouis, pour me réjouir, parce que j'ai besoin d'être heureux, et que la vie m'a donné congé pour un jour. » Quelle meilleure raison trouver, et quelle réponse plus décisive ? Être heureux, est-ce autre chose que de croire qu'on tient le bonheur ? Combien d'êtres ne doivent la félicité de leur vie qu'aux joies de mensonge dans lesquelles ils vivent et meurent contents.

Certains envieront ces Parisiens joyeux à qui une vie uniformément âpre fait une plus grande facilité de bonheur. Il y a là vraiment une grande leçon à ceux de nos maîtres, président de république ou législateurs, qui n'ont cherché dans ce spectacle que le désennui d'une heure. Rêvez ce qu'on pourrait faire de joie pour un peuple, si on lui donnait vraiment quelque cause de se réjouir.

Le Parisien philosophe fait présentement son bonheur de *rien* — faute de mieux — d'une blanchisseuse qui passe coiffée d'un cercle de cuivre doré, de petits papiers roses voletant dans l'air, de rubans bleus pendant des branches, toutes façons de suggestionner par l'éclat de rire sans cause, le rire imitateur. Est-ce donc utopie de penser qu'on pourrait donner à tous ces souffrants de la vie, de véritables raisons de joie qui leur feraient un bonheur sinon plus vif, au moins plus durable ? Nous ne changerons pas l'homme, d'un coup de magie, nous ne l'affranchirons pas de ses erreurs et de ses fautes : peut-être pourrions-nous essayer de lui donner une part plus grande des joies de la terre. S'il nous voyait nous acharner résolument à cette œuvre, ce serait déjà pour lui une source infinie de joie, et d'espérance, une belle cause de fêtes.

Mais non. Nous montons aux fenêtres pour regarder passer ce peuple en délire, nous rions de la joyeuse bataille des confetti sans comprendre la grande leçon. Écoutez le principal organe de la bourgeoisie française : « Ce n'est pas un peuple malheureux et féroce, *un peuple enfin tel que nous le représentent les socialistes*, c'est-à-dire uniquement préoccupé des exigences de l'estomac, celui qui emplissait hier les boulevards de bruit, de mouvements et de gaîté. » Voilà tout ce qu'a vu le *Figaro*, et tout ce qu'il a retiré de la fête d'hier. Le peuple s'amuse, la haute bourgeoisie peut dormir.

Bien oublieux, le journal des *ralliés*. Les pères, les frères, les camarades de ces gens qui se bombardaient gaiement hier de papiers multicolores, je les ai vus en tas de cadavres sur ces mêmes boulevards il y a vingt-cinq ans. Toute la bourgeoisie en exultait de joie, poursuivant de ses acclamations un des plus glorieux auteurs de cette boucherie de prisonniers désarmés, M. de Galliffet, que l'opportunisme aux abois conçut un jour l'idée de nous donner pour dictateur de la République française.

Ces morts s'étaient réjouis aux Mi-Carême du passé, comme les vivants d'aujourd'hui se réjouissent à leur tour. Mais je vous le dis, à vous dont toute la sagesse est « de laisser le pessimisme aux pays nébuleux », ces rieurs d'hier demanderont d'autres joies demain, et les mitraillades de Galliffet, en les réduisant au silence, n'aboutiront qu'à préparer de nouvelles exigences de bonheur.

Votre moyen de gouvernement depuis cent ans, c'est la fameuse saignée préconisée par M. Arthur Meyer. Que vous demandent donc ces gens? Rien qu'un peu plus de joie pour tous. Qui le leur refuse? Ceux qui ne trouvent dans l'accumulation des possibilités de jouissances, que le dégoût de vivre dans le mortel ennui des blasés.

Puisque ce peuple n'est pas féroce, comme vous en convenez vous-mêmes, puisqu'il est bon s'il est heureux, pourquoi l'affolez-vous de votre sauvagerie bourgeoise?

Vous ne disposez pas du bonheur, sans doute, mais vous pouvez supprimer quelque chose du malheur. Au lieu d'aggraver la souffrance par vos massacres de guerre civile, diminuez-la, comme il vous est facile, répandez l'espérance à pleines mains, et dissipant les haines, les terreurs, vous pourrez remplacer, dans l'heureuse quiétude, les semaines sanglantes des Galliffet du passé par les gaîtés ininterrompues des Mi-Carême qui viendront.

II

NOS JEUX

Un temps se juge par ses jeux, qui sont partie de sa pensée. Comme le stade pour la Grèce, le cirque a puissamment caractérisé l'âme romaine. Je ne sais de quel signe se pourra marquer, dans l'histoire, notre époque de mentalité confuse, de volonté défaillante, mêlant étrangement les hautes spéculations d'une élite avec les basses superstitions de la foule. Ce sera peut-être même une question de savoir si nous aurons, dans notre tumultueuse impuissance, un reste suffisant du génie de notre race pour frapper d'une empreinte originale un âge dont le propre est de fondre de plus en plus dans l'universelle médiocrité débordante tout effort d'individualité, tout essai de vie sincèrement personnelle.

Tout ce que j'ose noter quant à présent, c'est le goût du sang qui paraît croître en nous, à mesure que les idées de charité, de justice, occupent plus de place dans nos discours. Ample matière à philosopher, ces chrétiens qui n'échappent aux bêtes du cirque que pour allumer des bûchers. Même sujet de méditation, cette fièvre humanitaire du dix-huitième siècle, qui ne nous sauve des dragonnades catholiques que pour dresser des échafauds sans distinction de confession.

Je ne dis rien des guerres de ces temps et du nôtre. Tous ceux qui ont étudié de près les péripéties de la guerre franco-allemande reconnaîtront que le sentimental Germain y a développé une puissance inattendue de barbarie attestant un notable recul sur les guerres de l'époque impériale. Faut-il rappeler qu'il s'est trouvé un des plus distingués officiers de l'armée allemande, le major von der Goltz, pour ériger la sauvagerie militaire en principe de combat, et pousser le soldat à exagérer les horreurs de la guerre, dans l'espoir prétendu de les abréger!

L'impartialité veut que je constate une férocité non moins éclatante dans l'affreuse guerre civile surgie de nos défaites. La barbare théorie des otages fut remise en honneur, et Paris vit, huit jours durant, aux applaudissements des classes éclairées, un massacre de prisonniers — hommes, femmes, vieillards, enfants — auprès duquel le cirque, confondant chrétiens et bêtes, ne parut que l'effet d'un délire de cruautés limitées.

Ces temps sont déjà loin, dira-t-on. J'en conviens. Ceux qui s'entrefusillèrent, font assez bon ménage aujourd'hui. Des monarchistes sont devenus républicains, s'ils sont demeurés cléricaux. D'anciens révoltés sont, aujourd'hui, des bourgeois tranquilles, des modérés : quelques-uns sont aux honneurs. Cependant, tout homme sagace, dans les implacables polémiques des vingt dernières années, a dû souvent saisir l'éclair des yeux, le son de voix, le geste irrépressible qui dénoncent la joie sauvage de la cruauté satisfaite.

Un journal monarchiste, il n'y a pas longtemps, annonçait d'une âme paisible, que nous avions besoin d'une *saignée*. Il parlait, bien entendu, de la *saignée* qui serait pratiquée par ses amis, non de celle dont ils pourraient être victimes. Quel état d'âme, pour qu'on ose, en toute candeur, prononcer de telles paroles, destinées peut-être à des répercussions fatales! Vienne l'occasion : les colères, les fureurs d'en haut, comme d'en bas, peuvent s'accumuler soudain, et, de leur choc, l'éclair sanglant jaillir. Dieux bons, détournez ce présage !

Pour en revenir aux jeux où nous ne cherchons souvent, avec une gymnastique préparatoire de l'action, que l'avant-goût des plaisirs que nous attendons de la vie, comment nier que notre âme s'y révèle tout entière, en dépit des hypocrisies dont on nous enseigne à voiler toute sincérité ! Jouant à la poupée, embrassant la mignonne face de carton peint, la petite fille montre qu'elle sera maman. Dans l'attente des joies de la bataille, le petit frère se campe un casque de papier doré sur la tête, et s'élance bravement contre un ennemi plus faible. N'est-ce pas déjà l'homme qui pointe, en toute innocence ?

Mais cet homme, au faîte de sa croissance, il ne peut pas attendre que la destinée lui fournisse à toute heure l'occasion de se délecter de la défaite du moindre, de se repaître de l'odeur et du goût du sang des vaincus. D'ailleurs, la guerre a ses chances. L'homme blanc peut être réduit à merci par des blancs, et forcé de se rejeter sur les jaunes ou sur les noirs pour connaître la volupté de la victoire. Et même alors, comment tout un peuple se tiendrait-il pour satisfait de triomphes dont il ne lui revient que de vagues échos ? C'est bien du vrai sang qui coule là-bas, de la vraie chair qu'on torture et qu'on tue, mais si loin, si loin, que le meilleur de l'émotion se perd en route.

A nous le sanglant pugilat des lutteurs, à nous les combats de taureaux, où les hommes blessés à mort, les bêtes éventrées, se mêlent dans les convulsions d'une stupide agonie, pour la seule joie du spectacle de la souffrance et de la mort. La loi interdit ces combats. Les Français, si soumis à la loi, qui n'auraient pas bougé pour l'impôt le plus vexatoire, se sont mis en révolte, ont fait reculer le gouvernement qui n'ose. État d'âme du Midi.

Et si vous êtes curieux de quelque note sur l'état d'âme du Nord, que n'alliez-vous, il y a trois jours, au *Cirque d'Hiver*, pour vous délecter de la lutte de Yousouf et de Kara-Amet, deux Turcs de la dernière *Turquie*, qu'un fort enjeu de monnaie chrétienne avait mis au point de vouloir à tout prix se débarrasser l'un de l'autre. Hommes et femmes avertis que *la lutte serait chaude*, se disputaient les bonnes places. Au signal donné, les deux brutes se ruent, et les voilà roulées en boule dans l'arène. Le plus nerveux, Kara-Amet, est dessous. L'autre, colosse énorme, l'écrase de son poids. Affaire d'endurance. Si Yousouf peut conserver cet avantage il est vainqueur. Et *pendant trente minutes* les deux hommes immobiles, accrochés dans une étreinte suprême essayent, l'un d'écraser la carcasse pantelante, l'autre de s'arc-bouter pour user l'effort.

C'est bien, mais cela manque de péripéties. Le public s'ennuie de voir cette sauvagerie pétrifiée. On tape des pieds, et, comme les vestales qui retournaient le pouce pour demander l'égorgement du vaincu, d'innocentes enfants se plaignent qu'à défaut de cris et de sang, on ne voie point porter le coup qui accuse la souffrance.

Le spectacle va changer. Yousouf, de la main passée dans l'aine de l'ennemi, cherche à le tordre comme la bête qu'on émascule. Cette fois la galerie s'amuse. Ce sont des cris de joie, des plaisanteries obscènes dont rougit le sexe timide. Dix fois, Kara-Amet, d'un revers de poignet, déjoue la tentative du châtreur. Et, retourné tout à coup, marchant à quatre pattes avec le géant sur son dos, il essaie, par de brusques secousses, de faire lâcher prise à l'étouffante masse cramponnée dans sa chair. En vain. La désespérée convulsion ne peut décrocher les corps de cet accouplement mortel. Le public trépigne de plaisir, l'amateur bave, les petites femmes, la main comprimant le corsage, se pâment de volupté.

Yousouf, maintenant les doigts de la main droite dans le nez de Kara aplati sur le sol, lui écrase les cartilages, et, de la main gauche, saisissant à pleine poignée le larynx, l'étrangle comme un poulet. Cette fois, c'est assez, il ne faut pas que l'homme meure. On ne pourrait plus recommencer.

Mais on a beau crier, Yousouf, convulsé de son étreinte, ne lâche pas, ne peut plus lâcher. On se rue sur lui. A coups de canne, à coups de botte, à coups de parapluie, on lui zèbre le dos de meurtrissures. On le détache enfin, et Kara, bientôt, se remet à respirer, par miracle.

Alors, ce sont les spectateurs qui en viennent aux prises, les uns soutenant qu'il fallait laisser achever le meurtre, les autres alléguant que le demi-étranglement suffit à leur joie. Les arguments conduisent aux coups. Une nouvelle bataille s'engage, et durerait peut-être encore si les bons municipaux, à coups de plat de sabre, n'avaient calmé ce dernier spasme de plaisir en fureur.

Telles sont, avec les exhibitions de femmes nues, les dernières joies de Paris. Le Conseil municipal qui rêve, pour nous, des récréations plus tranquilles, nous prépare, dit-on, un prodigieux *bœuf gras*. Grâces lui soient rendues.

Nous verrons passer le cortège triomphal de sauvages barbus qui nous rappelleront les temps regrettés où la candide massue était l'unique raison d'être de toutes choses, nous acclamerons l'innocente bête, nous lui chanterons :

> C'est par tes soins qu'on voit la plaine
> Verte l'hiver, jaune l'été.

Et puis, nous la tuerons. Et puis nous la mangerons. Et, au moins, si le sang coule, ce ne sera pas seulement pour le plaisir des yeux.

III

CORRIDA

Dimanche dernier, grande *Corrida de Toros* à Bayonne, en France. Six taureaux tués. Trois par *Espada* : Guerrita, Carancha. Une quinzaine de chevaux éventrés, des mares de sang, des entrailles pendantes où s'embarrasse la bête. Joie universelle. Il paraît que Guerrita travaille avec une grâce exquise. Le taureau lui-même l'admire. Carancha est plus lourd : il n'en finit pas de larder l'animal aveuglé de sang. Ce n'est pas bien. Grand public, d'ailleurs. « D'élégantes Parisiennes, dit le *Nouvelliste de Bordeaux*, habituées des mardis de la Comédie, de l'Opéra, des séances académiques, étaient accourues de Biarritz. » Les six taureaux n'ont pas dû s'ennuyer.

J'ai vu des courses de taureaux à Madrid. Je n'entreprendrai pas de les décrire après Théophile Gautier. Je puis cependant dire un mot de mes impressions personnelles. Le matin, de bonne heure, je me rendis aux arènes avec quelques *aficionados* pour voir la *distribution*. C'est là que les connaisseurs ont occasion de porter un premier jugement sur la valeur des bêtes. Dans une cour carrée entourée d'arcades, six taureaux roux et noirs, paisiblement vautrés, ruminaient, immobiles, sans penser. Au milieu, un grand bœuf gris, avec une sonnette. C'est le guide qu'ils suivent de confiance et qui, naturellement, les conduit à la mort.

Le bouvier vêtu d'innombrables lambeaux effiloqués, reliés entre eux par les bizarres spirales de galons raboutis, dormait en un coin au milieu de ses amis ruminants. De forts piquets laissaient tout juste entre eux le passage d'un homme. Voyant ces bêtes si calmes et ce bouvier dormant, je m'avançai d'un mètre. En sursaut, les six bêtes furent debout, et, battant de la queue, soufflant de fureur, coururent sur l'intrus. Jamais retraite ne fut si prompte. On voulut bien m'excuser sur mon ignorance. Mais j'eus l'impression d'une effroyable détente de haine.

Quelques instants après, le troupeau s'engouffrait, à la suite du bœuf à sonnettes, dans un couloir menant chaque bête à la cellule obscure où elle s'enrage à souhait avant le soleil aveuglant de l'arène. Du haut d'un balcon disposé à cet effet, on les voit passer de cellule en cellule comme des ombres furieuses, sous le long aiguillon des gardiens perchés sur la crête des murs. Les dernières portes se referment. On se reverra tout à l'heure.

La description de l'avenue d'Alcala par Théophile Gautier est à peine exagérée. On ne peut pas rendre ce grouillement carnavalesque de toute une ville se ruant aux arènes en une folle exubérance de plaisir. Les soies de la *Quadrilla*, l'or des étoffes, les vives clartés du costume des *manolas* bariolent à plaisir un torrent d'invraisemblables véhicules roulant, dans de joyeuses clameurs, au spectacle du sang. L'arène a été cent fois décrite. C'est un merveilleux spectacle. La lumière, la joie de voir et d'être secoué des couleurs, cela se sent, mais ne se transmet pas par l'écriture. Mon bonheur, c'était de voir voler les oranges dans les airs comme des arcs-en-ciel de flamme. Marchands et acheteurs sont d'une adresse miraculeuse. On dirait d'une pluie d'étoiles filantes sous le ciel bleu.

Maintenant, si le philosophe m'arrête et me demande ce que ce peuple de chrétiens fait là, hommes, femmes, vieillards, enfants, de toute condition, de tout rang, je suis bien obligé d'avouer qu'ils ne sont pas venus du tout pour écouter quelque parole sublime, s'édifier d'un noble spectacle, honorer un penseur, un artiste, un bienfaiteur de l'humanité. Non. Ni écrivain, ni prêcheur, ni broyeur de couleurs, ni pétrisseur de glaise, ni philosophe, ni ascète trois fois saint, n'auraient la grâce d'un tel concours humain.

Regardez. La porte s'ouvre et la bête affolée s'élance. Un temps d'arrêt pour choisir l'ennemi, une seconde d'angoisse. Et puis, en avant! Sous un *picador* bardé de fer, un malheureux cheval — yeux bandés — offre son flanc inerte. L'avalanche cornue se précipite. Homme, cheval, taureau, tout roule dans une poussière sanglante. J'ai vu un taureau soulever cheval et cavalier et les promener triomphalement sous un ruissellement de sang. Quand la bête est épuisée de massacre, stupéfiée de banderilles, bavante, chancelante, on la tue. Voilà le plaisir.

Les Espagnols ont une excuse. Ils n'ont pas la guillotine. Le *garrote*, qui consiste à écraser le cou du supplicié à grands tours de vis, a le grave défaut du capuchon. On ne voit ni grimace, ni sang. A quoi bon s'assembler pour voir, si la torture de l'homme attaché au poteau se traduit seulement par d'imperceptibles mouvements que l'imagination est obligée d'interpréter pour jouir vraiment de la torture? Voyez les Turcs, avec leur pal. Voilà des gens qui s'entendent aux spectacles. Cela n'en finit pas. On voit couler le sang, on entend les hurlements, et l'effroyable convulsion du visage donne bien la sensation du supplice. Notre guillotine n'est pas mal, mais c'est un éclair. Et puis, cela se passe à l'aurore. Les habituées des mardis de la Comédie ne peuvent se lever si tôt. Aussi, cette foule des exécutions est bien grossière. Elle crie, elle chante, elle mange de la charcuterie. A Laval, elle a applaudi ; à Batna aussi, où l'on vient de guillotiner cinq hommes après un supplice de quinze heures. Les applaudissements deviennent de mode aux exécutions. A la Comédie, on a des gens pour cela.

Aux arènes de Bayonne on est beaucoup mieux installé qu'à la place de la Roquette. Et puis, cela dure plus longtemps. En outre il y a l'imprévu. Avec Deibler c'est toujours la même chose. Il ne court aucun risque, et quand on le voit sortir de sa prison avec son homme ligotté, on voit tout de suite qu'Henry ne lui mettra pas le cou dans la lunette. A Bayonne, il y a l'improvisation. Guerrita peut recevoir une corne dans le ventre, sauter en l'air et retomber les reins cassés. Si on n'a pas l'amusement de ce spectacle, c'est déjà beaucoup de l'attendre, et si le taureau tue son homme, on crie : « Bravo taureau. »

Enfin, un autre attrait se présente. Dans le combat entre le bourreau et le supplicié, il y a une raison de ce qui se passe ou tout au moins quelque chose qui en tient lieu. L'homme a tué ou voulu tuer, douze jurés l'ont dit du moins. On le tue en gémissant. On a l'air d'y être forcé. « Il faut bien se défendre », etc. La loi donnant une apparence de justification, cela gâte le spectacle du supplice en soi. On a la prétention de faire une chose raisonnable : il n'y a presque plus de plaisir.

Tandis que, prendre des animaux qui ne sont en rien mêlés aux querelles humaines, les faire s'entre-tuer sans raison, achever ceux qui survivent, sous les yeux d'une foule excitée par la vue des chairs palpitantes et des giclements de sang chaud, voilà bien le plaisir du meurtre pour le meurtre, de la torture pour la torture, et du sang pour le sang. Le Peuple-Roi jadis y trouva ses délices, et, plus raffiné que nous, mêla les hommes et les tigres en d'atroces rencontres, ce qu'on n'ose plus faire aujourd'hui par l'hypocrisie des temps. Puis on eut les bûchers de l'Inquisition avec des moines chantants. La mode en est passée de même. Galliffet n'a pas fusillé de prisonniers depuis plus de vingt ans. Monotone, la vie. Quelles joies nous resteront, bientôt ?

C'est de quoi le gouvernement s'est occupé, et voilà pourquoi il nous émoustille de spectacles sanglants. C'était l'autre jour à Oran, où le préfet applaudissait à la mort du taureau. Puis à Bayonne, où les abonnées des mardis de la Comédie-Française ont pu tout à leur aise renifler de leurs vieilles narines peintes l'odeur rajeunissante du sang. D'autres villes encore attendent anxieusement leur tour. Le plus beau de l'affaire est que c'est défendu. Cela redouble le plaisir.

On a dit que le peuple romain s'était dégoûté de tout. C'est une erreur. Il lui resta toujours le goût du sang. Que de Romains dans notre Gaule.

IV

AUX AMBASSADEURS

N'est-ce pas Périclès qui disait que l'art doit faire oublier la vie? C'est pour achever de connaître toutes les manifestations d'*art* de mon pays que je me suis rendu hier soir au *Café-concert des Ambassadeurs*. On jouait là certaine *pièce* qu'il fallait voir, me disait-on : *la Revue déshabillée*. Plaignez-moi, je ne connaissais ni le *Coucher d'Yvette* ni le *Lever d'une Parisienne*. *Émilienne aux Quat'-z-Arts* était pour moi le dernier mot du genre. A Paris quand on ne fait pas sa vie de se tenir au courant, on est bientôt dépassé. Il fallait rattraper mes contemporains. C'est fait.

En dépit de l'enseigne, rien du quai d'Orsay. En plein air, sous la protection d'une grande marquise, d'interminables rangées de stalles cirées qui rappellent le matériel scolaire. Le pupitre est occupé par une consommation. La leçon de choses viendra tout à l'heure. Contrairement à ce que je m'étais imaginé, la *classe* est la plus paisible du monde, faite de bourgeoisie bourgeoisante qui prétend s'amuser décemment. On se tient mieux qu'à l'Opéra où il est de bon ton d'empêcher son voisin d'écouter. Point de fumée gênante. L'horrible odeur de consommations douteuses ne gâte point la fête. On peut venir et on vient en famille.

Les derniers flonflons d'une ouverture, et le rideau se lève. Au milieu de la scène un lit d'où sort une tête ébouriffée, avec deux bras nus qui s'étirent. Après une mimique préparatoire, la dormeuse se dresse sur son séant, et, sous les divers prétextes de la préparation au lever, esquisse une série de poses provocantes. La poitrine est très découverte, mais moins que chez les honnêtes femmes courantes, un soir de bal. C'est le cadre, c'est-à-dire le lit, qui met ici la nudité en valeur.

Mais on ne peut pas en rester là. Voici la pédicure, et ma foi il faut bien risquer la jambe hors du lit. La jambe se coule hors du drap, et s'allonge et s'allonge.... jusqu'à ce qu'il n'y ait plus moyen de s'allonger davantage. Je regarde autour de moi. Mes voisins de tous sexes, bouche bée, ne disent pas un mot, ne font pas un geste, ne perdent pas un détail.

Le corps est rentré sous le drap. Tout à coup la couverture, vole et la Parisienne des *Ambassadeurs*, mine pudique et reins cambrés, apparaît debout dans sa triomphante simplicité. Une courte petite chemise, bleutée, pour éviter — ô pudeur! — les révélations de la transparence, montre tout ce qu'on peut montrer, à part les réserves les plus strictement obligatoires. Mes voisins sont dans la joie, mais trop heureux pour être bruyants. L'attention est telle que le public est incommodé du bruit des feuilles mortes que les marronniers secouent sur nos têtes, et qui s'abattent en tournoyant comme de grandes phalènes noires autour des girandoles de lumière. J'ai cru qu'on allait crier : *chut!*

Cependant cette malheureuse jeune femme ne peut rester ainsi déshabillée, sous le regard de tous. Une soubrette vêtue d'une petite soie qui jette un pont tremblant entre le décolletage d'en haut et le décolletage d'en bas, apparaît justement avec un peignoir virginal celui-là. Mais décidément cela gêne, et après quelques mines, voilà derechef l'infortunée dévêtue. Il faut s'habiller. Vite les bas noirs. Les bas ne sont pas plus tôt mis que le défilé de *la Revue* commence, et l'aimable enfant est obligée d'assister aux scènes qui se succèdent, et d'y prendre part, le corset à la main, sans trouver le temps de pousser plus loin une toilette qui n'est pas même ébauchée.

Grande conquête! une femme autrefois jouait la comédie en robe entr'ouverte. Maintenant elle joue en chemise. Au saut du lit, il lui suffit de passer aux jambes les gants d'Yvette Guilbert, pour être en tenue d'ordonnance. Où nous arrêterons-nous?

De la revue, rien à dire. Elle est plus inepte encore que je n'avais rêvé! On y voit beaucoup d'autres femmes en chemise sans qu'on sache pourquoi. Phryné enlève tout, en ayant soin seulement de tourner le dos au public. Comme elle est à deux pas d'une glace, il y a des places qui doivent faire prime. Les femmes en chemise qui sont en rang d'oignons au fond de la scène, ont la joie du spectacle, sans le secours d'aucune glace. Leur pudeur s'exclame... trop tard... hélas!

Quatre jeunes Anglaises toutes roses, très long vêtues, saluent les éternelles femmes en chemise en ramenant leur robe sur la tête. Le résultat c'est que le public à qui elles tournent le dos, voit apparaître sous une mousseline très savante, quatre couples de demi-sphères qui ne demandent qu'à rougir.

Le public, toujours silencieux, ne bronche pas. Je l'ai bien regardé. C'est le public honnête du Paris d'été. Toutes les femmes un peu bruyantes sont aux eaux, font les plages. Je ne saurais dire si M. le maire avait jamais posé à chacune des personnes présentes les inconvenantes questions exigées par la loi. Je ne le crois pas. Mais je n'ai pas vu de public d'une tenue meilleure.

Il y a deux ans, en ce présent mois, aux fauteuils d'orchestre de l'Opéra, à Vienne, mon voisin, qui accompagnait sa femme, était en complet de flanelle rayée. Ici, point de ces négligences. Des provinciaux corrects, venus en famille, des Parisiens entre deux villégiatures, des Américaines, des Anglaises en bande. Beaucoup de monde. A côté de moi, un vieux monsieur décoré, avec sa femme qui s'amusait autant que lui. Tous ces gens paisibles, heureux, d'une gaieté décente. Quelques-uns, des habitués sans doute, chantonnaient discrètement le refrain en même temps que l'*artiste*. Combien de fois avaient-ils vu ce spectacle?

En finissant, la commère nous engage à revenir demain. *La Revue*, dit-elle, sera encore plus déshabillée. Cette fois, elle montrera son... Quel malheur qu'un coup de grosse caisse ait coupé l'effet de la fin.

Voilà ce que j'ai vu. Je me reprocherais d'en gâter le récit par des commentaires moroses. Je me demande seulement où nous nous arrêterons dans cette voie. On a d'abord montré une femme qui se couche, puis une autre qui se lève. Dans tout cela il n'y avait qu'un moment psychologique, trop court, paraît-il, maintenant on l'a prolongé à souhait. La femme reste en chemise, chantant, dansant avec d'autres, pendant toute une pièce. Que va-t-on trouver désormais pour allécher un public qui toujours — quoi qu'on fasse — fatalement se blase?

Ces sortes de spectacle ne sont pas nouveaux, et répondent apparemment à un état d'âme, si j'ose m'exprimer ainsi. Le Bas Empire se permit tout. Nous resterons plus réservés. Par impuissance de franchir certaines limites, la réaction de vertu se fera.

En attendant, je remarque que nous nous traînons dans la plus abjecte platitude, tandis qu'au moins le dix-huitième siècle relevait d'esprit sa licence. Puisque progresser c'est recommencer, il est fâcheux que la licence soit seule revenue.

Dans un de ses couplets, le compère de *la Revue* demandait quel plaisir pouvaient prendre de braves bourgeois à venir voir des femmes dévêtues, en public. Aucun, vraiment. Il semble même que la première satisfaction goûtée, le spectacle devienne insipide et, par son manque d'excitation, presque moral.

A la sortie, deux hommes, devant moi, s'en allaient causant. « On a bien fait d'arrêter le scandale, disait l'un, c'était un outrage aux mœurs ». Ils parlaient de l'école de Cempuis.

V

CHEZ LES ESPRITS

L'esprit souffle où il veut. Il ne soufflait point l'autre jour dans les voiles de Mrs Williams, spirite de distinction venue tout exprès d'Amérique pour évoquer les morts et faire apparaître à notre vue les esprits dont chacun sait que le monde est peuplé. Pendant que l'aimable Américaine opérait dans cette obscurité profonde où se complaisent les gens de l'autre monde, quatre mécréants se jettent sur elle, la trouvent, hors de sa robe, vêtue d'un maillot noir, agitant des masques à perruques et des pantins en fil de fer qu'elle cachait dans sa traîne.

Je ne puis me défendre de la plus vive admiration pour les artistes dont le génie prépare et exécute ces amusantes mystifications. Bosco a fait la joie de mon enfance, et je lui suis bien autrement reconnaissant qu'au vieux professeur de mathématiques qui avait entrepris de me démontrer l'existence de Dieu par la table de Pythagore. Jamais je ne m'amusai plus qu'un certain soir à Vienne, dans un salon où se trouvait le professeur Hermann que tout Paris a connu. Le sorcier fit cent tours les plus merveilleux du monde. L'histoire de Home et des frères Davenport, sous l'Empire, est bien connue. Le seul tort de ces artistes fut de ne pas avouer leur talent, et de vouloir nous donner le résultat de leur habileté singulière par la manifestation des puissances d'en haut... ou d'en bas.

Au lieu d'excommunier des acrobates distingués, qui ne font après tout qu'exploiter la crédulité publique d'une façon beaucoup plus inoffensive que d'autres qui sont aux honneurs, je voudrais qu'on leur fît accueil et qu'on les encourageât par des subventions d'Etat à nous entretenir dans de plaisantes illusions. Mais le miracle subventionné ne permet pas la concurrence. Voilà le malheur. Le miraculeux, dans les prodiges de tout ordre dont s'ébahit notre candeur, c'est l'invraisemblable crédulité des hommes, le besoin de merveilles, qui n'est après tout qu'une déviation de la curiosité de connaître, principe de toute culture, source de tout progrès.

Il n'y en a pas de plus bel exemple que l'histoire du photographe spirite dont l'histoire remonte à une quinzaine d'années. Celui-là ne faisait pas seulement apparaître des esprits, ce qui est vulgaire. Il les photographiait, et chacun pouvait emporter chez soi l'image authentique de l'esprit de sa regrettée belle-mère ou de feu sa pudique épouse. Il y avait foule. La police s'en mêla fort mal à propos, et amena sur les bancs de la police correctionnelle le photographe des esprits, suivi de tout un lot de poupées de plâtre qui, drapées d'une serviette et coiffées de filasse, figuraient très convenablement les habitants des régions surnaturelles.

Les victimes naturellement défilèrent aussi racontant leur histoire, toutes fort honteuses d'avoir donné dans la supercherie. Mais le piquant de l'affaire fut qu'il se trouva un vieil officier supérieur, officier de la Légion d'honneur, que rien ne put convaincre d'avoir été dupé. On eut beau lui montrer tous les plâtres et jusqu'à la poupée qui avait posé pour la photographie de son aïeul, le vieux brave se mit en carré, et intrépidement résista à toute entreprise contre sa foi. « Tout ce que vous dites est possible répétait-il au président, mais je sais bien que j'ai vu mon grand-père et que voilà sa photographie. » Comment s'étonner après cela que l'Amérique nous envoie ses Home, ses Davenport, ses Williams et ses Slade?

Slade fut, à mon avis, le plus curieux de tous. Mon collègue et ami de Lacretelle m'emmena le voir un jour, au sortir de la Chambre. Nous trouvâmes le spirite et son *manager* dans un appartement garni du quartier Beaujon. Slade était un grand diable imberbe, pâle, souffreteux, qui se disait paralysé d'une jambe. Il se traînait difficilement. Le *manager*, antithèse vivante, montrait une face rubiconde émergeant d'une broussaille de favoris blancs. Celui-là faisait un bruit d'enfer, affirmant le miracle, le commentant, racontant mille histoires surprenantes, étourdissant le visiteur et décourageant d'avance la plus discrète contradiction.

On nous conduisit dans une chambre sans meubles, sans tapis, sans rideaux. Rien qui pût cacher un engin de tromperie. Au milieu, une table en bois blanc, faite de planches assemblées sur quatre pieds, point de tiroir. Nous prîmes place sur des chaises de paille de l'espèce la plus vulgaire. Il faisait grand jour.

Slade nous présenta deux petites ardoises d'écolier que j'inspectai minutieusement sans y découvrir trace de truquage. Entre les deux ardoises appliquées l'une contre l'autre, un petit bout de crayon fut placé. Slade alors, me les posa sur la poitrine où il les maintint de sa main. Il me pria d'adresser mentalement une question à l'esprit. Aussitôt le grincement du petit crayon sur l'ardoise se fit distinctement entendre. Les T qui se barraient, les I qui se surmontaient d'un point, tous les signes de ponctuation se répercutaient directement sur ma poitrine où je sentais le choc des petits coups, et le glissement du crayon. Les ardoises ouvertes, on trouva quelques lignes d'écriture. Le petit crayon montrait une extrémité tout usée de frais. L'expérience fut répétée avec une seule ardoise dont le spirite cachait sous la table la partie où se trouvait le crayon. Toujours même résultat. Je n'ai pas besoin de dire que le sens des réponses de l'esprit s'appliquait vaguement à toutes les questions possibles. De plus, Slade ne parlant pas d'autre langue que l'anglais, l'esprit n'avait à sa disposition qu'une phrase de français et d'allemand, toujours la même. La culture des langues n'est vraisemblablement pas en honneur dans l'autre monde.

Nous étions assis autour de la table dont la dimension était telle que Slade en étendant la jambe ou le bras n'aurait pu m'atteindre sans être obligé de se coucher dans sa chaise. Soudain, il m'avertit que son ardoise voulait absolument me rejoindre. Je mis la main sous la table, et pendant que Slade faisait mine de résister à l'ardoise qui voulait lui échapper, celle-ci m'arriva, non point comme lancée, mais délicatement posée d'un mouvement contenu.

Je n'étais pas remis de ma surprise quand les esprits s'avisèrent de me détacher ainsi qu'à l'infortuné Lacretelle de vigoureux coups de pieds dans les jambes et même dans le flanc. Je ne sais d'où cela venait, mais je suis sûr des coups. J'avoue que je crus d'abord à une mauvaise plaisanterie de mon voisin. Mais la mine de Lacretelle m'avertit qu'il m'attribuait la même farce de mauvais goût. Nous éclatâmes de rire. On eût dit d'un pied fort agile dans un chausson. Enfin comme nous nous levions les chaises se mirent à sauter au plafond, et la table à danser. Ce fut le bouquet.

Ce que les arguments de Platon n'avaient pu faire dans mon esprit en faveur de l'immortalité de l'âme, les ardoises et les coups de pied de Slade furent impuissants à l'accomplir. Mais il me fut impossible, avec l'attention la plus éveillée de découvrir la moindre trace de supercherie.

Quelque temps après, j'appris que les trucs de Slade avaient été dévoilés en Angleterre où il avait subi, de ce fait, une condamnation. Le bruit s'en répandit à Paris, et notre homme dut renoncer à ses amusantes mystifications.

Pour avoir *vu* et *touché*, saint Thomas se rendit et crut. Lacretelle et moi, nous avons *vu*, nous avons été *touchés*, et voici qu'un arrêt de justice nous interdit de croire. D'autres croiront pour nous. Comment détromper le vieil officier qui, en dépit des plus accablants témoignages, pressait tendrement sur son cœur la photographie de l'esprit de son grand-père? C'est l'attestation, dans le présent, de l'état d'esprit du passé.

Au progrès accéléré de la connaissance correspond l'évolution lente du sentiment. L'homme moderne est le produit de ce désaccord.

VI

UN ENNEMI DU PEUPLE

Le Nouveau-Théâtre nous a donné *Un Ennemi du peuple*, de Henrik Ibsen.

En compagnie de Gustave Geffroy et d'un aimable député de la Gascogne fleurie, j'ai eu la joie de vivre le grand drame de pensée profonde. Dans une loge voisine, des journalistes, des députés qui se trouvent des hommes de lettres, suivaient l'action poignante avec une attention émue. Durant les entr'actes, comment ne pas discuter? Nous avons bravement ferraillé. Même, certain député gascon, à la langue bien pendue, ne se faisait pas faute, en pleine représentation, de lancer d'une loge à l'autre de vibrantes exclamations par-dessus la tête d'un jeune couple amoureux, tout étonné de cette exubérance. On aurait pu se croire, pour un moment, aux beaux jours de 1830 où l'on aimait quelque chose, où l'on se passionnait, où l'on vivait. Il s'agissait de politique en vérité, car le drame d'Ibsen est tout de psychologie politique. Vous plaît-il de recevoir l'écho de nos discussions? Le sujet en vaut la peine assurément.

Vous pensez bien que je ne vais pas faire mon Sarcey, et vous dire comment j'aurais fait la pièce si je m'appelais Francisque Ibsen. Livrons-nous tout naïvement à l'auteur, et écoutons-le avant de le juger.

La scène se passe en Norvège, bien entendu. Le docteur Thomas Stockmann, médecin des eaux, vient de découvrir que les sources thermales où accourent ses clients sont empoisonnées des produits d'une tannerie. C'est un bien petit fait, sans doute. Voyez ce qui en découlera quand les intérêts divers des particuliers et de la communauté vont se trouver aux prises, pour décider de la solution qu'il convient de donner à l'incident.

Stockmann est tout heureux de sa découverte. Il vient de rendre service à sa ville comme à l'humanité. Il avait remarqué que beaucoup de baigneurs partaient plus malades qu'ils n'étaient venus. On ne l'avait pas écouté quand on établit la prise d'eau. On va remédier au mal et tout rentrera dans l'ordre. Vous pensez si ses amis le félicitent. Le journaliste Hovstad, du *Journal du Peuple*, n'est pas des derniers. « Surtout, lui dit Stockmann, je veux triompher sans bruit : pas de cortège avec drapeaux et discours, pas de souscription, pas de médaille. La conscience du service rendu me suffit. »

C'est l'exposition du premier acte. Nous avons vu passer le frère du docteur Stockmann, qui est préfet de la ville et président de la compagnie des eaux. C'est le fonctionnaire dans toute sa beauté. La fille de Stockmann, jeune institutrice qui demande pourquoi on l'oblige à enseigner aux enfants des choses auxquelles nul ne croit, nous avertit que nous sommes dans un monde naïvement rebelle aux préjugés sociaux.

Il s'agit maintenant de mettre la réforme en œuvre.

Hovstad offre le concours de son journal. Tout va bien. Mais c'est le préfet qui n'est pas content. Il chapitre son frère et le tance vertement de sa sottise. Il faudra fermer l'établissement de bains. La compagnie est ruinée. La ville aussi. Il faut que Stockmann revienne sur ce qu'il a dit dans son rapport, et s'inflige à lui-même un démenti. « Jamais, répond le docteur, c'est une insigne fourberie qu'on me demande. Je rendrai service à ma ville, à mes concitoyens, à mes malades en dépit de toutes les autorités... Non, ces esclaves en rond-de-cuir n'infligeront pas une pareille torture à un honnête homme, à un homme libre. Je veux conserver le droit de regarder mes fils bien en face, quand plus tard ils seront des hommes libres. » L'épée est tirée, la bataille est décidée. C'est le second acte.

Nous sommes au troisième acte, dans la salle de rédaction du *Journal du Peuple*. Le directeur Hovstad se prépare à mener la campagne avec Stockmann dont l'article va paraître. Le sort en est jeté. L'heure de l'action est venue. Mais voici le préfet. Quelle surprise ! Le bon fonctionnaire vient causer avec le journaliste de l'opposition. La compagnie des eaux, présidée par le préfet, ne peut faire la dépense qu'exigerait la réforme demandée par Stockmann. Aux contribuables de payer. La ville va être abandonnée comme un lieu d'infection. Tous les propriétaires d'immeubles seront ruinés, et, justement, l'imprimeur du journal, un homme *résolument modéré*, est président de la Société des propriétaires. Voilà le journal retourné. Mais Stockmann survient pour corriger ses épreuves. Scène violente avec son frère. Il faut voir le docteur, ironiquement coiffé de la casquette officielle, foudroyant son frère dépouillé de l'emblème du pouvoir, tandis que l'autre piteusement lui crie : « Mais rends-moi ma casquette. ».

Hélas! Il rendra la casquette, le malheureux Stockmann, car il apprend que le *Journal du Peuple* passe à l'ennemi. C'est le préfet maintenant qui parle haut. Il menace son frère de lui enlever sa place de médecin des bains. Mais Stockmann n'est pas homme à reculer. Sa brave femme, justement, qui venait le dissuader de se lancer dans la bataille, le pousse au bon combat quand elle le voit honni de tous, et prend noblement place à ses côtés. Stockmann en appellera au peuple. Il va convoquer une grande réunion publique.

Avec le quatrième acte, voilà la réunion publique. Place au peuple. Je ne puis pas raconter dans ses détails cette admirable scène. On devine que tout va tourner contre l'infortuné docteur. Le *Journal du Peuple* a fait campagne contre lui. Le préfet propose de lui refuser la parole sur la question des bains. On va voter. Stockmann n'obtient de parler qu'à la condition de traiter d'un autre sujet. Et le voilà qui se lance dans la haute métaphysique politique.

Quoi! il a raison seul contre tous. Comment l'unanimité des hommes pourrait-elle prévaloir contre la vérité scientifiquement établie? On lui crie : « Vous avez la majorité contre vous. La majorité a toujours raison. » — « *La majorité n'a jamais raison*, répond Stockmann. Une majorité est nécessairement de mentalité médiocre. *Tous ces gens-là vivent de vieilles vérités décrépites, desséchées*, tellement flétries, *qu'on ferait mieux de les appeler des mensonges* C'est cette nourriture corrompue qui empoisonne les majorités ».

Un beau sujet de discussion. Mais l'argument n'est

pas fait pour la foule, et la réunion vote à l'unanimité, *moins la voix d'un homme ivre*, que le docteur Stockmann est *un ennemi du peuple*. Horriblement conspué, bousculé, déchiré, mais faisant bravement tête, l'*ennemi du peuple* se retire sous les huées et les malédictions de tous.

Quelle plus belle thèse pour les discussions d'entr'actes que la question des majorités et des minorités. Vous pensez bien que les arguments n'ont pas manqué de part et d'autre. Il est certain que les vérités ne peuvent pas être d'abord aperçues par la foule, et que l'action de progrès vient des individus, autour de qui se groupe une minorité primitivement infime. Mais il ne peut pas suffire d'être minorité pour avoir raison. Le propre de la vérité est, une fois connue, de s'imposer à tous. L'épreuve décisive c'est précisément la conquête de la majorité. A qui confier la puissance d'action sinon aux hommes mêmes qui, s'ils se trompent, pâtiront de leurs fautes. Quand Stockmann se révolte contre la foule imbécile, exploitée par quelques-uns, il a raison. Il est trop pressé lorsqu'il tire une loi générale du spectacle qu'il a sous les yeux. Il ne tient pas compte du plus puissant facteur : le temps. Ce qui est vrai, c'est que les majorités éternellement changeantes, toujours s'annexant des portions de vérité venues des minorités, sont un élément de conservation non de progrès. C'est ce point méconnu qui fait, à mon sens, le vice de notre régime, tout de féroce précaution contre les minorités.

Mais retournons à notre Norvégien Stockmann. C'est chez lui que nous le retrouvons. En quel état! « *Il ne faut jamais mettre son meilleur pantalon, dit-il, quand on va défendre la liberté et la vérité.* » Toutes les vitres de son cabinet ont volé en éclat sous les cailloux de la *majorité*. Il les ramasse gaiement pour en faire un petit monument qu'il léguera à ses enfants. Le vitrier ne veut pas venir mettre des carreaux neufs, par crainte du qu'en dira-t-on. Le propriétaire lui donne congé, *par égard pour l'opinion publique*. Sa fille est mise à la porte de son école, toujours *à cause de l'opinion*. Un vieux marin lui reste fidèle qui, pour ce fait, est renvoyé par l'armateur. Son beau-père rachète à vil prix les actions de la compagnie des eaux et vient lui proposer de faire une grosse fortune en démentant son rapport. Il refuse. Déshérité. Le journaliste Hovstad, qui croit maintenant que Stockmann va faire l'opération sus-indiquée, lui revient dès qu'il le croit capable de la mauvaise action. Il est mis à la porte à coups de parapluie. Stockmann, qui avait d'abord pensé à s'expatrier, décide finalement de rester au poste de combat. Abandonné de tous, il se sent fort désormais. « *L'homme le plus puissant du monde, c'est celui qui est le plus seul.* » Il est certain que c'est celui qui peut développer le plus d'énergie personnelle, puisqu'aucune partie de son activité n'est neutralisée par les forces divergentes avec lesquelles un commun concours l'obligerait à composer.

Voilà ce beau drame, dans toute sa simplicité. J'ai pensé qu'il suffisait de le raconter pour le faire admirer. Point d'amour. L'action la plus compréhensive et la plus haute jaillissant tout naturellement, et par une progression croissante, de l'incident le plus simple et le plus banal. De grandes questions posées. De hautes pensées obsédantes. Toute la vie vivante, avec ses petitesses et ses grandeurs, ses vilenies, sa noblesse. La glorification de l'énergie individuelle contre les erreurs, les préjugés, les mensonges dont se fait l'opinion moyenne des hommes.

Par la grandeur de la conception, par l'action fortement construite, par le relief des caractères, le drame est vraiment shakespearien. C'est le mot qui est au bout de ma plume depuis ma première ligne.

On me permettra de m'en tenir là en remerciant M. Lugné-Poë et ses vaillants camarades de la belle soirée que je leur dois.

VII

A PROPOS DE D'IBSEN

Tout en rendant justice, dans *la Petite République*, au drame puissant d'Ibsen, Jaurès dirige contre *Un ennemi du peuple* quelques critiques qu'il me paraît intéressant de relever. Jaurès entend défendre contre le docteur Stockmann la masse populaire assez malmenée par le Norvégien, et se refuse à condamner les majorités, de parti pris, même après la réunion publique où la vérité reçoit de si fâcheux horions des citoyens assemblés. Ce qui choque surtout le politique, c'est le mot de la fin : « *l'homme le plus puissant est l'homme le plus seul* ». Il me paraît difficile, en effet, pour un orateur du Parlement et des foules de se ranger à cet avis.

Peut-être suffirait-il pour juger le drame d'Ibsen de lui appliquer la règle commune à toute critique de théâtre, qui exige d'abord de chaque personnage le langage approprié à sa situation. Un savant soumet sa découverte à son entourage que l'intérêt pousse à cabaler contre lui, et plus tard à la foule qui le hue et le lapide : sur quoi, l'homme de science, après avoir dit leur fait aux intrigants et aux sots, prend le parti de s'enfermer dans son cabinet. Le spectacle n'est pas nouveau et l'histoire de l'humanité vous dira que plus d'un Stockmann n'en a pas été quitte pour quelques pierres. J'ajoute que rien n'est mieux justifié, dans le cas dont il s'agit, que les imprécations contre la foule imbécile. Enfin, il convient de noter que Stockmann, tout en se proclamant seul, renonce à s'expatrier et va continuer la bataille avec l'aide des siens et d'un ami fidèle.

Maintenant, quel enseignement pouvons-nous tirer de ce spectacle, et dans quelle mesure, prenant parti pour le vaincu, accepterons-nous sa conclusion contre ceux qui l'écrasent de leur masse ? Où est le droit ? Et comment poser le problème des majorités et des minorités ? Le droit, à mon avis, est tout simplement dans l'individu, et le pouvoir social ne conquiert sa légitimité de doctrine qu'en organisant, en développant le respect du droit de chacun. Qu'est-ce que la vérité, qu'est-ce que le droit peuvent bien avoir à faire avec une question de nombre ? Si la question de majorité ou de minorité se pose, c'est simplement parce que la majorité, étant la plus forte, a nécessairement le fait actuel pour elle. Au nom de quoi, sinon du droit de la force qui est précisément le contraire du droit.

Et comment progresse le monde ? Par l'effort individuel, sans aucun doute. Mais par l'effort individuel qui, la vérité reconnue, se trouve dans l'obligation de conquérir l'assentiment de tous pour en faire bénéficier l'humanité. Il y a là deux opérations distinctes qui se partagent nécessairement l'activité humaine.

L'homme seul d'Ibsen, le plus puissant de tous, de son cabinet silencieux, mènera le monde avec des lignes noires sur du papier blanc. Seulement, si son action est décisive, elle est à lointaine échéance. Il parle, et il sera entendu. Mais comme le son met un temps calculé à parcourir l'espace, sa voix aura besoin d'une période plus ou moins longue pour arriver jusqu'à l'entendement de la moyenne des hommes, le pénétrer, le suggestionner, le déterminer à l'action. Pour cette opération nécessaire, sans laquelle la pensée du chercheur se perdrait dans le vide, il faut un lien, un fil conducteur de l'impulsion de pensée individuelle à la foule réceptrice. Cet agent de transmission, ce propagateur d'idées qui deviendront des actes, c'est l'homme qui agit sur ses semblables par la parole, par l'écrit, par l'action, c'est l'homme qui, de la minorité surgie du verbe du penseur, prépare et fabrique les majorités triomphantes. Celui-là ne peut être seul sans perdre sa puissance, puisqu'il a pour condition de vie, d'être plongé dans la foule vivante.

Tout le tort de Stockmann, c'est d'avoir voulu imposer sa vérité d'emblée à la masse populaire. Autant semer le grain sur le sol que n'aura pas retourné la charrue. Le laboureur n'a pas inventé le blé. On le lui donne, et il le sème. Le temps fera le reste. Stockmann est trop pressé. Il croit parler à des écoliers. Il rencontre la révolte. De fait, quand il a publié sa découverte, noir sur blanc, il a accompli sa fonction. Car nous savons bien qu'en fin de compte, quand on aura cassé beaucoup de carreaux, il faudra bien se résoudre à se débarrasser des microbes fâcheux, sous peine de ruiner à tout jamais la station thermale. Galilée fut condamné. Que dis-je? On lui fit condamner lui-même sa propre vérité, qui tout aussitôt se répandit dans le monde, et s'imposa aux successeurs d'Urbain VIII.

Ce qui manque à *l'Ennemi du Peuple*, c'est le sixième acte.

En somme, à quoi aura abouti la majorité réfractaire hurlant aux trousses du savant? A retarder la réforme, voilà tout. Jaurès nous explique très bien l'utilité de la majorité qui « même inerte ou inepte, a sa fonction comme la minorité. Elle *empêche* la partie impatiente et généreuse de l'humanité d'entraîner celle-ci dans un ordre nouveau avant que la nature des choses l'ait rendu possible ». Rien de plus exact. La majorité *empêche* : c'est son rôle. Ibsen, au fond, ne dit pas autre chose.

Quand Jaurès nous déclare que la foule ouvrière du Nord en saura toujours plus sur sa triste geôle que l'homme de cabinet, il a cent fois raison. Mais, quand il aura geint, l'homme de l'usine ne sera pas tiré d'affaire. C'est le penseur qui, de sa chambre solitaire, le libérera, lui fera justice. Toute l'œuvre de Jaurès est précisément de tâcher d'amener les populations ouvrières de notre pays à voter conformément à une certaine conception de leurs intérêts qui vient d'une grande impulsion individuelle d'outre-Rhin. Et, bien que les socialistes aient fait, en ces derniers temps, de grands progrès, il n'en est pas moins vrai que, dans l'ensemble du territoire, la masse ouvrière elle-même résiste encore à leur action. C'est la majorité *empêchante*. Et quelle majorité ? La majorité même des intéressés.

Ce qui pourra être retenu de la propagande de Jaurès, l'histoire le dira. Dès à présent, cette vérité se dégage que les majorités sont des puissances de conservation, de pondération, des agents régulateurs, tandis que l'impulsion d'évolution vient du petit nombre. Favoriser l'action des minorités sur la majorité, tel est le premier résultat de la liberté. Toute majorité accessible à cette influence sera d'évolution pacifique. Aussi tout l'effort des conservateurs est-il de contenir les minorités par des lois de violence, et de nous vanter l'immobile majorité comme un instrument de progrès. En réalité, nos révolutions viennent moins de la résistance de certains politiques, que de majorités trop stables.

La conclusion de tout ceci, c'est qu'Ibsen a raison, tandis que Jaurès n'a pas tort. Ibsen parle pour le penseur, pour l'homme de vérité première dont l'impulsion féconde plus tard mettra le monde en mouvement. Contre celui-là vraiment, la foule n'a pas de prise. Elle peut se révolter et lui jeter des pierres : tôt ou tard elle obéira. La même majorité qui libéra Barrabas se rue aujourd'hui dans les églises du Christ, d'esprit aussi pharisien dans le chœur de Notre-Dame que sur les bancs du temple de Jérusalem. Jaurès plaide pour l'homme d'action non moins nécessaire que l'homme de science, puisqu'il fait la vérité vivante, agissante, bienfaisante. Au prix de quels efforts ! Que d'effroyable peine, pour un résultat combien petit ! Le temps dispose des vies humaines et ne les compte pas. Et quand le but est atteint, l'humanité victorieuse confond dans une même reconnaissance celui qui a dit, celui qui a fait.

Qu'ils soient dès à présent conciliés dans une commune espérance. Tous deux sont en lutte contre la moyenne des erreurs et des préjugés de leur temps qui furent des progrès jadis. Tous deux veulent déblayer le terrain des *vérités desséchées* pour faire place aux conceptions nouvelles. L'un méprise la majorité, disant : « Que peut cette foule contre une expérience de chimie? » L'autre n'a garde de médire de cette multitude, du peuple ou du Parlement, qui est sa matière première, la substance même qu'il s'acharne à ouvrer pour ses constructions futures. Tous deux pensent et sentent suivant leur loi.

L'esprit humain cherche sa voie. Qui l'aide, soit le bienvenu. Gloire à l'homme seul, possesseur du vrai, contre la majorité rebelle. Gloire aussi à la foule souffrante qui sent juste et ne sait pas. Il faut à la vérité découverte, la sanction suprême de l'assentiment de tous. Le penseur trouve, la majorité sanctionne. Noble collaboration qui ne va pas sans de cruelles souffrances. Majorités, minorités, que trouvez-vous au fond? L'homme tiraillé, déchiré par des mouvements contraires, tâtonnant, chancelant vers le mieux.

VIII

A PROPOS DES « TENAILLES »

Je ne me risquerais pas à parler de la pièce d'Hervieu, si je n'avais eu la surprise d'en lire un compte rendu sauvagement matrimonial par mon excellent collaborateur et ami Charles Martel, critique théâtral, docteur en droit, et Parisien de Paris.

Il se fait quelquefois d'étranges confusions dans les esprits les mieux ordonnés. Peut-être le critique de la *Justice* s'est-il seulement exprimé en jurisconsulte ennemi du *droit intermédiaire*, et se réserve-t-il d'apprécier la comédie de mœurs dans la prochaine consultation juridique qui lui sera demandée. Même en ce cas, il me pardonnera, j'en suis sûr, de saisir l'heureuse occasion qui m'est offerte d'une polémique imprévue, pour raisonner avec lui de notre désaccord.

Faute de connaissances techniques en matière de théâtre, j'incline à appliquer indistinctement la règle du bon Sarcey : toute pièce est bonne qui m'amuse, m'intéresse, m'émeut; toute est mauvaise qui m'ennuie. Eh bien ! vraiment, je ne crois pas que personne, y compris Francisque lui-même, ait osé s'ennuyer l'autre jour, à la Comédie-Française. La question portée par l'auteur à la scène est la plus vivante qui soit ; la pièce, ingénieuse, nous donne le spectacle du plus joli coup de raquette entre époux discordants ; un art subtil rend acceptable au public une thèse singulièrement hardie ; enfin, les interprètes ont achevé notre plaisir par une collaboration d'art discrète autant que savante. Cela fait toujours passer une heure ou deux, comme dit Dandin.

Pour moi, le temps a passé vite, et si j'ai pu souhaiter parfois le style plus simple, si j'ai été vivement choqué, avec beaucoup d'autres, de l'avilissement de la femme qui trompe ignoblement l'amant mort avec le mari détesté, il n'en est pas moins vrai que Paul Hervieu a si dextrement enfoncé son idée dans ma tête qu'elle m'a tourmenté, obsédé, jusqu'à me faire chercher noise à Charles Martel, qui me revaudra cela quelque jour.

Cette idée, chacun le sait, c'est la critique radicale du mariage. La réforme de l'institution n'est pas près de se faire, dit Martel. Je le crois volontiers. D'autant que les libertés extra-conjugales autorisées par les mœurs nous rendent assez tolérable le pharisaïsme sévère exigé par la loi. L'échappatoire du *vice*, garantie de la *vertu*, puisque c'est le mot consacré, est la plus solide. Le monde éclaterait si l'homme s'avisait de pratiquer ses propres lois.

Mais de ce qu'une réforme est plus ou moins lointaine (qui sait?), pourquoi s'ensuivrait-il que nous devions refuser aux penseurs, aux agitateurs d'humanité, de nous en entretenir? Est-ce que les faits, les faits brutaux de toute heure ne posent pas à tout propos la question devant nous? Et si la vie courante ne cesse de nous interroger, comment et pourquoi résister à la tentation de répondre?

Malgré les prédications des envoyés de Dieu qui, suivant le mot célèbre, invoquent la raison pour prouver qu'il faut se défier de la raison, toutes les institutions de l'homme finissent tôt ou tard par rendre des comptes décisifs à la critique rationnelle, et les bruyants législateurs ne font que couler en des formules imparfaites le produit d'une évolution mentale qui est l'œuvre des penseurs. La presse, la tribune, le théâtre sont des moyens de diffusion d'idées, qui valent par la pensée dont ils sont le véhicule, comme par l'art qui la rend assimilable aux esprits rebelles. C'est un article, un discours vivant qu'Hervieu nous a donné, la mise en action d'une antique conception de l'union conjugale que l'humanité passée impose, de tradition, à l'insoumise humanité de nos jours. Faut-il maintenir l'ancien joug dans l'espoir que l'homme d'aujourd'hui s'y puisse, par régression, accommoder plus tard? Ou devons-nous chercher des formes sociales mieux adaptées aux conditions de vie dont notre temps nous donne le spectacle? Le débat est d'un intérêt trop poignant pour que jurisconsulte ou critique de théâtre puisse l'écarter de ce simple mot : « *Ça durera longtemps encore.* »

Quand on prononce ce mot sacramentel : *le mariage*, que veut-on dire? Le mariage de qui? Le mariage de quoi? S'agit-il d'une chose éternelle dans le temps et dans l'espace, identique, uniforme, absolue? Ou y a-t-il le mariage des Noirs, des Jaunes, des Blancs, variant à l'infini avec les âges, les coutumes, les mœurs, les sentiments, les pensées? Le fonds immuable, ce qui demeure, c'est que l'homme et la femme s'unissent — avec ou sans le législateur. Tout ce que peut faire celui-ci, c'est de leur imposer, s'ils le permettent, des formes qui, venant du ciel ou de la terre, ne sont jamais que l'expression d'un état d'esprit, c'est-à-dire d'une évolution passagère.

L'un est polygame en plein jour, l'autre affecte la monogamie. Celui-ci cache ses femmes, celui-là les livre notablement dévêtues aux étreintes des valseurs. Tous deux — si différents de mœurs — se livreront aux mêmes fureurs de jalousie, tandis qu'un troisième — sectateur de l'Islam, comme le maître du harem — offre, par devoir d'hospitalité, ses épouses à l'étranger. Un voyage de quinze jours permet au Parisien d'être témoin du phénomène, dans l'Inde ou le Kurdistan.

L'un se marie, comme le chrétien, par l'intervention de la Providence : il ne lui faut pas moins que le Dieu de l'Univers à ses noces. L'autre échange simplement une petite coupe d'alcool, comme le Japonais. Le plus grand nombre est plus expéditif encore, et le philosophe peut noter que le résultat est universellement le même.

Ce n'est pas tout. Pour combien de temps cette union? Pour l'Éternité, répond gravement le Pape de Rome, qui conjoint les autres, mais s'obstine dans le célibat. Pour la durée de vie pendant laquelle les époux pourront s'accorder, réplique le fait brutal. Pour le temps que nous fixerons d'avance, dit le Copte qui se marie à la semaine, au mois, à l'année, quitte à renouveler le bail au gré des parties contractantes. Et le divorce, encore, adoucit ce que cet engagement même pourrait avoir de trop rigoureux.

Tout cela nous fait, semble-t-il, une humanité multiple, et un mariage divers. Croire que la formule d'un jour, que nous avons provisoirement fixée sur le petit coin de planète où nous rampons, représente la loi des lois, ne peut être l'effet que d'une douce folie. Car, tous ces états différents d'humanité, produits de changements infinis, changent et changeront encore avec l'évolution de la mentalité humaine: Où s'arrêter, où se prendre dans l'irrésistible mouvement qui nous entraîne ?

Hervieu se cantonne dans notre temps, dans notre pays, et mettant sous nos yeux un Français et une Française d'aujourd'hui, nous montre simplement en quel état les met la loi qui nous gouverne tous.

Cette loi a deux aspects : l'un religieux, l'autre civil. Une religion qui n'a encore que quelques siècles d'existence — ce qui est l'enfance pour un dogme — affirme que le Souverain du Monde, créateur et possesseur d'un nombre d'univers qu'il serait ridicule de dénombrer seulement par milliards, a pour grande préoccupation de savoir si Pierre, Joseph ou Philippe couchent précisément avec la personne qu'il faut. Cette inexplicable bizarrerie du Tout-Puissant met les pauvres humains dans le plus terrible embarras. Car il arrive tout justement que ce même Fabricateur souverain a fait l'homme et la femme changeants. Ils s'accordent aujourd'hui ; ils se désaccordent demain. Cela aussi est une loi. Non pas immuable assurément, puisqu'il y a des exemples connus de couples demeurés assortis, et qu'une civilisation croissante doit tendre à nous rapprocher de plus en plus de cet idéal. Mais cet idéal même se fonde sur la liberté. Et la contrainte actuelle n'aboutit qu'à l'exaspération de révolte des sentiments comprimés.

C'est alors que l'autorité civile intervient pour corriger l'œuvre du Créateur. Ce qu'il avait uni pour l'éternité, elle le désunit sans façon, et les gens en éprouvent un soulagement extrême. Le divorce, d'ailleurs, n'est pas obligatoire. Les catholiques ont le droit de demeurer rivés à leur chaîne. Seulement, il ne faut pas les suivre le soir, ces êtres d'une moralité supérieure qui s'en tiennent au mariage un et éternel. Les autres tentent plus ou moins heureusement des expériences nouvelles, ayant sur les précédents l'avantage de ne se point cacher.

Cependant, le Dieu, le terrible Dieu qui, nous ayant fait mobiles, prétend nous immobiliser, ne se réjouit point de ses spectacles, et ses fidèles, non seulement ne veulent point divorcer, mais encore affichent la résolution d'interdire l'affranchissement des autres. C'est pourquoi nos gens ont imaginé de nous faire le divorce aussi laborieux, aussi absurde qu'ils ont pu le rêver. Hervieu s'en indigne, et, par le simple exposé d'une situation vulgaire, nous met à notre tour en révolte, nous jette, en dépit de nous-mêmes, dans l'action pour l'accroissement de notre liberté de vivre. Comme Dumas, Augier, d'autres encore ont préparé le succès de Naquet, les *Tenailles*, je l'espère, contribueront à créer l'état d'esprit d'où sortira la réforme future.

La pièce, d'ailleurs, est loyale au suprême degré. La femme n'aime plus parce qu'elle n'aime plus, et cette absence de raison vaut en fait la raison la plus décisive, car il n'y a pas de réponse à faire. Il faut lui parler de *devoirs*, dit Sarcey. De quels devoirs, puisqu'elle n'a pas d'enfants? Entre elle et son mari il n'y a plus que les *convenances*, et c'est par les *convenances* qu'Hervieu les fait tenailler. Tour à tour la *convenance* de l'un s'oppose à la liberté de l'autre. Et quand tous deux sont avilis, celui-ci par sa tyrannie abêtissante, celle-là par la servitude qui la rejette au lit de l'homme détesté, il ne leur reste plus qu'à s'effondrer dans la commune misère. Concluez.

Ma conclusion personnelle, c'est que le *mariage absolu*, tel que les célibataires du catholicisme ont la prétention de l'imposer à autrui, est un idéal de liberté, non le résultat qu'on peut attendre d'une contrainte divine ou humaine.

L'expérience a prononcé. La cérémonie exigée par le Code n'est qu'une atténuation du vieux contrat d'achat qui nous vient de l'Asie. Aussi longtemps que la femme s'est laissé *posséder*, le régime a paru acceptable, parce que l'être humain vaut généralement mieux que ses lois, et que la coutume dure fut amendée par le cœur attendri. Mais du jour où la femme prétend n'être plus une chose, où elle affirme sa personnalité en face du maître qui, après avoir disposé d'elle à sa guise, se voit peu à peu réduit à l'infériorité d'égal, un nouvel ordre social se prépare, et un très grand nombre de questions se posent qu'il faudra beaucoup de pièces encore pour résoudre.

Accueillons d'abord ce que la fortune nous envoie. Et, si nous ne voulons justifier l'anarchiste, qui voit dans le divorce *un expédient orléaniste pour légitimer le mariage*, décidons-nous à faire les époux libres de se séparer pour leur inspirer, par chance, le désir de rester unis.

LES MUSÉES

I

LE LOUVRE LIBRE

Tout changement n'est pas nécessairement une réforme, disait le vieux Grévy qui, président sa République, s'y trouvait confortablement installé, comme Renan à l'Académie, et n'aimait pas qu'on touchât à ses habitudes.

Puisque la mode n'est pas aux réformes, je demande qu'on s'abstienne au moins de changer ce que la monarchie nous a laissé de raisonnable et de bon.

Tous nos philistins de haute marque sont occupés à préparer l'opinion à cette grande réforme, qui consistera à faire payer l'entrée dans nos musées nationaux. On s'est aperçu depuis quelque temps que nos collections d'art demeuraient stationnaires, tandis que celles de l'étranger ne cessaient de croître et de s'enrichir. La somme inscrite au budget est misérable, et l'emploi qu'on en fait n'est pas toujours des plus heureux. Témoin l'histoire de certain bronze italien qu'on n'a pas encore eu le temps d'oublier.

Il est triste sans doute de voir les musées de Berlin,

de Londres, d'Anvers, s'enrichir d'acquisitions de la plus haute valeur, pendant que le Louvre n'ose même pas se présenter, faute de ressources, aux grandes ventes artistiques. En 1874, le musée de Berlin achète 1,250,000 francs une partie de la collection Suermondt dont fait partie l'*Homme à l'œillet* de Van Eyck; en 1890, c'est le portrait d'Holzner, par Albert Dürer, qui est payé 450,000 francs; en 1892, à la vente Dudley, la Vierge de Cruvelli 186,000 francs, une esquisse de Rembrandt 66,000 francs, les dessins de Botticelli pour la *Divine Comédie* 1,500,000 francs.

Pendant toute cette période, notre achat le plus important était la fresque attribuée faussement à Raphaël, que M. Thiers payait 600,000 francs et qui ne vaut pas le dixième de cette somme. On l'a habilement dissimulée dans la porte de la salle des Primitifs, où on l'a étiquetée : *École de Raphaël*, par égard pour l'affreux petit bourgeois qui, non content d'assassiner les Parisiens de son vivant, prétend les régaler éternellement, après sa mort, de la vue de ses assiettes et de ses pots de chambre, déshonneur du Louvre où des chefs-d'œuvre pourrissent dans l'obscurité.

Ce n'est pas tout que de faire la Caisse des musées. Il faut savoir comment on emploiera l'argent. Il faut une caisse des Musées? Nous avons un budget de plus de trois milliards, encombré de dépenses inutiles et de sinécures. Rien n'est plus aisé que d'y inscrire l'allocation nécessaire, dût-on supprimer la place nouvellement créée, d'architecte des monuments du Sahara. Nous avons dépensé quelques centaines de millions au Tonkin, pour y faire prospérer le commerce anglais et allemand. Il ne doit pas être bien difficile de trouver les quelques centaines de mille francs nécessaires pour empêcher notre incomparable Louvre de déchoir.

Eh bien, justement, c'est ce qu'on ne veut pas faire. La spécialisation de certaines recettes affectées à un emploi déterminé, c'est de l'administration turque, cela. Tous les financiers sont unanimes à condamner le procédé. C'est pourquoi l'on s'obstine à l'appliquer à nos musées parisiens.

Il y a de cela plusieurs raisons. La première, c'est la difficulté d'obtenir l'argent des Chambres. Les députés n'aiment pas Paris. Cette ville est fort jalousée de nos sous-préfectures. Elle est faite de provinciaux, pourtant, et ne demande son lieu d'origine à personne. Mais on y fait, on y écrit des choses qui sont d'une compréhension difficile dans certains chefs-lieux de canton. Cela apparaît à certains esprits comme un grand bouillonnement confus d'idées grandes ou misérables, de rêveries sublimes ou de folie, d'actes superbes ou ignobles, brouillés, mêlés, confondus. De là une défiance, une haine même, qui s'est manifestée en cent occasions.

Et puis, le Louvre n'est pas le lieu de récréation préféré de nos représentants. Cet amas de vieilles toiles et de pierres cassées ne parle pas très haut à beaucoup d'entre eux. Après les labeurs de la commission d'initiative ou d'intérêt local, ils recherchent des plaisirs plus modestes et moins cérébraux. Non qu'ils soient fermés plus que tous autres aux choses de l'art, mais la désespérante stérilité du travail parlementaire les décourage trop souvent de tout effort individuel qui n'aurait d'autre but que la culture de soi.

Enfin le haras, l'hydraulique agricole, les chemins vicinaux et maintes autres choses — insuffisamment pourvues — dont je n'ai garde de médire, sont l'objet de tant de réclamations trop justifiées de la part de tant de gens qui ne verront pas le Louvre, ou qui, le voyant n'y comprendraient rien, que le malheureux député court au plus pressé, et laissera cent fois l'art dans le marasme, plutôt que d'encourir un reproche, même absurde, de la part des petits seigneurs terriens dont il recherche le concours pour son élection.

Les ministres donc n'aiment pas à solliciter pour Paris. Certains d'entre eux en auraient le désir, mais ils savent qu'ils ne seraient suivis que d'une petite élite. Ils n'essayent même pas.

C'est ainsi qu'on a songé à utiliser, au profit des musées, le produit de l'aliénation des diamants de la couronne. Il y avait là quelques millions dormants. Benjamin Raspail avait eu la bonne inspiration de les faire affecter à une caisse des invalides du travail. Pierre d'attente, pour rappeler au législateur qu'il faudra quelque jour se décider à bâtir. Quelques jeunes réformateurs ont naturellement proposé de l'ôter du chemin. Mais la caisse des musées n'en a recueilli qu'une part insuffisante. Il faut chercher autre chose.

En cherchant, on a été amené à proposer de mettre des tourniquets aux portes du Louvre. On allègue, à l'appui de ce projet, que cela se fait ainsi à l'étranger. Ce n'en est pas mieux. Et, puisque nous nous refusons à imiter ce qui se fait de bien hors de chez nous, pourquoi importer précisément ce qui s'y fait de mal? Les sommes ainsi recueillies seraient d'ailleurs minimes[1], car on n'oserait certainement pas fermer le Louvre aux pauvres pendant les sept jours de la semaine.

---

[1]. A Londres, 26,000 francs par an; à Madrid, 5,000 francs; à Florence, 80,000 francs.

On observe que quelques misérables vont tout simplement se chauffer dans le palais des rois. C'est vrai, j'ai souvent observé des malheureux tout cois devant une bouche de calorifère. Humiliés, timides, ils ne font pas de mal, et regardent avec une douloureuse stupeur les toiles que le hasard a mises devant eux. Vaguement assoupis par l'air chaud qui monte au visage, ils rêvent à je ne sais quoi, ils oublient. Vraiment, nous leur devons bien ça. Et puisqu'il est convenu que, dans notre société chrétienne, nous ne pouvons donner le nécessaire aux victimes de l'impitoyable hasard, laissons-les quelquefois se griser de superflu : nous serons encore en reste avec eux. Puisque nous n'avons pas encore pu nous résoudre à assurer la vie, au moins ne refusons pas de donner l'oubli d'une heure à tout venant.

Il me plaît que tous ces vaincus du sort soient chez eux dans ce palais, qu'on leur en fasse les honneurs, et que les prodiges de l'art humain accumulés devant eux leur parlent d'autre chose que des rudoiements du dehors, qu'ils retrouveront tout à l'heure. Les heureux du monde — pris par l'action — et quelle action, Hélas ! n'ont pas le temps de songer. Laissez rêver les pauvres.

Et puis, il n'y a pas que les pauvres. Le Louvre est encombré, le dimanche : on ne peut s'y mouvoir. Toutes les classes de la société sont représentées là. Surtout ces nouvelles couches sociales qu'on nous mit, jadis, en si magistrale musique. Toute la famille. Les enfants ouvrent des yeux stupéfaits. Ils reviendront. Qui sait ce qui peut germer dans ces jeunes cervelles avides d'impressions, qui, recevant beaucoup, voudront peut-être un jour donner quelque chose à leur tour ?

Aux jours de la semaine, les ouvriers en bourgeron se rencontrent souvent dans le salon carré, ou dans la grande galerie. Les jeunes gens vont par petites bandes, éveillés, rieurs, un peu intimidés pourtant, mais gais d'être sortis d'eux-mêmes, et de voir et d'apprendre ce qu'ont fait les hommes d'avant eux. Le scepticisme gouailleur du parisien tombe devant l'affirmation souveraine de tous ces grands ouvriers, dont l'œuvre est là pour attester qu'ils ont cru, qu'ils ont voulu, qu'ils ont fait. Y a-t-il une plus haute leçon morale pour tous, et fermerez-vous la porte à ceux qui viennent s'offrir à cet enseignement? D'ailleurs, les génies de l'humanité ont travaillé pour l'humanité tout entière. Qui prétend les soustraire à l'homme, quel qu'il soit, est un barbare.

Hélas! ce n'est pas les barbares qui manquent aux salles du Louvre. On en voit défiler par bandes. Entre un tartan vert et un lorgnon d'or, de grandes dents s'allongent, qui laissent passer des pensées comme celles-ci, devant un portrait de Rembrandt : « Si j'avais un si gros nez, je ne ferais pas faire si souvent mon portrait. » « Regardez-donc ce joli parquet », dit une autre voix. Et la caravane passe, le *Bædeker* à la main. Voilà à qui l'on veut laisser le Louvre, après l'avoir vidé de tout ce qui pense ou sent.

Ouvrez les portes plus grandes encore si vous pouvez, au lieu de songer à les fermer. Il restera toujours assez de barbarie dans ces vieux murs, quand ce ne serait que chez l'excellent conservateur qui empile nos œuvres d'art dans un tel chaos qu'on n'y peut guère trouver d'analogue que le tohu bohu de la politique.

M. Richtenberger lui-même, qui défend énergiquement l'administration du Louvre, est obligé de reconnaître que « notre installation ne peut être mise en parallèle avec celle des musées étrangers ». Dire que les *aménagements* expliquent *la déplorable promiscuité* des Flamands, des Hollandais, des Espagnols, des Italiens, c'est parler en l'air, car ce n'est pas l'emplacement qui fait, c'est simplement une intelligence de l'art.

II

AU LOUVRE

La République a placé à la tête de nos musées nationaux un homme excellent, presque distingué, habile à faire jadis des chroniquettes pointues qui ne faisaient de mal à personne. Quand il fut hors d'état de fabriquer plus longtemps ces petites choses, on lui confia la direction de nos collections nationales. Son grand titre, c'était d'appartenir à l'opinion modérée, immodérément avide, comme chacun sait, de toutes les fonctions publiques.

Voilà notre homme installé dans *son* Louvre, avec la préoccupation dominante de ne pas fatiguer ses rhumatismes, et de ménager l'heureuse descendance de M. de Nieuwerkerke. De cette double tâche, il s'est acquitté le mieux du monde. Chacun, dans le Louvre, est le maître, excepté lui. C'est la cour du roi Pétaud. Sa Majesté dort. La cour s'amuse. Seulement, elle s'amuse aux dépens des tableaux et des statues. Les tableaux se promènent au hasard : c'est une danse folle où nul ne se reconnaît. On dirait que toutes les toiles quittent la muraille, sur le coup de minuit, pour se livrer à une sarabande désordonnée et se replacer, au premier chant du coq, suivant le hasard du lieu où leur frénésie les a conduites.

Quand on ne décroche pas à tort et à travers, on récure. On n'a pas oublié l'aventure des *Pèlerins d'Emmaüs*. Le *duc de Richmond*, de Van Dyck, est une toile perdue. La presse proteste et sauve quelques tableaux. La polémique n'est pas terminée que les mêmes gens, armés du même grattoir et du même badigeon vont frotter, poncer, user, laquer d'autres toiles jusqu'à ce qu'elles aient revêtu l'aspect d'une belle porcelaine.

Cette maladie de l'étrille sévit dans tous les musées d'Europe. Les épousseteurs ne veulent absolument pas borner leur génie à conserver. Il faut qu'ils soient les collaborateurs de Rembrandt, de Rubens, d'Holbein. A Bâle, récemment, on a mis à mal ainsi le merveilleux portrait du réformateur Amerbach, par Holbein. Expédié à Munich, il en revint récuré, luisant, criard, piqué de taches rousses qui furent autrefois des dégradations de lumière.

Peut-être serait-ce une grande réforme chez nous de licencier toutes *les compétences* du Louvre, et de les remplacer par de braves sous-officiers, armés de têtes-de-loup, avec la seule consigne de faire la chasse aux araignées.

Est-ce cette éventualité menaçante qui fit tout à coup sursauter le bon M. Kæmpfen endormi? Je ne sais. Toujours est-il qu'un homme de génie s'avisa qu'on pourrait peut-être ranger les tableaux en vertu d'une méthode. Il le dit, et cela parut d'un fou. Cependant, par amour des nouveautés, on fit une vague tentative.

C'est par les Allemands qu'on a commencé. Les

voilà tous réunis à la place des Lesueur à qui je souhaite bon voyage. La salle est d'un éclairage fâcheux, et les chefs-d'œuvre de Holbein ne s'y montrent point à leur avantage. Les tableaux sont accrochés au hasard. Une tête de Denner qui réclame la pleine lumière est placée à contre-jour. Le plus beau Cranach est au plafond.

Ce grand effort accompli, on a remanié les Primitifs *pour voir*, et profité de l'occasion pour décrocher et raccrocher privant la fantaisie du moment.

Alors un autre révolutionnaire surgit tout à coup, qui proposa la salle des bronzes antiques, pour une nouvelle expérience. Cette salle était comme toutes les autres, dans un inexprimable désordre. La casserole romaine, le casque du gladiateur et le miroir de Corinthe vivaient paisiblement côte à côte sous le regard surpris de l'Apollon didyméen. On résolut de classer, de réformer. A cet effet, le public fut, pendant deux mois, exclu du lieu sacré. En passant devant la grille, je voyais les murailles dépouillées de leur vitrines. Des peintres faisaient des raccords, des menuisiers s'escrimaient du rabot. C'était le fameux classement. Enfin, il y a quelques semaines, les portes sont ouvertes, et, cette fois, nous avons du nouveau. Un rapide coup d'œil nous permettra d'apprécier la réforme.

Ce qui frappe tout d'abord, c'est que la maîtresse pièce, l'Apollon grec trouvé à Piombino, a été déplacé. On le voyait de profil en entrant, enveloppé d'une lumière adoucie, et la jeunesse et le charme du Dieu rayonnaient. Maintenant, on l'a placé devant une fenêtre, aveuglé d'une lumière crue qui met en relief les imperfections du métal et détruit tout le modelé de cette pièce admirable. La puissante carrure du torse s'accuse brutalement par l'impossibilité de prendre une reculée suffisante. Le dos est simplement invisible. En entrant, c'est une masse noire informe qui obstrue la vitre. Il est vrai de dire que la pièce tourne sur sa base. J'ai même trouvé un gardien complaisant qui a bien voulu procéder à cette opération en ma faveur. Je n'y ai rien gagné, puisque toutes les pénombres sont perdues. On a une succession de plaques de lumières et de trous noirs de l'effet le plus choquant. J'ai cependant découvert un point de vue. Pour juger de l'œuvre, il faut la regarder à travers la vitrine de droite. Là, dans l'interstice laissé par des statuettes et des miroirs, on a la révélation de la merveille. La double vitre atténue la crudité de l'éclairage, et le Dieu surgit dans une vision de jeunesse, de puissance et de beauté. N'est-il pas singulier que deux mois de travail aboutissent à mettre le visiteur dans l'obligation de rechercher cette place bizarre pour apprécier une des pièces capitales du Louvre.

Car c'est un bronze archaïque d'un des vieux maîtres du Péloponèse que vous avez devant vous, une copie ou une réplique du fameux Apollon didyméen de Kanakhos, statue colossale du temple de Milet où le Dieu rendait des oracles. M. Collignon penche pour une libre réplique parce que les cheveux, au lieu de s'étaler en boucles sur les épaules — comme sur les monnaies — sont rassemblés en catogan. Si j'osais avoir une opinion, je préférerais croire que ce sont les monnaies qui sont en faute, comme cela n'était pas rare si nous en jugeons par tant de libres interprétations numismatiques, à commencer par celles de la victoire de Samothrace. D'autant que l'Apollon Ptoos, qui est une reproduction du didyméen n'a point de boucles tombantes. Ma meilleure raison, d'ailleurs, c'est que notre bronze de Sicyone est trop beau pour n'être pas d'un très grand maître ou ne pas procéder directement de son inspiration absolue.

Je ne connais pas de représentation plus parfaite de la divinisation humaine telle que la conçut et la réalisa l'Hellade. Le corps est souple, nerveux, puissant, harmonieux, d'une grâce infinie. La poitrine large, le cou fort attestent le pouvoir d'un effort surhumain, et sauvent de la mièvrerie la délicatesse exquise de l'ensemble. La tête est incroyablement jeune. L'ombre de sourire qui relève le coin de la bouche sensuelle, le regard encore vivant des yeux vidés de leur globe de cristal, la noble pureté du profil qui, tout idéalisé, reste de l'homme, nous transportent bien au delà de l'inexpression du type classique de beauté.

Dîme offerte à Athéna, dit l'inscription incrustée d'argent sur le pied. Jamais Déesse ne fut honorée d'une plus merveilleuse offrande. Pourquoi s'obstine-t-on à nous donner pour des répliques fidèles de l'œuvre de Kanakhos le mauvais bronze Payne Knight du British Muséum, et la grossière statuette de notre cabinet des médailles trouvée près de Milet, quand nous avons sous les yeux une pièce qui n'est certainement pas inférieure au chef-d'œuvre original? On sait l'étrange destinée de celui-ci. Quand Darius s'empara de Milet et brûla le temple des Branchides, il transporta le Dieu à Ecbatane d'où, deux cents ans plus tard, Séleucus Nicator le retourna aux Milésiens. Comment le bronze de Sicyone qui est au Louvre est-il arrivé à Piombino? Odyssée qui n'aura pas d'historien.

Est-il absolument nécessaire de classer les œuvres

d'art par matière? C'est une question à discuter. L'Apollon didyméen ne serait-il pas mieux à sa place dans la salle où se trouvent les magnifiques fragments de son temple rapportés d'Asie Mineure par M. Rayet? Si M. Rayet l'avait exhumée de ses fouilles, la statue serait aujourd'hui à côté des marbres de la nécropole. Parce qu'on trouve un bronze grec en Italie, est-ce une raison pour l'exposer à côté de balances et de lampes romaines, par l'unique motif que tout cela est du même métal? Ici, je rentre dans mon sujet dont je me suis laissé terriblement écarté par le dieu de Didyme.

Encore un mot de lui, cependant. Sur le socle, vous lisez le numéro 3102. Ouvrez le catalogue : *il contient 1022 numéros*, et l'Apollon didyméen y est inscrit sous le numéro 69. Par ce seul fait, qui concerne la pièce la plus importante de la salle, jugez du reste. Divinités grecques et latines confondues, mêlées au hasard, cataloguées seulement sous un titre général, Vénus, Mars, etc., c'est la grande réforme. Un grand tiers des pièces, et quelques-unes des plus importantes, sans numéro. D'autres avec des numéros inexacts, comme l'Apollon didyméen. C'est le cas du plus grand nombre. Pour les armes, aucune indication de provenance. Les numéros de 6,000 à 7,000 sont courants. Un miroir est catalogué 7182, et le catalogue s'obstine à ne pas dépasser le numéro 1022. Je remplirais deux pages de l'énumération des pièces importantes dépourvues de toute indication.

Quant au mélange de toutes choses, jugez-en. Dans la vitrine centrale : cistes étrusques, bronzes de Dodone, clefs *antiques* (de quels pays, de quels temps?), instruments de chirurgie (de quelle provenance?), bronzes byzantins, deux miroirs grecs séparés, on ne sait pourquoi, de leurs collègues. Dans une fenêtre, une inscription, fragment de l'assemblée de la Narbonnaise. Au-dessous, des bandelettes du temple d'Apollon d'Epidaure Limera. Dans l'autre embrasure, des balles de fronde (de quelle origine?), des poids grecs (de quelle époque?), des poids byzantins et des fragments tubulaires avec cette réjouissante mention : *tuyaux de plomb avec inscriptions* (?). Plus loin, une grande vitrine avec cette étiquette : *animaux*. Le renseignement est vague. Je lève la tête et je vois des casques.

Je m'arrête pour ne pas devenir fastidieux. Je n'en finirais pas. D'indication d'art, aucune. Si. J'en rencontre une sous le numéro 75 : « Cette figure est un des derniers monuments de *l'art polythéiste*. » Depuis ce temps, je me promène, demandant à chacun : « Qu'est-ce que c'est que l'art polythéiste » ?

Quelqu'un pourrait-il me donner des nouvelles du catalogue de la sculpture antique? Mon collaborateur et ami Guinaudeau, surpris de l'absence du catalogue dans les salles, s'est adressé à M. Kæmpfen lui-même, qui lui a fait répondre par un secrétaire « agent comptable des musées nationaux » une lettre aussi alambiquée que courtoise, dont le sens se peut résumer d'un mot : « *Pour la sculpture grecque et étrangère, il n'y a pas de catalogue* ».

C'est la plus belle collection d'art qui se trouve dans ce honteux désordre, et cela, *après un effort de réforme*. M. de Nieuwerkerke avait fait commencer un catalogue. Les fiches dorment entassées sous les combles. Et le ministre a eu l'aplomb, *après visite*, de féliciter Kæmpfen et ses acolytes de ce merveilleux résultat. Qui félicitera le ministre?

Vous souvient-il, Spuller, du temps où vous étiez le ministre du Louvre, il y a quelques mois passés. Je vous écrivais : « Ce n'est pas la besogne qui vous manque : ne lui manquez pas, vous ».

Hier, au salon carré, cherchant quelque trace de votre passage, je m'arrêtais devant ce prodigieux portrait de Rembrandt vieilli, où le grand poète de la lumière a mis sur les joies, sur les rêves, sur les illusions de l'idéal obstinément poursuivi, toutes les déceptions, toutes les désespérances, tous les ravages de la vie. Plus de chaîne d'or, plus de béret de velours : une serviette nouée sur la tête.

Comparez ce masque puissant, déjà en partie affaissé, avec la jeune tête volontaire de l'homme à ses débuts. Vos agents l'ont reléguée bien loin, cette toile lumineuse, à côté d'autres portraits, dans une salle noire. Moi je voudrais, pour la comparaison, pour l'histoire de cette grande âme, rapprocher ces deux épreuves d'une unique pensée.

Dans les deux cadres, le même homme. Entre les deux, toute une vie. Interrogez ces yeux immuables, ces lèvres résolues, la tourmente du front, la fixité de l'idée. Tout vous criera : j'ai lutté, j'ai vécu, je me suis obstiné, je suis encore debout. Et de quelle vie, vécu ? Pour mourir insolvable, abandonné, dévoré de misère, et, malgré tout, les yeux toujours fixés vers l'immuable but.

Nous voyons l'homme, nous, dans la gloire. Il vécut, lui, et mourut dans le combat. Regardez-le, frappé en pleine face par la vie. Le ferme pli de la lèvre est toujours là. La volonté n'a pas faibli. Moins d'audace peut-être : autant de résolution. L'attitude est plus tranquille, sans doute, mais la main se cramponne à la palette comme au suprême recours. Elle ne tremble pas, cette main résolue, qui va peindre le syndic des drapiers. Elle s'accroche à l'action, à la

vie. Que de force en nous si nous pouvions l'étreindre!
Est-ce que cela ne vous dit rien, Spuller? Vous rappelez-vous nos chaînes d'or et nos bérets de velours?
C'était la jeunesse. Que la République était belle sous
l'Empire! comme dit Durrane.

Spuller, accrochons-nous à la palette, et puisqu'on
ne dira pas de nous que nous avons organisé la République, qu'il soit dit au moins que nous avons fait le
catalogue du Louvre. Nous n'aurons pas passé en
vain.

III

MUSÉES DU SOIR

Geffroy propose, dans le *Journal*, de créer un
Musée du soir quelque part, dans le faubourg Saint-Antoine ou le quartier du Temple, à l'usage des
ouvriers du meuble ou de l'objet d'art. Il est certain
que l'organisation de nos musées ne répond plus du
tout aux besoins de la société dans laquelle nous
vivons.

Le Louvre est un entassement d'objets de toutes
provenances, qui vont de l'emblème grossier de Tanit
à Michel-Ange en passant par la saucière de Mᵐᵉ Thiers.
Pas d'ordre, pas de classement, pas de catalogues ou
des fragments de catalogues ridicules avec de faux
numéros. Il est impossible pour le visiteur qui ne
dispose que d'un temps limité, de retirer quelque
profit de son passage rapide au milieu des galeries
encombrées de chef-d'œuvres.

Faut-il parler du Luxembourg qui est véritablement

misérable, sans espace, sans classement, constitué au hasard des achats, sans aucune vue d'ensemble? Quand on pense que dans les temps modernes, la France est, de tous les pays du monde, celui qui peut se vanter du plus beau rayonnement d'art, il faut bien constater que le musée du Luxembourg ne donne qu'une idée ridiculement insuffisante des conceptions et des productions qui font notre gloire.

Pendant que tous les autres peuples mettent un empressement extrême à ordonner leurs collections, à les classer, à les compléter, afin d'en faire jaillir toute occasion d'enseignement, nous nous montrons déplorablement incapables de faire l'ordre et la lumière dans les nôtres.

A ce point de vue, il est intéressant de noter l'impuissance, la faillite même de la centralisation des pouvoirs. Contre l'individu, l'autorité centrale, faite de la confiscation des libertés locales, est toute puissante. Elle le met en tutelle, le surveille, le régit à toute heure du jour, à chaque manifestation de vie sociale. Pour le défendre, pour l'aider, le cultiver, elle est sans force et sans vertu.

L'administration des Beaux-Arts, souveraine pour empêcher de faire, se maintient superbement dans une routinière inaction. D'initiative nulle part, de responsabilité point. Il s'est créé dans nos palais nationaux de petits royaumes où de bons rois fainéants somnolent doucement à l'abri de tout regard. Les musées sont leur chose, et rien ne leur paraît si sot que de troubler leur paix au profit du public. L'idée de mettre en valeur les chefs-d'œuvre dont ils sont les gardiens, d'en tirer pour la foule quelque parcelle de leur pouvoir d'enseignement, leur paraît la plus ridicule du monde. Et si le ministre de passage avait la fantaisie de consulter le directeur du Louvre sur les *Musées du soir*, notre Kæmpfen répondrait, ahuri, que Geffroy est à mettre aux petites maisons.

Pourquoi le ministre alors, ne prendrait-il pas l'affaire en main, lui-même, puisqu'en notre pays, tout l'effort de l'initiative individuelle consiste à demander au gouvernement de faire quelque chose. Ce qui facilite l'exécution de ce projet, c'est qu'il n'est pas nécessaire de faire grand tout d'abord. Cela est même, en vérité, contraire à l'esprit de l'institution, qui veut, qu'au lieu d'attendre le visiteur, le musée aille chercher l'homme du faubourg en son repaire. Une ou deux grandes chambres d'un accès facile, deux ou trois gardiens, une bonne serrure, quelques ouvriers du garde-meuble pour l'aménagement, deux sergents de ville, une assurance, des précautions contre l'incendie, quelques lampes à incandescence, voilà tout ce qu'il faut.

Qu'est-ce qui peut bien nous empêcher d'ouvrir deux ou trois établissements de cette sorte, simultanément, dans Paris. C'est un minime effort, qui n'exige ni capitaux ni bouleversement administratif. A Batignolles, à Montmartre, au faubourg Antoine, le petit musée du soir verrait vite arriver comme autant de phalènes volant à la lumière, les travailleurs avides d'une instructive récréation de l'œil et de la pensée.

Je tiendrais beaucoup, pour ma part, à ce que l'œuvre fût récréative, et elle le sera si on la fait vivante. Il ne me suffit pas que l'administration accroche des tableaux, plante des statues, exhibe des objets d'art. Ce n'est que la moitié de la besogne. Ces tableaux expriment une sensation qu'ils ont la prétention de répercuter sur autrui, ces statues ont quelque chose à dire. Mais leur langage a besoin d'un interprète bienveillant, pour qui n'en possède encore que des éléments recueillis au hasard. Voilà pourquoi je réclame le guide bénévole, — critique, artiste, ouvrier d'art — qui viendrait apprendre en enseignant.

Point de table, point de verre d'eau sucrée, point de conférence. Supposez une association d'hommes familiers avec les choses de l'art, praticiens ou écrivains, déléguant chaque soir un d'entre eux au petit musée faubourien. Notre homme arrive en veston, et se promène, les deux mains dans les poches, devant les chefs-d'œuvre. Il inspire confiance. Les visiteurs l'entourent. Qu'est-ce que c'est que ce tableau ? Quelle est l'histoire du peintre ? En quel temps vivait-il ? En quel milieu d'art ? Qu'a-t-il fait ? Pourquoi ce sujet l'a-t-il tenté ? Qu'a-t-il voulu exprimer ? Quels rapports entre sa conception et celle de notre temps ? Sa technique, son art, sa pensée ? Tout cela à bâtons rompus. Car je veux que la foule pose des questions. Cela est nécessaire au succès du musée du soir. La foule est craintive. Un parleur officiel l'intimide. Donc, rien de gourmé. Point d'apparences dogmatiques. Si les questions ne viennent pas — car on n'aime pas à s'accuser publiquement d'ignorance — qu'on les provoque. Et quand une langue se sera déliée, vous verrez la glace rompue.

Alors c'est la causerie confiante, l'entretien familier, des explications sollicitées et fournies tout en se promenant autour des socles, tout en passant la revue des tableaux et des vitrines, le contact des esprits sous les auspices des vieux maîtres, la grande communion humaine dans la haute joie du beau. Quel artiste, et des plus grands, ne serait heureux d'une telle fortune. Je ne veux nommer personne, mais j'en connais beaucoup qui se croient incapables de faire un discours, et qui seraient tout surpris de parler d'abondance en cette foule amicale. Double profit pour chacun. Pour le public avide d'impressions neuves, pour l'artiste obligé de préciser ses idées en les développant. Et cela par la conversation, par l'enseignement péripatéticien, sans la gourme du professorat, sans l'ennui de la leçon didactique.

C'est l'impression de vie qu'il faut faire jaillir de la contemplation, de l'interprétation vivante des grands maîtres qui nous léguèrent, à travers les âges, d'immortelles sensations de vie. Il faut que le plaisir du *Musée du soir* soit un plaisir d'action, où chacun ait le sentiment d'être partie agissante du grand drame humain qui s'exprime en la suggestive représentation des émotions d'humanité.

Qui sait s'il n'arrivera pas qu'un simple ouvrier, sans connaissances spéciales, pose à l'artiste quelque embarrassante question ? Quelle joie pour ce dernier, obligée de serrer son idée de plus près, d'en faire le tour, et, une fois rentré chez lui, de la remettre sur le chantier peut-être. C'est l'éducation de l'homme par le contact de l'homme, la plus profitable de toutes. Le soir, au foyer du travailleur, les commentaires iront leur train. Quand on aura fait une visite au musée, on y voudra revenir. On provoquera à l'excursion de plaisir les compagnons d'atelier, les amis. Quand on aura causé avec Bracquemond, on voudra savoir ce que Degas ou Rodin peuvent avoir à dire. C'est un plaisir sans fin, à mesure que les chefs-d'œuvre exposés se renouvellent, et défilent sous les yeux de l'homme à la fois spectateur et acteur.

Car, pour dire toute ma pensée, c'est moins des artistes proprement dits qu'il s'agit de former, des artistes dessinant, modelant, peignant, ciselant, sculptant, qu'un public, c'est-à-dire des artistes regardant, comprenant, recevant l'émotion sacrée, et la rendant en joie communiquée. Les artistes se font. Il leur suffit de l'outillage commun. Nous, faisons des hommes, des hommes complets. L'homme est découronné, qui demeure insensible aux puissances d'émotions que lui apporte l'univers comme le tribut offert à la souveraineté de sa race. Nous avons fait l'homme qui lit, écrit, compte, connaît et veut connaître encore. Il faut maintenant l'élever d'un nouveau degré, et faire l'homme qui sent. Il faut faire un public pour nos artistes, comme nous cherchons à faire un public pour nos savants. Et ce faisant, nous ferons jaillir des artistes de la foule obscure, comme nous en avons fait jaillir des hommes de science.

Lorsqu'on voit ce qu'a donné le génie de notre race sans effort rationnel de propagation intellectuelle dans les couches profondes, on a le droit d'attendre une floraison plus belle encore d'une culture complète des esprits demeurés en jachère. L'école n'est qu'un lieu pour apprendre à apprendre. Nous en avons refait les murs, non l'esprit, qui s'obstine dans les méthodes abstraites, paralysantes. La vraie culture, celle qui doit façonner l'âme pour l'action féconde de la vie, vient de l'homme lui-même, outillé par l'école et suggestionné par l'apprentissage quotidien. C'est pourquoi il faudrait exposer, pour ainsi dire, à tous les carrefours, toutes les occasions de connaître, toutes les tentations de pénétrer plus avant dans le mystère des choses.

J'ajoute que, par le raffinement du public, nous perfectionnerons l'artiste et nous l'achèverons. M. Arthur Maillet, dans une réponse à Geffroy, fait justement remarquer que le malheur de beaucoup d'artistes c'est « de ne pouvoir satisfaire leur idéal parce que toutes les créations vraiment originales, soumises par eux aux industriels, ont été impitoyablement refusées. » A qui s'en prendre, sinon au public. Changeons le public, haussons-le au-dessus de l'art bourgeois qui déshonore tant de nos maisons parisiennes, et les artistes ne se verront plus éconduits quand ils s'efforceront dans les voies nouvelles.

Car il ne faut pas croire que l'ouvrier seul profitera du *Musée du soir*. Le petit bourgeois arrivera des premiers, et, rentré chez lui, regardera d'un autre œil sa pendule du boulevard Saint-Denis. Le bourgeois cossu, lui aussi, voudra savoir. Il se trouvera, contrairement aux prévisions de M. Arthur Maillet, que le *Musée du soir*, le musée parlant, le musée changeant, peu à peu créera véritablement l'artiste, soit en l'aidant de façon directe, soit en préparant un public qui réagisse heureusement. Et lorsque la foule aura enfin mordu aux fruits de l'arbre merveilleux, lorsque chacun aura compris que toute sensation d'art le fait participer d'une humanité plus haute, une soif de sensations nouvelles voudra se satisfaire, qui sollicitera de nouveaux efforts.

Que de forces perdues dans l'humanité ! Que d'autres incomplètement développées s'emploient à neutraliser celles qui tendent à favoriser la complète évolution de l'homme. N'est-ce pas notre œuvre de mettre en action toute puissance de *devenir*? « Ce que je propose, dit Geffroy dans son article du *Journal*, c'est d'appeler à la vie de l'art et de l'idée cette grande masse instinctive qui a la volonté de vivre, et qui apporte sans cesse pour l'œuvre sans fin sa force renouvelée. » C'est bien le but en effet.

Quant au résultat, il dépasserait vite nos espérances. Lisez ce que dit Ledrain de deux de ses élèves, l'un boulanger, l'autre doreur, « deux intelligences neuves où tout germait avec une force incroyable. Aujourd'hui, deux savants fort distingués, dont l'on va publier un volume d'assyrien... » Telles sont les ressources inexplorées du génie français, pendant que notre infortunée jeunesse bourgeoise crève d'impuissance et d'ennui sur des manuels d'examen.

Hélas! là comme partout il y a une révolution à faire. Non pas une révolution tapageuse avec des coups de fusil et des proclamations, mais une révolution d'intelligence et de volonté, la seule qui jusqu'ici nous ai fait défaut dans notre beau pays. Qui prendra l'initiative du mouvement réformateur?

On nous propose les *Musées du soir*. Essayons. Toute tentative contre l'inertie du désordre ancien est un pas vers l'ordre nouveau. Surtout limitons notre action, afin de ne pas nous épuiser dans l'inutile sublimité des conceptions grandioses.

Sans déplacer la Victoire de Samothrace, quoi de plus aisé que d'imiter ce qui se fait en Angleterre, où l'on promène des pièces de musée non seulement d'un quartier de Londres à l'autre, mais encore de ville en ville? Nos richesses d'art ne sont-elles pas la propriété de tous les Français? Pourquoi ne vont-elles pas à ceux qui ne peuvent venir à elles? En Angleterre, des particuliers se font un plaisir de placer quelques-unes des plus belles pièces de leurs collections dans les vitrines de ces expositions populaires. Quelle noble émulation pourrait s'établir entre les détenteurs de chefs-d'œuvre éternellement soustraits aux regards du public!

Ils ont peut-être envie de devenir populaires, ces braves gens. Quelle belle occasion pour eux d'entrer en rapports avec ce peuple, dont on leur fait si sottement peur, et qui ne demande, après tout, qu'à participer à la vie, à toute la vie de l'humanité.

Allons, l'aristocratie, allons, la démocratie! Un premier rendez-vous au *Musée du soir*.

HORS DES ACADÉMIES

I

HOMMAGE A EDMOND DE GONCOURT

Le 2 mars 1894, un banquet fut offert à M. Edmond de Goncourt par ses admirateurs. Plus de six cents hommes de lettres ou amis des lettres à des titres divers, prirent part à cette manifestation spontanée.

M. Poincaré, ministre, président, MM. José Maria de Heredia, Clemenceau, Henri Céard, Henri de Régnier, Zola, Alphonse Daudet, de Goncourt prirent successivement la parole. M. Clemenceau prononça le discours suivant :

> MESSIEURS,
>
> Beaucoup d'entre vous peut-être, au moment où je me lève, se demandent à quel titre je vais parler, et comment j'ai quelque chose à dire dans une assemblée où tant de maîtres de l'art français sont accourus pour honorer dans Edmond de Goncourt le merveilleux labeur d'un grand ouvrier de vérité et de beauté.
>
> Je cherche moi aussi, messieurs, et j'admire que les organisateurs de cette noble fête, aient voulu que l'art créateur y fût, en ce moment, représenté par un lecteur.

Lecteur, spectateur, public des artistes de tout art, des penseurs de toute pensée, n'est-ce pas un titre vraiment? Dès que l'un de vous écrit, sculpte ou peint, on accourt, on collabore de sa sensation, de son émotion. On tourne les pages du livre, on écoute le drame, on interroge la statue, on sollicite le tableau. Point d'analyses professionnelles, point de hautes synthèses. On est ému ou non, voilà toute l'affaire. On se le dit tout bas. Et du chuchotement redoutable des hommes capables de ne pas produire, se fait le tourment ou la joie du créateur inquiet.

Il agit sur nous, et nous réagissons sur lui. Il y a un peu de nous dans son œuvre.

Que dis-je? Il y a nous tout entiers. Car juges et collaborateurs, nous sommes le modèle aussi. Au fond, le grand sujet d'étude pour l'homme, c'est l'homme lui-même. Ce qui le tourmente c'est le problème vivant qu'il porte en lui. Sa vie est un miracle, son histoire une surprise de toute heure, sa destinée un mystère. Connais-toi toi-même, dit la sagesse antique. Il essaye. En dépit de Copernic, il reste, à ses propres yeux, le centre du monde. Ce qu'il demande au télescope braqué sur les étoiles, au microscope fouillant l'intimité des corps, c'est quelque parcelle de sa loi, une connaissance plus complète de lui-même. Toute la curiosité de connaître s'épuise en efforts d'observation, d'expérimentation, d'analyse sur l'éternel sujet d'enquête de la science et de l'art.

Le savant taille, dissèque, décompose, découvre le squelette, met à nu le muscle ou le nerf, dit le fonctionnement de l'organe, ses conditions, sa loi.

L'écrivain arrive, qui concentre son investigation sur la vie agissante, analyste subtil, observateur puissant, savant autant que quiconque. Il regarde l'homme vivre, penser, agir, aimer, souffrir. Il ne dissèque pas le cadavre, lui. C'est dans l'homme vivant qu'il plonge le scalpel. Il met à nu le nerf douloureux, le regarde tressaillir pour en noter les sursauts. Il voit l'âme déchirée, combattue de haine et de bonté, ennoblie, avilie, allant par la pitié vers la justice, par l'émotion de beauté vers l'amour. Devant lui défile le brillant et sinistre cortège des rêves, des espoirs, suivis de leurs cruels retours. Illusions, enthousiasmes, mensonges, nos grandeurs, nos misères, nos gloires et nos hontes se succèdent, à ses yeux, en un prodigieux spectacle. Il dit la vie, il enseigne, encourage, console, nous entraîne éperdus à la poursuite du fuyant idéal.

Connaissez-vous cet homme, Edmond de Goncourt? Ce chercheur inquiet penché sur l'âme humaine, fouillant les plis secrets dans l'émoi des douloureuses trouvailles, soulevant d'une main émue les fibres criantes, débordant de pitié pour la torture humaine, et jusque dans la brutalité voulue, cherchant la bienfaisante réaction des larmes.

Oui, vous le connaissez cet esprit généreux, ardent, tenace, renonçant aux satisfactions du vulgaire pour l'investigation laborieuse de la vie, pour l'escalade ardue de la vérité. Vous avez vécu de ses sensations, de ses tourments, de ses espérances dans le tumulte humain, ou, le soir, accoudé sous la lampe, quand près de vous venait s'asseoir celui qui vous ressemblait comme un frère. Avec le noble compagnon, la main dans la main, dédaigneux des clameurs, des sarcasmes, vous descendîtes hardiment des hauteurs jusqu'au plus profond de la douleur humaine, pour projeter la lumière crue sur la fatalité mauvaise, et nous montrer de combien de nos hypocrisies et de nos mensonges nous faisons le vice d'autrui.

Étrange destinée de celui qui débuta dans les causeries raffinées des salons du xviii° siècle, dans la suprême élégance de cet inquiétant Versailles où arrivait la fille de Marie-Thérèse pour ce règne de fêtes et de tragédies, qui sema de tant de fleurs le chemin de l'échafaud.

Vous l'avez, dès l'abord aimé, le grand siècle par qui la France a surtout rayonné dans le monde. Vous l'avez aimé pour sa pleine culture de l'esprit français, pour ses lettres de claire lumière, pour sa pensée généreuse et sa philosophie légère, pour son art exquis, pour son charme et sa fragilité.

Et puis, quand l'esprit du temps vous a définitivement conquis, quand votre révolution personnelle est accomplie, le grand bouleversement social brusquement survenu vous rejette tout à coup à votre place de combat. Il faut que vous fassiez noblement cortège à la Reine de France jusqu'à l'affreux couteau. Il faut que vous jetiez l'anathème à la foule hurlante qui attend, dans le sang, Thermidor et Brumaire.

Mais déjà la Patrie en danger vous avertit que la royauté morte, il reste quelque chose à sauver. Après avoir maudit ce peuple, vous le plaindrez d'être implacable, féroce, sanguinaire. Et puis, combattant avec lui pour la défense du foyer, vous vous apitoierez sur l'atroce misère qui lui fit cette barbarie, vous l'admirerez pour son audace, vous l'aimerez pour son héroïsme et sa haute vertu d'espérance.

Vous le connaîtrez alors. Vous saurez que sous notre médiocrité bourgeoise, comme sous le vernis brillant de l'ancienne cour, une masse tumultueuse bout dans les profondeurs, qui est de l'homme aussi. Entre deux tempêtes il faut explorer l'abîme. L'aventure vous tente. Dès 1864, dans la révolutionnaire préface de *Germinie* vous écrivez : « Etude littéraire, enquête sociale, » Et renouant votre tradition, vous vous réclamez de *la religion du siècle passé*: *l'Humanité*. C'est bien l'apôtre de l'humanité qui suivra pas à pas, dans la voie douloureuse, *Germinie Lacerteux* jusqu'à l'horreur de la fosse commune. Il faut un croyant de la grande religion pour assister Elisa jusqu'à l'ultime dégradation de l'imbécillité de misère, pour apporter, sans effroi, la pitié suprême à la suprême ignominie.

Mais cette foule, tant maudite, vous tient maintenant par sa douleur. Le chevalier de Marie-Antoinette a tendu sa main fière à la fille Elisa et ne la peut plus retirer. Vous l'avez bien reconnue, pourtant, la répugnante fille. C'est elle, n'est-ce pas qui suivit, en chantant, toutes les charrettes de mort, s'enrouant à insulter les victimes, convulsée de spasmes de joie à voir tomber les têtes. Violente, féroce, vous l'avez haïe; souffrante, torturée, si vous ne l'aimez déjà, vous lui êtes noblement secourable. Votre haine maintenant va tout à la tourbe odieusement décente, plus atroce peut-être que la bande sanguinaire d'il y a cent ans, qui rit vertueusement de l'âme souillée, du cœur flétri, du corps vendu, ajoutant à toute souillure, un peu de sa propre boue. A la plèbe d'en haut, maintenant l'anathème. Aux victimes dégradées, la charité vengeresse, la pitié.

Oui, c'est pitié, sans doute. C'est probité aussi, respect de l'art de vérité. Exprimer l'idée par la plume, la brosse ou le ciseau, c'est la préciser par le juste contour de la formule avec laquelle elle s'identifie. La probité de l'outil exigeant la clarté, la sincérité de la pensée fait du bon ouvrier un haïsseur de mensonges — n'est-ce pas, Goncourt? — un éternel poursuivant d'idéal, que la vérité mène à la grande commisération des choses.

Voilà pourquoi l'écrivain, qui se croit peut-être encore de réaction aristocratique, rien que par sa probité de savant et sa sincérité d'artiste, levant les voiles de l'humaine misère, arrachant le cri de pitié, aura plus fait peut-être qu'un révolutionnaire pour préparer les grandes réparations sociales de l'avenir. Il aura façonné les âmes, forgé les volontés. La vie fera le reste.

Ainsi vous aurez fait, Maître et ami, œuvre de science sociale, et ne vous en déplaise, œuvre de politique aussi. Car le moraliste et l'artiste ne se laissent plus disjoindre. Notre siècle a proclamé l'unité de la connaissance humaine. L'esprit, un, ne comporte plus l'ancienne division en compartiments étanches. La science ne se doit plus séparer de son expression d'art. Newton est un poète, Balzac est un savant.

Abattons toutes les cloisons de mensonge. Guerre aux mots qui séparent, par qui nous nous méconnaissons, par qui nous nous haïssons. Le savant dédaignera l'homme de lettres flétri de ce mot : amuseur. L'autre croira prendre sa revanche, proclamant que la science, c'est-à-dire l'homme, a fait faillite. Tous deux se déchaîneront contre le politique qui n'est que leur serviteur, ayant pour emploi de traduire en faits sociaux toute expression, toute conception venue d'eux.

Pourquoi susciter absurdement l'un contre l'autre, ces hommes dont l'union aboutit à l'homme complet? Qu'importe que le savant construise ses merveilleuses machines, si l'ouvrier s'y trouve rivé d'une chaîne plus dure? Qu'importe que le poète de tout art nous ravisse aux sublimes hauteurs, s'il faut retomber dans le trou plus profond de la noire misère? Qu'importe que le politique, ait, d'un coup de surprise, réalisé son rêve, si l'homme accru, l'homme affiné, dont il a besoin pour la construction merveilleuse, n'a pas été formé par les grands moralistes de science et d'art.

Réunissez, réunissez ce qu'avait séparé notre ignorance. Faites-nous des savants capables d'émotions d'art, des artistes d'observation, des politiques qui puissent sentir et qui sachent comprendre. Faites-nous des hommes épris d'humanité.

Quels pays, messieurs, a fait de plus grands efforts que la France vers ce haut idéal? Je n'oserais soutenir que la politique nous ait placés au premier rang dans le monde. La culture scientifique des grands pays civilisés est à peu près de même valeur. Mais j'affirme hardiment que par ses lettres, par sa prodigieuse expansion d'art total, la France tient le monde attentif aux manifestations de sa pensée.

Si cet art n'est pas un vain amusement, un jeu de l'esprit, une distraction passagère, si c'est une civilisation, une société, une mentalité qui s'exprime, l'artiste qui vaut par lui-même, vaut aussi par l'âme qu'il reflète, par les sensations où il plonge, par l'idéal où il vit. Ainsi l'art français, triomphant, venge la France méconnue, calomniée.

Qui, plus que le Maître que nous fêtons, a pris sa noble part de cette œuvre admirable?

Il me pardonnera de n'avoir pas assez parlé de lui. Je ne pouvais avoir l'impertinence d'essayer un jugement raisonné de son œuvre. Je sais trop bien que je ne suis pas qualifié pour cela.

Et puis, le jugement, c'est le jury que j'ai sous les

yeux qui le rend. La présence de cette assemblée, spontanément réunie pour acclamer en Goncourt le type accompli de l'homme de lettres françaises, en dit assez pour faire apparaître à tous la haute signification d'un tel hommage.

Ce que vous attestez ici, vous, messieurs, que le monde connaît, vous que le monde écoute, c'est la belle unité d'une vie tout entière consacrée à la conception la plus haute et la plus désintéressée de l'art. Ce que vous honorez, c'est l'obstiné labeur, la puissance de vie mise au service du plus noble idéal.

Ce que tous les Français doivent fêter avec nous, c'est le bon ouvrier du bel outil de pensée de la France, c'est la gloire des penseurs, des écrivains, des maîtres, continués par ceux d'aujourd'hui, qui ont fait de la langue française le plus puissant organe de diffusion de lumière parmi le genre humain.

Langue de simplicité, de clarté, de vérité, qui semble comme le moule parfait de pensée où se viennent spontanément formuler les sensations les plus subtiles, les conceptions les plus hautes, les affirmations les plus généreuses. Langue de liberté, qui éveilla le monde des appels de l'esprit délivré. Langue de pitié, d'équité sereine et de bonté profonde, d'où jaillit la source vive de l'humaine solidarité. Langue d'amitié, langue d'amour, dont la naturelle harmonie peut, sans le rythme du vers, ravir l'âme aux sommets de l'émotion sublime. Langue adorée de tous ceux qui la sentent mouvoir en eux, qui la vivent. Langue des aïeux, langue de la terre, langue qui est de la patrie aussi. Oui, c'est la France elle-même, c'est le génie de notre race, c'est la gloire du passé, et, en dépit des heures mauvaises, c'est l'invincible espérance, l'ancre solide de l'avenir.

Le paysan retourne le sol, l'ouvrier forge l'outil, le savant calcule, le philosophe rêve. Les hommes se ruent en des chocs douloureux pour la vie, pour l'ambition, la fortune ou la gloire. Mais le penseur solitaire, écrivant, agissant, fixe leur destinée. C'est lui qui éveille en eux les sentiments engendreurs des idées dont ils vivent, et qu'ils s'efforcent de fixer en des réalités sociales. C'est lui qui, de ses formules obsédantes, les pousse à l'action, aux grandes réparations d'équité, de vérité. C'est lui qui les enchante de la jeune espérance dont l'appel enivrant les entraîne à la vie. C'est lui qui les console, les refait, et, pansant les blessures, conduit le vaincu d'hier à la victoire de demain. Il ouvre les cœurs, pénètre la vie, révèle l'homme à l'homme, et véritablement le crée dans sa conscience et dans sa volonté.

Avoir été pour un jour, pour une heure, l'ouvrier d'une telle œuvre, suffirait à la gloire d'une vie.

Qu'à ce titre, les Goncourt soient salués par nous, honorés par tous, au premier rang de ces bons travailleurs par qui la République de beauté sociale se fera quelque jour de la République des lettres.

Ce discours a été fréquemment interrompu par des applaudissements chaleureux. La péroraison a été saluée par de longues acclamations.

II

DAUDET, DE L'ACADÉMIE

Quand je fus sur le plateau rocheux de Colone, qui vit mourir Œdipe il y a bien longtemps, mon guide, un agressif petit bossu qui loge dans des trous de l'Acropole, étendit la main dans la direction de la *voie sacrée*, vers de vagues terres blanchâtres où quelques oliviers tourmentés de misère s'obstinent à vivre du ciel bleu, et, gravement, prononça ces mots : « *C'était, ici, l'Académie.* »

Je fus secoué d'un choc, et, tous yeux écarquillés, j'allai regarder la chose. Il n'y a qu'un mot pour rendre la sensation reçue. Vraiment, on ne voyait rien. Un sol brûlé, crispé, racorni sous le soleil, avec des traces de végétation qui semblaient remonter aux jours d'Académos, des murailles de terre croulante, de rares troncs d'aspect pierreux couronnés du clair feuillage d'argent — indigne descendance du rameau d'Athéna, qui jadis, fit souche en ce lieu.

Les terribles faucheurs de l'histoire ont tout emporté. Le ciel seul, immuable, demeure, et l'on est bien près de croire que c'est assez, quand le regard, enchanté de divine lumière, entrevoit dans l'infini de la profondeur bleue l'antique Hellade que semble lui refuser la terre.

Sottement, ma vue s'acharnait sur le sol et, cherchant la trace des pas de Platon, j'aperçus un homme, quelque pâtre peut-être, *académicien malgré lui*, oublié par le temps dans l'*Académie*. Il était là tout heureux d'une contemplation philosophique des choses, sans mouvement, sans geste, sur la terre nue, adossé à un reste de cyprès, rêvant les yeux ouverts, comme celui qui fit la gloire de ce sol au temps où le Céphise promenait sa fraîcheur sous les grands platanes de Cimon.

Quelles visions étaient les siennes? je ne sais. Il aurait, je pense, dédaigné de me les traduire, tant la pauvreté de son habit, et la noble poussière dont se masquait son visage, attestaient d'indépendance et de modeste fierté. Je le regardai longtemps sans qu'il parût se préoccuper de ma venue. Il voulait m'ignorer. Je respectai sa paix. Les paroles ailées qui se heurtaient en bourdonnants essaims dans les bosquets de l'Académie se sont envolées sans retour. Le dernier des *académiciens* est un solitaire, un rêveur, dont l'âme a besoin du silence des hommes pour se plaire au langage des choses.

Quand les journaux s'avisèrent, l'autre jour, de poser la candidature d'Alphonse Daudet à l'Académie (française), le souvenir me revint de la vision qui m'avait attiré des rochers de Colone au ravin du Céphise, et je ne pus m'empêcher de plaindre le bon Académos. Pour le seul crime, en effet, d'avoir goûté le plaisir des jardins, et d'avoir prêté l'ombre de ses arbres à la philosophie, cet honnête bourgeois se voit aujourd'hui contraint d'abandonner son nom aux fils dégénérés, qui lui imposent la torture d'une signification directement contraire à ce qu'il a connu, à ce qu'il a voulu, à ce qu'il a aimé.

En dépit de l'humoristique avis de Platon qui voulait ses visiteurs géomètres, l'antique Académie fut toute grande ouverte, aussi naturellement que la nôtre est fermée. On était de l'Académie pour une heure, en passant, avant dîner. Point d'enclos, point de murailles, point d'élections protectrices. On quittait la route pour les grandes allées qu'avait plantées Cimon, et voilà que l'on écoutait bruire la pensée d'Athènes sous le léger feuillage, comme nos citadins vont en leurs promenades demander aux cuivres de Wagner l'oubli des soucis du jour.

Ce n'est pas seulement la cité qui parlait par la voix de ses philosophes. De tous les points du monde hellénique, de Thrace, d'Ionie, d'Égypte ou de la grande Grèce, comme de l'Inde elle-même, toute pensée était la bienvenue, soumise au libre examen des libres esprits. *Connais-toi toi-même*, avait dit l'oracle, résumant tous les problèmes en un seul. L'investigation était ouverte. Qui venait était admis, par la seule raison qu'il était venu. Grande foire permanente de l'esprit, où chacun écoutait ou parlait à son heure, à sa fantaisie, sans autre souci que de la vérité poursuivie, sans autre espoir que de l'idée triomphante. Là se heurtaient ou se conciliaient les systèmes donnant soudain l'essor à des conceptions nouvelles, provoquant à leur tour des contradictions imprévues, ou s'étayant des subtiles argumentations dont se réjouissait le génie de la Grèce. Et le plaisir de cette existence était tel qu'il semblait à quelques-uns que le meilleur emploi de la vie fût d'*académiser*, toute autre action se trouvant rejetée au rang des occupations vulgaires.

Comment deviner que, de cela, nous avons fait nos Académies, forteresses barricadées de toutes parts où s'enferment quelques hommes qui, de leur propre autorité, se déclarent d'élite, et s'arrogent le privilège d'une sélection autoritaire dans les champs infinis de la pensée! Embusqués à toutes les avenues de l'esprit, leur unique dessein est de guetter l'idée qui passe, pour lui accorder ou lui refuser droit de passage. Qu'est-ce que cela peut avoir de commun avec la liberté de l'antique agora de la connaissance humaine, cette vieillotte tyrannie d'une élite que je consentirai aussi distinguée qu'on voudra, mais dont la fonction fatale est de tâcher de fixer pour un temps des idées qui ne valent que par l'éternel mouvement de l'esprit.

Le premier bien de la pensée c'est la liberté de l'essor. L'antique Académie lui assurait cet avantage. Pourquoi les institutions qui, sous prétexte de protection, entendent parquer l'esprit humain, lui infliger des limites, en marquant ce qu'il convient aux hommes de penser et de dire, osent-elles se parer du nom d'un fondateur de liberté?

La magie des mots est telle que personne ne semble se soucier des réalités qu'ils recouvrent. Nous avons, comme Athènes, une Académie, et cela seul nous semble un avantage considérable sur les autres nations. Cependant, que fait chez nous ce corps d'élite qui ne soit la permanente contradiction de ce dont vivaient les *philosophants* de la Grèce? Proclamer une philosophie officielle, codifier — par les lettres — une conception sociale, dévoyer — par les mille appâts de ses récompenses, de ses honneurs, des avantages sociaux qui s'y attachent — la première envolée de toute pensée indépendante, attirer dans sa sphère anémiante tout ce qui serait un *moi* sincère, pour en faire un *nous* convenu, voilà, sinon le but avoué, au moins le résultat que cent exemples attestent autour de nous.

Collectivité fermée, instrument d'oppression contre l'individu. Dans l'ordre politique, c'est une fatalité peut-être, déguisée parfois sous des apparences plus ou moins heureuses. Dans le domaine de l'esprit, l'inconvénient ne peut être balancé par aucun avantage.

L'originalité, l'action, le progrès, sont de l'individu. C'est en ce sens qu'Ibsen a pu dire : « L'homme fort est l'homme seul. » Entre dix hommes de notable valeur assemblés, il faut nécessairement qu'une moyenne inférieure aux premiers d'entre eux se dégage. Voilà Renan, Littré, réunis avec l'évêque d'Autun et M. le duc de Broglie. Qu'ont-ils à se dire? Sur quoi peuvent-ils s'accorder? Que peuvent-ils faire? Que font-ils? La seule chose à prévoir. Ils font la charité, et la pire, une charité intéressée, au profit de l'esprit de corps, avec une générosité d'esprit nécessairement moindre — par l'inexorable loi de la moyenne — que celle où, isolées, se plairaient de nobles âmes. Entreprise contre l'esprit, puisque contre la liberté.

Edmond de Goncourt l'a bien compris avec son *Académie*, dont le but est principalement d'assurer à quelques hommes de lettres ce bien suprême : la liberté. Nous ne pouvons plus vivre comme autrefois les Grecs que nous décrit Renan, se promenant dans les jardins, écoutant les cigales, jouant de la flûte au clair de lune, contents d'un poisson frit, d'un lécythe de vin qu'on boit au milieu des chansons, suspendant des feuillages au-dessus des portes aux jours de fête, jouant avec des chèvres apprivoisées, dansant avec des thyrses et des chapeaux fleuris. Ces mœurs ne sont plus les nôtres, et le *poisson frit* du bouillon Duval est une dépense. Goncourt prend dix écrivains, et les plaçant, à juste droit, sous la protection de bon Académos, leur dit : « Je vous débarrasse du souci de la vie, je vous fais libres; écrivez et parlez dans l'indépendance de votre âme. » Affranchir dix pensées, c'est une œuvre, dans un pays comme le nôtre. L'esprit français y pourra trouver la compensation de l'effort d'étouffement de l'officielle machine qui n'a de l'Académie que le nom.

Quand je pense que j'ai pris la plume pour parler de la candidature d'Alphonse Daudet à l'Académie, je suis étonné moi-même de m'être laissé entraîner à tant de digressions apparentes. Apparentes seulement, car je suis au cœur de mon sujet maintenant, et chacun comprend quelle cruauté c'est de vouloir encager le pur Français, l'exquis gréco-latin de Provence, dans les suintantes murailles du Palais-Mazarin.

Qu'aurait dit l'*académicien* dont la silhouette méditative me fit descendre du plateau de Colone, si je lui avais proposé de voisiner avec Camille Doucet, en souvenir d'Académos? Il m'aurait jugé fou, et m'eût quitté, je n'en doute pas, pour aller danser avec des chèvres apprivoisées, au son d'une flûte aimable, et suspendre des feuillages au cou de sa bien-aimée. Et dites-moi, ô Daudet, s'il n'eût pas eu cent fois raison de faire ainsi. Quant à moi, je l'en loue. Et je suis sûr qu'en rentrant le soir vers sa tranquille cabane, le bon *académicien* velu, encore tout frémissant de ses communions de toute heure avec l'éternelle beauté, eût été fort capable — quoique sans prétention à la philosophie — de remettre dans les droites voies de la nature Platon, Cousin, Jules Simon lui-même, si ces illustres ombres, titubant d'idéal, égarées au sortir des bosquets ombreux, eussent condescendu à lui demander le chemin.

Pourquoi m'obstiné-je à trouver de cet homme dans Daudet. Ni l'un, ni l'autre, ne sont philosophes, au sens ambitieux de ce mot. Ils ne s'occupent peut-être pas, autant qu'il serait souhaitable, de savoir comment va le monde, et n'aspirent pas, en tout cas, à le gouverner. Mais s'ils ont surtout des conceptions générales une intuition personnelle, l'émotion d'humanité est en eux, et qu'ils la disent en sons de flûte ou en simple et beau langage, elle ne s'en propage pas moins merveilleusement parmi les hommes. Que faut-il de plus? Et quel insensé, dans le dénombrement des hommes dont l'art a charmé, aidé, soutenu les âmes inquiètes ou dolentes, osera tracer quelque part une limite contraire aux lois de la compréhensive nature, pour dire : « Celui-ci fut de l'Académie, non celui-là? » Certains hommes en ont été pour un jour, pour une heure, comme au temps d'Académos. C'est déjà beaucoup. D'autres y ont laissé la trace ineffaçable de leurs pas. Point n'est besoin de nos sottes *visites* pour constater que leur humaine immortalité s'atteste par ce qu'ils ont laissé d'eux aux générations survenantes.

Ces humiliantes *visites* sont, je crois, avec l'exemple de Goncourt, ce qui a surtout arrêté Daudet dans la voie des candidatures. Elles contribuent pour une grande part à l'abaissement des caractères, aussi bien dans l'enceinte officielle de notre Académie, qu'autour du Palais Mazarin dans un rayon dont l'étendue paraît difficile à déterminer.

Il faut lire dans le *Journal d'un poète* le récit de la visite d'Alfred de Vigny à Royer-Collard. Le candidat qui s'y donne peut-être quelques avantages d'attitude, ne paraît pas avoir exagéré l'*inéducation* de l'académicien. Et comme de Vigny ne fut pas élu après cette première épreuve, il dut remonter *onze fois* le calvaire. Cela fait, il était vraiment académicien. Il ne lui restait plus qu'à affronter, avec le sourire convenu, les insolences de M. Molé pour être tout à fait de l'Académie.

N'est-ce pas Gédéon qui refusa d'enrôler tous ceux qui pour boire avait plié le genou. Sa troupe fit assez bonne figure, dit-on, dans la bataille. Mais cet homme-là, je vous le dis, n'eut rien compris de notre Académie.

Daudet a voulu boire debout. C'est d'autant plus méritoire qu'en dépit de son art admirablement moderne, il est plus révolutionnaire d'observation que de conclusion, et tient à l'esprit du passé par plus de liens qu'il ne croit sans doute. Il n'aurait, aujourd'hui, qu'un mot à dire. Il ne le dit pas, et je l'en honore.

L'*Immortel* fut un acte de haute intrépidité, comme le serment publiquement prêté que l'écrivain ne baisserait pas la tête. Après avoir noblement enrichi le trésor d'art de son temps et de son pays, il n'y avait pas, pour Daudet, de plus belle leçon à donner au scepticisme entartufié de notre jeunesse bourgeoise. Par là, se révèle en lui l'homme d'action que je n'attendais pas, et l'acte, à mon avis, comment qu'il soit venu, ne lui fera pas moins d'honneur que ses écrits, dans l'avenir.

Pour aujourd'hui, la majorité des Français peut-être, et sûrement la presque totalité des lecteurs étrangers ignorent que Daudet n'a pas ses entrées sous la coupole. Et ce que j'admire, c'est qu'ils ont raison contre les journalistes mal informés. Après tant de glorieux morts *inacadémisés* de leur vivant, Alphonse Daudet, quoi qu'en dise le protocole, est vraiment de l'*Académie*. Combien d'*académiciens* n'en seront jamais !

III

LE CŒUR ET L'ESPRIT

Voilà plus d'un mois que le beau livre de Gustave Geffroy : *Le Cœur et l'Esprit*, est sur ma table sans que j'ose me mesurer avec lui. Comment aborder cet art délicat d'analyse ultime qui, dédaigneux des formes changeantes, s'attache à dégager subtilement l'âme insaisissable des êtres et des choses? Je ne sais plus quel critique faisait l'autre jour à Geffroy l'étrange reproche de peindre aux yeux. Il me paraît difficile de demander à l'écrivain de renoncer à évoquer des images. Le monde extérieur ne nous étant accessible que par les sens, comment atteindre l'émotion cérébrale sinon par les voies de pénétration de la nature environnante? Si Geffroy est un critique de la brosse et du ciseau, c'est aussi un maître de la plume. Il n'a garde de confondre les outils ni les procédés. Ces médiocres artifices lui sont étrangers, et s'il fait apparaître le tableau, c'est qu'en un sens tout nous est tableau, et que la sensation qui jaillit du mot juste se traduit nécessairement en nous par quelque apparence sensible.

Ce qui frappe tout au contraire, dans le livre de Geffroy, c'est qu'il s'est refusé de parti pris à matérialiser, à préciser ses personnages. A l'inverse de l'art contemporain qui cherche l'individualité dans les circonstances extérieures de l'être, Geoffroy ne nous dit de ses personnages que ce qu'il est indispensable d'en savoir. Quelques traits lui suffisent pour un sobre contour. En revanche, ce qui va provoquer son investigation la plus curieuse, son analyse la plus ténue, c'est *le cœur et l'esprit*, le subtil tressaillement cérébral ou nerveux, de la douleur à la joie, de la pensée aiguë à l'engourdissement vague d'un rêve de Nirvana, c'est l'âme en un mot, non l'âme des métaphysiciens toute fabriquée de qualités négatives, mais l'âme sentante, jouissant ou souffrant au contact doux ou cruel des choses, l'âme vivant de son corps dont elle doit mourir.

Quels que soient les hommes, sanguins ou bilieux, nerveux ou apathiques, bons ou mauvais — le plus souvent bons et mauvais à la fois — ils ont des nerfs qui sursautent de plaisir ou de souffrance, toute une gradation de vibrations émotives qui leur sont communes à tous. C'est cette gamme de sensibilité humaine où se complaît la recherche affinée de l'artiste psychologue, notant fidèlement toute harmonie, toute dissonnance, écoutant résonner chaque fibre nerveuse sous la caresse ou le choc du monde extérieur.

Et ce monde extérieur lui-même, ne lui rendons-nous pas quelque chose de la sensation reçue, ne conserve-t-il rien de nous? Ne retrouvons-nous pas dans les choses l'écho des vibrations de vie qu'elles suscitent en nous, et que c'est notre joie de répercuter de toutes parts dans l'univers? La science moderne enseigne que les corps s'impressionnent réciproquement de leur seule présence. Si la plaque sensible du photographe peut garder l'image et la dévoile, toute surface de terre ou de roc, toute matière inerte ou vivante est affectée d'une subtile empreinte de nous, sur notre passage, au même titre que la gélatine sensibilisée. Seulement, la pierre plus discrète garde son mystère. Si bien qu'une prodigieuse chimie, sous la couche des Parisiens innombrables, pourrait faire apparaître sur l'obélisque de Ramsès II, la foule des Egyptiens d'il y a trois mille ans, au milieu desquels nous verrions tout à coup surgir le masque dominateur de leur contemporain, Moïse. Ce rêve d'une science miraculeuse suffit à évoquer l'image des sensations sans nombre comme sans fin que la concience humaine, reçoit du monde vivant aussi bien que du monde inerte, et qu'elle lui retourne aussitôt en impressions conscientes ou non. Cet entrecroisement inextricable de vibrations reçues et réfléchies, c'est la vie ! C'est l'indébrouillable écheveau dont Geffroy soulève quelques fils tremblants de la pointe aiguë de sa fine analyse.

Une telle œuvre échappe à tout compte rendu. Il faut lire, se laisser conduire par la plume déliée, suivre pas à pas la chercheuse et patiente observation, voir et sentir avec l'homme qui voit et qui sent. Voici les *Ombres*, par exemple. Il s'agit d'une vieille maison de Belleville, où fut autrefois un pensionnat de jeunes filles. Geffroy veut « *retrouver la trace de la vie en allée, ce qui reste de souvenirs empreint aux aspects des choses :*

La matinée est délicieuse. La porte-fenêtre et la fenêtre grandes ouvertes laissent entrer l'atmosphère du dehors. La teinte de l'aube subsiste sur l'intime paysage, sur la terre couleur de mauve pâle, sur l'herbe argentée de rosée, sur les mille feuilles palpitantes qui brillent et flambent dans la première lueur du soleil. Une brise assez haute effleure les cimes, anime les arbres, les tourbillons de pollen sont errants, entrent dans la chambre, de légers fragments étoilés se posent à l'angle d'un meuble..... Toute une fantasmagorie d'êtres vivants et légers se lève dans l'or de la clarté et dans le bleu de l'ombre. Le jardin désert et chuchotant se repeuple des fillettes de jadis. C'est par des matins pareils qu'elles ouvraient à la lumière leurs yeux purs de pierres précieuses et que s'essayait le langage en gazouillis de leur réveil. Les mêmes lilas qui fleurissent aujourd'hui en gros bouquets, les mêmes grappes de glycine qui revêtent les faux ébéniers de leurs molles retombées, fleurissaient alors... Les violettes exhalaient la même haleine dans l'ombre...

Les petites courent à pas vifs et inexpérimentés dans l'allée qui sépare la maison des premiers massifs... Il y a déjà une mélancolie derrière la naïveté et l'eau pure de leurs yeux translucides. Leur bouche, qui n'a pas encore goûté aux fruits d'illusion et de cendre est pourtant déjà dessinée en moue, les coins abaissés, comme dans les visages qui symbolisent les dégoûts définitifs et les tristesses sans consolation... Chez ces fillettes de huit à douze ans, la figurine de la femme se dessine, la coquetterie et le maniérisme font leur entrée. Le goût de se sentir regardée s'affirme de la façon la plus précise par la seule force de l'instinct... Par la démarche, par les allures par une révérence, par les gestes des petites mains, relevant une boucle ou accompagnant la parole, par un jeu de paupières, par un regard de côté, par une timidité et par une retenue jouées; on aperçoit distinctement tout le grand jeu sexuel de plus tard, toutes les comédies instinctives et sociales qui donnent l'attrait aux rencontres et serviront les fins de la nature. »

Je ne fais qu'indiquer le thème sans pouvoir donner le développement. Et comme le développement est tout d'évolution psychique, j'altère et je gâte fatalement l'étude subtile dont je voudrais donner l'idée. Je disais bien qu'il faut lire.

Comment faire apparaître la vision du rêveur qui jette brusquement dans les affres, les misères, les atrocités de la vie, ces enfants, « qui vont deux à deux, trois à trois, les bras entrelacés, leurs robes déjà longues passant par les allées avec le bruit de douceur et de mystère des jupes de la femme... Ce sera par elles que cette terre de matière pourra continuer de rouler dans l'espace avec une beauté morale et intellectuelle. C'est de leurs entrailles fécondées que sortiront les êtres de pensée profonde qui achèveront de créer la conscience de l'univers... »

Au prix de quelles souffrances?

Elles sont infiniment touchantes (les vaincues) quelles que soient leurs erreurs et leurs malheurs... elles sont des barques à l'aventure, toutes voiles imprudemment dehors le gouvernail faible, souvent abandonné par les mains frêles, la boussole aimantée vers les hautes mers, où règnent les vents du large, vers les brisants et vers les désastres... Elles auront trop écouté le chant des sirènes leurs sœurs, elles s'en iront cheveux épars, membres flottants, parmi les goëmons et les algues dans l'immensité des profondeurs glauques bleues et vertes...

Il leur faudrait la rencontre du bon hasard, le contact révélateur avec l'être compréhensif et pitoyable qui saurait donner la vie à leur corps fragile... Il saurait les recueillir à son bord, sur l'espace mouvant du monde, régler la voilure et tenir la barre, écarter les monstres, aborder aux îles du repos. Mais l'heureuse rencontre est rare à la sortie du port tranquille, et rare le compagnon qui se présente pour toute la traversée, pour les périls comme pour les beaux temps. »

Que ne puis-je citer le reste! Les lettrés n'ont pas besoin qu'on leur révèle Geffroy avec qui je voudrais m'attarder, ami des temps anciens, ami de toujours. Ils connaissent ce Breton d'âme haute et tranquille, qui comme ses aïeux de la pointe du Raz, aime à percer de son œil volontaire la brume des horizons lointains. Qu'ils montent avec lui sur la hauteur, et qu'ils regardent passer le mélancolique cortège des âmes de la *Baie des Trépassés* : La *Liseuse* qui se refuse à l'action pour vivre de la pensée de tous ceux qui vécurent. La triste *Fiancée* souriant à l'inconscient bourreau, sous l'œil de celle qui l'aime et *qui sait*. Le *Vieil Employé*, le *Viveur*, le *Diplomate*. La *Vieille Femme*, divine en l'éternelle jeunesse d'un chaste amour. Fermez les yeux et vous entendrez *la Voix*, cette voix qui évoque au plus profond de l'être le sentiment d'une harmonie fatale avec une créature inconnue, fermée, ignorante d'elle-même comme de l'accord vivant dont elle fait partie.

Et ce ne seront pas là des fantômes passagers, des formes vaines et menteuses. Ce seront des êtres réels, des êtres de chair, de chair vivante et souffrante dont l'intense émotion de vie se reflètera tout en lumière sur l'âme même du spectateur. Voyant vivre ces êtres qui vécurent, pénétrant au plus profond de leur vie, vous en connaîtrez mieux la vôtre, ce qui est le but même de l'antique sagesse. Et reconnaissants envers ce penseur au cœur ému à qui vous devrez cette joie, ce bienfait, vous l'admirerez comme moi, et comme moi vous l'aimerez.

IV

RÉVOLUTION DE CATHÉDRALES

J'en demande pardon aux professionnels, je ne puis résister à l'envie de m'établir, pour un jour, critique d'art. La faute en est à Claude Monet. Je suis entré chez Durand-Ruel, pour revoir à loisir les études de la cathédrale de Rouen dont j'avais eu la joie dans l'atelier de Giverny, et voilà que cette cathédrale aux multiples aspects, je l'ai emportée avec moi, sans savoir comment. Je ne puis m'en débarrasser. Elle m'obsède. Il faut que j'en parle. Et, bien ou mal, j'en parlerai."

Je me présente tout simplement, comme un de ces êtres à deux pieds, dont le principal mérite est de promener sur la terre une paire d'yeux prêts à jouir de toutes les fêtes que nous offre la divine lumière. Et là-dessus, d'abord, j'ai quelques remarques à faire. Comment arrive-t-il que tant de gens achètent à prix d'or tant de toiles bonnes ou mauvaises — plus souvent mauvaises que bonnes — et finissent probablement par en jouir, alors qu'ils seraient incapables de s'arrêter sincèrement cinq minutes devant le paysage ou la figure dont la représentation les ravit d'aise? Je sais bien qu'on nous raconte que le peintre y met du *sien*. Mais rien n'empêche le spectateur d'en faire autant, et *l'Embarquement pour Cythère* lui-même ne nous séduit que parce qu'il nous suggère des émotions de réalités.

Dans le monde multiple, ce qui nous doit précisément charmer, c'est l'instable vibration de vie qui anime le ciel et la terre et la mer, et toute la nature grouillante et toute la nature inerte. Eh bien, cette mouvante merveille de toute heure qui surgit à nos yeux de tous les spectacles de la planète lumineuse, ce miracle changeant, qui ne cesse que pour enfanter d'autres miracles, cette intensité de vie qui nous vient de l'homme ou de la bête, mais qui nous vient aussi de l'herbe, du bois et de la pierre, la terre nous en prodigue la fête sans jamais se lasser. Il n'est donc pas du tout besoin d'être millionnaire pour se procurer des jouissances d'art supérieures à celles du malheureux amateur condamné à user pendant vingt ans les mêmes épithètes stériles sur les mêmes toiles obstinément immuables.

Pendant que l'infortuné se rétrécit, racornit sa faculté de voir et de sentir, paralyse, pétrifie sa puissance d'émotion, je vais de par le monde, j'interroge les choses, je tâche à saisir leurs fuyants aspects, à me mettre à l'unisson de leur harmonie, à pénétrer leur inexprimable mystère, à jouir des spectacles changeants dans une acuité de joie que je laisse au monde mouvant le soin de renouveler sans cesse. Je m'aperçois alors que pendant que mon faible curé se met à la torture pour s'ébahir de miracles qui ne sont pas, je vis, moi, au sein d'un perpétuel prodige qui m'affole et m'enivre de réalités miraculeuses.

Oui, l'humanité vit dans un miracle, dans un miracle vrai, d'où elle peut incessamment tirer d'incroyables joies : seulement, elle ne le perçoit pas, ou pour parler avec plus de précision, elle commence à peine à en formuler la notion. Depuis des milliers et des milliers d'années, l'œil humain s'oppose à la planète qui lui renvoie, toute palpitante, les ondes de vie jaillies de l'incendie solaire. Tout ce qui nous est parvenu des monuments de l'art depuis la hache primitive d'une proportion heureuse et d'une coloration puissante, depuis les profils d'ours et de mammouth qu'un Léonard de l'âge de pierre dessina sur les os du musée de Saint-Germain jusqu'à la cathédrale de Monet, nous permet d'apprécier sommairement les phases de vision par où notre race a passé.

Nous savons que ce qui a frappé nos aïeux d'abord, c'est la vie dans ses manifestations les plus bruyantes. La forme d'ensemble, le modelé sommaire, une coloration moyenne, vaguement perçue, sans précision de tons ou de valeurs. N'est-ce pas aujourd'hui même la vision de l'enfant, qu'il modèle, dessine ou colorie? Nous savons que les anciens, Asiatiques, Égyptiens, Hellènes, bien que leur mythologie témoigne d'une vive impression des phénomènes du monde et des aspects mouvants de la terre, ne conçurent pas le besoin d'exprimer comme nous les sensations reçues du spectacle des choses.

Interrogez les vases grecs dont beaucoup reproduisent quelques-unes des plus fameuses peintures de l'antiquité, cherchez un paysage, un arbre, un rocher, une mer, une eau courante ou paisible. Depuis longtemps, sans doute, les poètes avaient marqué leur vive perception de certains aspects de ce que nous résumons aujourd'hui dans le mot compréhensif de *nature*, mais la sensation n'était pas suffisamment précisée pour que Zeuxis dépassât l'effort des natures mortes. Virgile a chanté les champs, quel Latin a entrepris de les peindre? Faut-il parler des Primitifs, de leurs arbres, de leurs rocs, de leurs prairies? Voyez l'étrange paysage que le grand Léonard de la Renaissance donne pour fond de tableau à sa Joconde.

> La campagne à présent n'est pas beaucoup fleurie

Voilà, suivant la remarque de Théophile Gautier, la seule impression que le génie de Molière nous ait jamais transmise de ses contemplations champêtres. Il faut, après Rembrandt, Lafontaine et Rousseau pour s'éprendre de la terre. Comment apprécier aujourd'hui le paysage composé du Poussin?

Je n'ai pas à faire ici l'histoire du paysage. Il me suffit de remarquer avec Gustave Geffroy que le soleil qui luit pour tout le monde, longtemps n'a guère lui pour la peinture : « Chez Ruysdaël, Hobbéma, si l'on veut des noms de grands paysagistes, le feuillage persillé, métallisé, est couleur d'encre, le soleil s'est éteint, tout apparaît éclairé du jour sombre de l'atelier ». Corot eut l'émotion lumineuse. L'éducation de l'œil progressivement se faisait. Comme le dit justement Geffroy dans cette admirable étude de l'impressionnisme qui nous a tous si vivement frappés : « Le sens de la lumière ne pouvait pas être dans l'œuvre d'art alors qu'il n'était pas dans la connaissance... La peinture, comme le reste de l'expression humaine, devait refléter la lente découverte des choses et de soi qui est le fond de la destinée humaine. »

Avec l'école impressionniste s'affirme enfin la souveraineté de la lumière. Elle éclate, elle envahit l'être, elle s'impose en conquérante, elle domine le monde, support de sa gloire, instrument de son triomphe.

Qui ne comprend désormais que l'œil voit aujourd'hui d'autre façon que naguère. Il a, après de longs efforts, découvert la nature, obscure d'abord, maintenant de lumière. Ce n'est pas tout. Qui peut dire quelles joies sont réservées à l'affinement du regard par l'ultérieure évolution de notre faculté de voir?

Quand je vis Monet avec ses quatre toiles devant son champ de coquelicots, changeant sa palette à mesure que le soleil poursuivait sa course, j'eus le sentiment d'une étude d'autant plus précise de la lumière que le sujet immuable accusait plus fortement la mobilité lumineuse. C'était une évolution qui s'affirmait, une manière nouvelle de regarder, de sentir, d'exprimer, une révolution. De ce champ de coquelicots, bordé de ses trois ormeaux, date une époque dans la sensation comme dans l'expression des choses.

Les meules, les gerbes, les peupliers suivirent. Les

mêmes meules, les mêmes gerbes, les mêmes peupliers, au couchant, au levant, au midi, dans la brume et dans le soleil, dans la pluie et dans le vent. Et puis ce fut Vernon, éclatant de lumière ou fondu dans le brouillard.

Alors l'artiste comprit que c'était une analyse relativement sommaire du phénomène, et que si, dans une égale journée, le matin rejoint le soir par une série de transitions infinies, chaque moment nouveau de chaque jour variable constitue, sous la mobile lumière, un nouvel état de l'objet qui n'a jamais été et jamais ne sera plus. Cet état, l'œil parfait doit être apte à le saisir comme la main à le rendre.

N'est-ce pas là vraiment une conception nouvelle et de la perception et de l'expression?

L'objet obscur en soi reçoit du soleil toute vie, tout pouvoir d'impression visuelle. Mais ces ondes lumineuses qui l'enveloppent, qui le pénètrent, qui le font irradier dans le monde, sont en perpétuelle turbulence, hautes lames d'éclairs, embruns de lumière, tempêtes de clartés. Que sera le modèle sous cette fureur d'atômes vivants à travers laquelle il transparaît, par laquelle il nous est visible, par laquelle, pour nous, *il est*, véritablement. Voilà ce qu'il faut savoir maintenant, ce qu'il faut exprimer par la peinture, ce qu'il faut décomposer de l'œil et recomposer de la main.

C'est, en effet, ce que l'audacieux Monet entreprit de faire avec ses vingt toiles de la cathédrale de Rouen, réparties en quatre séries que j'appellerais : *série grise, série blanche, série irisée, série bleue*. Avec vingt toiles, d'effets divers justement choisis, le peintre nous a donné le sentiment qu'il aurait pu, qu'il aurait dû en faire cinquante, cent, mille, autant qu'il y aurait de secondes dans sa vie, si sa vie durait autant que le monument de pierre, et qu'à chaque battement de son pouls il pût fixer sur la toile autant de moments du modèle. Aussi longtemps que le soleil sera sur elle, il y aura autant de manières d'être de la cathédrale de Rouen que l'homme pourra faire de divisions dans le temps. L'œil parfait les distinguerait toutes, puisqu'elles se résument en des vibrations perceptibles même pour notre actuelle rétine. L'œil de Monet, précurseur, nous devance et nous guide dans l'évolution visuelle qui rend plus pénétrante et plus subtile notre perception du monde.

Ainsi l'art, en s'attachant à exprimer la nature avec une précision de plus en plus affinée, nous apprend à regarder, à percevoir, à sentir. Et de l'expression toujours plus serrée jaillit la sensation toujours plus aiguë. La merveille de la sensation de Monet, c'est de voir vibrer la pierre et de nous la donner vibrante, baignée des vagues lumineuses qui se heurtent en éclaboussures d'étincelles. C'en est fini de la toile immuable de mort. Maintenant la pierre elle-même vit, on la sent muante de la vie qui précède en la vie qui va suivre. Elle n'est plus comme figée pour le spectateur. Elle passe. On la voit passer.

Je ne dis rien de la technicité. Ce n'est pas mon affaire. Je ne sais plus quel peintre de l'antiquité, impuissant à rendre l'écume d'un cheval emporté, jeta sa brosse, de dépit, qui, s'écrasant sur le panneau, réalisa de hasard ce que l'art n'avait pu faire. A regarder de près ces cathédrales de Monet, il semble qu'elles soient faites de je ne sais quel mortier versicolore broyé sur la toile dans un accès de fureur. Tout cet emportement sauvage est fait de passion sans doute, mais de science aussi. Comment l'artiste peut-il, à quelques centimètres de sa toile, se rendre compte d'un effet à la fois précis et subtil qu'on ne peut apprécier qu'avec un recul de plusieurs mètres, c'est le déconcertant mystère de sa prunelle.

Tout ce qui m'importe, c'est que je vois surgir le monolithe dans son unité puissante, dans son autorité souveraine. Le dessin serré, net, mathématiquement précis, accuse, avec la conception géométrique de l'ensemble, et les masses qui s'ordonnent et les vives arêtes du fouillis sculptural où s'enchâssent les statues. La pierre est dure et résistante sous le poids des siècles. La masse tient bon, solide dans l'estompe de brume, attendrie sous les ciels changeants, éclatant en poudreuse fleur de pierre dans l'embrasement du soleil. Fleur de pierre vibrante, inondée de lumière de vie, offrant aux baisers de l'astre ses troublantes volutes de joie, et faisant jaillir la volupté de vivre des caresses d'un rayon d'or sur un peu de poussière.

Habilement choisis les vingt états de lumière, des vingt toiles s'ordonnent, se classent, se complètent en une évolution achevée. Le monument, grand témoin du soleil, darde au ciel l'élan de sa masse autoritaire qu'il offre aux combats des clartés. Dans ses profondeurs, dans ses saillies, dans ses replis puissants ou ses arêtes vives, le flot de l'immense marée solaire accourt de l'espace infini, se brise en vagues lumineuses battant la pierre de tous les feux du prisme, ou apaisées en obscurités claires. De cette rencontre, se fait le jour, le jour changeant, le jour vivant, le jour noir, gris, blanc, bleu, pourpré, toutes les gammes de lumière. C'est que toutes les couleurs sont brûlées de clarté, « ramenées, suivant l'expression de Duranty, à cette unité lumineuse qui fond ses sept rayons prismatiques en un seul éclat incolore qui est la lumière ».

Accrochées comme elles sont, les vingt toiles nous sont vingt révélations merveilleuses, mais l'étroite relation qui les lie échappe, je le crains, au rapide observateur. Ordonnées suivant leur fonction, elles feraient apparaître la parfaite équivalence de l'art et du phénomène : le miracle. Supposez-les rangées aux quatre murailles en séries de transitions de lumière : la grande masse noire au début de la *série grise* qui va toujours s'éclairant, la *série blanche* allant de la lumière fondue aux précisions éclatantes qui se continuent et s'achèvent des feux de la *série irisée*, lesquels s'apaisent dans le calme de la *série bleue* et s'évanouissent dans la divine brume mourante.

Alors, d'un grand coup d'œil circulaire, vous auriez, en éblouissement, la perception du monstre, la révélation du prodige. Et ces cathédrales grises, qui sont de pourpre ou d'azur violentées d'or ; et ces cathédrales blanches, aux portiques de feu, ruisselantes de flammes vertes, rouges ou bleues ; et ces cathédrales d'iris, qui semblent vues au travers d'un prisme tournant ; et ces cathédrales bleues, qui sont roses, vous donneraient tout à coup la durable vision, non plus de vingt mais de cent, de mille, d'un milliard d'états de la cathédrale de toujours dans le cycle immense des soleils. Ce serait la vie même telle que la sensation nous en peut être donnée dans sa réalité la plus intense. Ultime perfection d'art, jusqu'ici non atteinte.

Voilà ce que j'ai vu dans les cathédrales de Monet, telles que Durand-Ruel doit les classer pour les faire sentir et comprendre dans l'harmonie de leur tout. J'ai appris par le catalogue, que tel amateur en achète une qui le séduit d'une façon particulière, tel autre, une autre encore. Comment ! Il ne s'est pas trouvé un millionnaire pour comprendre, même vaguement, le sens de ces vingt cathédrales juxtaposées et dire : *j'achète le paquet*, comme il aurait fait d'une liasse d'actions. C'est à dégoûter du métier de Rothschild.

Et vous, Félix Faure, ô mon souverain d'un jour, vous qui trônez gracieusement dans le palais de madame de Pompadour, avec Roujon et Poincaré à vos côtés pour vous guider dans vos appréciations d'art, j'ai lu que vous aviez fait je ne sais quels achats personnels dans je ne sais quelle halle aux peintures. C'est votre affaire.

Mais vous n'êtes pas seulement Félix Faure, vous êtes aussi président de la République, et même de la République française. C'est à ce titre évidemment que vous êtes allé l'autre jour rendre visite à la table de nuit de Napoléon Ier, comme si c'était là que le grand homme eût déposé son génie. Comment l'idée ne vous est-elle pas venue d'aller regarder plutôt l'œuvre d'un de vos contemporains, par qui la France sera célébrée dans le monde longtemps après que votre nom sera tombé dans l'oubli ? Que faisait Poincaré et que disait Roujon ? Seraient-ils envahis du sommeil bienfaisant de Kaempfen ? Ne réveillez pas ces bons dormeurs, et puisqu'il y a en vous une pointe de fantaisie, allez regarder ces séries de cathédrales en bon bourgeois que vous êtes, sans demander l'avis de personne.

Il se peut que vous compreniez, et songeant que vous représentez la France, l'idée vous viendra peut-être de nous doter de ces vingt toiles qui, réunies, représentent un moment de l'art, c'est-à-dire un moment de l'homme lui-même, une révolution sans coups de fusil.

L'histoire tiendra compte de ces peintures, sachez-le, et si vous avez l'ambition légitime de vivre dans la mémoire des hommes, accrochez-vous aux basques de Claude Monet, le paysan de Vernon. C'est plus sûr que le vote du congrès de Versailles ou la politique des ministères.

DANS L'ÉCOLE

I

LA LIBERTÉ

Un député, M. Malzac, propose d'avantager, dans les examens, les élèves de l'enseignement d'État sur les autres.

Ce ne sera pas la première fois, dit-il, que la supériorité de l'enseignement public sur l'enseignement libre aura été affirmée. Pendant toute la durée de la monarchie de juillet, les candidats au baccalauréat étaient tenus de justifier qu'ils avaient passé leurs deux dernières années d'études dans un établissement public d'enseignement secondaire. Il a fallu la réaction de 1849 et de 1850 pour abolir cette règle.

Il est vrai, c'est la réaction cléricale qui a fait la liberté de l'enseignement. Si cette liberté paraît se retourner contre nous, c'est que nous fournissons à nos ennemis des armes pour nous combattre. Et ce n'est pas le sabre de bois de M. Malzac qui pourrait changer la fortune de la bataille.

D'abord, comment le député républicain ne voit-il pas qu'il est souverainement inique de faire pâtir un enfant, pendant toute une vie, d'un enseignement qu'il n'a pas choisi. Il s'en faut de beaucoup d'ailleurs, que l'empreinte de l'école subsiste durablement en nous. Combien l'Université n'a-t-elle pas formé de jésuites? Voltaire fut l'élève des bons pères. Quand Caserio figurait en petit saint-Jean dans les processions de son village, qui lui eût prédit sa destinée? En fut-il autrement, l'idée qu'on pourrait avantager un crétin aux dépens d'un élève intelligent, est si parfaitement révoltante que la loi de M. Malzac ne pourrait pas aboutir à autre chose qu'à renforcer la puissance de propagande de la congrégation.

Nous sommes dans une période de réaction caractérisée. Le parti républicain, reculant devant son œuvre, est depuis vingt ans l'arme au pied. Une armée inactive perd toute cohésion, toute discipline, toute ardeur à l'action. La confusion est au camp. Les mêmes personnages qui criaient bien haut : *le cléricalisme c'est l'ennemi*, nous prêchent effrontément l'entente avec le pape, et la font. C'est l'armée de Metz, moins le conseil de guerre de Versailles.

Pour s'étonner du résultat d'un pareil état de choses, il faut être candide. Pour croire qu'on pourra efficacement réagir contre le mal grandissant, par l'octroi gracieux de quelques points de faveur aux élèves de l'Etat, dans les examens scolaires, il faut être victime d'une illusion que j'admire.

Ce qui fait la force des cléricaux, contre la société laïque, c'est qu'ils joignent à tous les avantages du pouvoir officiel, tous les bénéfices de la liberté. Nous les subventionnons d'un nombre de millions bien supérieur à celui qu'indique le budget, et nous leur laissons ainsi la libre disposition de leurs fonds pour nous faire la guerre dans l'école. Au lieu de s'occuper des examens de Sorbonne, qui ne sont en somme dans la vie que d'un profit assez douteux, que M. Malzac propose à l'État laïque de garder ses millions, et l'association internationale qui considère l'Église comme un rempart de défense sociale, aura assez à faire d'entretenir le culte, sans prodiguer ses capitaux dans la lutte scolaire. L'effort de l'enseignement congréganiste contre l'enseignement d'État, c'est l'État lui-même qui l'alimente en laissant à ses ennemis, par ses dons, la libre disposition de leurs ressources. La suppression du budget des cultes, en substituant un régime de liberté, à un régime de privilège, nous permet de faire appel à l'opinion, qui nous échappe si nous prétendons, avec M. Malzac, lutter contre le principe même de la liberté et de la justice.

Cela ne suffira pas sans doute. Aussi longtemps que nous garderons l'Université unifiée de l'Empire, aussi longtemps que nous refuserons de libérer l'enseignement de ses chaînes, nous priverons l'action éducatrice de son plus puissant ressort : la liberté. Décentralisez l'enseignement, faites des Universités, diversifiez les programmes, instituez une noble rivalité entre les libres esprits des maîtres, et vous défendrez l'enseignement laïque par la liberté féconde, non plus par l'autorité mortelle, comme le propose M. Malzac.

M. Léopold Lacour, qui intervient dans la discussion avec l'autorité de ses études et de son talent, se prononce hautement pour la liberté. Même venant de la réaction, la liberté d'enseignement est pour lui la bienvenue. Il n'est pas de ces républicains timides, qui se défient d'une liberté réclamée par les ennemis de la liberté. Il sait que toute libération partielle de l'esprit humain doit nécessairement aboutir à l'affranchissement définitif.

Pour donner le bon exemple, il aborde bravement la question de la décentralisation universitaire, en se cautionnant de M. Liard et surtout de M. Jean Izoulet dont il cite l'excellente brochure : *L'âme française et les Universités nouvelles selon l'esprit de la Révolution*.

« Il faut l'avouer, dit M. Izoulet, la Révolution a broyé la vieille France en une poussière de Municipalités sans vie, sans force, et sans initiative. Les Départements, eux aussi, sont des *mécanismes*, et point des *organismes*... Vais-je donc critiquer amèrement la Révolution ? Je n'ai garde... Elle est hors de cause... Mais quoi donc est capable de ranimer nos léthargiques provinces, et de réveiller ces *Belles au bois dormant* ? Quoi, sinon la constitution, sur les principaux points du territoire, de plusieurs grandes et puissantes Universités ? »

Et M. Léopold Lacour conclut :

« C'est un foyer complet de pensée scientifique et philosophique, par la *libre et intense collaboration* des chaires supérieures de l'enseignement, aujourd'hui sans action l'une sur l'autre, et toutes soumises au pouvoir central. « C'est un édifice organique, c'est un encyclopédisme vivant », suivant le mot de M. Izoulet. »

Voilà qui est très bien, et je ne puis qu'approuver à mon tour. Mais il faut vouloir ce qu'on veut, et savoir où l'on va. Sans m'embarrasser de la Révolution qui a eu le mérite de courir au plus pressé et de nous tirer d'affaire, je prends la question dans les termes mêmes où elle est posée. Les départements, les municipalités, ainsi que les tronçons d'universités, sont, nous dit-on, des *mécanismes* et non des *organismes*, des choses *sans vie, sans force, sans initiative*. Je suis bien loin d'y contredire, et c'est là justement qu'apparaît la grande difficulté du débat.

M. Léopold Lacour a beau s'écrier qu'il ne s'agit pas de reconstituer l'ancienne province, on peut lui demander pourquoi il propose de remédier à une partie seulement du mal signalé d'ensemble par M. Jean Izoulet. Le Sénat ne s'y est pas trompé quand il a repoussé le projet de M. Bourgeois, après le faible discours de M. Challemel-Lacour. Nos pères conscrits ont en réalité barré la route aux Universités naissantes parce que cela sentait sa liberté provinciale, parce que créer « ces zones plus vastes, brûlées d'une flamme spirituelle indépendante », c'est nécessairement appeler à la vie tous les organismes voisins — automates inertes que Paris met en mouvement aujourd'hui. On ne saurait, assurément, concevoir une Université vivante, pensante, agissante, dans une ville dépouillée du droit élémentaire de gestion municipale, dans une circonscription régionale à qui l'on refuse tout pouvoir d'administration autonome.

La vie se propage, la liberté est contagieuse. Si l'herbe cessait de pousser dans des villes que je sais, si la vie intellectuelle, subitement évoquée, agitait de nouveau le corps prêt à revivre, si le besoin d'action reparaissait avec l'activité mentale, s'il s'imposait, que deviendraient les choses vénérables qui ne sont qu'à la condition de nous empêcher d'être ? De l'expéditionnaire au Président de l'Elysée, chaque fonctionnaire, embusqué dans sa forteresse, derrière ses créneaux de cartons, le ministre, hier obscur, qui conduit aujourd'hui le char du soleil, le sénateur cacochyme qui prend tous les dix ans sa pincée de petit suffrage, le député d'arrondissement au profit de qui fonctionne toute l'organisation administrative, et enfin le libre citoyen de la république dûment ligotté par tout ce monde, voilà ce qui rend principalement difficile l'œuvre de libération attendue. Elle est bien gardée la *Belle au bois dormant* de M. Izoulet. Que de gens j'ai vus passer depuis cent ans, sonnant du cor, sous les fenêtres du palais enchanté. Que d'autres passeront. Avec M. Izoulet, avec M. Liard, avec M. Léopold Lacour, avec d'autres encore, j'appelle l'endormie et je lui dis : c'est l'heure.

L'esprit sommeille-t-il ? Où va-t-il s'éveiller ? Si c'est de l'Université que nous vient le signal de résurrection, gloire à l'Université. Et puisque les pouvoirs publics sont muets, indifférents ou ligués contre la vie renaissante, puisque les citoyens déroutés attendent obscurément on ne sait quoi, il est juste, après tout, que ce soit du foyer d'étude et de science que jaillisse la lumière attendue. Seulement que M. Léopold Lacour ne s'y trompe pas : on ne fait pas la part de la vie, on ne parque pas la liberté. Si l'Université est libre — et c'est une question de vie ou de mort, comme il le dit très bien — alors, la commune sera libre, et libre aussi la circonscription régionale, dans la mesure où le comporte l'intérêt supérieur de l'unité nationale. C'est le grand mérite de M. Izoulet d'avoir nettement posé la question, toute la question. Ne diminuons pas l'autorité de sa parole. Laissons-lui toute l'ampleur de sa démonstration.

Je reconnais que la réaction pourra profiter, pour un temps, de la liberté générale, parce que toutes les forces de régression sont puissamment organisées depuis des siècles, tandis que l'accord pour l'émancipation individuelle est nécessairement incertain, malaisé aux hommes isolés, récemment affranchis. Il n'en est pas moins certain que l'apprentissage de la liberté se fait uniquement par la liberté, et que toute chaîne qui tombe est une nouvelle force pour l'humanité. Libérons donc, libérons toujours. L'esprit hésitant d'abord, tâtonnant, trébuchant aux débris de ses entraves, se confiera enfin à ses ailes étonnées, et la sombre géhenne ne le reverra plus.

« Si l'enseignement congréganiste gagne du terrain, dit excellemment M. Léopold Lacour, la faute n'en est point à une supériorité quelconque de cet enseignement *pris en soi*. Du point de vue professionnel pur, notre avantage est admirable sur tous les degrés. Mais double apparaît le problème pédagogique : à côté de l'enseignement proprement dit, il y a l'éducation, et nous l'avons toujours trop négligée. Dans nos lycées, dans nos collèges même, l'élève une fois sorti de la classe, ne trouve pour toute morale que la peur des punitions ; nul idéal, nulle amitié entre l'homme qui le surveille et cet enfant. Il faudrait une sollicitude paternelle entraînant une espèce de piété filiale. »

Bien dit, et bien pensé. C'est un des aspects du problème dont la solution se trouve, pour moi, dans la formule générale : décentralisation. Aussi longtemps que l'État indifférent, travaillé de mille influences contraires, entreprendra de lutter sur ce terrain contre l'Église, il sera vaincu. C'est que l'Église, puissante de l'autorité des âges, représente, au regard de l'État, la liberté d'individualités concertées pour la réalisation d'un idéal. Comment le pion, comment le professeur classé, étiqueté, hiérarchisé, pièce numérotée de la monstrueuse machine, pourra-t-il remplacer cet ami simple et prévenant qui n'a dans la vie qu'un but : modeler l'enfant en terrestre, et non liberté. Pourquoi détrôner Dieu du ciel, pour le restaurer ici-bas? Le roi des monarchies, le monarque-État des Républiques c'est tout un. Ces petits dieux de la terre ne sont pas de taille contre celui d'en haut. Délivrez l'homme, et que la fonction de l'État soit de faire tomber les chaînes, et d'assurer la règle de justice entre tous. Alors vous saurez ce que c'est que l'homme, et de quelle puissance redoutable est armé l'esprit, vainqueur de l'Univers.

C'est à l'esprit humain, à l'esprit humain libéré des entraves séculaires que l'ancien Dieu du monde doit rendre enfin ses comptes. Qu'ils se rencontrent face à face et qu'ils s'expliquent librement. Conversation redoutable où, ni le prêtre ni le fonctionnaire ne sauraient servir de truchements. Entretien suprême, que tout ce qui cherche et pense travaille à préparer. Qu'en peut-il sortir? Quand Dieu permet qu'on le questionne, son sort est d'avance fixé.

C'est la revanche attendue de Prométhée, la lutte reprise entre le Titan délivré de ses chaînes et le vainqueur qui l'avait foudroyé. C'est le jour prédit par le grand Tragique de l'Hellade, annonçant sa délivrance à *l'inventeur de tous les arts dont jouissent les mortels.*

— Je vivrai courbé sous des maux, sous des tortures sans nombre, dit l'immortelle victime de Zeus, expiant l'humanité secourue. Ce n'est qu'après le supplice que je sortirai des fers. Rien ne peut vaincre la nécessité.

— Mais cette nécessité, qui donc en règle le cours?

— La triple Parque, les Euménides à l'infaillible mémoire.

— Ainsi leur force est supérieure à celle de Zeus?

— Oui, Zeus lui-même ne saurait échapper à sa destinée.

— Et quelle est donc la destinée de Zeus sinon un éternel empire?

— Ne me le demande pas. N'insiste pas pour le savoir.

— Il est donc bien redoutable ce secret que tu tiens caché?

— Il n'est point temps encore de révéler le mystère. Il faut le dérober aux yeux. A me taire, je gagne ma délivrance de ces indignes liens, la fin de mes maux.

Pendant de longs siècles le vaincu *courbé sous des tortures sans nombre*, a gardé le silence, attendant l'heure marquée par le Destin. Bientôt il parlera sans crainte, le Titan qui déjà bégaye d'étranges paroles. Zeus l'entendra dès que seront tombées les chaînes, et la destinée s'accomplira de celui qui tint le monde dans sa main.

Que par nous les derniers liens soient brisés, les liens de Zeus, vainqueur d'un jour, les liens de ses bourreaux acharnés sur le rebelle.

La liberté. Toute la liberté. Confiance dans l'esprit délivré.

TABLE

	Pages.
Le Grand Pan	1

LES CHAMPS

LE CIEL

I. — La Statue de Newton	4
II. — Mars	8

PLANÈTE HABITÉE

I. — L'Appropriation du Globe	14
II. — En Chemin de fer	21

LA MER

I. — La Tranche-sur-Mer	27
II. — La Jeune-Espérance	33

SUR LES ROUTES

I. — Sur les Routes	40
II. — Dans les Montagnes	45
III. — De Dieppe à Athènes	52
IV. — Campagne normande	57

A TRAVERS CHAMPS

I. — Aux petits Oiseaux	63
II. — Le Lapin et la Chauve-souris	69
III. — Surprise de Chasse	75
IV. — Lavabo	80

Pages.

AU VILLAGE

I.	— Chez les Anglais	88
II.	— Les deux Antoine.	95
III.	— Jacques Fagot	102
IV.	— Jacquille	107
V.	— La Messe au Village	115
VI.	— La Sorcière.	121
VII.	— Le Maître d'école	126

LES PARENTS PAUVRES

I.	— Les Parents pauvres	133
II.	— Un Fait divers	138
III.	— Homme des Villes et des Bois.	142
IV.	— La Main et la Patte	147

LE CINQUIÈME ÉTAT

I.	— Nouvelle Mêlée sociale	156
II.	— Le cinquième État	161
III.	— Brisquet, Chaudron, Réaumur. . . .	167
IV.	— Sans Nom	173

LA VILLE

LE BOIS DE BOULOGNE

I.	— Interview.	179

PARIS

I.	— La Voie triomphale.	186
II.	— Villégiature de Paris	193
III.	— Paris la Misère	201
IV.	— A la Maison du Peuple	206
V.	— Sur la Banquise.	213
VI.	— Paul	218
VII.	— Pilons l'Herbe	224
VIII.	— Le Colibri	230

DANS LES FAUBOURGS

I.	— Les Ouvrières de l'aiguille à Paris. . . .	237
II.	— Le Petit Fondeur	244
III.	— En plein Faubourg	249
IV.	— Le Préfet et le Forgeron.	256

TABLE

Pages.

L'ALCOOL

I. — Le Congrès contre l'alcool. 263

LA PROSTITUTION

I. — Question de Nuances 272

A L'HOPITAL

I. — La Sœur 279

AU PALAIS

I. — La Colombe. 285

LES PRISONS

I. — A Mazas 294
II. — Dans les Bagnes 299

L'ÉCHAFAUD

I. — Autour de l'Échafaud 307

L'AGORA

I. — La Démocratie 314

LES TEMPLES

I. — La Semaine Sainte 321
II. — La Mosquée de Paris 327
III. — Le Parlement des Religions 332

LES SPECTACLES

I. — Mi-carême 339
II. — Nos Jeux. 345
III. — Corrida. 350
IV. — Aux Ambassadeurs 355
V. — Chez les Esprits. 359
VI. — Un Ennemi du Peuple. 364
VII. — A propos d'Ibsen 370
VIII. — A propos des « Tenailles » 375

TABLE

LES MUSÉES

	Pages.
I. — Le Louvre libre.	382
II. — Au Louvre.	388
III. — Musées du soir.	396

HORS DES ACADÉMIES

I. — Hommage à Edmond de Goncourt.	405
II. — Daudet, de l'Académie.	414
III. — Le Cœur et l'Esprit.	422
VI. — Révolution de Cathédrales.	427

DANS L'ÉCOLE

I. — La Liberté.	438

Paris — Imprimerie L. MARETHEUX, 1, rue Cassette. — 6720.

vue d'un dessein déterminé, le soutenir de l'influence de la puissante corporation, le suivre dans son existence, l'aider, le marier, pour en tirer plus tard, sous mille formes, la rémunération des services rendus?

Il a un idéal, cet éducateur, non pas *un idéal supérieur*, comme le prétend le *Figaro*, puisque le prêtre et le moine ne rêvent, après tout que d'un paradis égoïste. Mais l'homme n'en a pas moins l'incessante poussée d'un éternel dessein. Le pauvre pion, représentant bafoué du plus haut idéal qui soit de l'homme — la justice par la liberté — n'a qu'une pensée : quitter le collège où on le martyrise. Le congréganiste c'est une liberté ! Le maître laïque embrigadé dans l'Université impériale, c'est l'oppression, l'écrasement de la caserne.

Pour lutter contre la liberté de l'Église, un seul moyen : la liberté de l'individu. L'unité de l'enseignement, c'est la négation de l'effort individuel. Dispersez la parole. Faites des Universités, des écoles vivantes, que la libre investigation soit partout, abattez la caserne scolaire, que nos internes libérés se répandent par petits groupes chez le professeur où ils trouvent une famille, comme en Angleterre, en Suisse, en Allemagne; que le maître fasse part à l'enfant de son foyer, qu'il le prépare à la vie par son enseignement comme par son exemple, qu'il oppose à l'idéal autoritaire du passé, l'idéal d'expansion individuelle où l'énergie de l'être ne connaît d'autre loi que la règle de justice.

Alors laissez se heurter librement les deux conceptions de l'homme et du monde. *Fata viam invenient.*

Contre l'autorité d'en haut le pouvoir social n'a pu jusqu'ici prévaloir, parce qu'il s'est institué tyrannie

www.ingramcontent.com/pod-product-compliance
Lightning Source LLC
Chambersburg PA
CBHW071412230426
43669CB00010B/1529